"十四五"职业教育国家规划教材

"十三五"职业教育国家规划教材
"十二五"职业教育国家规划教材
普通高等教育"十一五"国家级规划教材
普通高等教育"十三五"住建部规划教材
普通高等教育"十二五"住建部规划教材

工程项目管理

（第5版）

主　编　危道军
副主编　吴慧燕　李　娟　顾　娟

武汉理工大学出版社
·武　汉·

内 容 提 要

本书是高职高专教育土建类专业系列教材之一。本书根据全国高职高专教育土建类专业教学大纲的要求,按照最新的《建设工程项目管理规范》(GB/T 50326—2017)、《建设项目工程总承包管理规范》(GB/T 50358—2017)、《建设工程施工合同(示范文本)》(GF—2021—0201)组织编写,主要内容包括:工程项目管理概论、工程项目组织管理、工程项目范围管理与管理规划、工程项目采购与合同管理、工程项目进度管理、工程项目质量管理、工程项目职业健康安全与环境管理、工程项目成本管理、工程项目资源与信息管理、工程项目风险与沟通管理、工程项目收尾管理等。

本书可作为高等职业技术院校建筑施工技术专业、工程管理专业、工程造价专业的通用教材,也可作为土建类各相关专业的选用教材及行业岗位的培训教材。

图书在版编目(CIP)数据

工程项目管理/危道军主编. —5 版. —武汉:武汉理工大学出版社,2022.1(2024.7 重印)
ISBN 978-7-5629-6545-9

Ⅰ.①工… Ⅱ.①危… Ⅲ.①工程项目管理 Ⅳ.①F284

中国版本图书馆 CIP 数据核字(2022)第 006597 号

项目负责人:张淑芳 戴皓华　　　　　责 任 编 辑:戴皓华
责 任 校 对:丁　冲　　　　　　　　装 帧 设 计:芳华时代
出 版 发 行:武汉理工大学出版社
社　　　　址:武汉市洪山区珞狮路 122 号
邮　　　　编:430070
网　　　　址:http://www.wutp.com.cn
经　　　　销:各地新华书店
印　　　　刷:荆州市精彩印刷有限公司
开　　　　本:787×1092　1/16
印　　　　张:19
字　　　　数:474 千字
版　　　　次:2022 年 1 月第 5 版　2004 年 5 月第 1 版
印　　　　次:2024 年 7 月第 7 次印刷　总第 35 次印刷
印　　　　数:3000 册
定　　　　价:48.00 元

第5版前言

工程项目管理是土建施工类专业和工程管理类专业的一门专业核心课程。它主要从建筑施工的角度介绍施工项目管理过程中的组织和管理问题,其内容涵盖项目管理的诸多方面。通过本课程的学习,学生能够掌握项目管理的方法和手段,能够综合运用所学的技术与管理方法从事施工项目管理活动,初步具备工程项目管理的能力。

本书注重落实立德树人根本任务,促进学生成为德智体美劳全面发展的社会主义建设者和接班人。将思想政治教育融入教材内容,推进中华民族文化自信自强。

本书自2004年第1版出版以来,相继被遴选为土建类高等职业教育专业委员会推荐教材,被评为普通高等教育"十一五"国家级规划教材、普通高等教育"十二五"住建部规划教材、"十二五"职业教育国家规划教材,2020年又成功入选"十三五"职业教育国家规划教材。利用这次再版的机会,编者结合职业教育课程思政的要求,以及建筑行业新技术、新工艺、新规范、新标准等,进行了全面修订。本次修订的重点是:

1. 为落实立德树人根本任务,系统地设计并融入了思政元素。将土建施工类专业精神、职业精神和工匠精神融入教材内容,强化职业素养的养成和专业技术的积累,以适应建筑行业施工现场管理人员成长规律。

2. 对接产业转型升级需要,结合装配式、BIM、智能建造、智慧工地等新业态、新岗位需求,审视和阐述传统建筑施工,以适应建筑行业技术进步的需要。

3. 更新调整资源,融合"1+X"证书教学内容。在原有资源的基础上,积极适应"1+X"证书制度试点需要,做到"岗课赛证"融通。

4. 按照新规范,订正了有关的概念和定义,对已过时的内容进行了删减。

应当着重指出的是,在本书第4版以及本次修订时都进行了信息化资源建设,发挥数字化资源对人才培养的积极作用,实现了"以纸质化教材为载体,以信息化技术为支撑,两者相辅相成"的目的。

本书由湖北城市建设职业技术学院危道军主编并修订全书,深圳市海德伦工程咨询有限公司吴慧燕和湖北城市建设职业技术学院李娟、顾娟任副主编,参加本书资料收集整理和修订工作的还有吴慧燕、李娟、顾娟以及湖北城市建设职业技术学院刘红霞、岳晓瑞、石慧，湖北亚太建设集团赵阳等。教材资源建设由危道军主持，李娟、金幼君、袁明、危莹、李华珍、刘红霞以及杭州品茗安控信息技术股份有限公司章立鹏、贺孟阳、伍青峰等参与了建设和部分资料收集工作。本书编写过程中，得到了湖北城市建设职业技术学院、深圳市海德伦工程咨询有限公司、武汉建工集团、湖北山河集团等的大力支持，在此表示衷心的感谢。

在本书的编写过程中，编者参考了许多国内外工程项目管理的成功案例，吸取了不少经验，也引用了一些专家学者的精辟论述和见解，在此一并表示衷心的感谢。由于修订时间仓促，编者水平有限，书中难免存在不足之处，敬请读者批评指正。

本书信息化云习题，请用手机扫描封四有涂层的二维码，点击左下角"课程"，选择本书中的"作业"项，或登录"理工图书网 www.wutp.com.cn 的'理工学苑'后"学习与练习，有问题请拨打 13971389897 咨询。

编　者
2021 年 12 月

目　　录

1 工程项目管理概论

 **素质目标**

通过案例学习,让学生了解国家的基础建设情况,增加对国家发展道路的自信;明确项目任务,初步具备工程整体观。

 **知识目标**

通过本章内容的学习,要求学生掌握项目的定义和特征,工程项目的概念、特点和各种分类,工程项目管理的内容和程序,工程项目管理的内涵和特点,工程项目管理的职能以及项目的可行性研究,施工方项目管理的目标和任务,其他各方项目管理的目标和任务等。

 **能力目标**

具有理解工程项目管理一般概念的能力。

固定资产投资是对固定资产扩大再生产的新建、改建、扩建和恢复工程及其与之连带的工作。固定资产投资可划分为基本建设投资、更新改造投资、房地产开发投资和其他固定资产投资等四个部分,基本建设的具体工作包括建筑工程、安装工程、设备购置及其他。

大型项目介绍

建筑业是完成基本建设中建筑安装工程的行业,由从事土木建筑工程活动的规划、勘察、设计、咨询、施工的单位和企业构成。《国务院办公厅关于促进建筑业持续健康发展的意见》指出:建筑业是国民经济的支柱产业。改革开放以来,我国建筑业快速发展,建造能力不断增强,产业规模不断扩大,吸纳了大量农村转移劳动力,带动了大量关联产业,对经济社会发展、城乡建设和民生改善作出了重要贡献。如港珠澳大桥、北京大兴国际机场等一大批标志性项目引领世界项目建设,创造多项世界第一。为贯彻落实《中共中央国务院关于进一步加强城市规划建设管理工作的若干意见》,进一步深化建筑业"放管服"改革,加快产业升级,促进建筑业持续健康发展,为新型城镇化建设提供支撑,经国务院同意,有关部门提出了深化建筑业简政放权改革、加强工程质量安全管理、提高从业人员素质、推进建筑产业现代化等七个方面的 20 条措施,对促进建筑业持续健康发展具有重要意义。

国务院国资委于 2020 年召开对标世界一流管理提升行动启动会,决定在中央企业和地方国有重点企业开展对标世界一流管理提升行动。其总体要求是:以习近平新时代中国特色社会主义思想为指导,以对标世界一流为出发点和切入点,以加强管理体系和管理能力建设为主线,坚持突出重点、统筹推进、因企施策,对照世界一流企业、行业先进企业找差距,有针对性地采取务实管用的工作措施,促进企业管理水平在现有基础上明显提升。

　　"工程项目管理"作为土建类专业的核心课程,承担着培养建筑产业高素质技术技能管理人才的任务,主要介绍建设工程项目管理的基本知识与实践方法。

1.1　工程项目与项目管理

BIM在项目管理中的应用价值

1.1.1　工程项目

1.1.1.1　项目及其特征

　　项目是由一组有起止时间、相互协调的受控活动所组成的独特过程,该过程要达到包括符合时间、成本和资源等约束条件在内的规定要求的目标。

　　项目的范围非常广泛,最常见的内容包括:科学研究项目,如基础科学研究项目、应用科学研究项目、科技攻关项目等;开发项目,如资源开发项目、新产品开发项目、小区开发项目等;建设项目,如工业与民用建筑工程、交通工程、水利工程等。

　　虽然项目的范围非常广泛,但通常都具有如下基本特征:

　　(1)项目的独特性

　　项目的独特性也可称为单件性或一次性,是项目最主要的特性。任何项目从总体上来说是一次性的、不重复的,它必然经历前期策划、批准、设计和计划、施工、运行的全过程,最后结束。即使在形式上极为相似的项目,例如两个相同的产品,两条相同产量、相同工艺的生产流水线,两栋建筑造型和结构形式完全相同的房屋,也必然存在着差异,如实施时间不同、环境不同、项目组织不同、风险不同等,所以它们之间无法等同,无法替代。只有认识到项目的独特性,才能有针对性地根据项目的具体特点和要求进行科学的管理,以保证项目一次成功。

　　(2)项目具有明确的目标和一定的约束条件

　　任何项目都有预定的目标。ISO 10006规定,项目目标应描述达到的要求,能用时间、成本、产品特性来表示,项目"过程的实施是为了达到规定的目标,包括满足时间、费用和资源约束条件"。

　　通常,项目的目标有:

　　①达到预定的项目对象系统的要求,包括满足预定的产品特性、使用功能、质量等方面的要求。

　　②时间。人们对工程项目的需求有一定的时间限制,希望尽快实现项目的目标,发挥项目的效用,没有时间限制的项目是不存在的。项目的时间限制通常由项目开始期、持续时间、结束期等构成。

　　③成本。即以尽可能少的费用消耗(投资、成本)完成预定的项目目标,达到预定的功能要求,提高项目的整体经济效益。任何项目必然存在着与任务(目标、项目范围和质量标准)相关的(或者说相匹配的)投资、费用或成本预算。如果没有财力的限制,人们就能够实现当代科学技术允许的任何目标,完成任何项目。

　　项目的约束条件包括:

　　①资金限制。任何项目都不可能没有财力上的限制,常常表现在:必须按投资者(企业、国

家、地方等)所具有的或能够提供的财力策划相应范围和规模的项目;必须按项目实施计划安排资金计划,并保障资金供应。在现代社会中,财务和经济性问题已成为项目能否立项、能否取得成功的最关键问题。

②人力资源和其他物质资源的限制。

③其他限制,如技术、信息资源的限制,自然条件、地理位置和空间的制约等。

(3)项目具有独特的生命周期

项目过程的一次性决定了每个项目都具有自己的生命周期,任何项目都有其产生时间、发展时间和结束时间,不同的阶段都有特定的任务。如建设项目的生命周期的任务包括项目建议书、可行性研究、设计工作、建设准备、建设实施、竣工验收与交付使用等;施工项目的生命周期的任务包括投标与签订合同、施工准备、施工、交工验收与用后服务等。成功的项目管理是将项目作为一个系统进行全过程的管理和控制,是对整个项目生命周期的系统管理。

(4)项目作为管理对象的整体性

一个项目,是一个整体管理对象,在按其需要配置生产要素时,必须以总体效益的提高为准则,做到数量、质量、结构的总体优化。由于项目的内外环境是变化的,所以管理和生产要素的配置是动态的。项目中的一切活动都是相关的,构成一个整体,缺少某些活动必将影响项目目标的实现,但多余的活动也是不必要的。

(5)项目的不可逆性

项目按照一定的程序进行,其过程不可逆转,必须一次成功,失败了便不可挽回,因而项目的风险很大,与批量生产过程(重复过程)有着本质的差别。

1.1.1.2　工程项目及其特点

工程项目,又称土木工程项目或建筑工程项目,是最常见、最典型的项目类型,是以建筑物或构筑物为目标产品,由开工时间和竣工时间的相互关联的活动所组成的特定过程。该过程要达到的最终目标应符合预定的使用要求,并满足标准(或业主)要求的质量、工期、造价和资源等约束条件。

这里所说的相互关联的活动,包括施工活动、生产活动、经济活动、经营活动、社交活动和管理活动等,是社会化大生产所需要的广义的人类集体活动。

有开工时间和竣工时间,表明了工程项目的一次性;特定过程,表明了工程项目的特殊性。

工程项目的特点是:

(1)工程项目是一次性的过程。这个过程除了有确定的开工时间和竣工时间外,还有过程的不可逆性、设计的单一性、生产的单件性、项目产品位置的固定性等。

(2)每一个工程项目的最终产品均有特定的用途和功能,它在概念阶段策划并且决策,在设计阶段具体确定,在实施阶段形成,在结束阶段交付。

(3)工程项目的实施阶段主要在露天进行,受自然条件的影响大,施工条件差,变更多,组织管理任务繁重,目标控制和协调活动困难重重。

(4)工程项目生命周期的长期性。工程项目从概念阶段到结束阶段,少则数月,多则数年甚至几十年;工程产品的使用周期也很长,其自然寿命主要是由设计寿命决定的。

(5)投入资源和风险的大量性。工程项目体型庞大,需要投入的资源多,生命周期很长,投资额巨大,风险也很大。工程项目的投资风险、技术风险、自然风险和资源风险与其他类型的项目相比,发生频率高,损失量大,所以工程项目管理中必须突出风险管理过程。

1.1.1.3　工程项目的分类

（1）按性质分类

工程项目按性质分类，可分为建设项目和更新改造项目。

建设项目包括新建项目和扩建项目。新建项目指从无到有的建设项目；扩建项目指企业为扩大原有产品的生产能力或效益，为增加新品种的生产能力而增建主要生产车间或其他产出物的活动过程。

更新改造项目包括改建项目、恢复项目、迁建项目。改建项目指对现有厂房、设备和工艺流程进行技术改造或固定资产更新的过程；恢复项目指原有固定资产已经全部或部分报废，又投资重新建设的项目；迁建项目指由于改变生产布局、环境保护、安全生产及其他需要，搬迁到另外的地方进行建设的项目。

（2）按专业分类

工程项目按专业分类，可分为建筑工程项目、土木工程项目、线路管道安装工程项目、装修工程项目。

建筑工程项目亦称房屋建筑工程项目，指产出物为房屋工程兴工构建及相关活动构成的过程。

土木工程项目指产出物为公路、铁路、桥梁、隧道、水工、矿山、高耸构筑物等兴工构建及相关活动构成的过程。

线路管道安装工程项目指产出物为安装完成的送变电、通信等线路，给排水、污水、化工等管道，机械、电气、交通等设备，动工安装及相关活动构成的过程。

装修工程项目指构成装修产品的抹灰、油漆、木作等及其相关活动构成的过程。

（3）按等级分类

工程项目按等级分类，可分为一等项目、二等项目和三等项目。例如：

一般房屋建筑工程的一等项目包括：28 层以上，36m 跨度以上（轻钢结构除外），单项工程建筑面积 30 000m² 以上；二等项目包括：14～28 层，24～36m 跨度（轻钢结构除外），单项工程建筑面积 10 000～30 000m²；三等项目包括：14 层以下，24m 跨度以下（轻钢结构除外），单项工程建筑面积 10 000m² 以下。

公路工程的一等项目包括高速公路和一级公路；二等项目包括高速公路路基和一级公路路基；三等项目指二级公路以下的各级公路。

（4）按工作阶段分类

工程项目按工作阶段分类，可分为预备工程项目、筹建工程项目、实施工程项目、建成投产工程项目和收尾工程项目。

预备工程项目，指按照中长期计划拟建而又未立项，只做初步可行性研究或提出设想方案供决策者参考，不进行建设的实际准备工作。

筹建工程项目，指经批准立项，正在进行建设前期准备工作而尚未正式开始施工的项目。这些工作包括：设立筹建机构，研究和论证建设方案，进行设计和审查设计文件，办理征地拆迁手续，平整场地，选择施工机械、材料、设备的供应单位等。

实施工程项目，包括设计项目和施工项目（新开工项目、续建项目）。

建成投产工程项目，包括建成投产项目、部分投产项目和建成投产单项工程项目。

收尾工程项目，指基本全部投产只剩少量不影响正常生产或使用的辅助工程项目。

（5）按管理者分类

工程项目按管理者分类，可分为建设项目、工程设计项目、工程监理项目、工程施工项目和开发工程项目，它们的管理者分别是建设单位、设计单位、监理单位、施工单位和开发单位。

（6）按规模分类

工程项目按规模分类，可分为大型项目、中型项目和小型项目。

1.1.2　建设工程管理的内涵、任务及特点

1.1.2.1　建设工程管理的内涵

建设工程项目的全寿命周期包括项目的决策阶段、实施阶段和使用阶段（或称运营阶段、运行阶段）。建设工程项目是为完成依法立项的新建、改建、扩建的各类工程（土木工程、建筑工程及安装工程等）而进行的、有起止日期的、达到规定要求的一组相互关联的受控活动组成的特定过程，包括策划、勘察、设计、采购、施工、试运行、竣工验收和移交等。

"建设工程管理"（Professional Management in Construction，简称工程管理）作为一个专业术语，内涵涉及工程项目全过程（工程项目全寿命）的管理，涉及项目各参与方对工程的管理，包括投资方、开发方、设计方、施工方、供货方和项目使用期的管理方的管理（图 1.1）。

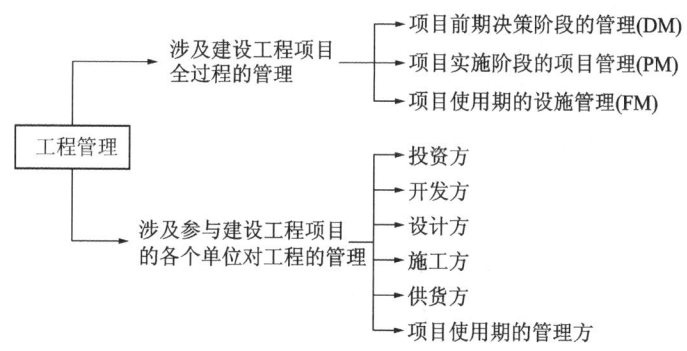

图 1.1　工程管理的内涵

（1）决策阶段的管理（DM——Development Management）

项目决策阶段从项目建设意图的酝酿开始，包括项目建议书、可行性研究等项目前期的组织、管理、经济和技术方面的论证工作。项目立项（立项批准）是项目决策的标志。决策阶段管理工作的主要任务一般包括：确定项目实施的组织；确定和落实建设地点；确定建设任务和建设原则；确定和落实项目建设的资金；确定建设项目的投资目标、进度目标和质量目标等。

（2）实施阶段的管理，即项目管理（PM——Project Management）

工程项目管理是建设工程管理中的一个组成部分。工程项目管理的工作仅限于在项目实施期的工作，而建设工程管理则涉及项目全寿命期。

（3）使用阶段的管理，即设施管理（FM——Facility Management）

国际设施管理协会（IFMA）所确定的设施管理的含义包括物业资产管理和物业运行管理（维修和现代化）两方面。其中，物业资产管理包括财务管理、空间管理、用户管理；物业运行管理包括维修和现代化。这与我国的物业管理概念有一些差异。

DM、PM 和 FM 与各参与方的关系见图 1-2。

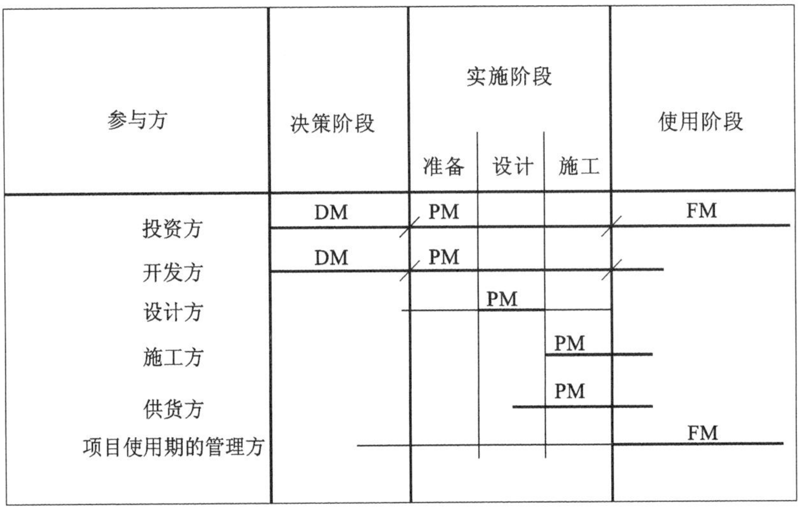

参与方	决策阶段	实施阶段			使用阶段
		准备	设计	施工	
投资方	DM	PM			FM
开发方	DM	PM			
设计方			PM		
施工方				PM	
供货方				PM	
项目使用期的管理方					FM

图 1.2   DM、PM 和 FM 与各参与方的关系

1.1.2.2   建设工程管理的任务

建设工程管理工作是一种增值服务工作,其核心任务是为工程的建设和使用增值。

(1)建设工程管理工作为工程建设增值,主要体现在确保工程建设安全、提高工程质量、有利于投资(成本)控制、有利于进度控制等方面。

(2)建设工程管理工作为工程使用(运行)增值,主要体现在确保工程使用安全、有利于环保和节能、满足最终用户的使用功能、有利于降低工程运营成本、有利于工程维护等方面。

1.1.2.3   工程项目管理的内涵和任务

项目的实施阶段包括设计前的准备阶段、设计阶段、施工阶段、动用前的准备阶段和保修期。建设工程项目管理的时间范畴是建设工程项目的实施阶段。项目实施阶段管理的主要任务是通过管理使项目的目标得以实现。

《建设工程项目管理规范》(GB/T 50326—2017)对建设工程项目管理做了如下解释:"运用系统的理论和方法,对建设工程项目管理进行的计划、组织、指挥、协调和控制等专业化活动,简称为项目管理。"

建设工程项目管理的内涵是:自项目开始至项目完成,通过项目策划(Project Planning)和项目控制(Project Control),以使项目的费用目标、进度目标和质量目标得以实现。该内涵的有关字段含义如下:

(1)"自项目开始至项目完成"指的是项目的实施阶段。

(2)"项目策划"指目标控制前的一系列筹划和准备工作。

(3)"费用目标"对业主而言是投资目标,对施工方而言是成本目标。

建设工程项目的决策阶段和实施阶段如图 1.3 所示。

1.1.2.4   工程项目管理的特点

工程项目管理是特定的一次性任务的管理,它能够使工程项目取得成功,这是由其职能和特点决定的。工程项目管理的特点有:

(1)管理目标明确

工程项目管理是紧紧抓住目标(结果)进行管理。项目的整体、项目的某一个组成部分、某

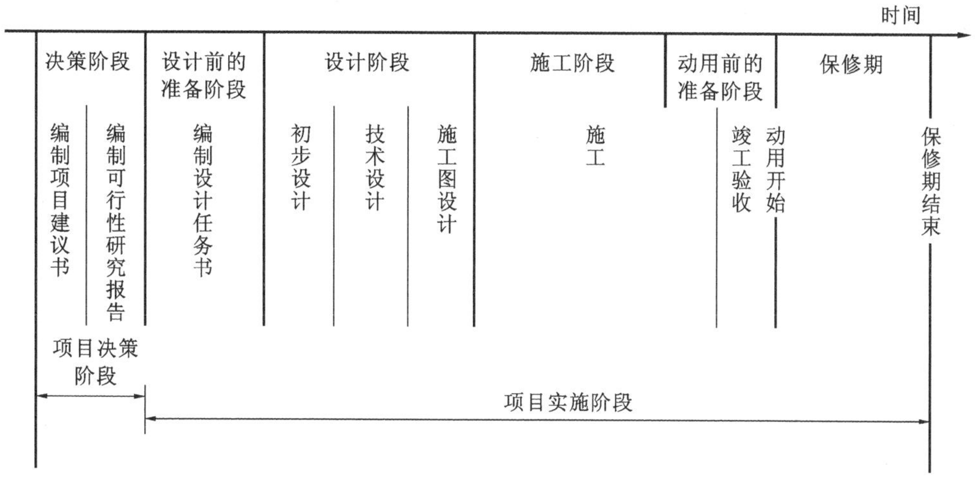

时间

决策阶段	设计前的准备阶段	设计阶段			施工阶段	动用前的准备阶段	保修期
编制项目建议书 / 编制可行性研究报告	编制设计任务书	初步设计	技术设计	施工图设计	施工	竣工验收 / 动用开始	保修期结束

项目决策阶段

项目实施阶段

图 1.3　建设工程项目的决策阶段和实施阶段

一个阶段、某一部分管理者、在项目的某一段时间内，均有一定的目标，并且目标吸引管理者，指导行动，凝聚管理者的力量；有了目标，也就有了方向，就有了一半的成功把握。除了功能目标外，过程目标归结起来主要有工程进度、工程质量、工程费用（造价），这四个目标的关系既独立又对立统一，是共存的关系。

（2）是系统的管理

工程项目管理把管理对象作为一个系统进行管理。在这个前提下，首先，进行工程项目的整体管理，把项目作为一个有机整体，全面实施管理，使管理效果影响到整个项目范围；其次，对项目进行系统分解，把大系统分解为若干个子系统，又把每个分解的系统作为一个整体进行管理，用小系统的成功保证大系统的成功；再次，对各子系统之间、各目标之间关系的处理，遵循系统法则，把它们联系在一起，保证综合效果最佳。例如建设项目管理，既把它作为一个整体管理，又分成单项工程、单位工程、分部工程、分项工程分别进行管理，以局部成功保证整体成功。

（3）是以项目经理为中心的管理

工程项目管理具有较大的责任和风险，涉及人力、技术、设备、资金、信息、设计、施工、验收等多方面因素和多元化关系，为更好地进行项目策划、计划、组织、指挥、协调和控制，必须实施以项目经理为中心的项目管理体制。在项目管理过程中，应授予项目经理必要的权力，以使项目经理能及时处理项目实施过程中发生的各种问题。

（4）按照项目的运行规律进行规范化的管理

工程项目管理是一个复杂的系统工程，每个工序的管理与运行都是有规律的。比如，绑扎钢筋作为一道工序，其完成就有工艺规律；垫层混凝土作为分项工程，其完成既有程序上的规律，又有技术上的规律；建设程序就是建设项目的规律。工程项目管理作为一门科学，其理论、原理、方法、内容、规则和规律已经被人们所公认、熟悉、应用，形成了规范和标准，被广泛应用于项目管理实践，使工程项目管理成为专业性、规律性、标准化的管理，以此实现项目管理的高效率和高成功率。

（5）有丰富的专业内容

工程项目管理的专业内容包括：工程项目的战略管理，工程项目的组织管理，工程项目的规划管理，工程项目的目标控制，工程项目的合同管理、信息管理、生产要素管理、现场管理，工程项目的各种监督，工程项目的风险管理和组织协调等。这些内容构成了工程项目管理的知识宝库。

（6）综合运用现代化管理方法和技术手段

现代工程项目大多数是先进科学技术的产物或是一个涉及多学科、多领域的系统工程，要圆满地完成项目就必须综合运用现代化管理方法和技术手段，如决策技术、预测技术、网络与信息技术、网络计划技术、系统工程、价值工程、目标管理等。

（7）应实施动态管理

为了保证工程项目目标的实现，在项目实施过程中要实施动态管理，即阶段性地检查实际值与计划值的差异，采取措施，纠正偏差，制定新的计划目标值，使项目能实现最终目标。

1.1.2.5　工程项目管理的职能

（1）策划职能

工程项目策划是把建设意图转换成定义明确、系统清晰、目标具体、活动科学、过程有效的，富有战略性和策略性思路的，高智能的系统活动，是工程项目概念阶段的主要工作。策划的结果是其他各阶段活动的总纲。

（2）决策职能

决策是工程项目管理者在工程项目策划的基础上，通过进行调查研究、比较分析、论证评估等活动，得出结论性意见并付诸实施的过程。一个工程项目，其中的每一个阶段的启动都需要决策，但只有在做出正确决策以后的启动才有可能成功，否则就是盲目的、指导思想不明确的，就可能失败。

（3）计划职能

根据决策做出实施安排，设计出控制目标和实现目标的措施的活动就是计划。计划职能决定项目的实施步骤、搭接关系、起止时间、持续时间、中间目标、最终目标及措施，它是目标控制的依据和方向。

（4）组织职能

组织职能是组织者和管理者把资源合理利用起来，把各种作业（管理）活动协调起来，使作业（管理）需要和资源应用结合起来的机能和行为，是管理者按计划进行目标控制的一种依托和手段。组织职能是通过建立以项目经理为中心的组织保证系统实现的，只有给这个系统确定职责，授予权力，实行合同制，健全规章制度，并进行有效的运转，才能确保项目目标的实现。

（5）控制职能

控制职能是管理活动最活跃的职能。控制职能的作用在于按计划运行，随时收集信息并与计划进行比较，找出偏差并及时纠正，从而保证计划和其确定目标的实现。

（6）协调职能

协调职能就是在控制的过程中疏通关系，解决矛盾，排除障碍，使控制职能充分发挥作用。控制是动态的，协调可以使动态控制平衡、有力、有效，所以协调职能是控制的动力和保证。

（7）指挥职能

工程项目管理依靠团队，团队要有负责人（项目经理），负责人就是指挥。计划、组织、控制、协调等都需要强有力的指挥。指挥的职能是把分散的信息集中起来，变成指挥意图；用集中的意图统一管理者的步调,指导管理者的行动,集合管理力量,形成合力。所以,指挥职能是管理的动力和灵魂,是管理的重要职能,是其他职能无法代替的。

(8)监督职能

监督就是督促、帮助。工程项目与管理需要监督职能,以保证法规、制度、标准和宏观调控措施的实施。监督的方式有自我监督、相互监督、领导监督、权力部门监督、业主监督、司法监督、公众监督等。

1.2 建设工程项目管理各参与方的目标和任务

按照建设工程生产组织的特点,一个项目的实施往往由众多参与单位承担不同的建设任务,由于各参与单位的工作性质、工作任务和利益不同,因此就形成了不同类型的项目管理。业主方是建设工程项目生产过程的总集成者,包括人力资源、物质资源和知识的集成,业主方也是建设工程项目生产过程总的组织者,因此对于一个建设工程项目而言,虽然有代表不同利益方的项目管理,但是,业主方的项目管理是管理的核心。

按建设工程项目不同参与方的工作性质和组织特征,项目管理可以分为如下几种类型:

①业主方的项目管理。投资方、开发方和由咨询公司提供的代表业主方利益的项目管理服务都属于业主方的项目管理。

②设计方的项目管理。

③施工方的项目管理。施工总承包方和分包方的项目管理都属于施工方的项目管理。

④供货方的项目管理。材料和设备供应方的项目管理都属于供货方的项目管理。

⑤建设项目工程总承包方的项目管理。建设项目总承包有多种形式,如设计和施工任务综合的承包,设计、采购和施工任务综合的承包(简称 EPC 承包)等,它们的项目管理都属于建设项目工程总承包方的项目管理。

1.2.1 业主方项目管理的目标和任务

业主方项目管理服务于业主的利益,其项目管理的目标包括项目的投资目标、进度目标和质量目标。其中,投资目标是指项目的总投资目标。进度目标是指项目动用的时间目标,即项目交付使用的时间目标,如工厂建成可以投入生产、道路建成可以通车、办公楼可以启用、旅馆可以开业的时间目标等。质量目标包括满足相应的技术规范和技术标准的规定,以及满足业主方相应的质量要求。项目的质量目标不仅涉及施工的质量,还包括设计质量、材料质量、设备质量和影响项目运行或运营的环境质量等。

项目的投资目标、进度目标和质量目标之间既有矛盾的一面,也有统一的一面,它们之间的关系是对立统一的关系。要加快进度往往需要增加投资,欲提高质量往往也需要增加投资,过度地缩短进度会影响质量目标的实现,这都表现了目标之间关系矛盾的一面;但通过有效的管理,在不增加投资的前提下,也可缩短工期和提高工程质量,这反映了目标之间关系统一的一面。

业主方的项目管理工作涉及项目实施阶段的全过程,即在设计前的准备阶段、设计阶段、施工阶段、动用前的准备阶段和保修期分别进行项目管理工作,见表1.1。

业主方项目管理的任务包括:

①安全管理;

②投资控制；

③进度控制；

④质量控制；

⑤合同管理；

⑥信息管理；

⑦组织和协调。

表 1.1　业主方项目管理的任务

	设计前的准备阶段	设计阶段	施工阶段	动用前的准备阶段	保修期
安全管理					
投资控制					
进度控制					
质量控制					
合同管理					
信息管理					
组织和协调					

表 1.1 有 7 行和 5 列,构成业主方 35 个分块的项目管理任务。其中,安全管理是项目管理中最重要的任务,因为安全管理关系到人身的健康与安全,而投资控制、进度控制、质量控制和合同管理等则主要涉及物质利益。

1.2.2　设计方项目管理的目标和任务

设计方作为项目建设的一个参与方,其项目管理主要服务于项目的整体利益和设计方本身的利益。其项目管理的目标包括设计的成本目标、设计的进度目标和设计的质量目标,以及项目的投资目标。项目的投资目标能否实现与设计工作密切相关。

设计方的项目管理工作主要在设计阶段进行,但它也涉及设计前的准备阶段、施工阶段、动用前的准备阶段和保修期。

设计方项目管理的任务包括：

①与设计工作有关的安全管理；

②设计成本控制和与设计工作有关的工程造价控制；

③设计进度控制；

④设计质量控制；

⑤设计合同管理；

⑥设计信息管理；

⑦与设计工作有关的组织和协调。

1.2.3　供货方项目管理的目标和任务

供货方作为项目建设的一个参与方,其项目管理主要服务于项目的整体利益和供货方本身的利益。其项目管理的目标包括供货方的成本目标、供货的进度目标和供货的质量目标。

供货方的项目管理工作主要在施工阶段进行,但它也涉及设计前的准备阶段、设计阶段、动用前的准备阶段和保修期。

供货方项目管理的主要任务包括:

①供货的安全管理;

②供货方的成本控制;

③供货的进度控制;

④供货的质量控制;

⑤供货合同管理;

⑥供货信息管理;

⑦与供货有关的组织和协调。

1.2.4 建设项目工程总承包方项目管理的目标和任务

建设项目工程总承包方作为项目建设的一个参与方,其项目管理主要服务于项目的整体利益和建设项目工程总承包方本身的利益。其项目管理的目标包括项目的总投资目标和总承包方的成本目标、项目的进度目标和项目的质量目标。

建设项目工程总承包方项目管理工作涉及项目实施阶段的全过程,即设计前的准备阶段、设计阶段、施工阶段、动用前的准备阶段和保修期。

建设项目工程总承包方项目管理的主要任务包括:

①安全管理;

②投资控制和总承包方的成本控制;

③进度控制;

④质量控制;

⑤合同管理;

⑥信息管理;

⑦与建设项目工程总承包方有关的组织和协调。

1.2.5 施工方项目管理的目标和任务

施工方作为项目建设的重要参与方,其项目管理主要服务于项目的整体利益和施工方本身的利益。其项目管理的目标包括施工的成本目标、施工的进度目标和施工的质量目标。

施工方的项目管理工作主要在施工阶段进行,但它也涉及设计前的准备阶段、设计阶段、动用前的准备阶段和保修期。在工程实践中,设计阶段和施工阶段往往是交叉的,因此施工方的项目管理工作也涉及设计阶段。

(1)施工方项目管理的任务

施工方是承担施工任务单位的总称,它可能是施工总承包方、施工总承包管理方、分包施工方、建设项目总承包的施工任务执行方或仅提供施工劳务的参与方。施工方担任的角色不同,其项目管理的任务和工作重点也会有差异。

施工方项目管理的任务包括:

①施工安全管理;

②施工成本控制；

③施工进度控制；

④施工质量控制；

⑤施工合同管理；

⑥施工信息管理；

⑦与施工有关的组织和协调。

(2)施工总承包方的管理任务

施工总承包方对所承包的建设工程承担施工任务的执行和组织的总责任,它的主要管理任务包括：

①负责整个工程的施工安全、施工总进度控制、施工质量控制和施工的组织与协调等。

②控制施工的成本。这是施工总承包方内部的管理任务。

③负责组织和指挥它自行分包的分包施工单位和业主指定的分包施工单位的施工,并为分包施工单位提供和创造必要的施工条件。施工总承包方是工程施工的总执行者和总组织者,它除了完成自己承担的施工任务以外,还应该完成相关总承包工作。业主指定的分包施工单位有可能与业主单独签订合同,也可能与施工总承包方签约,不论采用何种合同模式,施工总承包方应负责组织和管理业主指定的分包施工单位的施工,这也是国际惯例。

④负责施工资源的供应组织。

⑤代表施工方与业主方、设计方、工程监理方等外部单位进行必要的联系和协调等。

分包施工方承担合同所规定的分包施工任务,以及相应的项目管理任务。若采用施工总承包或施工总承包管理模式,不论是一般的分包方,还是由业主指定的分包方,分包方都必须接受施工总承包方或施工总承包管理方的工作指令,服从其总体的项目管理。

(3)施工总承包管理方的主要特征

施工总承包管理方对所承包的建设工程承担施工任务组织的总责任,它的主要特征如下：

①一般情况下,施工总承包管理方不承担施工任务,它主要进行施工的总体管理和协调。如果施工总承包管理方通过投标(在平等条件下竞标)获得一部分施工任务,则它也可参与施工。

②一般情况下,施工总承包管理方不与分包方和供货方直接签订施工合同,这些合同都由业主方直接签订。若施工总承包管理方应业主方的要求,协助业主参与施工的招标和发包工作,其参与的工作深度由业主方决定。业主方也可能要求施工总承包管理方负责整个施工的招标和发包工作。

③不论是业主方选定的分包方,或经业主方授权由施工总承包管理方选定的分包方,施工总承包管理方都承担对其组织和管理的责任。

④施工总承包管理方和施工总承包方承担相同的管理任务和责任,即负责整个工程的施工安全控制、施工总进度控制、施工质量控制和施工的组织与协调等。因此,由业主方选定的分包方应经施工总承包管理方的认可,否则施工总承包管理方难以承担对工程管理的总责任。

⑤负责组织和指挥分包施工单位的施工,并为分包施工单位提供和创造必要的施工条件。

⑥与业主方、设计方、工程监理方等外部单位进行必要的联系和协调等。

(4)建设项目工程总承包的特点

工程总承包和工程项目管理是国际通行的工程建设项目组织实施方式。积极推行工程总承包和工程项目管理,是深化我国工程建设项目组织实施方式改革,提高工程建设管理水平,保证工程质量和投资效益,规范建筑市场秩序的重要措施;是勘察、设计、施工、监理企业调整经营结构,增强综合实力,加快与国际工程承包和管理方式接轨,适应社会主义市场经济发展和加入世界贸易组织后新形势的必然要求;是积极开拓国际承包市场,带动我国技术、机电设备及工程材料的出口,促进劳务输出,提高我国企业国际竞争力的有效途径。

建设项目工程总承包的基本出发点是借鉴工业生产组织的经验,实现建设生产过程的组织集成化,克服由于设计与施工的分离致使投资增加,以及由于设计和施工的不协调而影响建设进度等弊病。

建设项目工程总承包的主要意义不在于总价包干,也不是"交钥匙",其核心是通过设计与施工过程的组织集成,促进设计与施工的紧密结合,以达到为项目建设增值的目的。即使采用总价包干的方式,稍大一些的项目也难以用固定总价包干,多数采用变动总价合同。

小　　结

项目具有独特性、明确的目标和约束条件、独特的生命周期、整体性、不可逆性等特性。

工程项目具有与项目基本相同的特性,有多种分类方法。工程项目管理具有 7 大特点和 8 项管理职能。

施工方项目管理的任务有安全管理、成本控制、进度控制、质量控制、合同管理、信息管理、与施工有关的组织和协调。

施工总承包方项目管理具有 5 大任务、6 大特征。业主方、设计方、供货方及建设项目工程总承包方均有 7 大任务。

复习思考题

1.1　什么叫项目? 项目的基本特征有哪些?

1.2　什么叫工程项目管理? 简述工程项目管理的特点。

1.3　工程项目管理的职能有哪些?

1.4　工程项目管理有何重要作用?

1.5　施工方项目管理的目标和任务是什么?

1.6　建设项目工程总承包的特点是什么?

2 工程项目组织管理

 **素质目标**

培养组织观念和纪律意识,培养团队协作精神,树立责任意识与沟通合作意识。

 **知识目标**

通过本章的学习,了解工程项目组织的有关概念及工程项目的组织形式,熟悉项目经理部的设置,掌握项目经理的责权利。

 **能力目标**

通过本章教学,使学生初步具备工程项目组织设计能力,具有项目团队建设的基本能力。

2.1 工程项目组织概述

2.1.1 项目组织的概念

组织是按照一定的宗旨和系统建立起来的集体,是构成整个社会经济系统的基本单位。组织有两层含义:作为名词,指组织机构,即按一定领导体制、部门设置、层次划分、职责分工、规章制度和信息系统等构成的有机整体,是社会人的结合体,可以完成一定的任务,并为此而处理人和人、人和事、人和物的关系;作为动词,指组织行为(活动),即通过一定权力和影响力,为达到一定目标,对所需要资源进行合理配置,处理人和人、人和事、人和物关系的行为。其管理职能是通过两层含义的有机结合而产生和起作用的。

项目管理组织,是指为进行项目管理、实现组织职能而进行的项目组织系统的设计与建立、组织运行和组织调整三方面工作的总称。组织系统的设计与建立,是指经过筹划、设计,建成一个可以完成项目管理任务的组织机构,建立必要的规章制度,划分并明确岗位、层次、部门的责任和权力,建立和形成管理信息系统及责任分工系统,并通过一定岗位和部门内人员的规范化的活动和信息流通实现组织目标。组织运行是指在组织系统形成后,按照组织要求,由各岗位和部门实施组织行为的过程。组织调整是指在组织运行过程中,对照组织目标,检验组织系统的各个环节,并对不适合组织运行和发展的各方面进行改进和完善。

项目管理具有多种职能,其中组织职能是项目管理的基本职能之一。项目管理的组织职能包括五个方面:

(1)组织设计。包括选定一个合理的组织系统,划分各部门的权限和职责,确立各种基本规章制度等。

(2)组织联系。指规定组织机构中各部门或岗位的相互关系,明确信息流通和信息反馈的渠道,以及它们之间的协调原则和方法。

（3）组织运行。指按照组织分工完成各自的工作,规定各组织的工作顺序和业务管理活动的运行过程。组织运行要解决好三个关键性的问题,一是人员配置,二是业务接口,三是信息反馈。

（4）组织行为。指应用行为科学、社会学及社会心理学来研究、理解和影响组织中人们的行为、言语,组织过程,管理风格及组织变更等。

（5）组织调整。指根据工作的需要、环境的变化,分析原有项目组织系统的缺陷、适应性和效率,对原组织系统进行调整和重新组合,包括组织形式的变化、人员的变动、规章制度的修订或废止、责任系统及信息流通系统的调整等。

2.1.2　项目组织的作用

项目组织是在项目寿命期内临时组建的,是暂时的,只是为完成特定的目标。

现代社会的需求日益多样化,科学技术飞速发展,新技术、新工艺、新产品不断涌现,产品寿命周期不断缩短,产品更新换代快,大量的业务对象是一次性的,有一个独立的过程,需要综合的、全过程持续的服务。项目组织作为一种新的运作模式,能较好地适应这种变化。当从事的工作任务比较复杂时,需要各部门和各学科之间的综合,存在多个目标因素时,项目组织和管理方法的应用是十分有效的。

项目组织是对项目的最终成果负责的组织,它打破了传统的组织界限。其项目的生产过程和任务可以由不同部门甚至不同企业承担,形成一个新的独立于职能部门的项目管理部门,通过综合、协调、激励,共同完成目标任务。

项目组织强调"目标—任务—工作过程—人员"。在这种过程化的管理中,组织不再是由静止的结构和角色所组成,而应当看作是一系列活动的过程流。经过这样的转变,能使公司活力增强,人员精减,组织层次减少。

项目组织关系是同盟、合资、伙伴、合作关系。这种关系立足于共同的目标、共同的信念和利益的共享,甚至可以通过国际合资或合作等形式组织。

采用项目组织的具体作用如下:

①将市场与生产过程、资源、研究与开发过程高度地综合起来,具有高度的活力和竞争力。

②能够形成以任务为中心的管理,工作透明度更高,更注重结果。

③能够迅速改进最终产品的质量和可靠性,产品开发时间较短,开发费用较低。

④能迅速地反映市场和用户要求,建立较好的用户关系。

⑤整个过程的协调和控制比较方便,信息的传输过程富有效率。

⑥在项目组织中,下层人员有更大的权力、更多的责任,能够激发他们的积极性、创造性和创新精神,能够形成以人为中心的创新模式,员工有机会把自己的思想直接在项目中实现或提供给高层管理部门,能够进行面对面的交流。

⑦项目管理的思想处处体现创新的要求,项目管理的方法是富有成效和高效率的。

⑧传统的权威已大大削弱,人们必须通过沟通、信任和理解来实现目标。传统企业组织中的信息传递是竖向的、垂直的,而项目组织中的信息流主要是横向的、水平的。这种面向对象式的管理方法有利于高质量地完成工作任务。

2.1.3   工程项目组织的基本结构

工程项目中有两种工作过程:一种是为完成项目对象所必需的专业性工作过程,如产品设计、建筑施工、安装、技术鉴定等,这些工作一般由专业承包公司承担;另一种是项目管理过程,它包括专业性工作的形成及实施过程中所需的计划、协调、监督、控制等一系列项目管理工作,以及在项目的立项、实施过程中的决策和宏观控制工作。

项目组织主要是由完成项目结构图中各项工作(直到工作包)的人、单位、部门组合起来的群体,有时还包括为项目提供服务或与项目有某些关系的部门,如政府机关、鉴定部门等。它由项目组织结构图表示,受项目系统结构限定,按项目工作流程进行工作,其成员各自完成规定的任务和工作。

2.1.3.1   工程项目组织的结构层次

(1)项目所有者或项目的上层领导者

该层是项目的发起者,可能包括企业经理、对项目投资的财团、政府机构、社会团体领导等。它居于项目组织的最高层,对整个项目负责,最关心的是项目整体经济效益。

项目所有者组织一般由战略决策层和战略管理层组成。投资者通常委托一个项目管理主持人,即业主,承担项目实施全过程的主要责任和任务,通过确立目标、选择不同的方案,制订实现目标的计划,通过对项目进行宏观控制保证项目目标的实现。譬如,进行项目战略决策,确定生产规模,选择工艺方案;制订总体计划,确定项目组织战略;进行项目任务的委托,选择项目经理和承包单位;批准项目目标和设计,批准实施计划等;确定资源的使用,审定和选择工程项目所用材料、设备和工艺流程;决定各子项目实施次序;对项目进行宏观控制,给项目经理以持续的支持等。

(2)项目管理者,即项目组织层

项目管理者通常是一个由项目经理领导的项目经理部。项目管理者由业主指定,为他提供有效的独立的管理服务,负责项目实施中的具体的事务性管理工作,其主要责任是实现业主的投资意图,保护业主利益,保证项目整体目标的实现。

(3)具体项目任务的承担者,即项目操作层

项目操作层包括承担项目工作的专业设计单位、施工单位、供应商和技术咨询工程师等。他们的主要任务和责任有:参与或进行项目设计、计划和实施控制;按合同规定的工期、成本、质量完成自己承担的项目任务;向业主和项目管理者提供信息和报表;遵守项目管理规则。

当然,项目组织中还有可能包括上层系统(如企业部门)的组织,有项目合作或与项目相关的政府、公共服务部门等。

2.1.3.2   工程项目组织策划

项目组织策划是项目管理的一项重要工作,其大致过程如下:

(1)项目组织策划前,应进行项目的总目标分析,完成相应阶段的技术设计和结构分解工作,这是项目组织策划的基础工作。

(2)确定项目的实施组织策略,即确定项目实施组织和项目管理模式总的指导思想。包括:如何实施该项目;业主如何管理项目,控制到什么程度;哪些工作由企业组织内部完成,哪些工作由承包商或管理公司完成;业主准备面对多少承包商;业主准备投入多少管理力量;采用什么样的材料和设备供应方式等。

（3）项目实施任务的委托及相关的组织工作。包括项目分标策划以及招标和合同策划工作。

（4）项目管理任务的组织工作。具体包括：

①项目管理模式的确定。即业主所采用的项目管理模式,如设计管理模式、施工管理模式、业主自己派人管理或采用监理制度。

②项目管理组织设置。即业主委派项目经理（或业主代表）或委托监理单位,并构建项目管理组织体系,绘制项目管理组织图,选配具有相应能力的人员以适应项目的需求。

③项目管理工作流程分析。

④项目组织职能分解。即应将整个项目管理工作在业主自己委派的人员、委托的项目管理单位（如监理单位）和承包商之间进行分配,清楚划分各自的工作范围,分配职责,授予权力,确定协调范围。

（5）组织策划的结果通常由招标文件和合同文件、项目组织结构图、项目管理规范和组织责任矩阵图、项目手册等定义。

项目组织策划过程如图 2.1 所示。

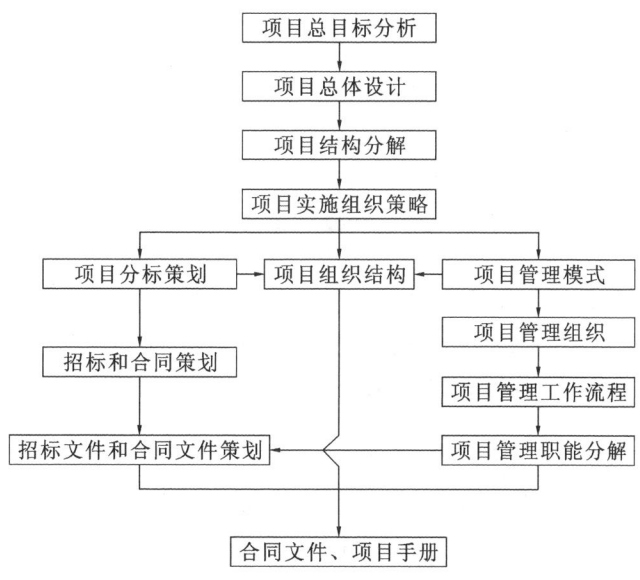

图 2.1　项目组织策划过程

2.1.4　工程项目组织的基本原则

为了实现项目目标,必须要求项目组织是高效率的。项目组织机构的设置和运行必须符合组织学的基本原则,但这些基本原则在项目中有其特殊性,具体表现在：

2.1.4.1　目标统一原则

要使一个组织有效地运行,各参加者必须有明确统一的目标。项目参加者隶属不同的单位,具有不同的利益,则有不同的目标,所以项目运行的组织障碍较大。为了保证项目顺利实施,达到总目标,必须要求：

（1）项目参加者应就总目标达成一致；

（2）在项目的设计、合同、计划、组织管理规范等文件中贯彻总目标；

（3）在项目的全过程中顾及各方面的利益,使项目参加者各方都满意；

(4)为了达到统一的目标,项目的实施过程必须有统一的指挥、统一的方针和政策。

2.1.4.2　责权利平衡

在项目的组织设置过程中,应明确项目投资者、业主、项目其他参加者及其他利益相关者之间的经济关系、职责和权限,并通过合同、计划、组织规则等文件定义。这些关系错综复杂,形成一个严密的体系,它们应符合责权利平衡的原则。

(1)权责对等。项目中,参加者各方的责任和权力有复杂的制约关系,责任和权益是互为前提条件的。

(2)权力的制约。如果组织成员有一项权力的行使会对项目和其他方产生影响,则该项权力应受到制约,以防止其滥用这项权力。这种制约常常体现在,行使该权力就应承担相应的责任。

(3)同样,组织成员有一项责任或工作任务,就应有相应的权力。这个权力可能是他完成这个责任所必需的或由这个责任引申的。例如,合同规定承包商有一定责任,则他完成这项责任应有一定的前提条件;如果这些前提条件应由业主提供或完成,则应作为业主的一项责任,应明确规定,对业主进行反制约,如果缺少这些反制约,则双方责权利关系不平衡。

(4)通过合同、管理规范、奖励政策等对项目参加者各方的权益进行保护,特别是承包商和供应商。例如,承包合同中应有工期延误罚款的最高限额规定、索赔条件、仲裁条款,在业主严重违约情况下终止合同的权利及索赔权利等。没有这些条款,会使承包商和供应商感到风险太大,而采取过多的保护措施,最终将导致项目效率的降低。

(5)按照责任、工作量、工作难度、风险程度和最终的工作成果给予相应的报酬,或给予相应的奖励。

(6)公平地分配风险。项目中,风险的分配是个战略问题。分配风险的总体原则是:谁能最有效地防止和控制风险,或能将风险合理地转移,则由他承担相应的风险责任;承担者控制相关风险是经济有效的、方便的、可行的;通过风险分配,加强责任,能更好地进行计划,发挥各方管理和技术革新的积极性等。

2.1.4.3　适用性和灵活性原则

项目组织机构设置的适用性和灵活性原则主要有:

(1)确保项目的组织结构适合项目的范围、项目组织的大小、环境条件及业主的项目战略。通常,项目的组织形式是灵活多样的,即使一个企业内部,不同的项目有不同的组织形式,甚至一个项目的不同阶段就有不同的授权和不同的组织形式。

(2)项目组织结构应考虑与原组织的适应性,要处理好下列关系:

①顾客及其他利益相关者;

②项目业主组织的有关职能部门,特别是负责项目进度计划、质量和成本监控的职能部门;

③项目组织必须能同时兼顾产品研究、开发、供应、生产、营销过程和专业职能活动。

(3)应充分利用项目管理者过去的项目管理经验,选择最合适的组织结构。

(4)项目组织结构应有利于项目参加者的交流和合作,便于领导。

(5)组织结构简单,工作人员精干,最大限度地发挥部门中现有人员的作用。

2.1.4.4　组织制衡原则

项目和项目组织的特殊性,要求组织设置和运作必须有严密的制衡。主要有:

(1)权责分明。任何权力必须有相应的责任和制约,应清楚地划分各自的任务和责任的界限,这是设立权力和职责的基础。权责界限不清,将会导致有任务而无人负责完成,推卸责任,权力的争执,组织摩擦和低效率。

(2)设置责任制衡和工作过程制衡。工程活动或管理活动之间的联系,使项目参加者各方的责任之间也必然存在一定的逻辑关系,有时合同双方的责任是连环的、互为条件的。

(3)加强过程的监督,包括阶段工作成果的检查、评价、监督和审计工作。

(4)通过组织结构、责任矩阵、项目管理规范、管理信息系统设计,保持组织界面的清晰。

(5)通过其他手段达到制衡,如保险和担保等。

但是,过于强调组织制衡和过多的制衡措施会使组织结构复杂、程序烦琐,会产生沟通的障碍,破坏合作气氛。

2.1.4.5 保证组织人员和责任的连续性和统一性

过去的建设项目中,建设单位、承包商和项目经理对项目的最终成果不负责,工程建成后移交运营单位,这带来了许多问题。由于项目存在阶段性,而组织任务和组织人员的投入又是分阶段、不连续的,容易造成责任体系的中断、责任盲区和短期行为,所以必须保持项目管理的连续性、统一性(人员、组织、过程、信息系统)。主要内容有:

(1)项目工作最好由一个单位或部门全过程、全面负责。例如,实行建设项目业主责任制,在工程中采用"设计—供应—施工"的总承包方式。

(2)项目的主要承担者应对工程的最终结果负责,与项目的最终效益挂钩。在现代工程项目中,业主希望承包商能提供全面的、全过程(如前期策划、可行性研究、设计和计划、工程施工、物业管理等)的服务,甚至希望承包商参与项目融资,采用目标合同使承包商的工作与项目的最终效益相关联。

(3)防止责任的盲区,即防止出现无人负责的情况和问题、无人承担的工作任务。

(4)减少责任连环。项目中,过多的责任连环会损害组织责任的连续性和统一性。例如,在一个工程中,业主将土建施工发包给一个承包商,而其中商品混凝土的供应仍由业主与供应商签订合同;对商品混凝土供应商,所用的水泥仍由业主与水泥供应商签订合同供应等。工程中如果出现这种问题,责任的分析是极为困难的,而且计划和组织协调十分困难。

(5)保证项目组织的稳定性,包括项目组织结构、人员的稳定性,组织规则、程序的稳定性。

2.1.4.6 管理跨度和管理层次的要求

按照组织效率原则,应建立一个规模适度、组织结构层次较少、结构简单、能高效率运作的项目组织。现代工程项目规模大,参加单位多,形成的组织结构非常复杂,所以组织结构设置需要在管理跨度与管理层次方面进行权衡。

管理跨度是指某一组织单元直接管理下一层次的组织单元的数量。管理层次是指一个组织总的结构层次。通常,管理跨度窄造成组织层次多;反之,管理跨度宽造成组织层次少。如图2.2所示。

(1)采用窄跨度、多层次组织结构的特点

①严密的监督和控制,一般不会出现失控现象,但太多的项目组织层次,使决策速度放慢。当项目比较多时,计划和控制将变复杂。

②上下级之间联络迅速,但上级往往过多地干预下级的工作,容易影响下级人员的积极性和创造性。

③管理层次多,则管理费用多,管理人员增加,协调部门间的活动也增加;信息处理量大,

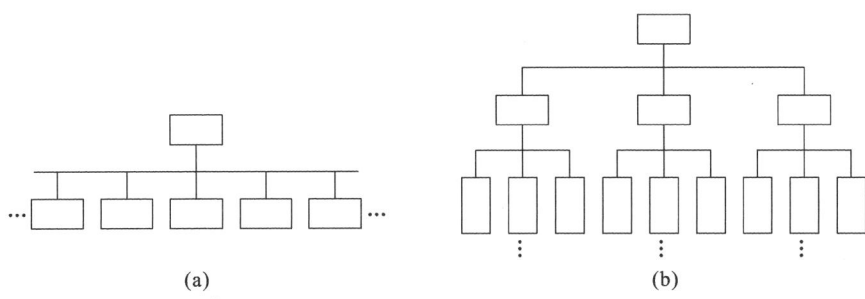

图 2.2 管理跨度和管理层次

(a)大跨度组织结构;(b)多层组织结构

用于管理的精力多,设施费用增加。

④联络复杂化,最低层与最高层之间的距离过长。当信息按照直线上下传递时便发生遗漏和曲解现象,信息沟通复杂化。

⑤造成项目的低效率,工期延长,实施过程延缓。例如,需要多层次的检查验收、多层次的报告、多层次的分配和下达任务等。

⑥采用多层次分包时,会出现多层次的项目组织,造成指挥失灵,失去协调作用,失去组织总目标的明确性和一贯性。

(2)采用宽跨度、少层次组织结构的特点

组织结构变得扁平化,组织灵活,结构层次少。其缺点是:高层负担过重,容易成为决策的"瓶颈";有失控的危险;必须谨慎地选择下级管理人员,跨度大使协调困难,必须制定明确的组织运作规则和政策等。现代大型、特大型的项目及多项目的组织一般都是扁平化的组织结构。

2.1.4.7 合理授权

项目的任何组织单元为实现项目总目标都要承担一定的工作,有一定的任务和责任,同时,也必须拥有相应的权力、手段和信息去完成任务。根据项目的特点,项目组织是一种有较大分权的组织;项目鼓励多样性和创新,则必须分权才能调动下层的积极性和创造力。

项目组织设置必须形成合理的组织职权结构和职权关系,没有授权或授权不当将会导致没有活力或失控,决策渠道阻塞;项目高层将陷于日常的细节问题中,而无力进行重要的决策和控制。在授权的过程中,必须遵守以下原则:

(1)依据完成的任务、预期要取得的结果进行授权,构成目标、任务、职权之间的逻辑关系,并订立完成程度考核的指标。

(2)根据要完成的工作任务选择人员,分配职位和职务。分权需要强有力的下层管理人员。

(3)采用适当的控制手段,确保下层恰当地使用权力,以防止失控。

(4)在组织中保持信息渠道的开放和畅通,使整个组织运作透明。

(5)对有效的授权和有工作成效的下层单位给予奖励。

(6)谨慎地进行授权。分权的有效性与组织文化有关。人们的价值观念、行为准则对分权有很大的影响。

通常,新产品的开发、发展战略、销售策略和政策、投资、融资、人事等权力不能下放。

2.2　工程项目的组织形式

2.2.1　工程项目组织的主要形式

2.2.1.1　直线式项目组织

(1)直线式项目组织形式的应用

直线式项目组织形式如图 2.3 所示,项目经理直接领导,适用于中小型项目。

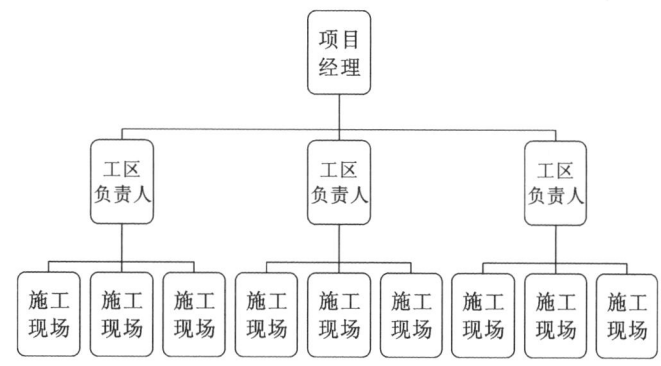

图 2.3　直线式项目组织形式示意图

(2)直线式项目组织的优点

①保证单线领导;

②项目经理有指令权,能直接控制资源,对业主负责;

③信息流通快,决策迅速,项目容易控制;

④组织结构形式与项目结构分解图式基本一致,目标分解和责任落实比较容易。

(3)直线式项目组织的缺点

①当项目较多、较大时,每个项目对应一个组织,使企业资源不能达到合理使用;

②项目经理责任较大;

③不能保证企业部门之间信息流通的速度和质量;

④企业的各项目间缺乏信息交流,项目之间的协调、企业的计划和控制比较困难;

⑤如果工程较大,专业化分工太细,会造成多级分包,进而造成组织层次的增加。

2.2.1.2　职能式项目组织

(1)职能式项目组织形式的应用

职能式项目组织形式,也称部门控制式组织结构形式,是按职能原则建立的项目组织,它并不打乱企业现行的建制,把项目委托给企业某一专业部门或委托给某一施工队,由被委托的部门(施工队)领导,在本单位组织人员负责实施项目组织,项目终止后恢复原职。图 2.4 是这种组织形式的示意图。

(2)职能式项目组织的优点

①相互熟悉的人员组合办熟悉的事,人事关系容易协调,人才作用发挥较充分;

②从接受任务到组织运转启动所需时间短;

③职责明确,职能专一,关系简单;

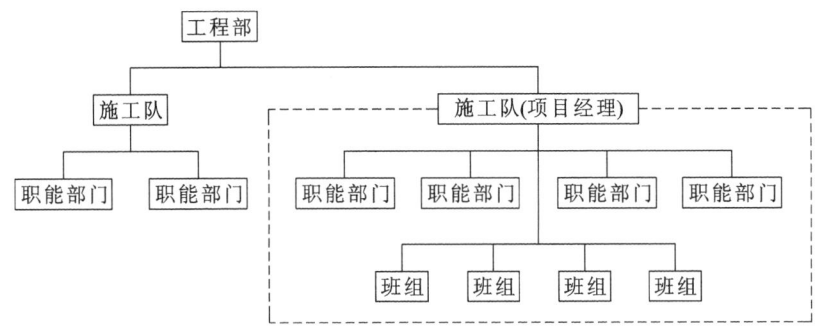

图 2.4　职能式项目组织形式示意图

④项目经理无须专业训练便容易进入状态。

(3)职能式项目组织的缺点

①不能适应大型项目管理的需要;

②不利于对计划体系下的组织体制(固定建制)进行调整;

③不利于精简机构。

(4)职能式项目组织的运作

这种形式的项目组织一般适用于小型的、专业性较强、不涉及众多部门配合的施工项目。

【案例 2.1】　职能式项目组织结构。

中建一局在国贸工程项目的职能式项目组织结构如图 2.5 所示。

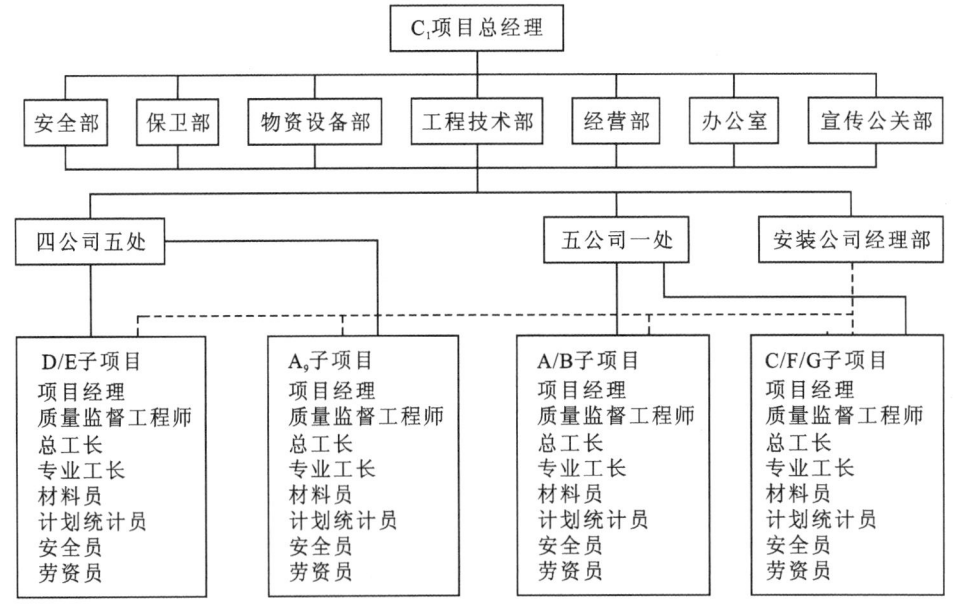

图 2.5　国贸工程项目的职能式项目组织结构图

2.2.1.3　矩阵式项目组织

(1)矩阵式项目组织形式的应用

矩阵式项目组织是结构形式呈矩阵状的组织,项目管理人员由企业有关职能部门派出并进行业务指导,受项目经理直接领导。

矩阵式项目组织形式如图 2.6 所示。其特征如下：

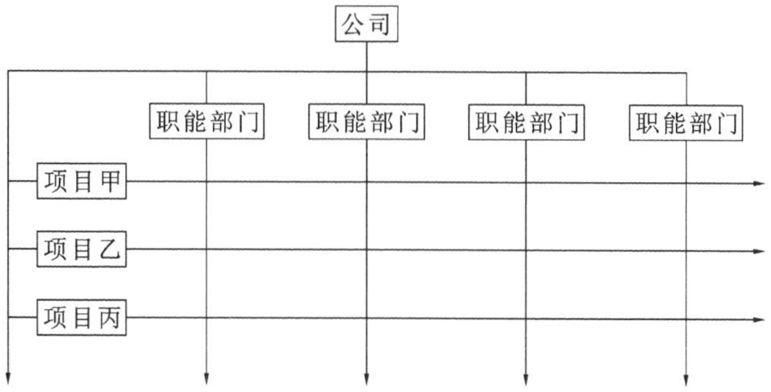

图 2.6 矩阵式项目组织形式示意图

①项目组织机构与职能部门的结合部同职能部门数相同,多个项目与职能部门的结合部呈矩阵状。

②把职能原则和对象原则结合起来,既发挥职能部门的纵向优势,又发挥项目组织的横向优势。

③专业职能部门是永久性的,项目组织是临时性的。职能部门负责人对参与项目组织的人员有组织调配、业务指导和管理考察的责任。项目经理将参与项目组织的职能人员在横向上有效地组织在一起,为实现项目目标协同工作。

④矩阵中的每个成员或部门,接受原部门负责人和项目经理的双重领导,但部门的控制力大于项目的控制力。部门负责人有权根据不同项目的需要和忙闲程度,在项目之间调配本部门人员。专业人员可能同时为几个项目服务,特殊人才可充分发挥作用,大大提高人才利用率。

⑤项目经理对调配到本项目经理部的成员有控制和使用权,当感到人力不足或某些成员不得力时,可以要求职能部门给予解决。

⑥项目经理部的工作有多个职能部门支持,项目经理没有人员包袱,但要求在水平方向和垂直方向有良好的信息沟通及良好的协调配合,对整个企业组织和项目组织的管理水平和组织渠道畅通提出了较高的要求。

(2)矩阵式项目组织的优点

①解决了传统模式中企业组织和项目组织相互矛盾的状况,把职能原则与对象原则融为一体,取得了企业长期例行性管理和项目一次性管理的一致性。

②能够形成以项目任务为中心的管理,集中全部的资源为各项目服务,项目目标能够得到保证,能够迅速反映和满足顾客要求,对环境变化有比较好的适应能力。

③由于各种资源统一管理,能最有效地、均衡地、节约地、灵活地使用资源,特别是能最有效地利用企业的职能部门人员和专门人才;能够形成全企业统一指挥,协调管理,进而能保证项目和部门工作的稳定性和效率。公司项目越多,虽然增加了计划和平衡的难度,但上述效果越显著;另一方面,又可保持项目间管理的连续性和稳定性。

④项目组织成员仍属于一个职能部门,不仅保证了组织和项目工作的稳定性,而且使得各成员有机会在职能部门中通过参加各种项目,获得专业上的发展和丰富的实践经验。

⑤矩阵式组织结构富有弹性,有自我调节的功能,能更好地适应动态管理和优化组合,适

合时间和费用压力大的多项目管理和大型项目的管理。例如,某个项目结束时,仅影响专业部门的计划和资源分配,而不影响整个组织结构。

⑥矩阵式组织的结构、权力与责任关系趋向于灵活,能在保证项目经理对项目最有控制力的前提下,充分发挥各专业部门的作用,保证有较短的协调、信息和指令的途径。决策层、职能部门、项目实施层之间的距离最小,沟通最快。

⑦组织上打破了传统的以权力为中心的思想,树立了以任务为中心的思想。这种组织的领导不是集权的,而是分权的、民主的、合作的,所以管理者的领导风格必须变化;组织的运作是灵活的、公开的,人们信息共享,需要相互信任与承担义务,容易接受新思想,整个组织氛围符合创新的需要。

(3)矩阵式项目组织的缺点

①由于人员来自职能部门,且仍受职能部门控制,故凝聚在项目上的力量减弱,往往使项目组织的作用发挥受到影响。

②管理人员如果身兼多职地管理多个项目,难以确定管理项目的优先顺序,有时难免顾此失彼。

③双重领导。项目组织中的成员既要接受项目经理的领导,又要接受企业中原职能部门的领导,在这种情况下,如果领导双方意见和目标不一致,乃至有矛盾时,当事人便无所适从。为防止这一问题产生,必须加强项目经理和部门负责人之间的沟通,要有严格的规章制度和详细的计划,使工作人员尽可能明确在不同时间内应当干什么工作,如果矛盾难以解决,应以项目经理的意见为主。

④矩阵式组织对企业管理水平、项目管理水平、领导者的素质、组织机构的办事效率、信息沟通渠道的畅通等均有较高要求,因此要精干组织,分层授权,疏通渠道,理顺关系。矩阵式组织的复杂性和结合部多,容易造成信息沟通量膨胀和沟通渠道复杂化,在很大程度上存在信息梗阻和失真。于是,协调组织内部的关系时必须有强有力的组织措施和协调办法以解决难题。

(4)矩阵式项目组织的运作

①适用于同时承担多个项目管理工程的企业。在这种情况下,各项目对专业技术人才和管理人员的需求数量较大,采用矩阵式组织可以充分利用有限的人才对多个项目进行管理,特别有利于发挥优秀人才的作用。

②适用于大型、复杂的施工项目。大型、复杂的施工项目要求多部门、多技术、多工种配合实施,在不同阶段,对不同人员有不同数量和不同搭配的需求。显然,部门控制式组织难以满足这种项目要求;工作队式组织又因人员固定而难以调配,人员使用固化,不能满足多个项目管理的人才需求。

2.2.1.4　事业部制项目组织

(1)事业部制项目组织形式的应用

事业部制项目组织是在企业内作为派往项目的管理班子,对企业外具有独立的法人资格的项目管理组织,如图2.7所示。

事业部制项目组织的特征是企业成立事业部。事业部对企业来说是职能部门,对企业外有相对独立的经营权,可以是一个独立单位。事业部可以按地区设置,也可以按工程类型或经营内容设置。事业部能较迅速适应环境变化,提高企业的应变能力,调动部门积极性。当企业向大型化、智能化发展时,事业部制项目组织是一种很受欢迎的选择,既可以加强经营战略管

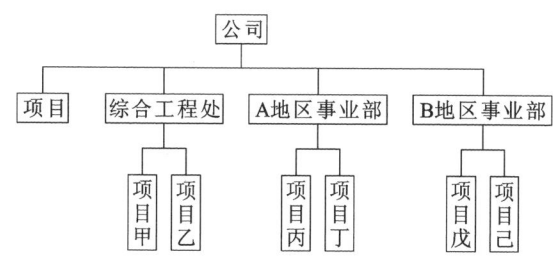

图2.7 某企业建立的事业部制项目组织结构图

理,又可以加强项目管理。

事业部下设置项目经理部,项目经理由事业部选派,一般对事业部负责,有的可以直接对业主负责,这是根据其授权程度决定的。

(2)事业部制项目组织的优点

事业部制项目组织有利于延伸企业的经营职能,扩大企业的经营业务,便于开拓企业的业务领域,还有利于迅速适应环境变化以加强项目管理。

(3)事业部制项目组织的缺点

按事业部制建立项目组织,企业对项目经理部的约束力减弱,协调指导的机会减少,故有时会造成企业结构松散。所以,必须加强事业部的制度约束,并加强企业的综合协调能力。

(4)事业部制项目组织的运作

事业部制项目组织适用于大型经营性企业的工程承包,特别适用于远离公司本部的工程承包。需要注意的是,一个地区只有一个项目,没有后续工程时,不宜设立地区事业部,也即它适用于在一个地区内有长期市场或一个企业有多种专业化施工力量的情况。在此情况下,事业部与地区市场同寿命,地区没有项目时,该事业部应予撤销。

【案例2.2】 事业部制项目组织结构。

上海建工集团事业部制项目组织结构如图2.8所示。

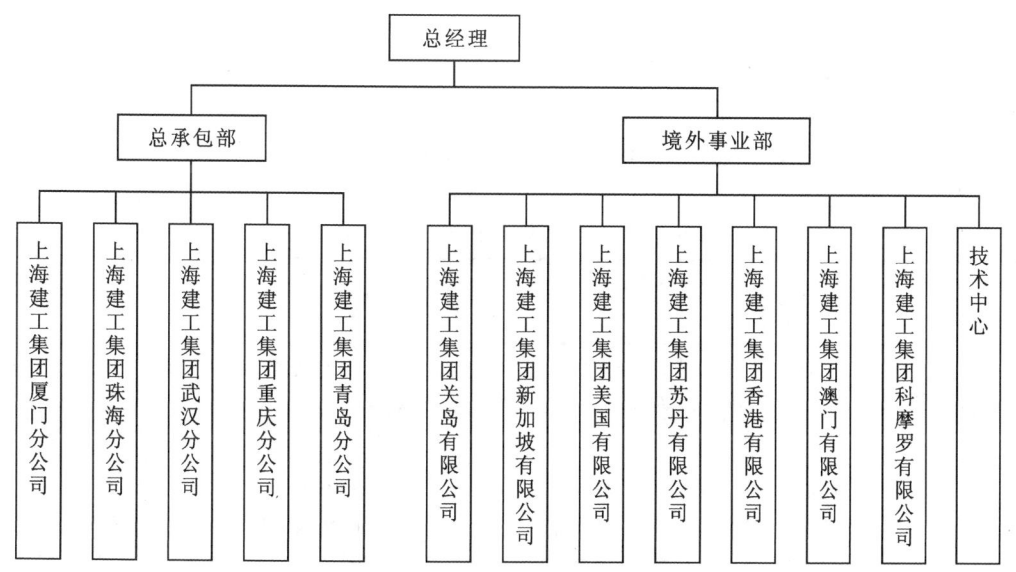

图2.8 上海建工集团事业部制项目组织结构图

2.2.2　工程项目组织形式的选择

从前面可以看出,一个项目有许多种组织形式可以选择,这些项目组织形式各有其使用范围、使用条件和特点,不存在唯一的适用于所有组织或所有情况的最好的项目组织形式,即不能说哪一种项目组织形式先进或落后,好或不好,必须按照具体情况分析。选择什么样的项目组织形式,应由企业做出决策,要将企业的具体情况综合起来分析,选择最适宜的项目组织形式,不能生搬硬套某一种形式,更不能不加分析地盲目做出决策。一般说来,应按下列情况具体分析:

(1)项目自身的情况,如规模、难度、复杂程度、项目结构状况、子项目数量和特征。

(2)上层系统组织状况,同时进行的项目数量,及其在本项目中承担的任务范围。同时进行的项目很多时,必须采用矩阵式的项目组织形式。

(3)应采用高效率、低成本的项目组织形式,能使各方面有效地沟通,各方面责权利关系明确,能进行有效的项目管理。

(4)决策简便、快速。由于项目与企业部门之间存在复杂的关系,而其中最重要的是指令权的分配,不同的项目组织形式有不同的指令权的分配。对此,企业和项目管理者都应有清醒的认识,并在组织设置及管理系统设计时贯彻这个精神。

(5)不同的组织结构可用于项目生命周期的不同阶段,即项目组织在项目期间不断改变。项目早期仅为一个小型的研究组织,可能采用工作队式项目组织;进入设计阶段可能采用部门控制式项目组织,或由一个职能经理领导项目规划和设计、合同谈判;在施工阶段,为一个生产管理为主的组织,对一个大项目可能采用矩阵式的项目组织;在交工阶段,需要各层次参与,再次产生集中的必要,通常仍采用部门控制式项目组织。

一般情况下,工程项目组织形式的选择原则为:

(1)大型综合企业的人员素质好,管理基础强,业务综合性强,可以承担大型任务,宜采用矩阵式、工作队式、事业部制的项目组织形式。

(2)简单项目、小型项目、承包内容专一的项目,应采用部门控制式项目组织。

(3)同一企业内可以根据项目情况采用几种组织形式,如将事业部制与矩阵式的项目组织结合使用,将工作队式与事业部制项目组织结合使用等,但不能同时采用矩阵式与工作队式项目组织,以免造成管理渠道和管理秩序的混乱。表2.1可供选择项目组织形式时参考。

表 2.1　选择项目组织形式参考因素

项目组织形式	项目性质	企业类型	企业人员素质	企业管理水平
直线式	中小型项目	项目经理直接领导	人员素质较高,能有效沟通	信息流通快,项目经理有指令权,直接控制资源,责任大
职能式	小型项目、简单项目、只涉及个别少数部门的项目	小建筑企业,任务单一的企业,大中型的基本保持部门控制式的企业	人员素质较差,力量薄弱,人员构成单一	管理水平较低,基础工作较差,缺乏有经验的项目经理

项目组织形式	项目性质	企业类型	企业人员素质	企业管理水平
矩阵式	多工种、多部门、多技术配合的项目，管理效率要求很高的项目	大型综合建筑企业，经营范围很宽、实力很强的建筑企业	人员文化素质、管理素质、技术素质很高，但人才紧缺，管理人才多，人员一专多能	管理水平很高，管理渠道畅通，信息沟通灵敏，管理经验丰富
事业部制	大型项目，远离企业基地的项目，事业部制企业承揽的项目	大型综合建筑企业，经营能力很强的企业，海外承包企业，跨地区承包企业	人员素质高，项目经理能力强，专业人才多	经营能力强，信息手段强，管理经验丰富，资金实力雄厚

2.3 项目经理部

2.3.1 项目经理部的作用

项目经理部是项目管理的工作班子，置于项目经理的领导之下。为了充分发挥项目经理部在项目管理中的作用，必须重视项目经理部的机构设置，要设计好、组建好、运转好，从而发挥其应有的功能。

(1)项目经理部在项目经理领导下，作为工程项目的一次性管理组织机构，负责项目从开工到竣工的生产经营管理，是企业在项目上的管理层，同时对作业层负有管理和服务的双重职能。项目经理部的工作质量将给作业层的工作质量带来重大影响。

(2)项目经理部是项目经理的办事机构，为项目经理决策提供信息依据，当好参谋，同时又要执行项目经理的决策、意图，对项目经理全面负责。

(3)项目经理部是一个组织团体，其作用包括：

①完成企业所赋予的基本任务，即项目管理和专业管理任务等。

②凝聚管理人员的力量，调动其积极性。

③促进管理人员的合作，树立为事业献身的精神。

④协调部门之间、管理人员之间的关系，发挥每个人的作用，为共同目标进行工作。

⑤影响和改变管理人员的观念和行为，使个人的思想、行为变为组织文化的积极因素。

⑥贯彻组织责任制度，搞好管理；沟通部门之间，项目经理部与作业层之间、与公司之间及与环境之间的信息。

(4)项目经理部是代表企业履行工程合同的主体，是对最终产品和建设单位全面、全过程负责的管理实体；通过履行主体与管理实体地位的体现，使每个项目经理部成为市场竞争的主体成员。

2.3.2 建立项目经理部的基本原则

建立项目经理部应遵循以下基本原则：

(1)要根据所设计的项目组织形式设置项目经理部。项目组织形式与企业对项目的管理方式有关，与企业对项目经理部的授权有关。不同的组织形式对项目经理部的管理力量和管理职责提出了不同的要求,同时也提供了不同的管理环境。

(2)要根据项目的规模、复杂程度和专业特点设置项目经理部。例如,大型项目经理部可以设置职能部、处,中型项目经理部可以设置职能处、科,小型项目经理部一般只需设置职能人员。如果项目的专业性强,可设置专业性强的职能部门,如水电处、安装处等。

(3)项目经理部是一个具有弹性的一次性管理组织,应随工程任务的变化而进行调整,不应搞成一级固定性组织。项目经理部在项目开工前建立,工程交工后,项目管理任务完成,项目经理部应解体。项目经理部不应有固定的作业队伍,而应根据项目的需要从劳务分包公司吸收人员,进行优化组合和动态管理。

(4)项目经理部的人员配备应面向现场,满足现场的计划与调度、技术与质量、成本与核算、劳务与物资、安全与文明作业的需要,而不应设置专管经营与咨询、研究与发展、政工与人事等与项目作业关系较少的非生产性管理部门。

(5)项目管理机构建成后,应建立有益于组织运转的工作制度。

2.3.3　项目经理部的部门设置和人员配备

项目经理部部门设置和人员配备的指导思想,是把项目经理部建成一个能够代表企业形象、面向市场的窗口,真正成为企业加强项目管理,实现管理目标,全面履行合同的主体。

按照动态管理、优化配置原则,项目经理部的编制及人员配备由项目经理、总工程师、总经济师、总会计师、政工师和技术、预算、劳资、定额、计划、质量、保卫、测试、计量及辅助生产人员约 15~45 人组成,其中专业职称设岗为:高级 5%~10%,中级 40%~45%,初级 37%~40%,其他 10%~13%。实行一职多岗,一专多能,全部岗位职责覆盖项目施工全过程管理,不留死角,避免了职责重叠交叉。

项目经理部可以根据所选的项目组织形式及项目的具体情况选择,一般可设置以下五个方面的管理部门:

(1)经营核算部门。主要负责预算、合同、索赔、资金收支、成本核算及劳动分配等工作。

(2)工程技术部门。主要负责生产调度、技术管理、施工组织设计、劳动力配置计划等工作。

(3)物资设备部门。主要负责材料工具的询价、采购、计划供应、管理、运输、机械设备的租赁及配套使用等工作。

(4)监控管理部门。主要负责工程质量与安全管理、消防保卫、文明施工、环境保护等工作。

(5)测试计量部门。主要负责计量、测量、试验等工作。

项目经理部也可按控制目标设置管理部门,包括进度控制、质量控制、成本控制、安全控制、合同管理、信息管理及组织协调等部门。

【案例 2.3】　某大厦项目经理部的部门设置和人员配备。

某市某综合大厦工程位于某某路 106 号,建筑面积 31 000m², 地下 3 层,地上 21 层,檐高 66m,框筒结构,箱形基础,基础埋深 14.5m,基坑采用护坡桩支护,地下水位埋深 3.9~4.9m,采用大口井加渗水井降水法;该工程按 8 度抗震设防,结构抗震等级框架为二级,剪力墙为 1 级,基础底板、外墙为 C30 防水混凝土,抗渗 S8;结构混凝土最大等级为 C40。该项目经理部的部门设置和人员配备情况:项目经理 1 人,执行经理 1 人,现场经理、技术经理、商务经理、机电经理各 1 人,工程部 3 人,机电部 2 人,商务部 2 人,质量安全部 2 人,物资部 2 人,技术部 2 人,办公室 3 人。如图 2.9 所示。

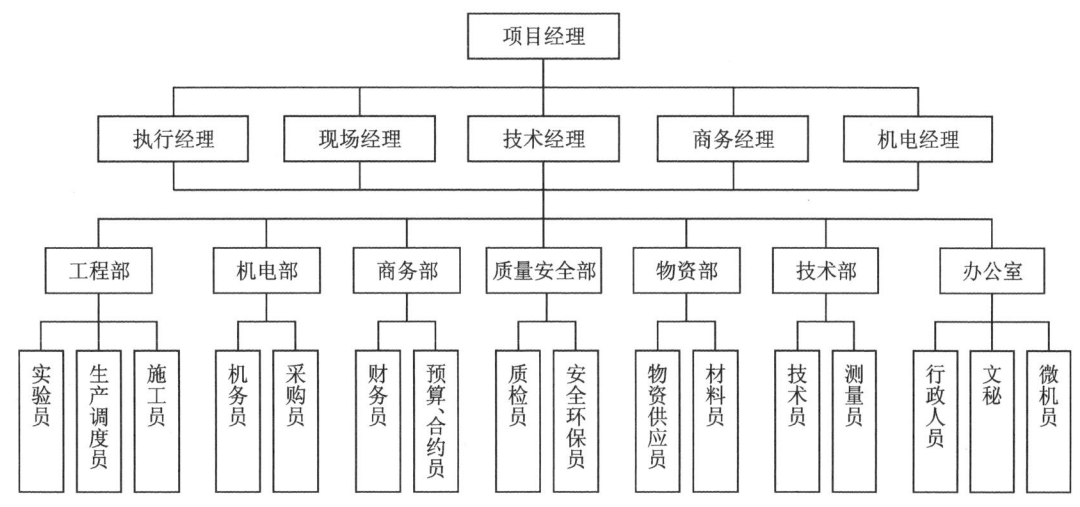

图 2.9　某大厦项目经理部的部门设置和人员配备

2.3.4　项目经理部的党工团组织建设与民主管理

(1)党工团组织建设

为了使党、团、工会建设适应项目管理,并围绕项目做好服务,项目经理部要加强党工团组织建设。项目经理部人员的党、团、工会组织关系原则上在原单位系统不动,但因工程项目施工周期长,应在项目经理部设党支部、团小组、工会。党支部书记一般由政工系统派出的专职政工人员担任,全面负责项目经理部人员的日常思想政治工作、党团组织的工作和工会工作,并实行党团组织、工会管理手册跟踪考核制度。

(2)项目民主管理委员会在项目中的地位

为了充分发挥全体职工的主人翁责任感,项目经理部应设立项目民主管理委员会。项目民主管理委员会一般由7～11人组成,由参与任务分包的劳务作业队全体职工选举产生,但项目经理、各劳务输入单位负责人或各作业承包队负责人应为法定委员。项目民主管理委员会的主要职责是听取项目经理的汇报,参与有关生产计划的制订、劳动工资的分配的会议,及时反映职工的建议和要求,帮助项目经理解决施工中出现的问题,定期评议项目经理和项目经理部的工作等。

2.3.5　项目经理部的解体

项目经理部是一次性的具有弹性的现场生产组织机构,工程竣工后,项目经理部应及时解体并做好善后处理工作。

(1)项目经理部解体的条件

①工程已经交工验收,已经完成竣工结算;

②与各分包单位已经结算完毕;

③已协助企业与发包人签订了"工程保修书";

④"项目管理目标责任书"已经履行完毕,经承包人审计合格;

⑤各项善后工作已与企业主管部门协商一致并办理有关手续。

(2)项目经理部解体的程序与善后工作

①企业工程管理部门是项目经理部组建和解体善后工作的主管部门,主要负责项目经理部的组建及解体后工程项目在保修期间的善后问题处理,包括因质量问题造成的返(维)修、工程剩余价款的结算及回收等。

②在施工项目全部竣工并交付验收签字之日起十五天内,项目经理部要根据工作需要向企业工程管理部写出项目经理部解体申请报告,同时向各业务系统提出本部善后留用和解体合同人员名单及时间,经有关部门审核批准后执行。

③项目经理部解聘工作人员时,为使其有一定的求职时间,应提前发给解聘人员两个月的岗位效益工资。

④项目经理部解体前,应成立以项目经理为首的善后工作小组,其留守人员由主任工程师及技术、预算、财务、材料人员各一人组成,主要负责剩余材料的处理、工程价款的回收、财务账目的结算移交,以及解决与甲方的有关遗留事宜。善后工作时间一般规定为三个月(从工程管理部门批准项目经理部解体之日起计算)。

⑤施工项目完成后,还要考虑项目的保修问题,因此在项目经理部解体与工程结算前,要由经营和工程部门根据竣工时间和质量等级确定工程保修费的预留比例。

(3)项目经理部效益审计评估和债权债务处理

①项目经理部剩余材料原则上让售给公司物资设备部,材料价格根据新旧情况按质论价,双方发生争议时可由经营管理部门协调裁决;对外让售必须经公司主管领导批准。

②由于现场管理工作需要,项目经理部自购的通信、办公等小型固定资产,必须如实建立台账,按质论价,移交企业。

③项目经理部的工程成本盈亏审计以该项目工程实际发生成本与价款结算回收数为依据,由审计牵头,预算、财务和工程部门参加,于项目经理部解体后第四个月写出审计评价报告,交经理办公会审批。

④项目经理部的工程结算、价款回收及加工订货等债权债务处理,由留守小组在三个月内完成;若三个月内未能全部收回又未办理任何法定手续,其差额部分作为项目经理部成本亏损额计算。

⑤经审计评估,整个工程项目综合效益除完成指标外仍有盈余者,全部上交,然后根据盈余情况给予奖励。整个经济效益审计为亏损者,其亏损部分一律由项目经理负责,按相应奖励比例从其管理人员风险(责任)抵押金和工资中扣除;亏损额超过一定数额者,经企业党委会和经理办公会研究,视情况给予项目经理个人行政与经济处分;亏损数额较大,存在严重的经济问题,性质严重者,企业有关部门有权起诉追究项目经理的刑事责任。

⑥项目经理部解体、善后工作结束后,项目经理离任重新投标或聘用前,必须按上述规定做到人走场清、账清、物清。

(4)项目经理部解体时的有关纠纷裁决

项目经理部与企业有关职能部门发生矛盾时,由企业经理办公会裁决,与分包及作业层关系中的纠纷依据双方签订的合同和有关的签证处理。

2.3.6　工程项目管理制度的建立

2.3.6.1　项目管理制度的作用

管理制度是组织为保证其任务完成和目标的实现,对例行性活动应遵循的方法、程序、要求及标准所做的规定,是根据国家和地方法规及上级部门的规定,制定的组织内部法规。项目管理制度由项目经理部制定,对项目经理部及其作业组织全体职工有约束力。项目管理制度的作用主要有:

(1)贯彻有关的法律、法规、方针、政策、标准、规范、规程等;

(2)用以指导本项目的管理,规范项目组织及职工的行为,使之按规定的方法、程序、要求、标准进行具体施工和管理活动,从而保证项目目标的实现。

2.3.6.2 制定项目管理制度的原则

项目经理部组建后,管理制度的制定是组织建设的内容之一。制定管理制度必须遵循以下原则:

(1)项目管理制度必须贯彻国家法律、法规、方针、政策及部门规章。

(2)制定项目管理制度必须实事求是,符合本项目的需要。施工项目最需要的是有关工程技术、计划、统计、经营、核算、分配及各项业务的管理制度,它们应是制定管理制度的重点。

(3)管理制度要配套,不留漏洞,形成完整的管理制度和业务体系。

(4)各种管理制度之间不能产生矛盾,以免职工无所适从。

(5)管理制度的制定要有针对性,任何一项条款都必须具体明确,词语表达要简洁、准确。

(6)管理制度的颁布、修改和废除要有严格的程序,项目经理是总决策者。凡不涉及公司的管理制度,由项目经理签字决定,报公司备案;凡涉及公司的管理制度,应由公司经理批准方可生效。

2.3.6.3 工程项目的主要管理制度

(1)工程项目管理制度的种类

①按颁发的单位分类

a.由企业颁发的涉及工程项目的管理制度。如项目经理责任制、项目核算制合同管理实施办法、业务系统化管理办法、劳动工资管理实施办法等。

b.由工程项目经理部颁发的管理制度。如现场管理实施办法、工程质量管理实施办法、现场安全管理办法、材料节约实施办法、技术管理规定、施工计划编制与实施办法等。

②按管理制度约束力的不同分类

a.责任制度。责任制度是以部门、单位、岗位为对象制定的,规定了每个人应该承担的责任,强调应创造性地完成各项任务。责任制是根据职位和岗位划分的,不同的职位、岗位,因其重要程度和责任轻重不同而责任各不相同。责任制完成的标准是多层次的,可以评定等级。

b.规章制度。规章制度是以各种活动、行为为对象,明确规定人们行为和活动的规范和准则,任何人只要涉及或参与其事都毫无例外地必须遵守。规章制度是组织的法规,它更强调约束性,对谁都同样适用,绝不因人的地位高低而异,执行的结果只有是与非,即遵守与违反这两个简单明了的衡量标准。

③按管理制度的专业特点分类

a.工程专业类管理制度。这类制度是围绕工程项目的目标和生产要素制定的,包括施工管理制度、技术管理制度、质量管理制度、安全管理制度、材料管理制度、劳动管理制度、机械设备管理制度和财务管理制度等,是工程项目最主要的管理制度。

b.非工程专业类管理制度。非工程专业类管理制度也很多,如有关责任制度、合同制度、分配制度和核算制度等。

（2）项目经理部工作制度的建立

项目经理部工作制度的建立应围绕计划、责任、监理、核算、奖惩等方面展开。"计划制"是为了使各方面都能协调一致地为工程项目总目标服务，必须覆盖项目施工的全过程和所有方面；计划的制订必须有科学的依据，计划的执行和检查必须落实到人。"责任制"建立的基本要求是：一个独立的职责必须由一个人全权负责，应做到人人有责可负、事事有人负责。"监理制"和"奖惩制"的目的是保证"计划制"和"责任制"贯彻落实，对项目任务完成进行控制和激励；它们应具备的条件是：有一套公平的绩效评价标准和评价方法，有健全的信息管理制度，有完整的监督和奖惩体系。"核算制"的目的是为上述四项制度提供基础，了解各种制度执行的情况和效果，并进行相应的控制；核算必须落实到最小的可控制单位，即班组中；要把按人员职责落实的核算与按生产要素落实的核算、经济效益和经济消耗结合起来，建立完整的核算工作体系。

项目经理部应执行公司的管理制度，同时根据本项目管理的特殊需要建立自己的制度，主要是目标管理、核算，现场管理、作业层管理、信息管理、资料管理等方面的制度。

2.4　项目经理

2.4.1　项目经理的地位和要求

2.4.1.1　项目经理的地位

工程项目是一次性的整体任务，在完成这项任务的过程中必须有一个最高的责任者和组织者，这就是项目经理。

项目经理是承包人的法定代表人在承包的项目上的一次性授权代理人，是对工程项目实施阶段全面负责的管理者，在整个活动中占有举足轻重的地位。确立工程项目经理的地位是搞好工程项目管理的关键。

（1）项目经理是企业法人代表在工程项目上负责管理和合同履行的一次性授权代理人，是项目管理的第一责任人。从企业内部看，项目经理是工程项目实施过程所有工作的总负责人，是项目动态管理的体现者，是项目生产要素合理投入和优化组合的组织者。从对外方面看，作为企业法人代表的企业经理，不直接对每个建设单位负责，而是由工程项目经理在授权范围内对建设单位直接负责。由此可见，工程项目经理是项目目标的全面实现者，既要对建设单位的成果性目标负责，又要对企业效益性目标负责。

（2）项目经理是协调各方面关系，使之相互紧密协作、配合的桥梁和纽带。他对项目管理目标的实现承担着全部责任，即承担着履行合同义务、执行合同条款、处理合同纠纷等责任，受法律的约束和保护。

（3）项目经理对项目实施进行控制，是各种信息的集散中心。自下、自外而来的信息，通过各种渠道汇集到项目经理；项目经理又通过指令、计划和协议等，对下、对外发布信息。通过信息的集散达到控制的目的，使项目管理取得成功。

（4）项目经理是项目责权利的主体。项目经理是项目总体的组织管理者，即项目中人、财、物、技术、信息和管理等所有生产要素的组织管理者，不同于技术、财务等专业的总负责人，项目经理必须把组织管理职责放在首位。首先，项目经理必须是项目实施阶段的责任主体，是实现项目目标的最高责任者,而且目标的实现还不能超出限定的资源条件。责任是实现项目经理负责制的核心,它构成了项目经理工作的压力,是确定项目经理权力和利益的依据。对项目经理的上级管理部门来说,最重要的工作之一就是把项目经理的这种压力转化为动力。其次,项目经理必须是项目的权力主体。权力是确保项目经理能够承担起责任的条件与手段,所以权力的范围必须视项目经理责任的要求而定;如果没有必要的权力,项目经理就无法对工作负责。最后,项目经理还必须是项目的利益主体。利益是项目经理的工作动力,是由于项目经理负有相应的责任而得到的报酬,所以利益的形式及利益的多少也应该视项目经理的责任而定。如果没有一定的利益,项目经理就不愿负有相应的责任,也不会认真行使相应的权力,也难以处理好与项目经理部的关系,以及国家、企业和职工之间的利益关系。

2.4.1.2 工程项目对项目经理的要求

由于项目经理对项目的重要作用,人们对他的知识结构、能力和素质的要求越来越高。按照项目和项目管理的特点,对项目经理有如下基本要求:

(1)政治素质

项目经理是企业的重要管理者,应具备较高的政治素质和职业道德,必须思想觉悟高、政策观念强,并具有良好的社会道德品质。在项目管理中应能自觉地坚持正确的经营方向,认真执行党和国家的方针、政策,遵守国家的法律和地方法规,执行上级主管部门的有关决定,自觉维护国家的利益,保护国家财产,正确处理国家、企业和职工三者之间的利益关系,并且能够坚持原则、善于管理、勇于负责、不怕吃苦,有较强的事业心和责任感。

(2)领导素质

项目经理是一名领导者,应具有较高的组织能力,具体应满足下列要求:

①博学多识,明礼诚信。即具有马列主义、现代管理、科学技术、心理学等基础知识,见多识广,眼界开阔,能够客观公正地处理各种关系。

②多谋善断,灵活机动。即具有独立解决问题和同外界洽谈业务的能力。思维敏捷,善于抓住最佳的时机,并能当机立断,坚决果断地去实施。当情况发生变化时,能够随机应变地追踪决策,巧妙地处理问题。

③团结友爱,知人善任。即用人要五湖四海,知人所长,用其所长,避其所短;尊贤爱才,大公无私,不任人唯亲,宽容大度,关心别人胜于关心自己。

④公道正直,勤俭自强。即能以身作则,办事公平,敬业奉献。

⑤铁面无私,赏罚分明。即对被领导者赏功罚过,不讲情面,以此建立管理权威,提高管理效率。

(3)知识素质

项目经理应当是一个专家,具有大专以上相应的学历层次和水平,懂得项目技术知识、经营管理知识和法律知识;特别要精通项目管理的基本理论和方法,懂得项目管理的规律;具有较强的决策能力、组织能力、指挥能力、应变能力,即经营管理能力;能够带领项目经理班子成员,团结广大职工一道工作,同时,在业务上必须是内行、专家。此外,每个项目经理还应经过专门的项目经理培训学习,并取得培训合格证书,取得相应资质的项目经理还应按规定定期接受继续教育。承担外资工程的项目经理还应掌握一门外语。

(4)实践经验

每个项目经理必须具有一定的工程实践经验和按规定经过一定的实践锻炼。只有具备了实践经验,才能灵活自如地处理各种可能遇到的实际问题。

（5）身体素质

由于项目经理要担当繁重的工作,而且工作条件和生活条件都因现场性强而相当艰苦,因此,项目经理必须年富力强,有健康的身体,以便保持充沛的精力和坚忍的意志。

2.4.1.3　项目经理职业道德及自律要求

1）项目经理的职业道德要求

人的道德观决定着人为人处事的准则。项目经理必须具备良好的道德品质,一方面是对社会的道德品质,另一方面是个人行为的道德品质。

（1）社会的道德品质要求

项目经理应有良好的社会道德品质,必须对社会的安全、文明、进步和经济发展负有道德责任。有些投资项目虽然自身的预期经济效益较为可观,但是从社会的利益、公众的角度考虑,该项目的投建可能破坏风景区的整体效果,可能造成环境污染、生态环境的破坏。虽然项目经理不能阻碍客户的投资动机,但具有高度社会责任的项目经理,可以通过项目规划和建议,将此类项目的社会负效应降到最低程度,最终保证社会利益、客户利益和自身利益的统一。

项目经理的社会道德品质要求包括：

①弘扬爱国主义精神,恪守职业道德。自觉践行社会主义荣辱观,积极促进和谐社会建设,增强全心全意为人民服务的宗旨意识。

②努力维护企业的形象和声誉,必须对社会的安全、文明、进步和经济发展负有道德责任,忠实履行自己的岗位职责,严格遵守廉洁自律的规定,自觉接受职工群众的监督;精心策划施工方案,深入现场组织管理,全面掌握施工情况,严格抓好工程管理。

③提倡公平竞争,维护市场秩序。抵制工程转包和违法分包,杜绝各种商业贿赂和不正当竞争,不参与串标、围标等违规活动。

④严格执行工程建设各项标准、规范和规程,确保工程质量;杜绝偷工减料,严禁使用不合格的建筑材料、设备、构配件;推行质量过程控制,积极争创精品工程。

⑤强化职业健康与安全管理,健全保证体系。进行风险预控,严格规章和操作规程,杜绝事故发生;确保职业健康与安全生产费用有效使用,落实职业健康与安全生产责任;发生事故不瞒报、不漏报、不迟报,并快速做出应急响应。

⑥致力于环境保护,节约资源,实践绿色施工。遵照国家和地方相关法律、法规,采取有效措施,控制施工现场的粉尘、废弃物、噪声、振动等对环境的污染;做好节能、降耗、减排以及尽量利用可循环材料等工作,提升项目实施水平。

⑦承担社会责任,接受行业监督。弘扬行风正气,维护行业和企业形象;积极促进社会文明,加强项目文化建设;热心公益和慈善事业,构建和谐共赢的行业环境。

（2）个人的道德品质要求

在现代的项目管理中,项目经理面对大型复杂的工程项目,控制着巨大的财权和物权,如果项目经理个人道德品质不纯不良,很容易出现贪赃枉法、以权谋私的行为。为了挖公填私,一些项目经理往往对工程项目进行偷工减料,导致项目的最终失败,造成不可挽回的重大损失。

项目经理的个人道德品质要求包括：

①体现自身的价值,倡导诚实信用,履行管理职责,维护企业利益,推进行业进步。

②坚持求真务实,爱岗敬业,清正廉洁,严守法纪,为人坦诚,公正磊落。

③提高执业水平,培育创新能力。加强业务学习,不断更新知识;组织策划和实施项目管理创新,积极推广应用新工艺、新方法、新技术、新材料、新设备,积极进取,勇于创新。

④重合同守信用,履行约定义务。严格履行与建设单位、分包单位、材料设备供应单位等签订的合同;平等互利,合理索赔;不接受建设单位违规指定的不合格分包单位、材料设备供货单位与建筑材料、设备。

⑤关怀爱护员工,维护合法权益。不拖欠分包队伍工程款和职工工资;在规定的职责范围内,切实保障劳动者的福利待遇、工作条件、社会保险、职业健康、生活环境、宗教信仰等合法权益。

2)项目经理的自律要求

①遵纪守法,坚持原则,忠于职守。项目经理应具有思想觉悟高、政策观念强的品质,认真执行党和国家的方针、政策,遵守国家的法律和地方法规,执行上级主管部门的有关决定。要以高度的热情和积极性投入工作,遵纪守法,忠于职守,任劳任怨,廉洁奉公,使命感和责任感较强,全心全意地做好本职工作。

②以身作则,树立良好榜样。作为一个管理者,以身作则是最基本的素质,不能为自己违反规范和制度找各种借口,"只许州官放火,不许百姓点灯"是无法将规范和制度推入人心的。所以项目经理应严于律己,以身作则,树榜样,做楷模。如果项目经理违反了规范,只有当众加重处罚,才能服众。

③言行一致,为人正直,公平无私。项目经理应一言九鼎,言行一致,说到做到,为人坦荡、正直,并敢于承担责任。办事雷厉风行,公平无私,赏罚分明,不能因为亲戚朋友等关系或其他不正当的行为违反原则。

④求贤若渴,重视人才,广纳良策。项目经理虽然是工程项目的总负责人、总指挥,但完成工程项目需要的是集体的智慧,依靠的是团队力量。因此,项目经理要重视人才,积极听取团队其他人的意见,广开言路,广纳良策,追求项目目标的最高点,追求尽善尽美。

⑤目光长远,具有大局观念。项目管理,就如下棋、打仗,需要大局观念,如果只计较一兵一卒的得与失,却失之全局形势的把握,失败则与之不远。因此,项目经理需要通盘考虑,从大局出发,用长远的目光分析问题,不能目光短浅。

⑥勇于批评与自我批评。项目经理要勇于批评与自我批评,善于总结,不断地完善自己。总结的过程就是不断改进的过程,取人所长,补己之短,才能不断提高,趋于完善。

2.4.1.4 项目经理的选择

项目经理的选择,一是要有合理的选择方式,二是要有规范的选择程序,三是要确定谁是决策者。

(1)选择方式。项目经理的选择方式有面向社会竞争招聘、人事部门按企业组织制度委任和基层推荐。

(2)选择程序。项目经理的选择程序是:初选对象—调查评估—确定对象—正式任命。可参考图2.10运作。

(3)工程项目经理的决策者应当是企业法定代表人,由他任命工程项目经理,法定代表人可以兼任一个重点工程项目的项目经理。

2.4.1.5 项目经理的基本工作和经常性工作

(1)项目经理的基本工作

①规划项目管理目标。项目经理应当对质量、工期、成本目标做出规划;应当组织项目经

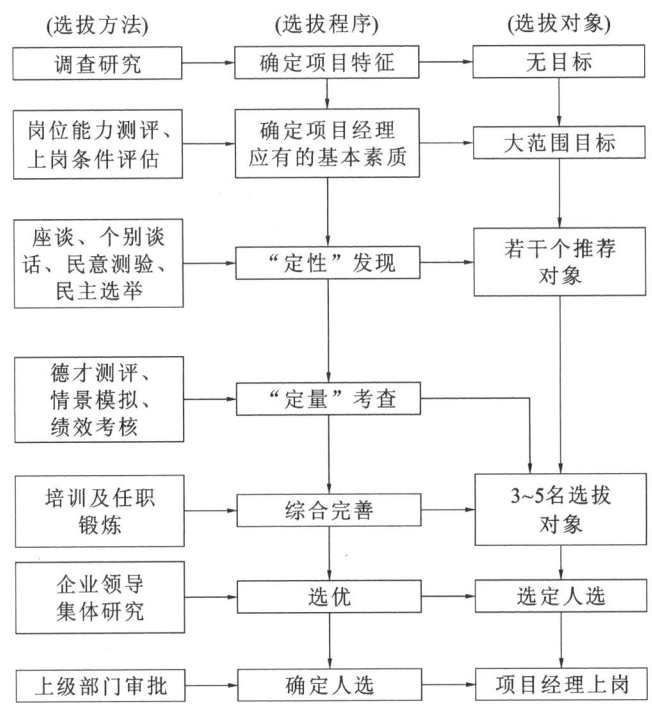

图 2.10　选拔项目经理程序、方法、对象关系图

理班子成员对目标系统做出详细规划,进行目标管理。目标规划工作从根本上决定了项目管理的效能。确定了项目管理目标,就使员工的活动有了中心。

②制定制度和规范。要建立合理而有效的项目管理组织机构,制定重要的规章制度和规范,从而保证规划目标的实现。规章制度和规范必须符合现代管理基本原理,必须面向全体职工,使他们乐于接受,以利于推进规划目标的实现。规章制度和规范由项目经理组织机构制定,项目经理给予审批、督促和效果考核。

③选用人才。项目经理必须选择好项目经理班子成员及主要的业务人员。项目经理在选择人员时,应坚持精干高效的原则,要选得其才,用得其能,置得其所。

(2)项目经理的经常性工作

①决策。项目经理必须按照科学的方法进行重大决策。项目经理不需要包揽一切决策,只需要对如下两种情况做出及时明确的决断:一是出现了非规范事件,即例外性事件,例如特别的合同变更、对某种特殊材料的购买、领导重要指示的执行决策等。二是下级请示的重大问题,即涉及项目目标的全局性问题。

②深入实际。项目经理必须经常深入实际,密切联系群众,这样才能体察下情,了解实际,及时发现问题,便于开展领导工作,把问题解决在群众前面,把关键工作做在最恰当的时候。

③继续学习。项目管理涉及现代生产、科学技术、经营管理的最新成就,项目经理必须接受继续教育、事先学习、干中学习。事实上,群众的水平是在不断提高的,项目经理如果不学习提高,就不能很好地领导群众,也不能很好地解决出现的新问题。项目经理必须不断抛弃老化了的知识,不断地学习新知识、新思想和新方法,要跟上改革形势,推进管理改革,适应国内、国际市场的需求。

④实施合同。对合同中确定的各项目标的实现进行有效的协调与控制,组织全体职工实现工期、质量、成本、安全、文明施工目标,提高经济效益。

2.4.1.6 项目经理的职业管理

(1)项目经理应遵守的原则

项目经理在行使职权时必须遵守的原则:

①忠实履行和承担所授予的权力与责任。

②严格按照授权管理规定,有效行使管理职责,自觉防止超越和滥用权力。

③接受企业管理层的监督和管理。

④及时反馈相关的信息,坚决执行重大事项报告制度。

(2)企业对项目经理的管理

①建立项目经理考核档案,加强对项目经理的考核管理工作。

②对创优项目的项目经理给予精神和物质奖励。

③发生事故的项目,应根据责任大小,给予项目经理训诫、行政降职、限制担任项目经理甚至解除劳动合同的处分,触犯法律、法规的按国家相关规定执行。经济处罚依据国家法律、法规规定,"工程项目承包合同"和"项目管理目标责任书"的有关条款执行。

④经考核和审计后,按"项目管理目标责任书"的规定予以表彰和奖励。由于项目经理失职导致未完成合同目标或给企业造成损失的,则按"项目管理目标责任书"的规定给予相应处罚。

⑤项目经理应按建设行政主管部门的规定参加继续教育培训。

⑥加强对项目经理人才的选拔、教育和培养,在完善的企业制度体系下重视项目经理队伍的规划和建设。

2.4.2 项目经理责任制

2.4.2.1 项目经理责任制的概念

(1)项目经理责任制的含义

项目经理责任制,是指以项目经理为责任主体的项目管理目标责任制,用以确立项目经理与企业、职工三者之间的责权利效关系。它是以工程项目为对象,以项目经理全面负责为前提,以"项目管理目标责任书"为依据,以创优质工程为目标,以求得项目产品的最佳经济效益为目的,实行从项目开工到竣工、验收、交工的一次性全过程的管理。

(2)项目经理责任制的主体与重点

①项目管理是项目经理全面负责,项目经理部成员集体参与的管理。工程项目管理的成果不仅仅是项目经理个人的功劳,项目经理部是一个集体,没有集体的团结协作就不会取得成功。由于明确了分工,每个成员都分担了一定的责任,大家一致对国家和企业负责,共同享受企业的利益。但是,由于责任不同,承担的风险也不同,比如质量,项目经理要承担终身责任,所以,项目经理责任制的主体必然是项目经理。

②项目经理责任制的重点在于管理。管理是科学,是规律性的活动。项目经理责任制的重点必须放在管理上。如果说企业经理是战略家,那么项目经理就应当是战术家。因此,项目经理责任制要注重管理的内涵和运用。

(3)项目经理责任制的特点

工程项目经理责任制有以下特点:

①对象终一性。它以工程项目为对象,实行产品形成过程的一次性全面负责,不同于过去企业的年度或阶段性承包。

②主体直接性。它实行经理负责、全员管理、标价分离、指标考核、项目核算,确保上缴、节约增效、超额奖励的复合型指标责任制,重点突出了项目经理个人的责任。

③内容全面性。项目经理责任制是根据先进、合理、实用、可行的原则,以保证提高工程质量,缩短工期,降低成本,保证安全和文明施工等各项目标为内容的全过程的目标责任制。它明显地区别于单项或利润指标承包。

④责任风险性。项目经理责任制充分体现了"指标突出,责任明确,利益直接,考核严格"的基本要求,其最终结果与项目经理部成员,特别是与项目经理的行政晋升、奖罚等个人利益直接挂钩,经济利益与责任风险同在。

2.4.2.2　项目经理责任制的作用

项目经理责任制的作用主要体现在以下几点:

(1)有利于明确项目经理与企业和职工三者之间的责权利效关系。

(2)有利于项目规范化、科学化管理和提高产品质量。

(3)有利于运用经济手段强化对项目的法制管理。

(4)有利于促进和提高企业项目管理的经济效益和社会效益,不断解放和发展生产力。

2.4.2.3　项目经理责任制管理目标确立的原则

(1)实事求是

"项目管理目标责任书"的制定形式和指标确定是项目经理责任制的重要内容,企业应力求从项目管理的实际出发,做到:

①具有先进性,不搞"保险承包"。在指标的确定上,应以先进水平为标准,避免"不费力、无风险、稳收入"的现象出现。

②具有合理性,不搞"一刀切"。不同的工程类型和现场条件采取不同的经济技术指标,不同的职能人员实行不同的岗位责任制,力争做到大家在同一起跑线上平等竞争,减少分配不公现象。

③具有可行性,不追求形式。对因不可抗力而导致项目管理目标责任难以实施的,应及时调整,以使每个责任人既要感到风险压力,又能充满必胜的信念,避免"以包代保"、"以包代管"等现象。

(2)兼顾企业、项目经理和职工三者的利益

在项目经理责任制中,企业、项目经理和职工三者的根本利益是一致的。一方面,项目经理责任制应把保证企业利益放在首位;另一方面,也应维护项目经理和职工的正当利益,特别是在确定个人收入基数时,要切实贯彻按劳分配、多劳多得的原则。

(3)责权利效统一

责权利效的统一,是项目经理责任制的一项基本原则,这里需要特别注意的是,必须把"效"(即企业的经济效益和社会效益)放在重要地位。因为虽尽到了责任,获得了相应的权力和利益,不一定就会产生好的效益,责权利的结合应最终围绕企业的整体效益来运行。

2.4.2.4　实行项目经理责任制的条件

实行项目经理责任制,必须坚持管理层与劳务层分离的原则,依靠市场,实行业务系统化管理,通过人、财、物各要素的优化组合,发挥系统管理的有效职能,使管理向专业化、科学化发

展,同时又赋予项目经理一定权力,促使项目高速、优质、低耗地全面完成。实行项目经理责任制必须具备下列条件:

(1)项目任务落实,开工手续齐全,具有切实可行的项目管理规划大纲或施工组织总设计。

(2)图纸、工程技术资料、劳动力配备、主材落实,能按计划提供。

(3)组织一个精干、得力、高效的项目管理班子,有一批懂技术、会管理、敢负责并掌握项目管理技术的人才。

(4)建立了企业业务工作系统化管理,企业具有为项目经理部提供人力资源、材料、设备及生活设施等各项服务的功能。

2.4.3 施工企业项目经理的责任

2.4.3.1 项目管理目标责任书

项目管理目标责任书应在项目实施之前,由企业法定代表人或其授权人与项目管理机构负责人(项目经理)协商制定。项目管理目标责任书应属于组织内部明确责任的系统性管理文件,其内容应符合组织(企业)制度要求和项目自身特点。

按照《建设工程项目管理规范》(GB/T 50326—2017)的要求,编制项目管理目标责任书应依据下列信息:项目合同文件;组织管理制度;项目管理规划大纲;组织经营方针和目标;项目特点和实施条件与环境。

项目管理目标责任书应包括下列内容:

(1)项目管理实施目标。

(2)组织和项目管理机构职责、权限和利益的划分。

(3)项目现场质量、安全、环保、文明、职业健康和社会责任目标。

(4)项目设计、采购、施工、试运行管理的内容和要求。

(5)项目所需资源的获取和核算办法。

(6)法定代表人向项目管理机构负责人委托的相关事项。

(7)项目管理机构负责人和项目管理机构应承担的风险。

(8)项目应急事项和突发事件处理的原则和方法。

(9)项目管理效果和目标实现的评价原则、内容和方法。

(10)项目实施过程中相关责任和问题的认定和处理原则。

(11)项目完成后对项目管理机构负责人的奖惩依据、标准和办法。

(12)项目管理机构负责人解职和项目管理机构解体的条件及办法。

(13)缺陷责任期、质量保修期及之后对项目管理机构负责人的相关要求。

企业应对项目管理目标责任书的完成情况进行考核和认定,并依据考核结果和项目管理目标责任书的奖惩规定,对项目管理机构负责人(项目经理)和项目管理机构进行奖励或处罚。项目管理目标责任书还应根据项目实施的具体变化进行补充和完善。

2.4.3.2 项目管理机构负责人的职责

按照《建设工程项目管理规范》(GB/T 50326—2017)的要求,项目管理机构负责人(项目经理)的职责如下:

(1)项目管理目标责任书中规定的职责。

(2)工程质量安全责任承诺书中应履行的职责。

(3)组织或参与编制项目管理规划大纲、项目管理实施规划,对项目目标进行系统管理。

(4)主持制定并落实质量、安全技术措施和专项方案,负责相关的组织协调工作。

(5)对各类资源进行质量监控和动态管理。

(6)对进场的机械、设备、工器具的安全、质量和使用进行监控。

(7)建立各类专业管理制度并组织实施。

(8)制定有效的安全、文明和环境保护措施并组织实施。

(9)组织或参与评价项目管理绩效。

(10)进行授权范围内的任务分解和利益分配。

(11)按规定完善工程资料,规范工程档案文件,准备工程结算和竣工资料,参与工程竣工验收。

(12)接受审计,处理项目管理机构解体的善后工作。

(13)协助和配合组织进行项目检查、鉴定和评奖申报。

(14)配合组织完善缺陷责任期的相关工作。

2.4.3.3 项目管理机构负责人的权限

按照《建设工程项目管理规范》(GB/T 50326—2017)的要求,项目管理机构负责人(项目经理)的权限如下:

(1)参与项目招标、投标和合同签订。

(2)参与组建项目管理机构。

(3)参与组织对项目各阶段的重大决策。

(4)主持项目管理机构工作。

(5)决定授权范围内的项目资源使用。

(6)在组织制度的框架下制定项目管理机构管理制度。

(7)参与选择并直接管理具有相应资质的分包人。

(8)参与选择大宗资源的供应单位。

(9)在授权范围内与项目相关方进行直接沟通。

(10)法定代表人和组织授予的其他权利。

项目管理机构负责人(项目经理)应接受企业法定代表人和组织机构的业务管理,企业有权对项目管理机构负责人给予奖励和处罚。

2.4.4 项目经理责任制管理目标责任体系的建立与考核

责任制体现了企业生产方式与市场招投标机制的统一,有利于企业经营机制的转换。其作用的最大限度发挥取决于是否建立起以项目经理为中心的指标责任网络体系。

2.4.4.1 项目经理责任制管理目标责任体系的建立

项目管理目标责任体系的建立是实现项目经理责任制的重要内容,项目经理之所以能对工程项目承担责任,就是因为有自上而下的目标管理和岗位责任制作基础。

(1)项目经理与企业经理(企业法定代表人)代表之间的责任制

项目经理产生后,与企业经理就工程项目全过程管理签订"项目管理目标责任书"。其内容是对项目从开工到竣工交付使用全过程及项目经理部建立、解体和善后处理期间重大问题的办理而事先形成的具有企业法规性的文件。这种责任书,也是项目经理的任职目标。责任书的签订须经双方同意并经企业工会签证,具有很强的约束力。

在"项目管理目标责任书"的总体指标内,按企业当年综合计划,项目经理与企业经理签订"年度项目经理经营责任状"。因为有些项目经理部承担的工程任务跨年度,甚至好几年,如果只有"项目经理目标责任书"而无近期年度责任状,就很难保证工程项目最终目标的实现。"年度项目经理经营责任状"是以公司当年统一下达给各项目经理部的计划指标为依据,主要内容包括生产产值、工程形象进度、工程质量、成本降低、文明生产和安全生产要求等。

(2)项目经理与本部其他人员之间的管理目标责任制

项目经理在实行个人负责制的过程中,还必须按"管理的幅度"和"能位匹配"等原则,将"一人负责"转变为"人人尽职尽责",在内部建立以项目经理为中心的分工负责岗位目标管理责任制。主要内容有:

①按"双向选择,择优聘用"的原则,配备合格的管理班子。

②明确每一业务岗位的工作职责。按业务系统管理方法,在系统基层业务人员的工作职责基础上,进一步将每一业务岗位工作具体化、规范化,尤其是各业务人员之间的分工协作关系一定要规定清楚。

③签订系统人员业务上岗责任状,明确各自的责权利,这是企业横向目标管理责任制落实到个人的具体反映。

2.4.4.2 建立项目管理目标责任体系的做法

(1)一条原则,两个坚持

本着"宏观控制,微观搞活"的原则,坚持推行以项目管理为核心、业务系统管理为基础、思想政治工作为保证的全员管理责任制,坚持运用法律手段建立企业内部全员合同制。

(2)三种目标责任制类型

①以工程项目为对象的三个层次的责任制。工程项目管理的好坏不仅关系到项目经理部的命运,而且直接关系到企业的根本利益。所以,项目、栋号、班组这三个层次之间责任制的落实必须首先体现企业和国家的利益,本着"指标突出、责任明确、利益直接、考核严格、个人负责、全员管理、民主监督"的原则进行。

②以工程项目分包单位为对象的经济责任制。

③企业职能部门与各项目经理部之间的关系。企业各职能部门为项目管理提供服务、指导、协调、控制、监督保证,应把其工作分为三个部分实行业务管理责任制。一是对企业管理负责的职能性工作,包括制定规章制度、研究改进工作、指导基层管理、监督检查执行情况、沟通对外联系渠道、提供决策方案等。二是对企业效益负责的职权性工作,包括严格掌管财与物、为现场提供业务服务、帮助现场解决问题等。三是按照软指标硬化的原则,对部室实行"五费"包干,即包工资,增人不增资,减人不减资;包办公费、招待费、交通费、差旅费,做到超额自负,节约按比例提取奖励。

(3)四种工资

①一线工人实行全额累进计件工资制。

②二、三线工人实行结构浮动效益工资制。

③干部实行岗位效益工资制。

④对于无法用以上三种方式计酬的部分职工,根据不同情况,分别实行档案工资和内部工资、待岗工资制。

2.4.4.3 项目管理目标责任制的考核

考核是项目管理目标责任制生效期间的必要内容。考核的目的和作用,是对其经营效果或经济责任制履行情况的总结,也是对责任单位和个人经营活动的合法性、真实性、有效性程度做出符合客观实际的评价,这对于爱护、鼓励和调动责任单位和个人的积极性,维护项目责任制的严肃性、公正性、连续性都大有好处。

(1)项目经理部责任制的考核

项目经理部在项目的生产经营中,发挥着相对独立的决策、指挥、协调等各种作用,承担着处理企业内外和上下左右各方面的经济关系的责任,因此,项目经理部的考核内容也应是多方面的。

①考核依据

它包括"项目管理目标责任书"和项目经理部在考核期内生产经营的实际效果两大部分。

②考核内容

项目经理部是企业内部相对独立的生产经营管理实体,其工作的目标是通过项目管理活动,确保经济效益和社会效益的提高。因此,考核内容主要是围绕"两个效益"全面考核并与单位工资总额和个人收入挂钩。工期、质量、安全等指标实行单项考核,奖罚同工资总额挂钩浮动。

③考核方法

a.组织机构。企业应成立专门的考核领导小组,由主管生产经营的领导挂帅,经营、工程、安全、质量、财会、审计等有关部门领导参加。日常工作由公司经营管理部门负责。考核领导小组对个别特殊问题进行研究商定,对整个考核结果集体审核并讨论通过,最后报请企业经理办公会决定。

b.考核周期。每月由经营管理部门按统计报表和文件规定,进行政审性的考核。季度由考委会按纵横考评结果和经济效益综合考核,预算工资总额,确定管理人员岗位效益工资档次。年末全面考核,进行工资总额结算和人员最终奖罚兑现。

(2)分包队的责任制考核

项目经理部下属的作业分包队,由项目经理部按双方所签责任状进行考核。考核方法是月预提,季预结,年度全面考核结算。由于施工项目经理部下属的作业分包队只是对直接费用承包,所以不能简单地照搬企业对项目的考核办法,应按实际节约值的工资提成比例分别计算,这个考核办法可供劳务分包公司参考。

(3)生产班组的责任考核

施工生产班组以综合施工任务书为依据,实行全额累进计件工资、优质优价和材料节余奖励。其考核的内容相对来说比较少,考核单位应把好施工任务书在工前编制下达、工中检查验收、工完结算兑现三关。对于因班组自身责任造成的质量返工、工伤事故、材料超耗等,应严格按规定执行。若由考核单位造成以上问题时,班组可依据规定索赔,考核单位也应如实给予补偿。

2.5 项目团队建设

2.5.1 项目团队

项目团队主要指项目经理及其领导下的项目经理部和各职能管理部门。由于项目的特殊性,特别需要强调项目团队的团队精神,团队精神对项目经理部的成功运作起关键作用。

项目团队的团队精神具体体现在:

①有明确共同的目标。这里的目标一定是所有项目成员的共同意愿。

②有合理的分工与合作。通过责任矩阵明确每一个成员的职责,各成员间是相互合作的关系。

③有不同层次的权力和责任。

④组织有高度的凝聚力,能使大家积极地参与。

⑤团队成员全身心投入项目团队工作中。

2.5.2 项目团队建设

项目团队建设是指将肩负项目管理使命的团队成员按照特定的模式组织起来,协调一致,以实现预期项目目标的持续不断的过程。它是项目经理和项目管理团队成员的共同职责,团队建设过程中应创造一种开放和自信的气氛,使全体团队成员有统一感和使命感。

(1)项目团队建设的重要性

项目团队建设就是要创造一个良好的氛围与环境,使整个项目管理团队为实现共同的项目目标而努力奋斗。项目团队建设的重要性主要体现在:

①使团队成员确立明确的共同目标,增强吸引力、感召力和战斗力。

②做到合理分工与协作,使每个成员明确自己的角色、权力、任务和职责,以及与其他成员之间的关系。

③建立高度的凝聚力,使团队成员积极热情地为项目成功付出必要的时间和努力。

④加强团队成员之间的相互信任,促使成员间相互关心、彼此认同。

⑤实现成员间有效的沟通,形成开放、坦诚的沟通气氛。

(2)项目团队建设中的意识

一个成功的项目团队应树立五种意识,即目标意识、团队意识、服务意识、竞争意识和危机意识。

①目标意识。应该做到目标到人、个人目标与组织目标相结合,有强烈的责任心和自信心。

②团队意识。包括团队成功观念,树正气、刹歪风,个人利益和团队利益相结合。

③服务意识。包括面向客户的服务、面向团队内部的服务及面向维修保养人员的服务。

④竞争意识。包括责权利均衡、论功行赏,处理好主角与配角的关系。

⑤危机意识。包括使命感,行业、市场的危机,团队的危机。

(3)项目团队建设的阶段

①形成阶段。在这一阶段,主要依靠项目经理来指导和构建团队。团队形成需要两个基础,即以整个运行的组织为基础,一个组织构成一个团队的基础框架,团队的目标为组织的目标,团队的成员为组织的全体成员;在组织内的一个有限范围内为完成某一特定任务或为一共同目标等而形成团队。

②磨合阶段。磨合阶段是团队从组建到规范阶段的过渡过程,主要指团队成员之间,成员与内外环境之间,团队与所在组织、上级、客户之间进行的磨合。

在这个阶段,由于项目任务比预计的繁重、困难,成本或进度的计划限制可能比预计的紧张,项目经理部成员会产生激动、希望、怀疑、焦急和犹豫的情绪,会有许多矛盾,而且可能有的团队成员会因不适应而退出团队,为此,团队要进行重新调整与补充。在实际工作中,应尽可能地缩短磨合时间,以便使团队早日形成合力。

③规范阶段。经过磨合阶段,团队的工作开始进入有序化状态,团队的各项规则经过建立、补充与完善,成员之间经过认识、了解与相互定位,形成了自己的团队文化、新的工作规范,培养了初步的团队精神。

④表现阶段。经过上述三个阶段,团队进入了表现阶段。这是团队最佳状态的时期,团队成员彼此高度信任,配合默契,工作效率有大的提高,工作效果明显,这时团队已经比较成熟。

⑤休整阶段。休整阶段包括休止与整顿两方面的内容。团队休止是指团队经过一个时期的工作,工作任务即将结束,团队将面临总结、表彰等工作,所有这些都暗示着团队前一时期的工作已经基本结束,团队可能面临着解散的状况,团队成员要考虑自己的下一步工作。

团队整顿是指团队的原工作任务结束后,团队准备接受新的任务时,要进行调整和整顿,包括工作作风、工作规范、人员结构等方面的调整与整顿。如果这种调整比较大,实际上是构建一个新的团队。

(4)项目团队能力的持续改进方法

①改善工作环境

工作环境是指团队成员工作地点的周围情况和工作条件。工作环境的状况会影响人的工作情绪、工作效率、工作的主动性和创造性,进而影响工作质量与工作进度。因此,项目负责人应注意通过改善团队的工作环境来提高团队的整体工作质量与效率,特别是对于工作周期较长的项目。

②人员培训与文化管理

培训包括为提高项目团队技能、知识和能力而设计的所有活动。通过培训,将有效地推进项目的文化建设和管理。项目培训可以是正式的,也可以是非正式的。

在培训中,应该重点引导员工的文化及价值取向,要逐步形成项目文化管理的基础架构,包括:各种制度和程序应该根据惯例、文化的发展定期进行修订,惯例、文化的发展也必须将各种制度、程序的要求囊括其中,这样使培训与文化管理有机地结合起来,提高项目管理的效果。

③团队的评价、表彰与奖励

团队的评价是对员工的工作业绩、工作能力、工作态度等方面进行调查与评定。评价是激励的方式之一。正确地开展评价,可以形成良好的团队精神和团队文化,可以树立正确的是非标准,可以让人产生成就与荣誉感,从而使团队成员能够在一种竞争的激励中产生工作动力,提高团队的整体能力。团队评价可以采取指标考核、团队评议、自我评价等多种方式。

表彰与奖励体系是管理活动的重要组成部分,可以提高或强化管理者所希望的行为。在取得的成绩与奖励之间建立起清晰、明确、有效的联系,有助于使表彰与奖励成为管理活动行之有效的工具。

④反馈与调整

项目人员配备、项目计划、项目执行报告等都只是反映了项目内部对团队发展的要求,除此之外,项目团队还应该对照项目之外的期望进行定期的检查,使项目团队建设尽可能符合团队外部对其发展的期望。外部反馈的信息主要包括委托方的要求、项目团队领导层的意见及其他相关客户的评价与建议等。

当项目团队成员的表现不能满足项目的要求或者不适应团队的环境时,项目经理必须对项目团队成员进行调整。项目团队调整的另一项内容是对团队内的分工进行调整,这种调整有时是为了更好地发挥团队成员的专长,或为了解决项目中的某一问题,也可能是为了化解团队成员之间的矛盾。调整的目的都是为了使团队更适合项目工作的要求。

小　　结

项目组织的含义、作用及基本结构,项目组织机构的设置原则和程序非常重要。项目组织结构的建立以及组织形式的选择不是随意的,必须按照项目的规模和特点进行比较、筛选。明确项目经理的责权利、项目团队建设的基本内容,是项目组织的核心。本章的重点是施工项目管理的组织形式,通过案例的分析和阐述,掌握直线式、职能式、矩阵式及事业部制项目组织形式的特点和适用范围。

复习思考题

3.1　项目组织的作用有哪些?如何克服项目组织的不足之处,最大限度地发挥它的优势?

3.2　选择项目组织形式应考虑哪些问题?

3.3　矩阵式项目组织形式有什么特点?有哪些适用条件?

3.4　简述项目经理部的解体条件。

3.5　简述项目经理应具备的素质、能力和知识结构。

3.6　简述军队指挥员、政府官员、企业经理、技术人员作为项目经理的优势和局限性。

3.7　什么叫项目经理责任制?作用有哪些?

3.8　怎样全面看待项目经理的责权利?

3.9　项目团队及团队建设的概念是什么?

3.10　如何进行项目团队建设?

3 工程项目范围管理与管理规划

 **素质目标**

能"既见树木又见森林",形成工程整体观和全局意识。

 **知识目标**

通过本章的学习,使学生熟悉工程项目范围管理的概念、范围的确定,了解工程项目的结构分析及范围控制;熟悉项目管理规划的定义、作用和要求,掌握项目管理规划大纲和项目管理实施规划的内容;熟悉工程项目管理规划的编制;了解项目管理策划的概念及程序;熟悉项目管理配套策划的内容。

 **能力目标**

具备编制项目管理规划大纲和项目管理实施规划的能力。

3.1 工程项目范围管理

3.1.1 工程项目范围管理的概念

(1)项目范围管理

项目范围是指为了顺利实现项目的目标,完成项目可交付成果而必须完成的工作,即项目行为系统的范围。对一个工程项目而言,它的范围就是完成一个确定规模的工程建设任务的所有活动的范围,它构成了工程项目的实施过程。

项目范围通常由如下工作构成:

①专业工作。如各种专业设计、施工和供应工作等。

②管理工作。指为实现项目目标所必需的预测、决策、计划和控制工作。这些管理工作还可以分为各种职能管理工作,如进度管理、质量管理、成本管理、合同管理、资源管理和信息管理等。

③行政工作。指在项目实施过程中的一些行政事务性工作,如行政审批工作等。

确定项目的范围就是确定项目的系统界限,明确项目管理的对象。项目范围管理是对项目工作范围进行的定义、计划、控制和变更等活动。

(2)项目范围管理的目的

项目范围管理的目的是通过明确项目行为系统范围,保证实施过程和最终交付工程的完备性,进而保证项目目标的实现。具体体现是:

①按照项目目标、用户及其他相关者要求确定应完成的工程活动,并详细定义、计划这些活动。

②在项目建设过程中,确保在预定的项目范围内有计划地进行项目的实施和管理工作;完成规定要做的全部工作,既不多余又不遗漏。

③确保项目的各项活动满足项目范围定义所描述的要求。

(3)项目范围管理的内容

项目范围管理应作为项目管理的基础工作贯穿于项目的全过程。在项目管理组织设计、工作责任、进度安排中要考虑项目范围管理工作,制定范围控制程序,落实范围管理组织责任,对可能发生的范围变更进行监测和调整。项目范围管理包括如下工作:

①项目范围的确定。明确项目的目标和主要可交付成果,确定项目的总体系统范围并形成文件,以作为项目设计、计划、实施和评价项目成果的依据。

②项目结构分析。范围的定义是对项目范围进行结构分解(工作结构分解)工作。范围定义的结果是工作分解结构(WBS)以及相关的说明文件。用可测量的指标定义项目的工作任务,并形成文件,以此作为分解项目目标、落实组织责任、安排工作计划和实施控制的依据。工作分解结构和工作范围说明书是范围定义的主要内容,工作分解结构的每一项活动应在工作范围说明书中表示出来。

③实施过程中的范围控制。通过工程项目实施过程中的范围控制,保证项目范围的完整性。

(4)项目范围管理的作用

①项目的范围是确定项目的费用、时间和资源计划的前提条件和基准。项目范围管理对组织管理、成本管理、进度管理、质量管理、采购管理等都有规定。对承包商来说,招标文件定义了承包工程项目的范围。在接到招标文件后,承包商必须研究自己的工程范围,以利于精确地计划和报价。

②有助于分清项目责任,对项目任务的承担者进行考核和评价。

③项目范围是项目实施控制的依据。

3.1.2　工程项目范围的确定

(1)项目范围确定的过程

在项目初期,应明确界定项目的范围,并提出项目范围说明文件,作为进行项目设计、计划、实施及成果评价的依据。

在工程项目实施的过程中,项目范围的确定及项目范围的文件是一个相对的概念。项目建议书、可行性研究报告、项目任务书,以及设计和计划文件、招标文件、合同文件等都是定义和描述项目范围的文件,并为项目的进一步实施(设计、计划、施工)提供了基础。工程项目范围的确定是一个前后相继、不断细化和完善的过程,前期文件作为后面范围确定的依据。例如,起草招标文件就是确定项目范围(招标范围)的文件,它的依据是项目任务书和设计文件、计划文件;而项目任务书又是按照可行性研究报告和项目建议书确定的一份项目范围文件。

通常,项目范围的确定需经过如下过程:

①项目目标的分析。

②项目环境的调查与限制条件分析。

③项目可交付成果的范围和项目范围确定。

④对项目进行结构分解工作,得到工作分解结构(WBS)。

⑤项目单元的定义。将项目目标和任务分解落实到具体的项目单元上,从各个方面(质量、技术要求、实施活动的责任人、费用限制、工期、前提条件等)对它们做详细的说明和定义。这个工作应与相应的技术设计、计划、组织安排等工作同步进行。

⑥项目单元之间界面的分析,包括界限的划分与定义、逻辑关系的分析、实施顺序安排。将全部项目单元还原成一个有机的项目整体,是进行网络分析、项目组织设计的基础工作。

(2)项目范围确定的依据

①项目目标的定义文件。如业主目标、项目建议书、可行性研究报告、项目批准文件(或任务书)、招标文件等。

②项目范围说明文件。如工程的功能描述文件、规划文件、设计文件、规范、可交付成果清单(如设备表、工程量表)等。

③环境调查资料。如法律规定、政府或行业颁布的与本项目有关的各种设计和施工标准、现场条件、周边组织的要求等。

④项目的其他限制条件和制约因素。如项目的总计划、上层组织对项目的要求、总实施策略等。它们决定了项目实施的约束条件和假设条件,如预算的限制、资源供应的限制、时间的约束等。

⑤其他依据。如其他项目的相关历史资料,特别是过去同类项目的经验教训。

(3)确定项目范围的影响因素

按照项目的定义,工程项目的范围就是工程项目所有活动的组合,即工程项目的行为系统的范围。工程承包项目范围确定的主要影响因素包括:

①最终应交付成果的范围。对不同的承包模式,工程承包项目范围的确定方式不同。

对于单价合同,业主在招标文件中提供比较详细的图纸、工程说明(规范)、工程量表以及合同文件等。承包工程项目的可交付成果由如下几方面因素确定:

a.工程量表。工程量表是可交付工程项目范围确定的因素和过程成果清单,是对可交付成果数量的定义和描述。

b.技术规范。技术规范主要描述了项目的各个部分在实施过程中采用的通用技术标准和特殊标准,包括设计标准、施工规范、具体的施工做法、竣工验收方法、试运行方式等内容。

c.对于"设计—施工—供应"(EPC)总承包合同,业主在招标文件中提出"业主要求",它主要描述业主所要求的最终交付工程的功能,相当于工程的设计任务书。它从总体上定义工程的技术系统要求,是工程范围说明的框架资料。承包商必须根据业主要求编写详细的项目范围说明书(在承包商的项目建议书中),并提出报价。

②合同条款。合同条件对承包商的项目范围的定义有两个方面:

a.由合同条件定义的工程施工过程责任,如承包商的工程范围包括拟建工程的施工详图设计、土建工程、项目的永久设备和设施的供应和安装、竣工保修等。

b.由合同条件定义的承包商合同责任产生的工程活动,如为了保证实施和使用的安全性而进行的试验研究工作、购买保险等。

③因环境制约产生的活动。如由现场环境、法律等产生的项目环境保护的工作任务,为了保护周边的建筑或为保护施工人员的安全和健康而采取的保护措施,为运输大件设备要加固通往现场的道路等。

3.1.3 工程项目结构分析

3.1.3.1 工作分解结构的概念和目的

(1)工作分解结构的概念

工作分解结构是一种层次化的树状结构,是将项目按一定的方法划分为可以管理的项目单元,通过控制这些单元的费用、进度和质量目标,使它们之间的关系协调一致,从而达到控制整个项目目标的目的。

工作分解结构可以满足各级别的项目参与者的需要。工作分解结构可与项目组织结构有机地结合在一起,有助于项目经理根据各个项目单元的技术要求,赋予项目各部门和各职员相应的职责。同时,项目计划人员也可以对工作分解结构中的各个单元进行编码,以满足项目控制的各种要求。

例如,大型工程项目在实施阶段的工作内容相当多,其工作分解结构通常可以分解为六级。一级为工程项目;二级为单项工程;三级为单位工程;四级为任务;五级为工作包;六级为工作或活动。

第一级工程项目由多个单项工程组成,这些单项工程之和构成整个工程项目。每个单项工程又可以分解成单位工程(第三级),这些单位工程之和构成该单项工程。以此类推,一直分解到第六级(或认为合适的等级)。

一般,前三级由业主做出规定,更低级别的分解则由承包商完成并用于对承包商的施工进度进行控制。工作分解结构中的每一级都有其重要作用:第一级用于授权,第二级用于编制项目预算,第三级用于编制里程碑事件进度计划。这三个级别是复合性的工作,与特殊的职能部门无关。再往下的三个级别用于承包商的施工控制。工作包或工作应分派给某个人或某个作业队,由其唯一负责。

工作分解结构将项目依次分解成较小的项目单元,直到满足项目控制需要的最低层次,这就形成了一种层次化的树状结构。这一树状结构将项目合同中规定的全部工作分解为便于管理的独立单元,并将完成这些单元工作的责任赋予相应的具体部门或人员,从而在项目资源与项目工作之间建立了一种明确的目标责任关系,这就形成了一种职能责任矩阵。如图3.1所示。

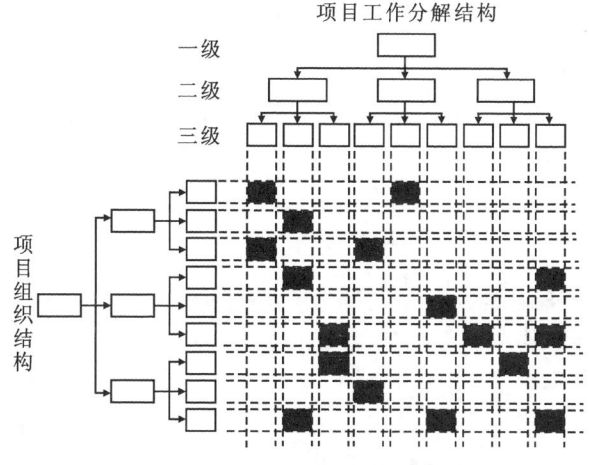

图 3.1 矩阵管理方法示意图

这种结构或框架具有层次性,简单的项目只需分成三层,即项目、子项目、工作;复杂的或大型的项目,为清晰起见,则分成五至六层。工作分解结构中,每下降一级表示项目单元的描述逐渐变得详细。

(2)建立工作分解结构的目的

①将整个项目划分为相对独立、易于管理的较小的项目单元,这些较小的项目单元有时也称为工作或活动;

②将这些工作或活动与组织机构相联系,将完成每一工作或活动的责任赋予具体的组织或个人,这就是组织或个人的目标;

③对每一工作或活动做出较为详细的时间、费用估计,并进行资源分配,形成进度目标和费用目标;

④可以将项目的每一工作或活动与公司的财务账目相联系,及时进行财务分析;

⑤确定项目需要完成的工作内容、质量标准和项目各项工作或活动的顺序;

⑥估计项目全过程的费用;

⑦可与网络计划技术共同使用,以规划网络图的形态。

3.1.3.2　建立工作分解结构的步骤

建立工作分解结构是根据项目的具体内容将项目(或系统)分解为一些子项目或组成单元。这些子项目或组成单元是一些既相互关联,又相对独立于项目其他部分的单项工程、单位工程、分部工程或分项工程。相互关联是指这些工作同属于一个项目,在工作顺序安排上有先后之分;而相对独立则是指这些工作可以单独去管理和实施,在管理和实施期间是相对独立的。

工作分解结构包括了项目所要实施的全部工作,建立工作分解结构就是将项目实施的过程、项目的成果和项目组织有机地结合在一起。工作分解结构划分的详细程度要视具体的项目而定。建立工作分解结构的步骤为:

①确定项目总目标;

②确定项目目标层次;

③划分项目建设阶段;

④建立项目组织结构;

⑤确定项目的组成结构;

⑥建立工作分解结构;

⑦编制总网络计划;

⑧建立职能矩阵;

⑨建立项目财务图表;

⑩编制关键线路网络计划;

⑪建立工作顺序系统;

⑫建立报告和控制系统。

3.1.3.3　工程项目工作分解结构的方法

(1)按项目产品分解

根据习惯,工程项目可按项目产品进行分解,图 3.2 为其树状结构图。

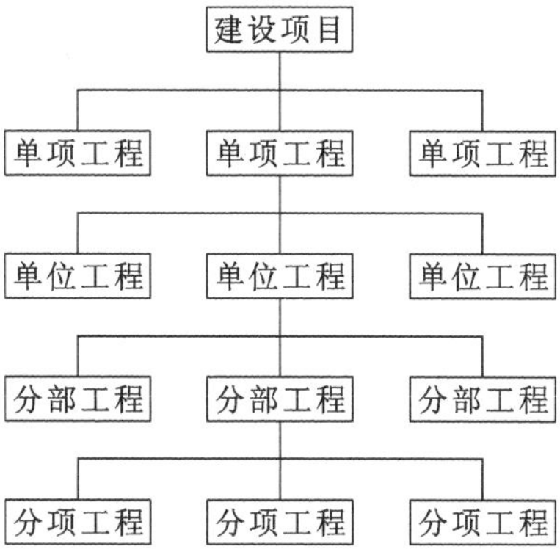

```
                    ┌──────────┐
                    │ 建设项目 │
                    └────┬─────┘
         ┌───────────────┼───────────────┐
    ┌─────────┐    ┌─────────┐    ┌─────────┐
    │ 单项工程│    │ 单项工程│    │ 单项工程│
    └────┬────┘    └────┬────┘    └────┬────┘
    ┌─────────┐    ┌─────────┐    ┌─────────┐
    │ 单位工程│    │ 单位工程│    │ 单位工程│
    └────┬────┘    └────┬────┘    └────┬────┘
    ┌─────────┐    ┌─────────┐    ┌─────────┐
    │ 分部工程│    │ 分部工程│    │ 分部工程│
    └────┬────┘    └────┬────┘    └────┬────┘
    ┌─────────┐    ┌─────────┐    ┌─────────┐
    │ 分项工程│    │ 分项工程│    │ 分项工程│
    └─────────┘    └─────────┘    └─────────┘
```

图 3.2　项目按产品分解结构

①建设项目。指按一个总的设计意图,由一个或几个单项工程所组成,经济上实行统一核算,行政上实行统一管理的建设单位。一般以一个企业、事业单位或独立的工程作为一个建设项目。

②单项工程。指具有独立的设计文件,可以独立施工,建成后能够独立发挥生产能力或效益的工程。如工业项目的生产车间、办公楼、影剧院、教学楼等。单项工程是建设项目的组成部分。

③单位工程。指具有独立设计,可以独立组织施工,但完成后不能独立发挥效益的工程。它是单项工程的组成部分。如一个车间可以由土建工程和设备安装工程两类单位工程组成。

④分部工程。分部工程是单位工程的组成部分。建筑工程按主要部位划分,如基础工程、墙体工程、地面与楼面工程、门窗工程、装饰工程和屋面工程等;设备安装工程按照工程的设备种类和型号、专业等划分,如建筑采暖工程、煤气工程、建筑电气安装工程、通风与空调工程、电梯安装工程等。

⑤分项工程。分项工程是建设项目的基本组成单元,是由专业工种完成的中间产品。它可通过较为简单的施工过程生产出来,可以有适当的计量单位。它是计算工料消耗、进行计划安排、统计工作、实施质量检验的基本构造因素。如内墙砌砖、外墙砌砖、墙面抹水泥砂浆等,都称作分项工程。

(2)按承担任务的组织进行分解

图 3.3 为按承担任务的组织进行分解的树状结构图。

如果由项目经理部承担建设项目的施工及管理,则子项目经理部可以承担单项工程或单位工程的施工及管理,作业队可承担单位工程或分部工程的施工及管理,班组只承担分部工程或分项工程的施工。

(3)按管理目标分解

建筑业企业承揽任务后,可以根据目标管理(MBO)的需要,按工作分解结构的要求自上而下进行目标分解(或目标展开)。分解的目的是为了自下而上保证目标的实现。

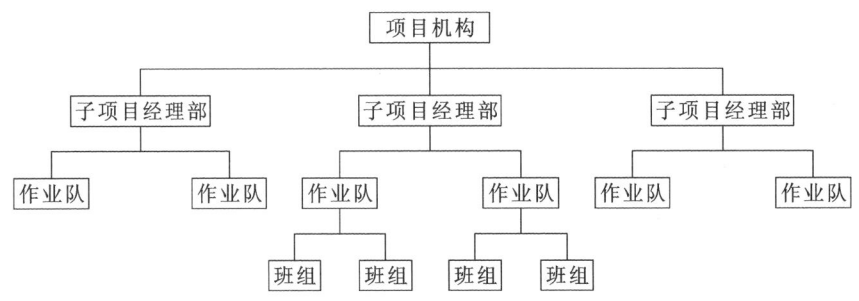

图 3.3　项目按承担任务的组织分解结构

由于管理目标有多种,有质量、进度、成本和安全目标,故可以对每类目标进行专业分解,也可结合项目管理组织机构的职责分工进行综合分解。

3.1.4　工程项目范围控制

3.1.4.1　项目范围控制的目的

项目范围控制的目的是严格按照项目的范围和结构分析文件进行项目的计划和实施控制,保证在预定的项目范围内按照规定的数量完成项目。

项目范围控制作为工程项目实施控制的工作之一,应体现在项目的实施过程中。

3.1.4.2　工程师的监督

在工程实施监督中,应加强对承(分)包商工程项目范围的监督,使承(分)包商的整个工程施工符合合同和计划确定的范围。工程师的合同监督通过如下工作完成:

①检查并防止承包商工程范围的缺陷,如漏项、供应不足,对设计的缺陷进行纠正。

②对承包商的施工组织计划、施工方法(工艺)进行事前的认可和实施过程中的监督,保证工程达到合同所规定的质量、安全、健康和环境保护的要求。

③确保承包商的材料、设备符合合同的要求,进行事前认可、进场检查、使用过程中的监督。

④审查、监督按照合同所确定的工程范围施工,不漏项也不多余。无论单价合同,还是总价合同,没有工程师的指令,漏项和超过合同范围完成工作都得不到相应的付款。

3.1.4.3　检查、跟踪与变更管理

(1)工程项目的检查与跟踪

在项目实施过程中,项目管理人员应根据项目范围描述文件对设计、计划和施工过程进行经常性的检查和跟踪,建立各种文档,记录实际检查结果,了解项目实施状况,控制项目范围;通过项目实施状态报告,了解项目实施的中间过程和动态,识别是否按项目范围定义实施,判断任务的范围(如数量)和标准(如质量)有无变化等;定期或不定期进行现场访问,通过现场观察,了解项目实施状况,控制项目范围。

(2)工程项目的变更管理

项目变更管理是项目范围管理的一个方面。项目变更是指项目实施期间项目工作范围发生的改变,如增加或删除某些工作,工程内容、质量要求的变化等。

在项目实施过程中,范围变更是十分频繁的,从系统的角度看,项目范围的变更有如下原因:

①环境的变化。如气候条件、地质情况、外部交通条件等发生变化。

②目标变更。业主或上层组织有新的要求,要求对原定的项目目标系统进行修改。

③工程技术系统的变更。如功能的修改、质量标准的提高、工程范围的增加等。在实施合同期间,项目合同赋予业主在合同范围内对工程进行变更的权力,这些变更可能涉及增加合同工作,或从合同中删去某些工作。

④实施计划或实施方案的变更。如项目过程的修改,或改变施工方法和方式。

⑤其他原因。

在一个工程施工过程中,变更的次数、范围和影响的大小与该工程的完备性、技术设计的正确性及实施方案和实施计划的科学性直接相关。

项目范围变更会导致项目系统状态的变化,对项目实施影响很大,主要表现在:

①定义工程目标和工程实施的各种文件,如设计图纸、规范、各种计划、合同、施工方案、供应方案等,都应做相应的修改和变更,有些重大的变更会打乱整个施工部署。

②引起项目组织责任的变化和组织争执。

③有些工程变更还会引起已完工程的返工,现场工程施工的停滞,施工秩序的打乱,已购材料的损失等。

④项目变更及其控制不是孤立的,必须同时考虑对其他方面的影响,如范围变更会对时间、费用和质量产生影响。

⑤频繁的变更会使人们轻视计划的权威性,不执行计划或不提供有力的支持,会导致项目的混乱和失控。所以,变更不能太随意。

项目范围变更管理应符合下列要求:

①项目范围变更的影响程度常取决于做出变更的时间。同样一个变更,发生在项目早期时,对项目目标及实施过程的影响要比发生在项目实施中期的小,所以应该对项目范围的可能变更有预见性。

②应有严格的项目范围变更审批程序。

③范围变更后,应及时调整项目的实施计划及相应的成本、进度、质量和资源计划。

④分析项目范围变更对目标的影响。项目范围做出重大变更决策前,应向有关方面提交影响报告。

⑤在工程项目的结束阶段,或整个工程竣工时,应对项目的实施过程和最终交付工程进行全面审核,对项目范围进行全面确认,检查项目范围规定的各项工作是否已经完成,检查可交付成果是否完备。范围确认需要进行必要的测量、考察和试验等活动。

⑥在项目结束后,组织的相关责任人应对该项目范围管理的经验教训进行总结,并及时传递相关信息。

3.2 工程项目管理规划

3.2.1 工程项目管理规划概述

3.2.1.1 工程项目管理规划的定义

规划是指一项综合性的、完整的、全面的总体计划。它包含目标、政策、程序、任务的分配、采取的步骤、使用的资源及为完成既定行动所需要的其他因素。

项目管理规划是对项目管理的各项工作进行的综合性的、完整的、全面的总体计划。主要内容包括:项目管理目标的研究与目标的细化;项目的范围管理和项目的结构分解;项目管理实施组织策略的制定;项目管理的工作程序;项目管理组织和任务的分配;项目管理所采用的步骤、方法;项目管理所需资源的安排和其他问题的确定等。

3.2.1.2　工程项目管理规划的作用

规划实质上就是计划,因此规划的作用就是计划的作用。与传统的计划不同,项目管理规划的范围更广、综合性更强,所以它有更为特殊的作用。

(1)项目管理规划是对项目构思、项目目标更为详细的论证。在项目的总目标确定后,通过项目管理规划可以分析研究总目标能否实现,总目标确定的费用、工期、功能要求是否能得到保证,是否能够达到综合平衡。

(2)规划结果是许多更细、更具体的目标的组合,是各个阶段的责任及中间决策的依据。

(3)规划是项目管理实际工作的指南和项目实施控制的依据。即规划是对项目管理实施过程进行监督、跟踪和诊断的依据,是评价和检验项目管理实施成果的标尺,是对各层次项目管理人员业绩评价和奖励的依据。

(4)为业主和项目的其他方面(如投资者)提供需要了解和利用的项目管理规划信息。在现代工程项目中,没有周密的项目管理规划,或项目管理规划得不到贯彻和保证,就不可能取得项目的成功。

3.2.1.3　工程项目管理规划的要求

项目管理规划作为项目管理的一项重要工作,作为对工程项目管理的各项工作进行的综合性的、完整的、全面的总体计划,应符合如下要求:

(1)目标的研究与分解

这是工程项目管理的最基本要求。管理规划是为保证实现项目管理总目标而做的各种安排,因此,目标是规划的灵魂,必须详细地分析项目总目标,弄清总任务,并与相关各方就总目标达成共识。如果对目标和任务理解有误,或理解得不完全,必然会导致项目管理规划的失误。

(2)符合实际

项目管理规划的制定和执行过程中应进行充分的调查研究,以保证规划的科学性和实用性。

①符合环境条件。进行大量的环境调查并充分利用调查结果,是制订正确计划的前提条件。

②反映项目本身的客观规律。按工程规模、质量水平、复杂程度、工程项目自身的逻辑性和规律性做计划,不能过于强调压缩工期、降低费用和提高质量。

③反映项目管理相关各方的实际情况。包括业主的支付能力、设备供应能力、管理和协调能力;承包商的施工能力、劳动力供应能力、设备装备水平、生产效率和管理水平、过去同类工程的经验;承包商现有在手工程的数量,对本工程能够投入的资源数量;设计单位、供应商、分包商等完成相关项目任务的能力和组织能力等。

(3)全面性

项目管理规划必须包括项目管理的各个方面和各种要素,必须对项目管理的各个方面做出安排,提供各种保证,形成一个非常周密的多维的系统。特别要考虑项目的设计和运行维护,考虑项目的组织及项目管理的各个方面。与过去的工程项目计划和项目的规划不同,项目管理规划更多地考虑项目管理的组织,项目管理系统,项目的技术定位、功能策划、运行准备和运行维护,以使项目目标能够顺利实现。

由于规划过程又是资源分配的过程,为了保证规划的可行性,还必须注意项目管理规划与项目规划和企业计划的协调。

(4)内容的完备性和系统性

由于项目管理对项目实施和运营的重要作用,项目管理规划的内容十分广泛,涉及项目管理的各个方面。通常包括项目管理的目标分解、环境调查、项目范围管理和结构分解、项目实施策略、项目组织和项目管理组织设计,以及对项目相关工作的总体安排(如功能策划、技术设计、实施方案和组织、建设、融资、交付、运行的全部)等。

(5)集成化

项目管理规划所涉及的各项工作之间应有很好的接口。项目管理规划体系应反映规划编制的基础工作、规划的各项工作,以及规划编制完成后的相关工作之间的系统联系,主要包括:

①各个相关计划的先后次序和工作过程关系;

②各相关计划之间的信息流程关系;

③计划相关各个职能部门之间的协调关系;

④项目各参加者(如业主、承包商、供应商、设计单位等)之间的协调关系。

(6)有弹性,留有余地

由于项目管理规划的执行过程中会受到许多因素的干扰,因此编制时要留足空间。干扰因素有:

①市场变化、环境变化、气候的影响;

②投资者情况的变化,如新的主意、新的要求;

③其他方面的干扰,如政府部门的干预、新的法律的颁布。

(7)风险分析

规划中必须包括相应的风险分析的内容,对可能发生的困难、问题和干扰做出预测,并提出预防措施。

3.2.2 工程项目管理规划的内容

在工程项目中,不同的管理者进行不同内容、范围、层次和对象的项目管理工作,他们的项目管理规划的内容会有一定的差别,但它们都是针对项目管理工作过程的,因此在性质上有一致性,主要内容有许多共同点。项目管理规划通常包括如下内容:

3.2.2.1 工程项目管理目标的分析

工程项目管理目标分析的目的是为了确定适合建设期项目特点和要求的项目目标体系。项目管理规划是为了保证项目管理目标的实现,目标是项目管理规划的灵魂。

项目立项后,项目的总目标已经确定。通过对总目标的研究和分解即可确定阶段性的项目管理的目标。在这个阶段还应确定编制项目管理规划的指导思想或策略,使各方面的人员在计划的编制和执行过程中有总的指导方针。

3.2.2.2　工程项目实施环境分析

工程项目实施环境分析是项目管理规划的基础性工作。在规划工作中,掌握相应的项目环境信息,是开展各个工作的前提和重要依据。通过环境调查,确定项目管理规划的环境因素和制约条件,收集影响项目实施和项目管理规划执行的宏观和微观的环境因素的资料。特别要注意尽可能利用以前同类工程项目的总结和反馈信息。

3.2.2.3　工程项目范围的划定和工作分解结构

(1)根据项目管理的目标,分析和划定项目的范围。

(2)对项目范围内的工作进行研究和分解,即工作系统的结构分解。

工作分解结构在国外称为 WBS(Work Breakdown Structure),指把工作对象(工程、项目、管理等过程)作为一个系统,将它们分解为相互独立、相互影响(制约)和相互联系的活动(或过程)。通过分解,有助于项目管理人员更精确地把握工程项目的系统组成,并为建立项目组织、进行项目管理目标的分解、安排各种职能管理工作提供依据。进行工程施工和项目管理(包括编制计划、计算造价、工程结算等),应进行工作结构分解;进行施工项目目标管理,也必须进行工作结构分解。编制施工项目管理规划的前提就是项目结构分解。

3.2.2.4　工程项目实施方针和组织策略的制定

工程项目实施方针和组织策略的制定就是确定项目实施和管理模式总的指导思想和总体安排,包括:

(1)如何实施该项目,业主如何管理项目,控制到什么程度;

(2)采用的发包方式,采取的材料和设备供应方式;

(3)由自己组织内部完成的管理工作,由承包商或委托管理公司完成的管理工作,准备投入的管理力量。

3.2.2.5　工程项目实施总计划

工程项目实施总计划包括:

(1)工程项目总体的时间安排,重要的里程碑事件安排。

(2)工程项目总体的实施顺序。

(3)工程项目总体的实施方案,如施工工艺、设备、模板方案,给(排)水方案等;各种安全和质量的保证措施;采购方案;现场运输和平面布置方案;各种组织措施等。

3.2.2.6　工程项目组织设计

工程项目组织设计的主要内容是确定项目的管理模式和项目实施的组织模式,建立建设期项目组织的基本架构和责权利关系的基本思路。

(1)项目实施组织策略

它包括采用的分标方式,采用的工程承包方式,项目可采用的管理模式。

(2)项目分标策划

它包括对项目结构分解得到的项目活动进行分类、打包和发包,考虑哪些工作由项目管理组织内部完成,哪些工作需要委托出去。

(3)招标和合同策划工作

它包括招标策划和合同策划两部分。

(4)项目管理模式的确定

它是指业主所采用的项目管理模式,如设计管理模式、施工管理模式,是否采用监理制度等。

(5)项目管理组织设置

①按照项目管理的组织策略、分标方式、管理模式等构建项目管理组织体系。

②部门设置。管理组织中的部门,是指承担一定管理职能的组织单位,是某些具有紧密联系的管理工作和人员的集合,它分布在项目管理组织的各个层次上。部门设置的过程,实质上就是进行管理工作的组合过程,即按照一定的方式,遵循一定的策略和原则,将项目管理组织的各种管理工作加以科学分类、合理组合,进而设置相应的部门来承担,同时授予该部门从事这些管理业务所必需的各种职权。

③部门的职责分工。绘制项目管理责任矩阵,针对项目组织中某个管理部门,规定其基本职责、工作范围、拥有权限、协调关系等,并配备具有相应能力的人员以适应项目管理的需要。

④管理规范的设计。为了保证项目组织结构能够按照设计要求正常地运行,需要项目管理规范,这是项目组织设计中制度化和规范化的过程。管理规范包含的内容较多,在大型建设项目管理规划阶段,管理规范设计主要着眼于项目管理组织中各部门的责任分工及项目主要管理工作的流程设计。

⑤主要管理工作的流程设计。项目中的管理工作流程,按照其涉及的范围大小,可以划分为不同的层次。在项目管理规划中,主要研究部门之间在具体管理活动中的流程关系,流程设计的成果是各种主要管理工作的工作流程图。工作流程图的种类很多,有箭头图、矩阵框图(表格式)和程序图等。

(6)项目管理信息系统的规划

对新的大型的项目,必须对项目管理的信息系统做出总体规划。

(7)其他

根据需要,项目管理规划还会有许多内容,但它们会因不同的对象而异,这在下节中可以看出。

3.2.2.7 项目管理规划大纲和项目管理实施规划的内容

按照我国《建设工程项目管理规范》,项目管理规划包括两类文件:项目管理规划大纲和项目管理实施规划。

(1)项目管理规划大纲的内容

①项目概况。包括根据投标文件提供的情况对项目产品的构成、工程特征、使用功能、建设规模、投资规模、建设意义的综合描述。

②项目实施条件分析。包括发包人条件、相关市场、自然和社会条件、现场条件的分析。

③项目投标活动及签订合同的策略。包括投标和签订合同的总体策略、工作原则、投标小组组成、签订合同谈判组成员、谈判安排、投标和签订合同的总体计划安排。

④项目管理目标。包括施工合同要求的目标,承包人对项目的规划目标。

⑤项目组织结构及其职责。包括拟选派的项目经理,拟建立的项目经理部部门设置及主要成员等。

⑥质量目标和施工方案。包括招标文件(或发包人)要求的质量目标及其分解,保证质量目标实现的主要技术组织措施,工程施工程序,重点单位工程或重点分部工程的施工方案,拟采用的施工方法、新技术和新工艺及拟选用的主要施工机械。

⑦工期目标和施工总进度计划。包括招标文件(或发包人)的总工期目标及其分解,主要的里程碑事件及主要施工活动的进度计划,施工进度计划表,保证进度目标实现的措施。

⑧成本目标及管理措施。包括总成本目标和总造价目标,主要成本项目及成本目标分解,人工及主要材料用量,保证成本目标实现的技术措施。

⑨项目风险预测和安全目标及措施。包括根据工程实际情况对施工项目的主要风险因素做出预测,采取相应对策措施,风险管理的主要原则。安全责任目标包括:施工过程中不安全因素分析,安全技术组织措施;专业性较强的施工项目,应当编制安全施工组织设计及采取的安全技术措施。

⑩项目现场管理和施工平面图。包括施工现场情况描述,施工现场平面特点,施工现场平面布置的原则,施工现场管理目标和管理原则,施工现场管理的主要技术组织措施,施工平面图及其说明。

⑪投标和签订施工合同。包括投标和签订合同的总体策略、工作原则、投标小组组成、签订合同谈判组成员、谈判安排、投标和签订合同的总体计划安排。

⑫绿色施工及环境保护。

(2)项目管理实施规划的内容

①项目概况。项目概况应在项目管理规划大纲的基础上根据项目实施的需要进一步细化,一般包括工程特点、建设地点及环境特征、施工条件、工程管理特点、工程管理总体要求及施工项目工作目录等。

②总体工作计划。总体工作计划应将项目管理目标、项目实施的总时间和阶段划分具体明确,对各种资源的总投入做出安排,提出技术路线、组织路线和管理路线。一般包括:

　　a.项目的质量、进度、成本及安全目标;

　　b.拟投入的劳动力人数(包括高峰人数、平均人数);

　　c.资源计划(包括劳动力使用计划、材料设备供应计划、机械设备供应计划);

　　d.分包计划;

　　e.区段划分与施工程序;

　　f.项目管理总体安排(包括施工项目经理部组织机构、主要管理人员、工作总流程、工作分解和责任矩阵,以及施工项目管理过程中的控制、协调、总结、考核工作的规定)。

③组织方案。组织方案应编制出项目的项目结构图、组织结构图、合同结构图、编码结构图、重点工作流程图、任务分工表、职能分工表,并进行必要的说明。

④技术方案。主要是技术性或专业性的实施方案,应辅以构造图、流程图和各种表格。

⑤各种管理计划。进度计划应反映工艺关系和组织关系,反映时间计划、相应进程的资源(人力、材料、机械设备和大型工具等)需用量计划,并进行相应的说明。质量计划、职业健康安

全与环境管理计划、成本计划、资源需求计划、风险管理计划、信息管理计划、项目沟通管理计划和项目收尾管理计划均应按 GB/T 50326—2017 相应章节的条文及说明编制。为了满足项目实施的需求,应尽量细化,尽可能利用图表表示。

⑥项目现场平面布置图

a.应说明施工现场情况、施工现场平面的特点、施工现场平面布置的原则;

b.确定现场管理目标、现场管理的原则、现场管理的主要措施、施工平面图及其说明;

c.施工现场平面图布置和施工现场管理规划必须符合环境保护法、劳动保护法、城市管理规定、工程施工规范、文明现场标准等。

⑦项目目标控制措施。应针对目标需要进行制定,具体包括技术措施、经济措施、组织措施及合同措施等。

⑧技术经济指标。应根据项目的特点选定有代表性的指标,且应突出实施难点和对策,以满足分析评价和持续改进的需要。

每个项目的项目管理实施规划执行完成以后,都应当按照管理的策划、实施、检查、处置(PDCA)循环原理进行认真总结,形成文字资料,并同其他档案资料一并归档保存,为项目管理规划的持续改进积累管理资源。

3.2.3 工程项目管理规划的编制

3.2.3.1 编制依据

项目管理规划大纲的编制依据为:

①招标文件及发包人对招标文件的解释;

②对招标文件的分析研究结果;

③工程现场情况;

④发包人提供的工程信息和资料;

⑤有关竞争信息;

⑥企业决策层的投标决策意见。

项目管理实施规划的编制依据包括:

①项目管理规划大纲。项目管理实施规划是项目管理规划大纲的细化和具体化,为指导项目的实施具体规定各项目管理目标的要求、职责分工和管理方法,为履行任务做出精细安排。

②项目条件和环境分析资料。项目实施条件和环境分析资料越清晰、可靠,编制的项目管理实施规划越有指导价值。因此,应广泛收集和调查项目条件和环境资料,并对这些资料进行科学分析。

③工程合同及相关文件。合同中规定了项目管理工作的任务和目标,具有强制性。相关文件包括设计文件、法规文件、定额文件、政策文件、指令文件等。

④同类项目的相关资料。同类项目积累下来的经验、数据等是快速编制项目管理实施规划的有效参考依据。

3.2.3.2 编制程序

以上介绍项目管理规划内容的先后顺序,亦应是它们的编制程序。这个程序不能颠倒,因为后一项内容的编制必须利用前项内容已产生的资料,且实现前项内容的有关要求。

3.2.3.3　不同层次工程项目管理规划的编制

在工程项目中,不同的对象有不同层次、内容、角度的项目管理,对工程项目的实施和管理最重要和影响最大的是业主、监理单位和工程承包商,他们都需要做相应的项目管理规划,但他们编制的项目管理规划的内容、角度和要求是不同的。

(1)业主的项目管理规划

业主的任务是对整个工程项目进行总体的控制。在工程项目被批准立项后,业主应根据工程项目的任务书对项目的管理工作进行规划,以保证全面完成工程项目任务书规定的各项任务。

业主的项目管理规划的内容、详细程度、范围,与业主所采用的项目管理模式有关。

①采用"设计—施工—供应"总承包模式,则项目管理规划就比较宏观、粗略。

②采用分专业分阶段平行发包模式,则必须做比较详细、具体、全面的项目管理规划。

业主的项目管理规划是大纲性质的,对整个项目管理有规定性,而监理单位(项目管理公司)和工程承包商的项目管理规划就可以看作业主的项目管理规划的细化。

业主的项目管理规划可以由咨询公司协助编制。

(2)监理单位(项目管理公司)的项目管理规划

监理单位(项目管理公司)为业主提供项目的咨询和管理工作。它们经过投标,与业主签订合同,承接业主的监理(项目管理)任务。按照我国的《建设工程监理规范》,监理单位在投标文件中必须提出本工程的监理大纲,在中标后必须按照监理规划大纲和监理合同的要求编制监理实施规划。由于监理单位是为业主进行工程项目管理,它所编制的监理大纲就是相关工程项目的管理规划大纲,监理实施规划就是工程项目管理实施规划。

(3)工程承包商的项目管理规划

承包商与业主签订工程承包合同,承接业主的工程施工任务,则承包商就必须承担该合同范围内的工程施工项目的管理工作。按照我国的《建设工程项目管理规范》,施工项目管理规划应包括两类文件:

①施工项目管理规划大纲。施工项目管理规划大纲必须在施工项目投标前由投标人进行编制,用以指导投标人进行施工项目投标和签订施工合同。

②施工项目管理实施规划。施工项目管理实施规划必须由施工项目经理组织施工项目经理部在工程开工之前编制完成,用以策划施工项目目标、管理措施和实施方案,以保证施工项目合同目标的实现。

3.2.3.4　项目管理规划目标的落实

(1)目标管理程序

项目管理应用目标管理方法,可大致分为几个阶段:

①确定项目组织内各层次、各部门的任务分工,既对完成施工任务提出要求,又对工作效率提出要求。

②把项目组织的任务转换为具体的目标。该目标有两类:一类是产品成果性目标,如工程质量、进度等;另一类是管理效率性目标,如工程成本、劳动生产率等。

③落实制定的目标。落实目标,一是要落实目标的责任主体,即谁对目标的实现负责;二是要明确目标主体的责权利;三是要落实对目标责任主体进行检查、监督的上一级责任人及手段;四是要落实目标实现的保证条件。

④对目标的执行过程进行调控。监督目标的执行过程,进行定期检查,发现偏差时,要分析产生偏差的原因,及时进行协调和控制。对目标执行得好的主体进行适当的激励。

⑤对目标完成的结果进行评价,即把目标执行结果与计划目标进行对比,以评价目标管理的效果。

（2）目标管理点

目标分解以后,要整理成结构分析表,并从中找出目标管理点。目标管理点是指在一定时期内,影响某一目标实现的关键问题和薄弱环节,这就是重点管理对象。不同时期的管理点是不同的,对管理点应制订措施和管理计划。

（3）目标落实

目标分解不等于责任落实。落实责任是定出责任人:主要责任人、次要责任人和关联责任人。要定出检查标准,也要定出实现目标的具体措施、手段和各种保证条件。

（4）项目的目标实施和经济责任

项目管理层的目标实施和经济责任一般有以下几方面:

①根据工程承包合同要求,树立用户至上的思想,完成施工任务;在施工过程中,按企业的授权范围处理好施工过程中所涉及的各种外部关系。

②努力节约各种生产要素,降低工程成本,实现施工的高效、安全、文明。

BIM 5D 模型创建

③努力做好项目核算,做好施工任务、技术能力、进度的优化组合和平衡,最大限度地发挥施工潜力,做好原始记录。

④做好队伍的精神文明建设。

⑤及时向企业管理层提供信息和资料。

3.2.4　工程项目管理规划案例

BIM 工程案例介绍

××工程施工项目管理规划流程

工程名称:××教学大楼

该大楼位于××大学校区内,地下 2 层,地上 20 层,建筑高度 90m,局部高 110m,主要设置教学、阅览、实验等功能,是校区内最重要的教学建筑。主楼功能组成复杂,建筑规模较大,并且拥有现代化的设备监控教学系统,将成为该校区乃至当地的标志性建筑物。

该工程的土建施工由××施工企业总承包。在招标文件中,业主要求土建总承包商在传统的土建施工任务的基础上,更多地承担与设计方的协调,帮助业主进行本工程的相关专业工程的分标和招标的管理,加强对业主的其他承包商的协调和管理,在业主的项目管理工作中发挥更大的作用。

该土建总承包商编制该工程施工总承包项目管理规划。该项目管理规划的内容和编制的总体流程如图 3.4 所示。

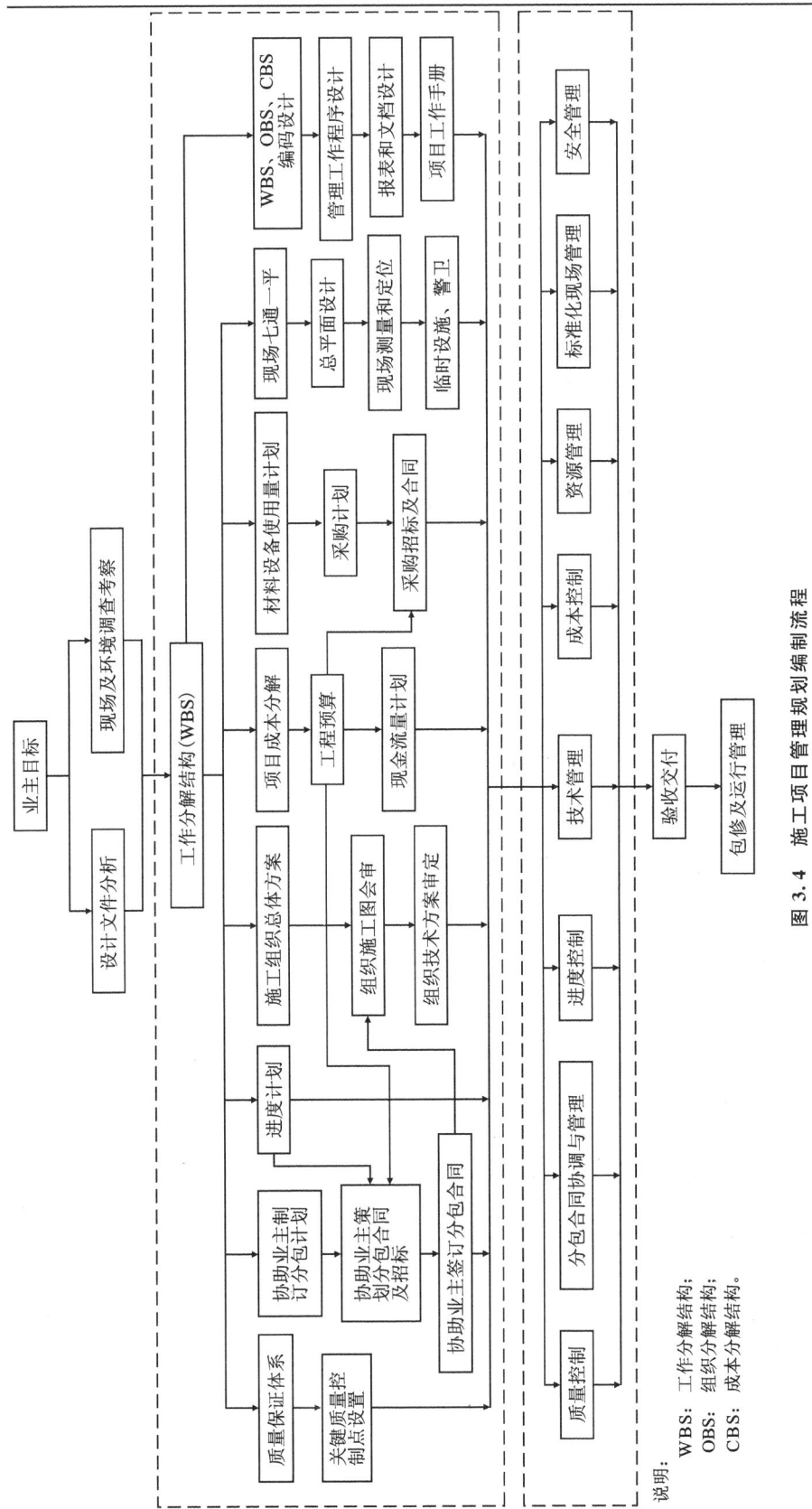

图 3.4　施工项目管理规划编制流程

说明：
WBS：工作分解结构；
OBS：组织分解结构；
CBS：成本分解结构。

3.3 项目管理策划

3.3.1 项目管理策划概述

项目管理策划由项目管理规划策划和项目管理配套策划组成。项目管理规划策划包括项目管理规划大纲和项目管理实施规划的策划;项目管理配套策划包括项目管理规划策划以外的所有项目管理策划内容。

(1)项目管理策划应包括下列管理过程:

①分析、确定项目管理的内容与范围;

②协调、研究、形成项目管理策划结果;

③检查、监督、评价项目管理策划过程;

④履行其他确保项目管理策划的规定责任。

(2)项目管理策划应遵循下列程序:

①识别项目管理范围;

②进行项目工作分解;

③确定项目的实施方法;

④规定项目需要的各种资源;

⑤测算项目成本;

⑥对各个项目管理过程进行策划。

(3)项目管理策划过程应符合下列规定:

①项目管理范围应包括完成项目的全部内容并与各相关方的工作协调一致;

②项目工作分解结构应根据项目管理范围以可交付成果为对象实施,应根据项目实际情况与管理需要确定详细程度,确定工作分解结构;

③提供项目所需资源应按保证工程质量和降低项目成本的要求进行方案比较;

④项目进度安排应形成项目总进度计划,宜采用可视化图表表达;

⑤宜采用量价分离的方法,按照工程实体性消耗和非实体性消耗测算项目成本;

⑥应进行跟踪检查和必要的策划调整;项目结束后,宜编写项目管理策划的总结文件。

3.3.2 项目管理配套策划

项目管理配套策划是与项目管理规划相关联的项目管理策划过程,应将项目管理配套策划作为项目管理规划的支撑措施纳入项目管理策划过程。

(1)项目管理配套策划依据包括:

①项目管理制度;

②项目管理规划;

③实施过程需求;

④相关风险程度。

(2)项目管理配套策划包括下列内容:

①确定项目管理规划的编制人员、方法选择、时间安排;

②安排项目管理规划各项规定的具体落实途径；

③明确可能影响项目管理实施绩效的风险应对措施。

(3)项目管理机构应确保项目管理配套策划过程满足项目管理的需求,并应符合下列规定:

①界定项目管理配套策划的范围、内容、职责和权利；

②规定项目管理配套策划的授权、批准和监督范围；

③确定项目管理配套策划的风险应对措施；

④总结评价项目管理配套策划水平。

(4)组织应建立下列保证项目管理配套策划有效性的基础工作过程:

①积累以往项目管理经验；

②制定有关消耗定额；

③编制项目基础设施配置参数；

④建立工作说明书和实施操作标准；

⑤规定项目实施的专项条件；

⑥配置专用软件；

⑦建立项目信息数据库；

⑧进行项目团队建设。

小　　结

项目范围管理是对项目工作范围进行的定义、计划、控制和变更等活动,其内容包括项目范围的确定、项目结构分析、项目实施过程中的范围控制等。

工程项目管理规划的定义、作用和要求。过去的项目计划是狭义的微观的计划,而工程项目管理规划是全面的综合的计划,它对项目管理实施具有重要作用。

项目管理规划包括项目管理规划大纲和项目管理实施规划等内容。

工程项目管理规划的编制。建立工作分解结构是项目管理最基本、最重要的方法之一。注意业主、监理单位、工程承包商的项目管理规划工作。

项目管理策划由项目管理规划策划和项目管理配套策划组成。项目管理配套策划是与项目管理规划相关联的项目管理策划过程。

复习思考题

3.1　项目范围通常由哪些工作构成? 项目范围管理的目的是什么?

3.2　项目范围管理的内容有哪些?

3.3　项目范围如何确定? 如何控制?

3.4　什么是项目管理规划?

3.5　项目管理规划的基本要求有哪些?

3.6　项目管理规划的基本作用有哪些?

3.7　项目管理规划有哪些基本内容?

3.8　项目管理规划大纲有哪些基本内容?

3.9　项目管理实施规划有哪些基本内容?

3.10　什么叫工作分解结构? 简述其步骤。

3.11　项目管理配套策划的内容有哪些?

4 工程项目采购与合同管理

素质目标

形成细心严谨的工作作风。

知识目标

了解工程项目采购的概念、作用及其主要内容;掌握投标管理的内容,熟悉工程项目采购计划的编制及采购方式;熟悉建设工程合同的主要内容、类型及订立;掌握工程合同变更及索赔管理;了解合同信息管理;掌握货物采购合同管理。

能力目标

通过本章的学习,学会编制采购文件,制订采购计划;具备投标管理、工程项目材料和设备采购管理的基本技能;能够处理一般合同纠纷,进行建设工程合同订立、履行及变更管理。

4.1 工程项目采购与投标管理

4.1.1 工程项目采购管理概述

(1)项目采购管理的定义

"采购"一词是翻译而来的,意为努力获得或设法搞到。不同于一般意义上的商品购买,采购包含以不同方式通过努力从系统外部获得货物、工程和服务的整个采办过程。项目的采购可以定义为从项目组织外部获取产品(包括货物和服务)的整个过程。项目采购管理就是针对这一过程而实施的管理。

项目采购管理是项目管理的重要组成部分。项目采购管理几乎贯穿整个项目生命周期,项目采购管理模式直接影响项目管理的模式和项目合同类型,对项目整体管理起着举足轻重的作用。

工程项目采购管理是对项目的勘察、设计、施工、资源供应、咨询服务等采购工作进行的组织、指挥、协调和控制等活动。

(2)项目采购的内容

依据采购内容的不同,项目采购可分为货物采购、工程采购及服务采购三类。

(3)项目采购当事人

项目采购当事人是指在项目采购活动中享有权利和承担义务的各类主体,包括项目采购人、采购供应商和采购代理机构等。

项目采购人是指依法进行项目采购的法人、其他组织或者自然人。项目采购供应商是指向采购人提供货物、工程或者服务的法人、其他组织或者自然人。项目采购代理机构是指接受项目采购人的委托,在其委托范围内行使其代理权限的组织机构。

(4)项目采购人的职能

项目采购人应设置适宜于自己的灵活的采购部门具体实现其职能。

①编制采购文件

企业采购部门应根据企业发展计划与项目实施需要编制完备的采购文件。采购文件应包括:所需采购产品的类别、规格、等级、数量,有部件编号的图纸,检验规程的名称、版本,技术协议,检验原则及质量要求,代码、标准及标志,采购的技术标准、专业标准,是否为有毒有害产品,有无特殊采购要求等。

②编制采购管理制度

采购管理制度是指为了规范采购行为,由采购部门根据企业自身状况,综合考虑采购活动中可能用到的各种资源要素,为了方便处理采购活动中可能遇到的各种问题而提出的书面的规章制度。

③编制采购管理工作程序

采购部门应制定详细的采购管理工作程序,规范采购管理活动。采购管理应遵循下列程序:

a. 明确采购产品或服务的基本要求,采购分工及有关责任;

b. 进行采购策划,编制采购计划;

c. 进行市场调查,选择合格的产品供应或服务单位,建立名录;

d. 采用招标或协调等方式确定供应或服务单位;

e. 签订采购合同;

f. 运输、验证、移交采购产品或服务;

g. 处置不合格产品或不符合要求的服务;

h. 采购资料归档。

(5)项目采购管理的作用

项目采购管理是工程项目管理中必不可少、具有关键性作用的内容。这是由于任何项目的实施都离不开采购行为,在项目实施的全过程中都要进行采购。

由于项目采购活动要占用大量的资源,包括人力、财力等来获取工程项目以及与项目实施相关的货物与服务等,因此,对这一过程的管理不仅关系到工程项目的质量、进度等,而且关系到工程项目投入与产出的关系,从而直接影响到项目收益,影响到各参与方的经济利益。

由于采购活动贯穿于整个项目实施的全过程,且伴随着各种灵活的市场采购方式的应用,因此,严格项目采购管理可以极大地减少各种贪污、腐败现象。

4.1.2 工程项目采购计划

采购计划是指企业采购部门通过识别确定项目所包含的需从项目实施组织外部得到的产品或服务,并对其采购内容做出合乎要求的计划,以利于项目更好地实施。

(1)采购计划的编制依据

采购计划的编制依据是:项目合同,设计文件,采购管理制度,项目管理实施规划(含进度计划),工程材料需求或备料计划等。

（2）项目采购计划的内容

产品的采购应按计划内容实施，在品种、规格、数量、交货时间、地点等方面应与项目计划相一致，以满足项目需要。项目采购计划应包括：项目采购工作范围、内容及管理标准；项目采购信息，包括产品或服务的数量、技术标准和质量规范；检验方式和标准；供应方资质审查要求；项目采购控制目标及措施。

（3）采购计划编制的结果

采购计划编制完成后就会形成采购管理计划和采购工作说明书。

采购管理计划是管理采购过程的依据，应指出采购采用的合同类型、如何对多个供货商进行良好的管理等。

采购工作说明书应详细说明采购项目的有关内容，为潜在的供货商提供一个自我评判的标准，以便确定是否参与该项目。

4.1.3　工程项目投标计划与采购的模式

4.1.3.1　工程项目的投标计划

在招标信息收集阶段，应分析、评审相关项目风险，确认组织满足投标工程项目需求的能力。项目投标前，应进行投标策划，确定投标目标，并编制投标计划。投标计划经授权人批准后实施。

（1）投标计划包括下列内容：

①投标目标、范围、要求与准备工作安排；

②投标工作过程及进度安排；

③投标所需要的文件和资料；

④与代理方及合作方的协作；

⑤投标风险分析及信息沟通；

⑥投标策略与应急措施；

⑦投标监控要求。

（2）投标文件应包括下列内容：

①响应招标要求的各项商务规定；

②有竞争力的技术措施和管理方案；

③有竞争力的报价。

（3）投标文件符合发包方要求及相关要求，经过评审后投标，并保存投标文件评审的相关记录。评审应包括下列内容：

①商务标满足招标要求的程度；

②技术标和实施方案的竞争力；

③投标报价的经济合理性；

④投标风险的分析与应对。

依法与发包方或其代表有效沟通，分析投标过程的变更信息，形成必要记录，识别和评价投标过程风险，并采取相关措施以确保满足投标目标要求。中标后，根据相关规定办理有关手续。

4.1.3.2　工程项目采购的模式

(1)项目总承包模式

①建设项目工程总承包的内涵

建筑工程的发包单位可以将建筑工程的勘察、设计、施工、设备采购一并发包给各工程总承包单位,也可以将建筑工程勘察、设计、施工、设备采购的一项或者多项发包给一个工程总承包单位;但是,不得将应当由一个承包单位完成的建筑工程肢解成若干部分发包给几个承包单位。

工程总承包企业受业主委托,按照合同约定对工程建设项目的勘察、设计、采购、施工、试运行等实行全过程或若干阶段的承包。工程总承包企业按照合同约定对工程项目的质量、工期、造价等向业主负责。工程总承包企业可依法将所承包工程中的部分工作发包给具有相应资质的分包企业;分包企业按分包合同的约定对总承包企业负责。

②建设项目工程总承包的主要方式

a.设计-施工总承包(Design-Build)。设计-施工总承包是指工程总承包企业按照合同约定,承担工程项目设计和施工,并对承包工程的质量、安全、工期、造价全面负责。

b.设计采购施工总承包(EPC,Engineering Procurement Construction)。设计采购施工总承包是指工程总承包企业按照合同约定,承担工程项目的设计、采购、施工、试运行服务等工作,并对承包工程的质量、安全、工期、造价全面负责。业主可以是设计公司、咨询公司、项目管理公司或不是承包本工程公司的另一家公司,其性质是项目管理服务而不是承包。

EPC模式的适用范围:设计、采购、施工、试运行交叉关系密切的项目;采购工作量大,周期长的项目;承包单位拥有专利、专有技术或丰富经验的项目;业主缺乏项目管理经验,项目管理能力不足的项目;大多数工业项目。

③建设项目工程总承包的主要意义

建设项目工程总承包的基本出发点是借鉴工业生产组织的经验,实现建设生产过程的组织集成化,以克服由于设计与施工的分离致使投资增加,以及克服由于设计和施工的不协调而影响建设进度等弊病。

工程总承包和工程项目管理是国际通行的工程建设项目组织实施方式。积极推行工程总承包和工程项目管理,是深化我国工程建设项目组织实施方式改革,提高工程建设管理水平,保证工程质量和投资效益,规范建筑市场秩序的重要措施;是勘察、设计、施工、监理企业调整经营结构,增强综合实力,加快与国际工程承包和管理方式接轨,适应社会主义市场经济发展和加入世界贸易组织后新形势的必然要求;是贯彻走出去的发展战略,积极开拓国际承包市场,带动我国技术、机电设备及工程材料的出口,促进劳务输出,提高我国企业国际竞争力的有效途径。

建设项目工程总承包的主要意义并不在于总价包干和"交钥匙",其核心是通过设计与施工过程的组织集成,促进设计与施工的紧密结合,以达到为项目建设增值的目的。应该指出,即使采用总价包干的方式,稍大一些的项目也难以用固定总价合同,而多数采用变动总价合同。

④国际项目总承包的组织

国际项目总承包的组织有如下几种可能的模式:

a.一个组织(企业)既具有设计力量,又具有施工力量,由它独立地承担建设项目工程总承包的任务(在美国这种模式较为常用)。

b.由设计单位和施工单位为一个特定的项目组成联合体或合作体,以承担项目总承包的任务(在德国和其他一些欧洲国家这种模式较为常用,特别是民用建筑项目的工程总承包往往由设计单位和施工单位组成的项目联合体或合作体承担。待项目结束后项目联合体或合作体就解散)。

c.由施工单位承担项目总承包的任务,而设计单位受施工单位的委托承担其中的设计任务。

d.由设计单位承担项目总承包的任务,而施工单位作为其分包方承担其中的施工任务。

⑤项目总承包方的工作程序

项目总承包方的工作程序包括:项目启动,在工程总承包合同条件下,任命项目经理,组建项目部。项目初始阶段,进行项目策划,编制项目计划,召开开工会议,发表项目协调程序,发表设计基础数据,编制各项计划,确定项目控制基准等。设计阶段,编制初步设计或基础工程设计文件,进行设计审查,编制施工图设计或详细工程设计文件。采购阶段,采买、催交、检验、运输、与施工方办理交接手续。施工阶段,施工开工前的准备工作,现场施工,竣工试验,管理权移交,进行竣工决算。试运行阶段,对试运行进行指导和服务。合同收尾,取得合同目标考核证书,办理决算手续,清理各种债权债务,缺陷通知期限满后取得履约证书。项目管理收尾,办理项目资料归档,进行项目总结,对项目部人员进行考核评价,解散项目部。

(2)施工任务委托的模式

施工任务的委托主要有如下三种模式:

a.业主方委托一个施工单位或由多个施工单位组成的施工联合体或施工合作体作为施工总承包单位,施工总承包单位视需要再委托其他施工单位作为分包单位配合施工。

b.业主方委托一个施工单位或由多个施工单位组成的施工联合体或施工合作体作为施工总承包管理单位,业主方另委托其他施工单位作为分包单位进行施工。

c.业主方不委托施工总承包单位,也不委托施工总承包管理单位,而平行委托多个施工单位进行施工。

①施工总承包

业主方委托一个施工单位或由多个施工单位组成的施工联合体或施工合作体作为施工总承包单位,经业主同意,施工总承包单位可以根据需要将施工任务的一部分分包给其他符合资质的分包单位。

施工总承包模式有如下特点:

a.投资控制方面:一般以施工图设计为投标报价的基础,投标人的投标报价较有依据;在开工前有较明确的合同价,有利于业主的总投资控制;若在施工过程中发生设计变更,可能会引发索赔。

b.进度控制方面:由于一般要等施工图设计全部结束后,业主方才进行施工总承包的招标,因此,开工日期不可能太早,建设周期会较长。这是施工总承包模式的最大缺点。

c.质量控制方面:建设工程项目质量的好坏在很大程度上取决于施工总承包单位的管理水平和技术水平。

d.合同管理方面:业主方只需要进行一次招标,与施工总承包单位签约,因此招标及合同管理工作量将会减小;在很多工程实践中,采用的并不是真正意义上的施工总承包,而采用所谓的"费率招标"。"费率招标"实质上是开口合同,对业主方的合同管理和投资控制十分不利。

e.组织与协调方面:由于业主方只负责对施工总承包单位的管理及组织协调,其组织与协调的工作量比平行发包会大大减少,这对业主方有利。

②施工总承包管理

施工总承包管理模式(Managing Contractor)的内涵是:业主方委托一个施工单位或由多个施工单位组成的施工联合体或施工合作体作为施工总承包管理单位,业主方另委托其他施工单位作为分包单位进行施工。一般情况下,施工总承包管理单位不参与具体工程的施工,但如果施工总承包管理单位也想承担部分工程的施工,它应参加该部分工程的投标,通过竞争取得施工任务。

施工总承包管理模式的特点:

a.投资控制方面:一部分施工图完成后,业主就可单独或与施工总承包管理单位共同进行该部分工程的招标,分包合同的投标报价和合同价以施工图为依据;在对施工总承包管理单位进行招标时,只确定施工总承包管理费,而不确定工程总造价,这可能成为业主控制总投资的风险。多数情况下,由业主方与分包单位直接签约,这样有可能增加业主方的风险。

b.进度控制方面:不需要等待施工图设计完成后再进行施工总承包管理的招标,分包合同的招标也可以提前,这样就有利于提前开工,有利于缩短建设周期。

c.质量控制方面:对分包单位的质量控制由施工总承包管理单位进行;分包工程任务符合质量控制的"他人控制"原则,对质量控制有利;各分包单位之间的关系可由施工总承包管理单位负责,这样可减少业主方管理的工作量。

d.合同管理方面:所有分包项目的招标投标、合同谈判以及签约工作均由业主方负责,业主方的招标及合同管理工作量较大;对分包单位的工程款可由施工总包管理单位支付或由业主方直接支付,利于施工总包管理单位对分包单位的管理。

e.组织与协调方面:由施工总承包管理单位负责对所有分包单位的管理及组织协调,这样大大减轻了业主的工作。这也是采用施工总承包管理模式的基本出发点。

4.1.4　工程项目采购方式

工程项目采购按采购方式不同分为招标采购和非招标采购。

4.1.4.1　招标采购

《中华人民共和国招标投标法》明确规定:在中华人民共和国境内进行下列工程建设项目,包括项目的勘察、设计、施工、监理以及与工程建设有关的重要设备、材料等的采购,必须进行招标:

①大型基础设施、公用事业等关系到社会公共利益、公众安全的项目;

②全部或部分使用国有资金投资或者国家融资的项目;

③使用国际组织或者外国政府贷款、援助资金的项目。

为了进一步明确招标范围,国家发展和改革委员会在颁发的《必须招标的工程项目规定》(2018年6月1日起施行)中规定,以上招标范围的项目勘察、设计、施工、监理以及与工程建设有关的重要设备、材料等的采购,达到下列标准之一的必须进行招标:

①施工单项合同估算价在400万元人民币以上的;

②重要设备、材料等货物的采购,单项合同估算价在200万元人民币以上的;

③勘察、设计、监理等服务的采购,单项合同估算价在100万元人民币以上的;

招标采购的程序是:

(1)刊登采购公告

刊登采购公告分为刊登采购总公告与刊登具体招标公告两步。

对于国内竞争性招标,其投标机会只需以国内广告的形式发出。

(2)资格预审

根据《建设工程施工招标文件范本》关于建设工程施工招标资格预审文件的规定,投标人应当提交如下资料以方便招标人进行资格预审:

a.有关确立法律地位原始文件的副本(包括营业执照、资质等级证书和非本国注册的企业经建设行政主管部门核准的资质条件);

b.企业在过去三年完成的与本合同相似的工程的情况和现在正在履行的合同的工程情况;

c.管理和执行本合同拟配备的人员情况;

d.完成本合同拟配备的机械设备情况;

e.企业财务状况资料,包括最近两年经过审计的财务报表、下一年度财务预测报告;

f.企业目前和过去两年参与或涉及诉讼的材料;

g.如为联合体投标人,还应提供联合体协议书和授权书。

资格预审的程序是:

a.编制资格预审文件;

b.邀请有资格参加预审的单位参加资格预审;

c.发售资格预审文件;

d.提交资格预审申请;

e.资格评定,确定参加投标的单位名单。

(3)编制招标文件

项目采购单位或项目采购单位委托的招标代理机构应充分利用已出版的各种招标文件范本,从而加快招标文件编制的速度,提高招标文件编制的质量。

(4)刊登具体招标通告

项目采购单位或项目采购单位委托的招标代理机构在发行资格预审文件或招标文件之前,必须在借款者国内广泛发行的报纸或官方杂志上刊登资格预审或招标通告作为具体采购通告。招标通告应包括:借款国名称;项目名称;采购内容简介(包括工程地点、规模、货物名称、数量);资源来源;交货时间或竣工工期;对合格货源国的要求;发售招标文件的单位名称、地址以及文件售价;投标截止日期和地点的规定;投标保证金的金额要求;开标日期、时间、地点等内容。

(5)发售招标文件

(6)投标

①投标准备

为了招标工作的顺利进行,项目采购单位或项目采购单位委托的招标代理机构一定要做好投标前的准备工作:

a.项目采购单位或项目采购单位委托的招标代理机构要根据以往经验和实际情况合理确

定投标文件的编制时间。

b.对大型工程和复杂设备的招标采购工作,项目采购单位或项目采购单位委托的招标代理机构要组织标前会和现场考察。

c.项目采购单位或项目采购单位委托的招标代理机构对投标人提出的书面问题要及时予以答复,并以补遗书的形式发给所有投标人,以示公平。

②投标文件的提交

a.投标文件需在招标文件中规定的投标截止时间之前予以提交。

b.项目采购单位或项目采购单位委托的招标代理机构在收到投标书后,要进行签收,并做好相应记录。

c.为了与招标中公开、公平、公正和诚实信用的原则相一致,投标截止时间与开标时间应保持统一。

(7)开标

开标应符合招标通告的要求。开标时要公开宣读投标信息。开标要做好开标记录。

(8)评标

评标唯一的依据是招标文件。

评标程序是:

①初评。主要是审查投标文件是否对招标文件做出了实质性的响应,以及投标文件是否完整、计算是否正确等。

②对投标文件的具体评价。主要包括技术评审和商务评审。

技术评审主要是为了确认备选的中标人完成生产项目的能力以及他们的供货方案的可靠性。技术评审可从以下方面进行:技术资料是否完备;施工方案是否可行;施工进度计划是否可靠;施工质量是否有保障;工程材料和机器设备供应的技术性能是否符合设计技术要求;分包商的技术能力和施工经验;对投标文件中按招标文件规定提交的建议方案做出技术评审。

商务评审主要是从成本、财务等方面评审投标报价的正确性、合理性、经济效益和风险等,估量授标给不同投标人产生的不同后果。商务评审可从以下方面进行:报价的正确性和合理性;投标文件中的支付和财务问题;价格的调整问题;审查投标保证金;对建议方案的商务评审。

评标结果,即选出合适的中标人。中标人的投标应当符合下列条件之一:

a.能最大限度地满足招标文件中规定的各项综合评价标准;

b.能满足招标文件的实质性要求,并且经评审投标价格最低,但投标价格低于成本的除外。

(9)授标

在评标报告和授标建议书经世界银行批准后,项目采购单位或项目采购单位委托的招标代理机构可向具有最低投标价格的投标人发出中标通知书,并在投标有效期内完成合同的授予。

4.1.4.2　非招标采购

依据《政府采购非招标采购方式管理办法》和《政府采购竞争性磋商采购方式管理暂行办法》,非招标采购包括询价采购、竞争性谈判、单一来源采购和竞争性磋商。

(1)询价采购

询价采购是指对几个供货商(通常至少三家)的报价进行比较以确保价格具有竞争性的一

种采购方式。每一供应商或承包商只许提出一个报价,而且不许改变其报价。不得同某一供应商或承包商就其报价进行谈判。询价采购特点是:

①邀请报价的供应商数量至少为三家;

②报价的提交形式可以采用电传或传真;

③报价的评审应按照买方公共或私营部门的良好惯例进行。采购合同一般授予符合采购实体需求的最低报价的供应商或承包商。

询价采购的适用条件包括:

①采购现成的并非按采购实体的特定规格特别制造或提供的货物或服务;

②采购合同的估计价值低于采购条例规定的数额。

(2)竞争性谈判

竞争性谈判,是指采购人或者采购代理机构直接邀请三家以上供应商就采购事宜进行谈判的方式。竞争性谈判采购方式的特点是:

①可以缩短准备期,能使采购项目更快地发挥作用;

②减少工作量,省去了大量的开标、投标工作,有利于提高工作效率,减少采购成本;

③供求双方能够进行更为灵活的谈判;

④有利于对民族工业进行保护;

⑤能够激励供应商自觉将高科技应用到采购产品中,同时又能降低采购风险。

竞争性谈判的适用范围包括:

①依法制定的集中采购目录以内,且未达到公开招标数额标准的货物、服务;

②依法制定的集中采购目录以外、采购限额标准以上,且未达到公开招标数额标准的货物、服务;

③达到公开招标数额标准、经批准采用非公开招标方式的货物、服务;

④按照招标投标法及其实施条例必须进行招标的工程建设项目以外的政府采购工程。

竞争性谈判的适用条件包括:

①招标后没有供应商投标或者没有合格标的,或者重新招标未能成立的;

②技术复杂或者性质特殊,不能确定详细规格或者具体要求的;

③非采购人所能预见的原因或者非采购人拖延造成采用招标所需时间不能满足用户紧急需要的;

④因艺术品采购、专利、专有技术或者服务的时间、数量事先不能确定等原因不能事先计算出价格总额的。

竞争性谈判的基本程序:

①采购预算与申请。采购人编制采购预算,填写采购申请表并提出采用竞争性谈判的理由,经上级主管部门审核后提交财政局采购管理部门。

②采购审批。财政行政主管部门根据采购项目及相关规定确定竞争性谈判这一采购方式,并确定采购途径——是委托采购还是自行采购。

③代理机构的选定。程序与公开招标的相同。

④组建谈判小组。

⑤编制谈判文件。谈判文件应明确谈判程序与内容、合同草案条款及评定成交的标准等事项。

⑥确定参与谈判的供应商名单。谈判小组根据采购需求，从符合相应资格条件的供应商名单中确定并邀请不少于三家的供应商进行谈判。若公开招标的货物、服务采购项目，招标过程中提交投标文件或者经评审实质性响应招标文件要求的供应商只有两家时，采购人、采购代理机构经本级财政部门批准后可以与该两家供应商进行竞争性谈判采购。

⑦谈判。谈判小组所有成员集中与每一个被邀请的供应商分别进行谈判。在谈判中，任何一方不得透露与谈判有关的其他供应商的技术资料、价格和其他信息。若谈判文件有实质性变动，谈判小组应以书面形式通知所有参加谈判的供应商。可以按照供应商提交投标文件的逆序或以抽签的方式确定谈判顺序。

⑧确定成交供应商。谈判结束后，谈判小组应要求所有参加谈判的供应商在规定时间内进行最后报价，采购人从谈判小组提出的成交候选人中根据符合采购需求、质量和服务相等且报价最低的原则确定成交供应商，并将结果通知所有参加谈判的未成交的供应商。要求供应商尽早报价有助于防止串标。

⑨评审公示。公示内容包括成交供应商名单、谈判文件修正条款、各供应商报价、谈判专家名单。

⑩发出成交通知书。公示期满无异议，即可发出成交通知书。

(3) 单一来源采购

单一来源采购是指只能从唯一供应商处采购、不可预见的紧急情况、为了保证一致或配套服务从原供应商添购原合同金额10%以内的情形的政府采购项目，采购人向特定的一个供应商采购的一种政府采购方式。该采购方式的最主要特点是没有竞争性。

由于单一来源采购只同唯一的供应商、承包商或服务提供者签订合同，所以就竞争态势而言，采购方处于不利的地位，有可能增加采购成本；并且在谈判过程中容易滋生索贿、受贿现象，所以对这种采购方法的使用，国际规则都规定了严格的适用条件。一般而言，这种方法的采用都是出于紧急采购的时效性或者只能从唯一的供应商或承包商取得货物、工程或服务的客观性。

我国《政府采购法》第39条对单一来源采购方式的程序作了规定，即采取单一来源采购方式采购的，采购人与供应商应当遵循《政府采购法》规定的原则，在保证采购项目质量和双方商定合理价格的基础上进行采购。采取单一来源采购方式应当遵循的基本要求，具体包括：

①遵循的原则。采购人与供应商应当坚持《政府采购法》第3条规定的"政府采购应当遵循公开透明原则、公平竞争原则、公正原则和诚实信用原则"开展采购。单一来源采购是政府采购方式之一，尽管有其特殊性并且缺乏竞争性，但仍然要尽可能地遵循这些原则。

②保证采购质量。政府采购的质量直接关系到政府机关履行行政事务的效果，因此，保证采购质量非常重要。虽然单一来源采购供货渠道单一，但也要考虑采购产品的质量，否则实行单一来源政府采购本身就没有意义。

③价格合理。单一来源采购虽然缺乏竞争性，但也要按照物有所值原则与供应商进行协商，本着互利原则，合理确定价格。

单一来源采购的流程：

①采购预算与申请。采购人编制采购预算，填写采购申请表并提出采用单一来源采购方式的理由，经上级主管部门审核后提交财政管理部门。其中，属于因货物或者服务使用不可替

代的专利、专有技术,或者公共服务项目具有特殊要求,导致只能从唯一供应商处采购的,且达到公开招标数额的货物、服务项目的,应当由专业技术人员论证并公示,公示情况一并报财政部门。

②采购审批。财政行政主管部门根据采购项目及相关规定确定单一来源采购这一采购方式,并确定采购途径——是委托采购还是自行采购。

③代理机构的选定。程序与公开招标的相同。

④组建协商小组。由于单一来源采购缺乏竞争性,在协商中应确保质量的稳定性、价格的合理性、售后服务的可靠性。由于经过了技术论证,因而价格是协商的焦点问题,协商小组应通过协商帮助采购人获得合理的成交价并保证采购项目质量。协商情况记录应当由协商小组人员签字认可。对记录有异议的协商小组人员,应当签署不同意见并说明理由。一般由代理机构协助组建协商小组。

⑤签发成交通知书。将谈判确定的成交价格报采购人,经采购人确认后签发成交通知书。

(4)竞争性磋商

竞争性磋商是指采购人、政府采购代理机构通过组建竞争性磋商小组(以下简称磋商小组)与符合条件的供应商就采购货物、工程和服务事宜进行磋商,供应商按照磋商文件的要求提交响应文件和报价,采购人从磋商小组评审后提出的候选供应商名单中确定成交供应商的采购方式。

符合下列情形的项目,可以采用竞争性磋商方式开展采购:

①政府购买的服务项目;

②技术复杂或者性质特殊,不能确定详细规格或者具体要求的项目;

③因艺术品采购,专利、专有技术或者服务的时间、数量事先不能确定等原因不能事先计算出价格总额的项目;

④市场竞争不充分的科研项目,以及需要扶持的科技成果转化项目;

⑤按照招标投标法及其实施条例必须进行招标的工程建设项目以外的工程建设项目。

4.2 工程项目合同管理

4.2.1 建设工程合同类型

(1)按照工程建设阶段分类

建设工程的建设过程大体上经过勘察、设计、施工三个阶段,必须围绕不同阶段订立相应合同。建设工程合同按照建设阶段所完成的承包内容划分为:建设工程勘察合同、建设工程设计合同、建设工程施工合同。

建设工程勘察合同,即发包人与勘察人就完成商定的勘察任务、明确双方权利义务关系而签订的协议。

建设工程设计合同,即发包人与设计人就完成商定的工程设计任务、明确双方权利义务关系而签订的协议。

建设工程施工合同,即发包人与承包人为完成商定的建设工程项目的施工任务、明确双方权利义务关系而签订的协议。

（2）按照承发包方式（范围）分类

①建设工程总承包合同。发包人将工程建设的全过程，即从工程立项到交付使用全部发包给一个承包人的合同。

②建设工程承包合同。发包人将建设工程中勘察、设计、施工等每一项分别发包给一个承包人的合同。

③建设工程分包合同。经合同约定和发包人认可，从工程承包人承包的工程中承包部分工程而订立的合同。

（3）按照承包工程计价方式（或付款方式）分类

①总价合同（Lump Sum Contract）。总价合同分为可调总价合同和固定总价合同。固定总价合同是最典型的合同类型。

固定总价合同即总价固定不变，除了业主要求建设项目有重大变更以外，一般不允许进行合同价格的调整。这类合同由于承包人承担了全部的工作量和价格风险，因此，其报价必须考虑施工期间物价变化及工程量变化带来的影响。

②单价合同（Unit Price Contract）。单价合同是指承包人按规定承担报价的风险，即对报价（主要指单价）的正确性和适宜性承担责任，而业主承担工程量变化风险的合同。单价合同中，由于合同当事人双方的风险得到了合理的分配，因此，这种合同不受工程类型的限制，在我国得到了广泛的应用。

③成本加酬金合同。成本加酬金合同是指业主不仅向承包人支付工程项目的实际成本，而且按事先约定的某一种方式支付酬金的合同。

在这种合同中，由于业主是按实际成本对承包人进行结算，因此，承包人不承担任何风险，而业主承担了全部工程量和价格风险，这将导致承包人在工程中不会较好地进行成本控制，反而期望提高成本以提高自身的经济效益。

（4）与建设工程有关的其他合同

①建设工程委托监理合同。指委托人（发包人）与监理人签订的，为了委托监理人承担监理业务而明确双方权利义务关系的协议。

②建设工程物资采购合同。指出卖人转移建设工程物资所有权于买受人，买受人支付价款的明确双方权利义务关系的协议。

③建设工程保险合同。指发包人或承包人为防范特定风险而与保险公司签订的明确权利义务关系的协议。

④建设工程担保合同。指义务人（发包人或承包人）或第三人（或保险公司）与权利人（承包人或发包人）签订的为保证建设工程合同全面、正确履行而明确双方权利义务关系的协议。

4.2.2　建设工程施工合同的主要内容

由于建设工程项目规模和特点的差异，不同项目的合同内容可能会有很大的差别，以下主要分析建设工程总承包合同的主要内容：

①词语含义及合同文件。总承包合同双方当事人应对合同中常用的或容易引起歧义的词语进行解释，赋予它们明确的含义；对合同文件的组成、顺序，合同使用的标准等，也应做出明确的规定。

②总承包的内容。总承包合同双方当事人应对总承包的内容做出明确规定，一般包括从

工程立项到交付使用的工程建设全过程,具体应包括勘察设计、设备采购、施工管理、试车考核(或交付使用)等内容。具体的承包内容由当事人约定,如约定"设计—施工"的总承包、"投资—设计—施工"的总承包等。

③双方当事人的权利义务。发包人一般应当承担的义务:按照约定向承包人支付工程款;向承包人提供现场;协助承包人申请有关许可证、执照和批准文件;如果发包人单方要求终止合同后,没有承包人的同意,在一定时期内不得重新开始实施该工程。承包人一般应当承担的义务:完成满足发包人要求的工程以及相关的工作;提供履约保证;负责工程的协调与恰当实施;按照发包人的要求终止合同。

④合同履行期限。合同应当明确规定交工的时间,同时也应对各阶段的工作期限做出明确规定。

⑤合同价款。应规定合同价款的计算方式、结算方式,以及价款的支付期限等。

⑥工程质量与验收。合同应当明确规定工程质量的要求,工程质量的验收方法、验收时间及确认方式。工程质量检验的重点应当是竣工验收,通过竣工验收,发包人可以接收工程。

⑦合同的变更。

⑧风险、责任和保险。

⑨工程保修。合同应按国家的规定写明保修项目、内容、范围、期限及保修金额和支付办法。

⑩对设计、分包人的规定。承包人进行并负责工程的设计,设计应当由合格的设计人员进行;应当编制足够详细的施工文件,编制和提交竣工图、操作和维修手册;应对所有分包方遵守合同的全部规定负责,任何分包方代理人或者雇员的行为或者违约,完全视为承包人自己的行为或者违约,并由承包人负全部责任。

⑪索赔和争议的处理。合同应明确索赔的程序和争议的处理方式。对争议的处理,一般应以仲裁作为解决的最终方式。

⑫违约责任。合同应明确双方的违约责任,包括发包人不按时支付合同价款的责任、超越合同规定干预承包人工作的责任等;也包括承包人不能按合同约定的期限和质量完成工作的责任等。

4.3 施工合同的订立与管理

4.3.1 施工合同的订立

施工合同的订立,是指发包人和承包人之间为了建立承发包合同关系,通过对工程施工合同具体内容进行协商而形成合作意向的过程。

4.3.1.1 订立施工合同的基本原则及具体要求

①平等、自愿原则。所谓平等,是指当事人在合同的订立、履行和承担违约责任等方面都处于平等的法律地位,彼此的权利、义务对等。所谓自愿,是指是否订立合同、与谁订立合同、订立合同的内容以及变更合同等,都要由当事人依法自愿决定。

②公平原则。所谓公平,是指当事人在订立合同的过程中以利益均衡作为评判标准。该原则最基本的要求是发包人与承包人的合同权利、义务及承担的责任要对等,不能显失公平。

③诚实信用原则。诚实信用,主要是指当事人在缔约时诚实并不欺不诈,在缔约后守信并自觉履行。

④合法原则。所谓合法,主要是指在合同法律关系中,合同主体、合同的订立形式、订立合同的程序、合同的内容、履行合同的方式、对变更或者解除合同权利的行使等都必须符合我国的法律、行政法规。

4.3.1.2　订立工程合同的形式和程序

(1)订立工程合同的形式

当事人订立合同,有书面形式、口头形式和其他形式。法律、行政法规规定采用书面形式的,当事人约定采用书面形式的,应当采用书面形式。书面形式是指合同书、信件和数据电文(包括电报、电传、传真、电子数据交换和电子邮件)等可以有形地表现所载内容的形式。

建设工程合同涉及面广、内容复杂、建设周期长、标的金额大,《中华人民共和国民法典》第三编规定建设工程合同应当采用书面形式。

(2)订立工程合同的程序

建设工程合同订立的一般程序是"要约—承诺"。

①要约。要约是希望和他人订立合同的意思表示,该意思表示应当符合下列规定:内容具体确定,表明经受要约人承诺,要约人即受该意思表示约束。

要约邀请不同于要约,要约邀请是希望他人向自己发出要约的意思表示。寄送的价目表、拍卖公告、招标公告、招股说明书、商业广告等为要约邀请。

②承诺。承诺是受要约人同意要约的意思表示。承诺应当具备以下条件:承诺必须由受要约人或其代理人做出;承诺的内容与要约的内容应当一致;承诺要在要约的有效期内做出;承诺要送达要约人。

承诺可以撤回但是不得撤销。承诺通知到达受要约人时生效;不需要通知的,根据交易习惯或者要约的要求做出承诺的行为时生效。承诺生效时,合同成立。

(3)工程合同文件组成及主要条款

不需要通过招标投标方式订立的工程合同,合同文件通常就是一份合同或协议书,最多在正式的合同或协议书后附一些附件,并说明附件与合同或协议书具有同等的效力。

通过招标投标方式订立的工程合同,因经过招标、投标、开标、评标、中标等一系列过程,合同文件不单单是一份协议书,通常由以下文件共同组成:本合同协议书;中标通知书;投标书及其附件;本合同专用条款;本合同通用条款;标准、规范及有关技术文件;图纸;工程量清单;工程报价单或预算书。当上述文件间前后矛盾或表达不一致时,以在前的文件为准。

一般合同应当具备如下条款:当事人的名称或姓名和住所;标的;数量;价款或酬金;履行期限、地点和方式;违约责任;解决争议的方法。

工程合同应当具备的主要条款如下:

①承包范围。建筑安装工程通常分为基础工程(含桩基工程)、土建工程、安装工程、装饰工程,合同应明确哪些内容属于承包方的承包范围,哪些内容是发包方另行发包。

②工期。承发包双方在确定工期时,应当以国家工期定额为基础,根据承发包双方的具体情况,并结合工程的具体特点,确定合理的工期。工期是指自开工日期至竣工日期的期限,双方应对开工日期及竣工日期进行精确的定义,否则,日后易起纠纷。

③中间交工工程的开工和竣工时间。确定中间交工工程的工期,它需与工程合同确定的

总工期相一致。

④工程质量等级。工程质量等级标准分为不合格、合格和优良。不合格的工程不得交付使用。承发包双方可以约定工程质量等级达到优良或更高标准,但是应根据优质优价的原则确定合同价款。

⑤合同价款。又称工程造价,通常采用国家或者地方定额的方法进行计算确定。随着市场经济的发展,承发包双方可以协商自主定价,而无须执行国家、地方定额。

⑥施工图纸的交付时间。施工图纸的交付时间必须满足工程施工进度的要求。为了确保工程质量,严禁随意性的边设计、边施工、边修改的"三边工程"。

⑦材料和设备供应责任。承发包双方需明确约定哪些材料和设备由发包方供应,以及在材料和设备供应方面双方各自的义务和责任。

⑧付款和结算。发包人一般应在工程开工前支付一定的备料款(又称预付款);工程开工后,按工程形象进度按月支付工程款;工程竣工后,应当及时进行结算,扣除保修金后应按合同约定的期限支付尚未支付的工程款。

⑨竣工验收。竣工验收是工程合同重要的条款之一。实践中,常见有些发包人为了达到拖欠工程款的目的,迟迟不组织验收或者验而不收。因此,承包人在拟定本条款时,应设法预防上述情况的发生,争取主动。

⑩质量保修范围和期限。建设工程的质量保修范围和期限应当符合《建设工程质量管理条例》的规定。

⑪其他条款。工程合同还包括隐蔽工程验收、安全施工、工程变更、工程分包、合同解除、违约责任、争议解决方式等条款,双方均要在签订合同时加以明确约定。

4.3.2　跟踪与控制

在工程实施的过程中,要对合同的履行情况进行跟踪与控制,并加强工程变更管理,保证合同的顺利履行。

4.3.2.1　工程合同跟踪

合同签订以后,合同中各项任务要落实到具体的项目经理部或具体的项目参与人员身上,承包单位作为履行合同义务的主体,必须对合同执行者(项目经理部或项目参与人)的履行情况进行跟踪、监督和控制,确保合同义务的完全履行。

工程合同跟踪有两个方面的含义:一是承包单位的合同管理职能部门对合同执行者的履行情况进行的跟踪、监督和检查,二是合同执行者本身对合同计划的执行情况进行的跟踪、检查与对比。在合同实施过程中二者缺一不可。

(1)合同跟踪的作用

在工程实施过程中,由于实际情况千变万化,导致合同实施与预定目标(计划和设计)偏离。如果不采取措施,这种偏差会由小到大,逐渐积累。合同跟踪可以不断找出偏离,不断地调整合同实施,使之与总目标一致。这是合同控制的主要手段。

合同跟踪的作用有:

①通过合同实施情况分析,找出偏离,以便及时采取措施,调整合同实施过程,达到合同总目标。所以,合同跟踪是调整决策的前导工作。

②在整个工程实施过程中,使项目管理人员清楚地了解合同实施情况,对合同实施现状、

趋向和结果有一个清醒的认识。

【案例 4.1】 我国某承包公司在国外承包一项工程,合同签订时预计该工程能赢利 30 万美元;开工时,发现合同有些条款不利,估计能持平,即可以不盈不亏;待工程进行了几个月,发现合同很不利,预计要亏损几十万美元;待工期达到一半,再做详细核算,才发现合同极为不利,是个陷阱,预计到工程结束,至少亏损 1 000 万美元以上。到这时才采取措施,损失已极为惨重。

在这个工程中,如果能及早对合同进行分析、跟踪、对比,发现问题并及早采取措施,则可以把握主动权,避免或减少损失。

(2)合同跟踪的依据

①合同及合同分析的结果。如各种计划、方案、合同变更文件等是比较的基础,是合同实施的目标和依据。

②各种实际的工程文件。如原始记录,各种工程报表、报告、验收结果、量方结果等。

③工程管理人员对现场情况的直观了解。施工现场的巡视、与各种人谈话、召集小组会议、检查工程质量、量方等,是最直观的感性知识,有助于工程管理人员更快地发现问题,更透彻地了解问题,有助于迅速采取措施减少损失。

(3)合同跟踪的对象

①具体的合同实施工作。对照合同实施工作表的具体内容,分析该工作的实际完成情况,即:

a.工作质量是否符合合同要求,如工作的精度、材料质量是否符合合同要求,工作过程中有无其他问题;

b.工程范围是否符合要求,有无合同规定以外的工作;

c.是否在预定期限内完成工作,工期有无延长,延长的原因是什么;

d.成本有无增加或减少。

经过上面的分析,可以找出偏差的原因和责任,从而发现索赔机会。

②对工程小组或分包商的工程和工作进行跟踪。工程承包人可以将工程施工任务分解交由不同的工程小组或发包给专业分包人完成,但必须对这些工程小组或分包人及其所负责的工程进行跟踪检查、协调关系、提出意见、建议或警告,保证工程总体质量和进度。

对专业分包人的工作和负责的工程,总承包商负有协调和管理的责任,并承担由此造成的损失,所以专业分包人的工作和负责的工程必须纳入总承包工程的计划和控制中,防止因分包人工程管理失误而影响全局。

③业主和其委托的工程师的工作

a.业主是否及时、完整地提供了工程施工的实施条件,如场地、图纸、资料等;

b.业主和工程师是否及时给予了指令、答复和确认等;

c.业主是否及时并足额地支付了应付的工程款项。

④对工程总体进行跟踪。对工程总体实施状况的跟踪可以通过如下几方面进行:

a.工程整体施工秩序状况。如果出现以下情况,合同实施必然有问题:现场混乱、拥挤不堪;承包商与业主的其他承包商、供应商之间协调困难;合同事件之间和工程小组之间协调困难;出现事先未考虑到的情况和局面;发生较严重的工程事故等。

b.已完工程未能通过验收;出现大的工程质量问题;工程试生产不成功或达不到预定的

生产能力等。

c.施工进度未能达到预定计划;主要的工程活动出现延期;在工程周报和月报上,计划与实际进度出现大的偏差。

d.计划与实际的成本曲线出现大的偏离。

4.3.2.2　工程合同控制

合同控制是指承包商的合同管理组织为保证合同所约定的各项义务的全面完成及各项权利的实现,以合同分析的成果为基准,对整个合同实施过程进行全面监督、检查、对比和纠正的管理活动。

(1)工程合同控制的日常工作

工程合同控制应贯彻到工程实施的各项工作之中,其日常工作主要有以下内容:

①参与落实计划。合同管理人员与项目的其他职能人员一起落实合同实施计划,为各工程小组、分包商的工作提供必要的保证,如施工现场的安排,人工、材料、机械等计划的落实,工序间的搭接关系和安排以及其他一些必要的准备工作。

②协调各方关系。在合同范围内,协调业主、工程师、项目管理各职能人员、所属的各工程小组和分包商之间的工作关系,解决相互之间出现的问题,如合同责任界面之间的争执、工程活动之间时间上和空间上的不协调等。

③指导合同工作。合同管理人员对各工程小组和分包商进行工作指导,做经常性的合同解释,使各工程小组具有全局观念,对工程中发现的问题提出意见、建议或警告。合同管理人员在工程实施中起"漏洞工程师"的作用,但他不是寻求与业主、工程师、各工程小组、分包商的对立,他的目标不仅是索赔和反索赔,而且是要将各方面在合同关系上联系起来,防止漏洞和弥补损失,更好地完成工程。

④参与其他项目控制工作。合同项目管理的有关职能人员,每天要检查、监督各工程小组和分包商的合同实施情况,对照合同要求的数量、质量、技术标准和工程进度,发现问题并及时采取措施;对已完工程做最后的检查核对,对未完成的或有缺陷的工程责令其在一定的期限内采取补救措施,防止影响整个工期;按合同要求,会同业主及工程师等对工程所用材料和设备开箱检查或验收,看其是否符合质量、图纸和技术规范等的要求;进行隐蔽工程和已完工程的检查验收;负责验收文件的起草和验收的组织工作;参与工程结算,会同造价工程师对向业主提出的工程款账单和分包商提交的收款单进行审查和确认。

⑤合同实施情况的追踪、偏差分析及参与处理。

⑥负责工程变更管理。

⑦负责工程索赔管理。

⑧负责工程文档管理。分包商发出的任何指令,向业主发出的任何文字答复、请示,业主方发出的任何指令,都必须经合同管理人员审查,并记录在案。

⑨争议处理。承包商与业主、与分包商的任何争议的协商和解决都必须有合同管理人员的参与,并对解决方法进行合同和法律方面的审查、分析及评价。这样,不仅可以保证工程施工处于严格的合同控制中,而且使承包商的各项工作更有预见性,更能及早地预测合同行为的法律后果。

(2)合同控制措施

①组织措施,如增加人员投入,调整人员安排,调整工作流程和工作计划等。

②技术措施,如变更技术方案,采用新的高效率的施工方案等。

③经济措施,如增加投入,采取经济激励措施等。

④合同措施,如进行合同变更,签订附加协议,采取索赔手段等。

4.3.3　变更与管理

4.3.3.1　合同变更的起因

合同变更是指合同成立以后、履行完毕以前由双方当事人依法对原合同的内容所进行的修改。

合同内容频繁地变更是工程合同的特点之一。一个较为复杂的工程合同,实施中的变更可能有几百项。合同变更一般主要有如下几方面原因:

①业主新的变更指令,对建筑新的要求。如业主有新的主意,修改项目总计划,削减预算等。

②由于设计的错误,必须对设计图纸做修改。这可能是由于业主要求变化,也可能是设计人员、监理工程师或承包商事先没能很好地理解业主的意图所致。

③工程环境的变化,预定的工程条件不准确,要求实施方案或计划变更。

④由于产生新的技术和知识,有必要改变原设计、实施方案或实施计划。

⑤政府部门对工程新的要求。如国家计划变化、环境保护要求、城市规划变动等。

⑥由于合同实施出现问题,必须调整合同目标,或修改合同条款。

⑦合同双方当事人由于倒闭或其他原因转让合同,造成合同当事人的变化。

4.3.3.2　合同变更范围

合同变更是合同实施调整措施的综合体现。合同变更的范围很广,在合同签订后,所有工程范围、进度、工程质量要求、合同条款内容、合同双方责权利关系的变化等都可以看作合同变更。

①合同条款的变更。合同条件及合同协议书所定义的双方责权利关系,或一些重大问题的变更,是狭义的合同变更,以前定义的合同变更即为这一类。

②工程变更。指在工程施工过程中,工程师或业主代表在合同约定范围内对工程范围、质量、数量、性质、施工次序和实施方案等做出变更,是最常见和最多的合同变更。

③合同主体的变更。如由于特殊原因造成合同责任和权益的转让,或合同主体的变化。

4.3.3.3　合同变更的处理要求

①尽可能快地做出变更。在实际工作中,变更决策时间过长和变更程序太烦琐会造成很大的损失。如:

a.施工停止,承包商等待变更指令或变更会谈决议。等待变更为业主责任,通常可提出索赔。

b.变更指令不能迅速做出,而现场继续施工,造成更大的返工损失。

这不仅要求提前发现变更需求,而且要求变更程序非常简单和快捷。

②迅速、全面、系统地落实变更指令。变更指令做出后,承包商应迅速、全面、系统地落实变更指令;全面修改相关的各种文件,如图纸、规范、施工计划、采购计划等,使它们一直反映和包容最新的变更;在相关工程小组和分包商的工作中落实变更指令,并提出相应的措施,同时又要协调好各方面工作。

③保存原始设计图纸、设计变更资料、业主书面指令,变更后发生的采购合同、发票及实物或现场照片等。

④进一步分析合同变更的影响。合同变更是索赔机会,应在合同规定的索赔有效期内完成索赔处理。在合同变更过程中,应记录、收集、整理所涉及的各种文件,如图纸、各种计划、技术说明、规范和业主的变更指令,以作为进一步分析的依据和索赔的证据。在实际工作中,合同变更必须与提出索赔同步进行,对于重大的变更,应先进行索赔谈判,待达成一致后,再实施变更。这里,赔偿协议是关于合同变更的处理结果,也作为合同的一部分。

⑤合同变更的评审

在分析合同变更的相关因素和条件后,应及时进行变更内容的评审,评审内容包括合理性、合法性、可能出现的问题及措施等。

由于合同变更对工程施工过程的影响大,会造成工期的拖延和费用的增加,容易引起双方的争执,所以合同双方都应十分慎重地对待合同变更问题。按照国际工程统计,工程变更是索赔的主要起因。

4.3.3.4　合同变更程序和申请

合同变更应有一个正规的程序,有一整套申请、审查、批准手续。

(1)对重大的合同变更,由合同双方签署变更协议确定

合同双方经过会谈,对变更所涉及的问题,如变更措施、变更的工作安排、变更所涉及的工期和费用索赔的处理等达成一致,然后双方签署备忘录、修正案等变更协议。

在合同实施过程中,工程参加者各方定期开会(一般每周一次),商讨研究新出现的问题,讨论对新问题的解决办法。例如,业主希望工程提前竣工,要求承包商采取加速措施,则可以对加速所采取的措施和费用补偿等进行具体的评审、协商和安排,在合同双方达成一致后签署赶工协议。

有时对于重大问题,需经很多次会议协商,通常在最后一次会议上签署变更协议。双方签署的合同变更协议与合同一样有法律约束力,而且其法律效力优先于合同文本。

(2)业主或工程师行使合同赋予的权力,发出工程变更指令

在实际工程中,这种变更数量极多,具体表现在:

①与变更相关的分项工程尚未开始,只需对工程设计做修改或补充。如事前发现图纸错误、业主对工程有新的要求等。在这种情况下,工程变更时间比较充裕,价格谈判和变更的落实可有条不紊地进行。

②变更所涉及的工程正在施工,如在施工中发现设计错误或业主突然有新的要求。这种变更通常时间很紧迫,甚至可能发生现场停工、等待变更指令等问题。

③对已经完工的工程进行变更,必须做返工处理。

工程变更的程序一般由合同规定。在合同分析中常常须做出工程变更程序图。最理想的变更程序是,在变更执行前,合同双方已就工程变更中涉及的费用增加和工期延误的补偿协商达成一致。工程变更程序如图 4.1 所示。

4.3.3.5　工程变更申请

在工程项目管理中,工程变更通常要经过一定的手续,如申请、审查、批准、通知(指令)等。工程变更申请表的格式和内容可以按具体工程的需要设计。表 4.1 为某工程项目的工程变更申请表。

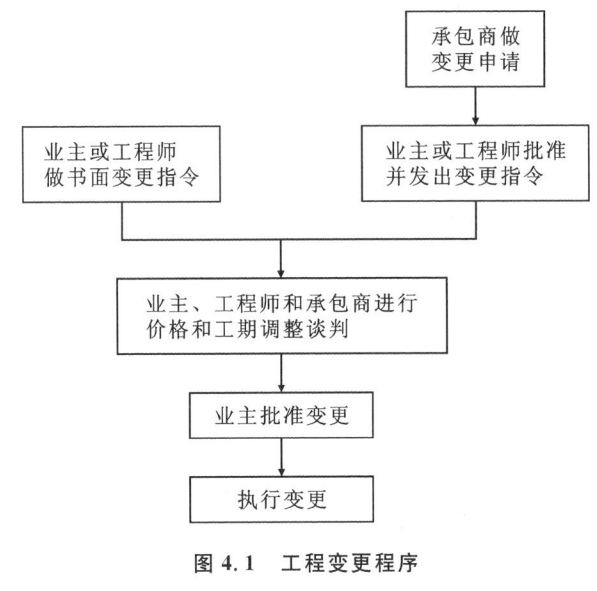

图 4.1　工程变更程序

表 4.1　工程变更申请表

申请人	申请表编号	合同号
相关的分项工程和该工程的技术资料说明： 工程号：　　　　　　　　　图号： 施工段号：		
变更的依据：	变更说明：	
变更涉及的标准：		
变更涉及的资料：		
变更影响(包括技术要求、工期、材料、劳动力、成本、机械、对其他工程的影响等)：		
变更类型：	变更优先次序：	
审查意见：		
计划变更实施日期：		
变更申请人(签字)：		
变更批准人(签字)：		
变更实施决策/变更会议：		
备注：		

4.3.3.6　合同价款变更的确定方法

(1)合同中有的,按原合同规定执行;

(2)合同中有类似的,可参照类似价格;

(3)合同中没有适用或类似的,承包人提出变更价,工程师确认后执行。

【**案例 4.2**】　在某国际工程中,按合同规定的总工期计划,应于×××年××月××日开始现场搅拌混凝土。因承包商的混凝土拌和设备迟迟运不到工地,承包商决定使用商品混凝土,但被业主否决。在承包合同中,未明确规定使用何种混凝土。承包商不得已,只有继续组织设备进场,由此导致施工现场停工、工期拖延和费用增加。对此,承包商提出工期和费用索赔,而业主以如下两点理由否定承包商的索赔要求:

(1)已批准的施工进度计划中确定承包商用现场搅拌混凝土,承包商应遵守。

(2)拌和设备运不到工地是承包商的失误,他无权要求赔偿。

最终将争执提交调解人。调解人认为:因为合同中未明确规定一定要用工地现场搅拌的混凝土(施工方案不是合同文件),则商品混凝土只要符合合同规定的质量标准也可以使用,不必经业主批准。按照惯例,实施工程的方法由承包商负责,承包商在不影响或为了更好地保证合同总目标的前提下,可以选择更为经济合理的施工方案,业主不得随便干预。在这一前提下,业主拒绝承包商使用商品混凝土,是一个变更指令,对此可以进行工期和费用索赔,但该项索赔必须在合同规定的索赔有效期内提出。当然,承包商不能因为使用商品混凝土要求业主补偿任何费用。

最终,承包商获得了工期和费用补偿。

4.4 工程合同的索赔管理

在工程承包市场,工程索赔是承包人和发包人保护自身正当权益、弥补工程损失的重要而有效的手段。

4.4.1 索赔及其分类

索赔是指在经济交易活动中,一方遭受损失时向对方提起的赔偿要求。索赔是合同双方的法定权利,也是维护自身经济效益的手段。它一般包括商务索赔和工程索赔。

建设工程索赔是指在工程合同履行过程中,合同当事人一方因对方不履行或未能正确履行合同或者由于其他非自身因素而受到经济损失或权利损害,通过合同规定的程序向对方提出经济或时间补偿要求的行为。索赔的主要分类方式如下:

(1)按索赔有关当事人分类

按索赔有关当事人分类,索赔分为:承包人与发包人之间的索赔;承包人与分包人之间的索赔;承包人或发包人与供货人之间的索赔;承包人或发包人与保险人之间的索赔。

(2)按照索赔目的和要求分类

①工期索赔。一般指承包人向业主或分包人向承包人要求延长工期。

②费用索赔。即要求补偿经济损失,调整合同价格。

(3)按照索赔事件的性质分类

①工程延期索赔。因为发包人未按合同要求提供施工条件,或发包人指令工程暂停,或不可抗力事件等原因造成工期拖延的,承包人向发包人提出索赔;如果由于承包人原因导致工期拖延,发包人可以向承包人提出索赔;由于非分包人的原因导致工期拖延,分包人可以向承包人提出索赔。

②工程加速索赔。通常是由于发包人或工程师指令承包人加快施工进度,缩短工期,引起承包人的人力、物力、财力的额外开支,承包人提出索赔;承包人指令分包人加快进度,分包人也可以向承包人提出索赔。

③工程变更索赔。由于发包人或工程师指令增加或减少工程量、增加附加工程、修改设计、变更施工顺序等，造成工期延长和费用增加，承包人对此向发包人提出索赔，分包人也可以对此向承包人提出索赔。

④工程终止索赔。由于发包人违约或发生了不可抗力事件等造成工程非正常终止，承包人和分包人因蒙受经济损失而提出索赔；如果由于承包人或者分包人的原因导致工程非正常终止，或者合同无法继续履行，发包人可以对此提出索赔。

⑤不可预见的外部障碍或条件索赔。即承包商在施工现场遇到不能预见的外部障碍或条件，如地质条件与预计的(业主提供的资料)不同，出现未预见的岩石、淤泥或地下水等，导致承包人损失，这类风险通常应该由发包人承担，即承包人可以据此提出索赔。

⑥不可抗力事件引起的索赔。在新版 FIDIC 施工合同条件中，不可抗力通常是满足以下条件的特殊事件或情况：一方无法控制的，该方在签订合同前不能对之进行合理防备的，发生后该方不能合理避免或克服的，不主要归因于他方的。不可抗力事件发生导致承包人损失，通常应该由发包人承担，即承包人可以据此提出索赔。

⑦其他索赔。如货币贬值、汇率变化、物价变化、政策法令变化等原因引起的索赔。

(4)按照索赔的起因分类

按照引起索赔的原因，索赔可分为发包人违约索赔、合同错误索赔、合同变更索赔、工程环境变化索赔、不可抗力因素索赔等。

(5)按照索赔的依据分类

①合同内索赔。即双方在合同中约定了可给予承包人补偿的事项，承包人可据此向发包人提出索赔要求。这类索赔较为常见。

②合同外索赔。即引起索赔的干扰事件已经超出了合同条文的范围或合同条文中没有规定，索赔的依据需要扩大到相关法律、法规，如民法、建筑法等。

③通融性索赔。此类索赔不是根据法律和合同，而是取决于发包人的道义、通融。发包人可以从工程整体利益角度选择同意或是不同意。

(6)按照索赔发生的时间分类

按索赔发生的时间，索赔可分为合同履行期间的索赔、合同终止后的索赔。

(7)按照处理索赔的方式分类

①单项索赔。单项索赔只针对某一干扰事件提出，原因和责任较为单一。索赔的处理，在合同实施过程中、干扰事件发生时或者发生后立即进行。此项索赔由合同管理人员处理即可，在合同规定的索赔有效期内向业主提交索赔报告，处理起来比较简单。

②总索赔。又称为一揽子索赔。在工程建设过程中，某些单项索赔的原因和处理比较复杂，无法立刻解决；或发包人拖延答复单项索赔而使之得不到及时解决；或堆积至工程后期的工期索赔等。在这些情况下，承包人在工程竣工前把工程进行过程中未解决的单项索赔集中起来，提出一份总索赔报告。合同双方在工程交付前后进行最终的谈判，一揽子解决索赔问题。总索赔的处理和解决比较复杂，承包人必须保存全部工程资料和其他可作为索赔证据的资料。同时，在最终的谈判中，由于索赔的集中积累，造成谈判的艰难，需要耗费大量的时间和金钱。对于某些索赔额度巨大的一揽子索赔，为提高索赔成功率，承包人往往需要聘请法律专家、索赔专家，甚者成立专门的索赔小组或委托索赔咨询公司来处理索赔事件。

4.4.2　索赔的依据和证据

4.4.2.1　索赔的依据

（1）合同文件

合同文件是索赔的最主要依据，包括：本合同协议书，中标通知书，投标书及其附件，合同专用条款，合同通用条款，标准、规范及有关技术文件，图纸，工程量清单，工程报价单或预算书等。

合同履行中，发包人与承包人有关工程的洽商、变更等书面协议或文件应视为合同文件的组成部分。

《建设工程施工合同（示范文本）》（GF—2021—0201）中列举了发包人可以向承包人提出索赔的依据条款，也列举了承包人在哪些条件下可以向发包人提出索赔。《建设工程施工专业分包合同（示范文本）》（GF—2018—0213）中列举了承包人与分包人之间索赔的诸多依据条款。

（2）法律、法规

建设工程合同文件适用的国家的法律和行政法规，需要明示的由双方在专用条款中约定。适用的标准、规范，由双方在专用条款内约定。

（3）工程建设惯例

针对具体的索赔要求（工期或费用），索赔的具体依据也不相同，如有关工期的索赔就要依据有关的进度计划、变更指令等。

4.4.2.2　索赔的证据

（1）索赔证据的含义

索赔证据是当事人用来支持其索赔成立或与索赔有关的证明文件和资料。索赔证据作为索赔文件的组成部分，在很大程度上关系到索赔的成功与否。证据不全、不足或没有证据，索赔是很难获得成功的。

在工程项目实施过程中，会产生大量的工程信息和资料，这些信息和资料是开展索赔的重要证据。因此，在施工过程中应该自始至终做好资料积累工作，建立完善的资料记录和科学管理制度，认真系统地积累和管理合同、质量、进度以及财务收支等方面的资料。

（2）可以作为证据使用的材料

①书证。指以其文字或数字记载的内容起证明作用的书面文书和其他载体。如合同文本、财务账册、欠据、收据、往来信函以及确定有关权利的判决书、法律文件等。

②物证。指以其存在、存放的地点等外部特征及物质特性来证明案件事实真相的证据。如购销过程中封存的样品，被损坏的机械、设备，有质量问题的产品等。

③证人证言。指知道、了解事实真相的人所提供的证词，或向司法机关所做的陈述。

④视听资料。指能够证明案件真实情况的音像资料。如录音带、录像带等。

⑤被告人供述和有关当事人陈述。包括犯罪嫌疑人、被告人向司法机关所做的承认犯罪并交代犯罪事实的陈述或否认犯罪或具有从轻、减轻、免除处罚的辩解、申诉；被害人、当事人就案件事实向司法机关所做的陈述等。

⑥鉴定结论。指专业人员就案件有关情况向司法机关提供的专门性的书面鉴定意见。如损伤鉴定、痕迹鉴定、质量责任鉴定等。

⑦勘验、检验笔录。指司法人员或行政执法人员对与案件有关的现场物品、人身等进行勘察、试验、实验或检查的文字记载。这项证据也具有专门性。

（3）常见的工程索赔证据

①各种合同文件。包括施工合同协议书及其附件、中标通知书、投标书、标准和技术规范、图纸、工程量清单、工程报价单或者预算书、有关技术资料和要求、施工过程中的补充协议等。

②工程各种往来函件、通知、答复等。

③各种会谈纪要。

④经过发包人或者工程师批准的承包人的施工进度计划、施工方案、施工组织设计和现场实施情况记录。

⑤工程各项会议纪要。

⑥气象报告和资料，如有关温度、风力、雨雪的资料。

⑦施工现场记录。包括有关设计交底、设计变更、施工变更指令，工程材料和机械设备的采购、验收与使用等方面的凭证及材料供应清单、合格证书，工程现场水、电、道路等开通、封闭的记录，停水、停电等各种干扰事件的时间和影响记录等。

⑧工程有关照片和录像等。

⑨施工日记、备忘录等。

⑩发包人或者工程师签认的签证。

⑪发包人或者工程师发布的各种书面指令和确认书，以及承包人的要求、请求、通知书等。

⑫工程中的各种检查验收报告和各种技术鉴定报告。

⑬工地的交接记录（应注明交接日期，场地平整情况，水、电、路情况等），图纸和各种资料交接记录。

⑭建筑材料和设备的采购、订货、运输、进场、使用方面的记录、凭证和报表等。

⑮市场行情资料。包括市场价格、官方的物价指数、工资指数、中央银行的外汇汇率等已公布资料。

⑯投标前发包人提供的参考资料和现场资料。

⑰工程结算资料、财务报告、财务凭证等。

⑱各种会计核算资料。

⑲国家和地方法律、法令、政策文件。

（4）索赔证据的基本要求

索赔证据应该具有真实性、及时性、全面性、关联性及有效性。

4.4.3　索赔程序

工程建设中发生索赔事件是不可避免的，但必须重视，要正确合理地进行处置。索赔事件□理和解决受到诸多条件的制约，如合同背景、承包人和发包人的管理水平及双方处理索赔□能力等，索赔的成功不仅在于索赔事实本身，更在于是否具有充分的证据，是否拥有合□及法律条款的支持。以下说明索赔的一般程序。

索赔意向通知

实施过程中发生索赔事件后，或者承包人发现索赔机会时，首先要提出索赔意向，即□时间内将索赔意向用书面形式及时通知发包人或者工程师，向对方表明索赔愿望、要求或者声明保留索赔权利,这是索赔工作程序的第一步。

索赔意向通知要简明扼要地说明索赔事由发生的时间、地点、简单事实情况描述和发展动态、索赔依据和理由、索赔事件的不利影响等。

(2)索赔资料的准备

在索赔资料准备阶段,主要工作有:

①跟踪和调查干扰事件,掌握事件产生的详细经过;

②分析干扰事件产生的原因,划清各方责任,确定索赔根据;

③进行损失或损害调查分析与计算,确定工期索赔和费用索赔值;

④搜集证据,获得充分而有效的各种证据;

⑤起草索赔文件。

(3)索赔文件的提交

提出索赔的一方应在合同规定的时限内向对方提交正式的书面索赔文件。例如,FIDIC合同条件和我国《建设工程施工合同(示范文本)》(GF—2021—0201)都规定,承包人必须在发出索赔意向通知后的28d内或经过工程师同意的其他合理时间内向工程师提交一份详细的索赔文件和有关资料。如果干扰事件对工程的影响持续时间长,承包人则应按工程师要求的合理间隔(一般为28d)提交中间索赔报告,并在干扰事件影响结束后的28d内提交一份最终索赔报告,否则将失去该事件请求补偿的索赔权利。

索赔文件的主要内容包括:

①总述部分。概要论述索赔事项发生的日期和过程;承包人为该索赔事项付出的努力和附加开支;承包人的具体索赔要求。

②论证部分。论证部分是索赔报告的关键部分,其目的是说明自己有索赔权,是索赔能否成立的关键。

③索赔款项(和/或工期)计算部分。如果说索赔报告论证部分的任务是解决索赔权能否成立的问题,则款项计算是为解决能得多少款项的问题。前者定性,后者定量。

④证据部分。

(4)索赔文件的审核

对于承包人向发包人的索赔请求,索赔文件首先应该交由工程师审核。工程师根据发包人的委托或授权,对承包人索赔的审核工作主要分为:判定索赔事件是否成立和核查承包人的索赔计算是否正确、合理,并可在授权范围内做出判断;初步确定补偿额度,或要求补充证据、修改索赔报告等。工程师对索赔的初步处理意见要提交发包人。

(5)发包人审查

对于工程师的初步处理意见,经发包人审查和批准后,工程师才可以签发有关证书。

如果索赔额度超过了工程师权限范围时,应由工程师将审查的索赔报告报请发包人审批,并与承包人谈判解决。

(6)协商

对于工程师的初步处理意见,发包人和承包人不接受或其中的一方不接受时,三方可就索赔的解决进行协商,达成一致;如果经过努力无法就索赔事宜达成一致意见,则发包人和承包人可根据合同约定选择采用仲裁或诉讼方式解决。

4.5　工程项目采购与合同管理案例

4.5.1　工程项目采购方法应用

【**案例 4.3**】　工程项目审计及审价服务类招标采购案例分析。

（1）案例背景

随着政府采购规模和采购范围的不断扩大，服务类项目的采购需求也在逐年增加。2003年底，上海市浦东新区政府采购中心受浦东新区审计局委托，对浦东新区政府财力投资建设项目所委托的审计、审价中介机构进行了公开招标。该项目的采购目的是通过公开招标方式向社会中介机构购买建设项目的审计、审价服务。这是一个典型的服务类采购项目，开创了浦东新区通过招标方式购买审计、审价服务的先河，在社会上引起了较大的反响。

（2）拟定采购方案

①确定采购目标。该项目是为政府财力投资的建设项目提供审计、审价服务，需要建立一个公平竞争的机制，让社会中介机构参与到这场竞争中来，通过竞争使最具实力的社会中介机构脱颖而出，从而保证浦东新区政府财政投资建设项目的审计、审价工作的质量。

②选择采购方式。本次浦东新区政府采购中心受浦东新区审计局委托，根据浦东新区政府财政投资规模和审计、审价项目的实际工作量，将从众多社会中介机构中确定 6 家审计中介机构和 10 家审价中介机构。采购规模和范围较大，故采用公开招标的采购方式择优选定供应商。

（3）招标过程

①本次招标采用公开招标的方式，采购中心在浦东新区政府采购网和上海市政府采购网同时发布了招标公告，为社会中介机构参与竞争创造了条件。从报名的情况来看，共有 52 家社会中介机构报名参加，其中不乏上海地区知名的审计、审价机构，取得了原先设想的效果。

②评标方法

本项目属服务类采购项目，评分项目的设置要针对中介机构的特点来进行，即着重从中介机构的资质等级和专业人员的结构状况、执业资质、工作业绩等方面进行评价，这样才能对中介机构的内在实力做出一个比较全面、客观、公正的评价。

另外，为使招标工作的客观性、公正性得到充分的体现，本次评标采用两阶段评标。第一阶段评标，主要是根据投标文件对投标中介机构的基本情况和拟参加委托审计、审价人员的情况进行综合打分，按得分高低，"审计"项目取前 10 名中介机构进入第二阶段评审，"审价"项目取前 15 名中介机构进入第二阶段评审。第二阶段评标，主要是对投标文件中所提供的资料进行复核，这样一方面可以了解该中介机构以往审计、审价工作的质量，另一方面也可对投标中介机构所提供资料的真实性进行确认。最后，将两个阶段评标所得分相加，并按照得分的高低分别确定 6 家审计项目中标单位，10 家审价项目中标单位。

③监标

由于本项目是自浦东新区政府采购中心成立以来首次通过公开招标方式向社会购买建设项目审计、审价服务，在社会上引起了较大的反响。为此，招标过程中的资质审核、开标和评标等重要环节，邀请浦东新区监察委员会成员进行监标，从而有力地保证了整个招标过程的公开性和透明度。

④公布预中标公告和正式中标公告

在评委评出预中标中介机构后,按照《中华人民共和国政府采购法》的有关规定,浦东新区政府采购中心及时在市、区政府采购网上发布了预中标公告,公示期结束后,发布正式中标公告,并给中标中介机构发中标通知书。

(4)经验体会

①本项目是服务类项目,根据项目本身的特殊性,如何制定一个科学、可行的评标办法来选择具有一定人才优势、合理的人才结构的社会中介机构是本次招标采购成败的关键。因此,评标办法中除了对投标中介机构的资质情况和档案抽查情况进行打分外,还对今后拟参加审计、审价项目人员的年龄、文化程度、执业资格及从事审计、审价工作经验等基本情况综合打分,对投标中介机构实力有一个比较客观、公正和全面的了解,防止了主观臆断、打招呼、走关系所产生的弊端,为保证审计、审价项目的质量提供了前提条件。

②采购人应将采购项目所涉及行业的有关法律、法规及各种相关信息尽可能完整地提供给政府采购中心,使政府采购中心在评标项目的设置和评标办法的制定上更具有针对性。

③评标项目要尽可能设置可考量的指标,避免出现凭个人主观印象打分的现象。

4.5.2 工程合同的履约管理方法应用

【案例4.4】 某工程项目分为A、B两个单项工程,分别以公开招标的形式确定了中标单位并签订了施工合同。这两个单项工程在签订合同及施工过程中发生了如下情况:

(1)在签订合同时,A工程施工图纸设计未完成,业主即通过招标选了一家总承包单位。由于设计未完成,承包范围内待实施的工程虽然性质明确,但工程量还难以确定,双方商定拟采用总价合同形式签订施工合同,以减少双方的风险。

①乙方按业主代表批准的施工组织设计(或施工方案)组织施工,乙方不承担因此引起的工期延误和费用增加的责任。

②甲方向乙方提供场地的工程地质和地下主要管网线路资料,供乙方参考使用。

③乙方不能将工程转包,但允许分包,也允许分包单位将分包的工程再次分包给其他施工单位。

(2)B工程合同额为9 000万元,总工期为30个月,工程分两期进行验收,第一期为18个月,第二期为12个月。在工程实际实施过程中,出现了下列情况:

①工程进行到第10个月时,国务院有关部门发出通知,指令压缩国家基建投资,要求某些建设项目暂停施工。该综合娱乐城项目属于指令停工下马项目,因此,业主向承包商提出暂时中止合同实施的通知。为此,承包商要求业主承担单方面中止合同给承包商造成的经济损失赔偿责任。

②复工后在工程后期,工地遭到当地百年罕见的台风袭击,工程被迫暂停施工,部分已完工程受损,现场场地遭到破坏,最终使工期拖延了2个月。为此,业主要求承包商承担工期拖延所造成的经济损失责任和赶工的责任。

【问题】 (1)A单项工程合同中业主与施工单位选择总价合同形式是否妥当?合同条款中有哪些不妥之处?

(2)施工合同按承包工程计价方式不同分为哪几类?

(3)B单项工程合同执行过程中出现的问题应如何处理?

【解】 (1)A单项工程采用总价合同形式不恰当,因为项目工程量难以确定,双方风险较大。第②条中"供乙方参考使用"提法不当,应改正为"保证资料(数据)真实、准确,作为乙方现场施工的依据"。第③条中"允许分包单位将分包的工程再次分包给其他施工单位"不妥,不允许分包单位再次分包。

(2)工程施工合同按计价方式不同分为总价合同、单价合同、成本加酬金合同三种形式。

(3)由于国家指令性计划有重大修改或政策上原因强制工程停工,造成合同的执行暂时中止,属于法律上、事实上不能履行合同的除外责任,这不属于业主违约和单方面中止合同,故业主不承担违约责任和经济损失赔偿责任。

承包商因遭遇不可抗力被迫停工,根据《中华人民共和国民法典》(以下简称《民法典》)规定,可以不向业主承担工期拖延的经济责任,业主应给予工期顺延。

4.5.3　工程合同的索赔管理方法应用

【案例4.5】　某建筑公司(乙方)于某年4月20日与某厂(甲方)签订了修建建筑面积为3 000m²的工业厂房(带地下室)的施工合同。乙方编制的施工方案和进度计划已获监理工程师批准。该工程的基坑开挖土方量为4 500m³,假设直接费单价为4.2元/m³,综合费率为直接费的20%。该基坑施工方案规定:土方工程采用租赁的一台斗容量为1m³的反铲挖掘机施工(租赁费为450元/台班)。甲、乙双方合同约定5月11日开工,5月20日完工。在实际施工中发生了如下几项事件:

①因租赁的挖掘机大修,晚开工2d,造成人员窝工10个工日。

②施工过程中,因遇软土层,接到监理工程师5月15日停工的指令,进行地质复查,配合用工15个工日。

③5月19日接到监理工程师于5月20日复工的指令,同时提出基坑开挖深度加深2m的设计变更通知单,由此增加土方开挖量900m³。

④5月20日至5月22日,因下大雨迫使基坑开挖暂停,造成人员窝工10个工日。

⑤5月23日用30个工日修复冲洗永久道路,5月24日恢复挖掘工作,最终基坑于5月30日挖坑完毕。

【问题】　(1)简述工程施工索赔的程序。

(2)建筑公司对上述哪些事件可以向厂方要求索赔?哪些事件不可以要求索赔?并说明理由。

(3)每项事件索赔工期是多少天?总计索赔工期是多少天?

(4)假设人工费单价是23元/工日,因增加用工所需的管理费为增加人工费的30%,则合理的费用索赔总额是多少?

【解】　(1)我国《建设工程施工合同(示范文本)》第36条规定的施工索赔程序如下:

①索赔事件发生28d内,向工程师发出索赔意向通知。

②发出索赔意向通知后28d内,向工程师提出延长工期(或)补偿经济损失的索赔报告及有关资料。

③当该索赔事件持续进行,承包人应当阶段性地向工程师发出索赔意向,在索赔事件终了后28d内,向工程师提供索赔的有关资料和最终索赔报告。

④工程师在收到承包人送交的索赔报告的有关资料后,于28d内给予答复或要求承包人进一步补充索赔理由和证据。如果工程师在收到承包人的索赔报告的有关资料后28d内未予答复,视为该项索赔已被认可。

因承包人未能按合同约定履行自己的各项义务或发生错误给发包人造成经济损失的,发包人可按同样的程序向承包人提出索赔。

(2)事件①:索赔不成立。因此事件发生原因属承包商自身责任。

事件②:索赔成立。因该施工地质条件的变化是一个有经验的承包商无法合理预见的。

事件③:索赔成立。业主设计变更引发的索赔应成立。

事件④:索赔成立。这是因特殊反常的恶劣天气造成工程延误。

事件⑤:索赔成立。恶劣的自然条件或不可抗力引起的工程损坏及修复应由业主承担责任。

(3)事件②:索赔工期5d(5月15日至5月19日)

事件③:索赔工期2d

原计划每天完成工程量:$4\,500/10=450(m^3)$

现增加工程量$900m^3$,因此应增加工期为:$900/450=2(d)$

事件④:索赔工期3d(5月20日至5月22日)

事件⑤:索赔工期1d

共计索赔工期为:$5+2+3+1=11(d)$

(4)事件②:人工费$=15\times23=345(元)$

机械费$=450\times5=2\,250(元)$

管理费$=345\times30\%=103.5(元)$

事件③:可直接按土方开挖单价计算　$900\times4.2\times(1+20\%)=4\,536(元)$

事件④:费用索赔不成立

事件⑤:人工费$=30\times23=690(元)$

机械费$=450\times1=450(元)$

管理费$=690\times30\%=207(元)$

合计可索赔费用为:$345+2\,250+103.5+4\,536+690+450+207=8\,581.5(元)$

小　　结

本章简要介绍了工程项目采购的基本概念、作用及内容;工程项目投标计划、投标文件及评审投标文件应包含的内容;采购计划的编制及采购方式;建设工程合同主要内容、类型及订立。主要阐述了工程合同履约管理及索赔管理的内容。通过案例分析,可以了解和掌握工程项目采购与合同管理方法的实际应用。

复习思考题

4.1　什么是项目采购?为什么要进行项目采购?其内容有哪些?

4.2　简述投标计划应包含的内容。

4.3　工程项目采购的方式有哪几种?简述各自的主要内容。

4.4　简述建设工程合同的内容及类型。

4.5　如何签订一份有效的建设工程合同?

4.6　如何加强工程合同的履约管理?

4.7　如何加强工程合同的索赔管理?

4.8　简述货物采购合同的主要内容。

职业技能训练

结合真实小型项目,进行投标文件编制与施工合同签订训练。

1.目标

熟悉项目采购方法,掌握施工合同的主要内容与签订程序;感悟工匠精神。

2.环境要求

(1)选择一个拟建的小型工程项目或较为复杂的分部工程项目;

(2)图纸齐全;

(3)施工现场条件应有一定的特点。

3.问题讨论

(1)工程项目招投标与合同管理活动中怎样做到遵纪守法、诚实守信?

(2)为什么说工程项目招投标与合同管理是一项细致严谨的工作?

5 工程项目进度管理

养成精心筹划、力达目标的积极工作态度。

了解项目进度计划的编制方法;掌握项目进度计划的实施、调整与控制原理。

通过本章的学习,能进行项目进度计划的实施,具备施工进度计划调整与控制的能力。

工程项目进度管理是工程项目管理中重点目标的管理,是保证工程项目按期完成,合理安排资源供应,节约工程成本的重要措施。

工程项目进度管理是指为实现项目的进度目标而进行的计划、组织、指挥、协调和控制等活动。

工程项目进度管理应以实现工程项目合同约定的交工日期为最终目标。工程项目进度管理的总目标是确保工程项目的既定目标工期的实现,或者在保证工程质量和增加工程实际成本的条件下,适当缩短工期。工程项目进度管理的总目标应进行层层分解,形成实施进度管理、相互制约的目标体系。目标分解可按单项工程分解为交工分目标,按承包的专业或实施阶段分解为完工分目标,按年、季、月计划期分解为时间分目标。

工程项目进度管理应建立以项目经理为首的进度控制体系,各子项目负责人、计划人员、调度人员、作业队长和班组长都是该控制体系的成员,各承担工程任务者和生产管理者都应明确进度控制目标,对进度控制负责。

火神山医院的建设

【案例 5.1】 火神山医院的火速建成。

2020 年春节期间,武汉市政府决定建设火神山医院。如此大规模的医院,一般工期为 2 年,而中国建设者科学部署,精心组织,依靠人民的力量和精湛的技术与科学的调度,仅用了 10 天完成建设并投入使用,充分显示出社会主义制度的优越性和大国力量。

5.1 工程项目进度计划的编制

5.1.1 进度计划编制的依据

(1)经过审批的全套施工图及采用的各种标准图和技术资料。

（2）工程的工期要求及开工、竣工日期。

（3）工程项目工作顺序及相互间的逻辑关系。

（4）工程项目工作持续时间的估算。

（5）资源需求。包括对资源数量和质量的要求,当有多个工作同时需要某种资源时,需要做出合理的安排。

（6）作业制度安排。明确项目作业制度是十分必要的,它直接影响到进度计划的安排。

（7）约束条件。在项目执行过程中总会存在一些关键工作或里程碑事件,这些都是项目执行过程中必须考虑的约束条件。

（8）项目工作的提前和滞后要求。为了准确地确定工作关系,有些逻辑关系需要规定提前或滞后的时间。

5.1.2　进度计划的编制工具

（1）横道计划

横道计划是以横道线条结合时间坐标来表示项目各项工作的开始时间、持续时间和先后顺序,整个计划由一系列横道线组成,如图 5.1 所示。横道计划的优点是简单、明了、直观、易懂,且较易编制。因为有时间坐标,故各项工作的开始时间、持续时间、工作进度、总工期等一目了然,便于据图叠加统计资源。其缺点主要是不能全面地反映出各项工作相互之间的关系和影响,也不便于进行各种时间的计算,不能客观地突出工作的重点,也不能从图中看出计划的潜力。

（2）里程碑计划

里程碑计划是以项目中某些重要事件的开始或完成时间点为基准的计划,如图 5.2 所示。

（3）网络计划

网络计划是以箭线和节点组成的有序有向的网状图形来表示项目进度的计划,如图 5.7 所示。网络计划的优点是把项目过程中的各有关工作组成为一个有机整体,因而能全面而明确地反映出各工作之间的相互制约和相互依赖的关系。它可以进行各种时间参数的计算,能在活动繁多、错综复杂的计划中找出影响工程项目进度的关键工作,便于管理人员集中精力抓住项目实施中的主要矛盾,保证进度目标的完成;还可以利用网络计划反映出来的时差,更好地配置各种资源,达到节省人力、物力和降低成本的目的。

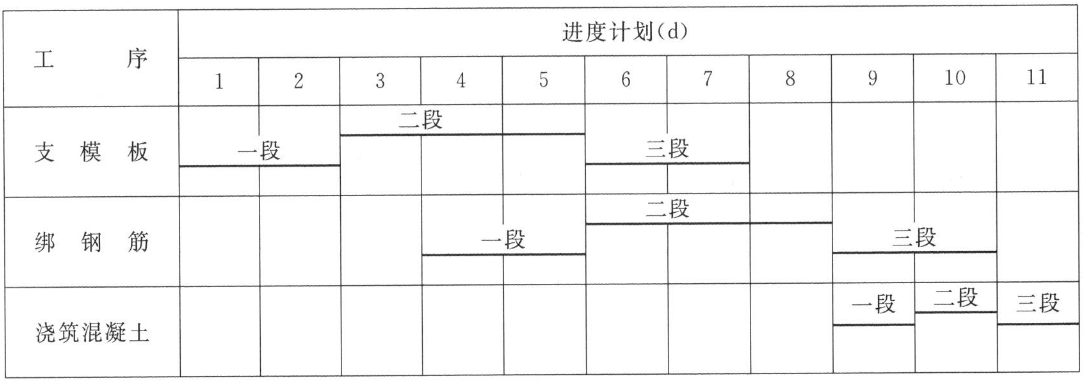

工　　序	进度计划(d)										
	1	2	3	4	5	6	7	8	9	10	11
支　模　板	一段		二段			三段					
绑　钢　筋				一段		二段			三段		
浇筑混凝土									一段	二段	三段

图 5.1　横道计划

里程碑事件	1月	2月	3月	4月	5月	6月	7月	8月
A		▲						
B				▲				
C							▲	
D								▲

图 5.2 里程碑计划

5.1.3 流水施工原理

流水施工是指所有的施工过程按一定的时间间隔依次投入施工,各个施工过程陆续开工、陆续竣工,使同一施工过程的施工队组保持连续、均衡施工,不同的施工过程尽可能平行搭接施工的组织方式。流水施工是行之有效、在工程施工中广泛使用的组织科学施工的计划方法,其实质是分工协作、连续作业、均衡生产。

5.1.3.1 流水参数的确定

(1)工艺参数

在组织流水施工时,用以表达流水施工在施工工艺上的开展顺序及其特征的参数,称为工艺参数,主要指施工过程数。施工过程数是指参与一组流水的施工过程数目,以符号 n 表示。施工过程划分的数目、粗细程度应根据下列因素确定:

①施工计划的性质与作用;

②施工方案及工程结构;

③劳动组织及劳动量大小;

④施工过程内容和工作范围。

(2)空间参数

在组织流水施工时,用以表达流水施工在空间布置上所处状态的参数,称为空间参数。空间参数主要有工作面、施工段数和施工层数,应考虑以下因素综合确定:

①各施工段的劳动量(或工程量)要大致相等(相差宜在 15% 以内),以保证各施工队组连续、均衡、有节奏地施工。

②施工段的数目要合理。施工段数过多,势必要减少人数,工作面不能充分利用,拖长工期;施工段数过少,则会引起劳动力、机械和材料供应的过分集中,有时还会造成"断流"的现象。

③要有足够的工作面。使每一施工段所容纳的劳动力人数或机械台数能满足合理劳动组织的要求。

④要有利于结构的整体性。施工段分界线宜划在伸缩缝、沉降缝及对结构整体性影响较小的位置。

⑤以主导施工过程为依据进行划分。例如,在混合结构房屋施工中,就是以砌砖、楼板安装为主导施工过程来划分施工段的;对于整体的钢筋混凝土框架结构房屋,则是以钢筋混凝土工程作为主导施工过程来划分施工段的。

⑥当组织流水施工的工程对象有层间关系,分层分段施工时,应使各施工队组能连续施工。即施工过程的施工队组做完第一段能立即转入第二段,施工完第一层的最后一段能立即转入第二层的第一段。因此,每层的施工段数必须大于或等于其施工过程数。

（3）时间参数

在组织流水施工时，用以表达流水施工在时间排列上所处状态的参数，称为时间参数。它包括流水节拍、流水步距、平行搭接时间、技术与组织间歇时间、工期等。

①流水节拍

流水节拍是指某个专业队在一个施工段上的施工作业时间，以符号 t 表示。其计算公式为：

$$t = \frac{Q}{RS} = \frac{P}{R} \tag{5.1}$$

式中　Q—— 一个施工段的工程量；

　　　R—— 专业队的人数或机械数；

　　　S—— 产量定额，即单位时间（工日或台班）完成的工程量；

　　　P—— 劳动量或台班量。

确定流水节拍时应注意：

a. 必须考虑专业队组织方面的限制和要求，尽可能不改变原劳动组织，以便于领导。专业队的人数应满足最小劳动力组合的要求，以具备集体协作的能力。

b. 必须保证有足够的施工操作空间（最小工作面），能充分发挥专业队的劳动效率，且保证施工安全。

c. 应考虑机械设备的实际负荷能力和可能提供的机械设备数量，并考虑机械设备操作安全和质量要求。

d. 有特殊技术限制、安全质量限制的工程，在安排其流水节拍时，应满足相关的限制要求。

e. 必须考虑材料和构配件供应能力与水平对进度的影响和限制，合理确定相关施工过程的流水节拍。

f. 应首先确定主导施工过程的流水节拍，并依此确定其他施工过程的流水节拍。主导施工过程的流水节拍应是各施工过程流水节拍的最大值，并尽可能是有节奏的，以便组织节奏流水。

②流水步距

流水步距是指两个相邻的工作队相继进入同一施工段流水作业的时间间隔，以符号 $K_{i,i+1}$ 表示。

流水步距的大小，应根据需要及流水方式的类型经过计算确定。计算时应考虑以下几点要求：

a. 施工工艺。保证每个施工段的正常作业程序，不发生前一个施工过程尚未全部完成，而后一个施工过程提前介入的现象。

b. 主要施工队组连续施工。流水步距的最小长度，必须使主要施工专业队组进场以后，不发生停工、窝工现象。

c. 最大限度搭接。流水步距要保证相邻两个专业队在开工时间上最大限度地、合理地搭接。

d. 满足保证工程质量、安全生产、成品保护的需要。

③平行搭接时间

在组织流水施工时，有时为了缩短工期，在工作面允许的条件下，如果前一个施工队组完成部分施工任务后，能够提前为后一个施工队组提供工作面，使后者提前进入前一个施工段，两者在同一施工段上平行搭接施工,这个搭接时间称为平行搭接时间,通常用 $C_{i,i+1}$ 表示。

④技术与组织间歇时间

在组织流水施工时,有些施工过程完成后,后续施工过程不能立即投入,必须有足够的间歇时间。由建筑材料或现浇构件工艺性质决定的间歇时间称为技术间歇。由施工组织原因造成的间歇时间称为组织间歇。技术与组织间歇时间用 $Z_{i,i+1}$ 表示。

⑤工期

工期是指从第一个专业队投入流水作业开始,到最后一个专业队完成最后一个施工过程的最后一段工作退出流水作业为止的整个延续时间。由于一项工程往往由许多流水组组成,所以这里所说的是流水组的工期,而不是整个工程的总工期。工期可用符号 T 表示。

5.1.3.2 流水作业的组织方法

(1)等节奏流水

等节奏流水是指同一施工过程在各施工段上的流水节拍都相等,且不同施工过程之间的流水节拍也相等的一种流水施工方式。即各施工过程的流水节拍均为常数,也称为全等节拍流水或固定节拍流水。其组织方法为:

首先,划分施工过程,将劳动量小的施工过程合并到相邻施工过程中去,以使各流水节拍相等;其次,确定主要施工过程的施工队组人数,计算其流水节拍;最后,根据已定的流水节拍,确定其他施工过程的施工队组人数及其组成。

图 5.3 是一个等节奏流水的作业图。

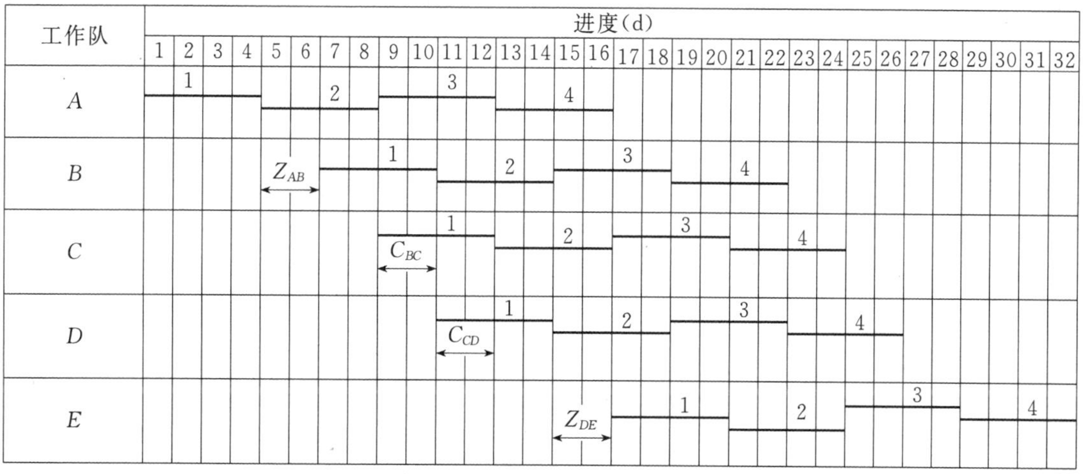

工作队	进度(d)																															
	1	2	3	4	5	6	7	8	9	10	11	12	13	14	15	16	17	18	19	20	21	22	23	24	25	26	27	28	29	30	31	32
A	1				2				3				4																			
B					Z_{AB}					1				2				3				4										
C										1			C_{BC}		2				3				4									
D											1			C_{CD}		2				3				4								
E													Z_{DE}				1				2					3				4		

图 5.3 等节奏流水作业图

等节奏流水施工一般适用于工程规模较小,建筑结构比较简单,施工过程不多的房屋或某些构筑物,常用于组织一个分部工程的流水施工。

(2)异节奏流水

异节奏流水亦称成倍节拍流水,是指同一施工过程在各个施工段上的流水节拍相等,不同施工过程之间的流水节拍不完全相等,但各个施工过程的流水节拍之间存在整数倍(或公约数)关系的流水施工方式。其组织方法为:

首先,根据工程对象和施工要求,划分若干个施工过程;其次,根据各施工过程的内容、要求及其工程量,计算每个施工段所需的劳动量;再次,根据施工队组的组成,确定劳动量最少的施工过程的流水节拍;最后,确定其他劳动量较大的施工过程的流水节拍,用调整施工队组人数或其他技术组织措施的方法,使它们的节拍值成整数倍关系。

例如,某工程分为 7 个段,划分为甲、乙、丙三个施工过程,经计算,确定其流水节拍分别为 2d、6d 和 4d,这三种节拍均是 2 的倍数。于是,可以通过增加工作队的办法,把它们组织成类似于等节奏流水的成倍节拍流水,组织方法如下:

a.以最大公约数去除各流水节拍,其商数就是各施工过程需要组建的工作队数。本例中,甲施工过程需要 1 个队,乙施工过程需要 3 个队,丙施工过程需要 2 个队。

b.分配每个工作队负责的施工段,以便按时到位作业。

c.以常数为流水步距,绘制流水作业图。图 5.4 就是该工程的成倍节拍流水作业图。

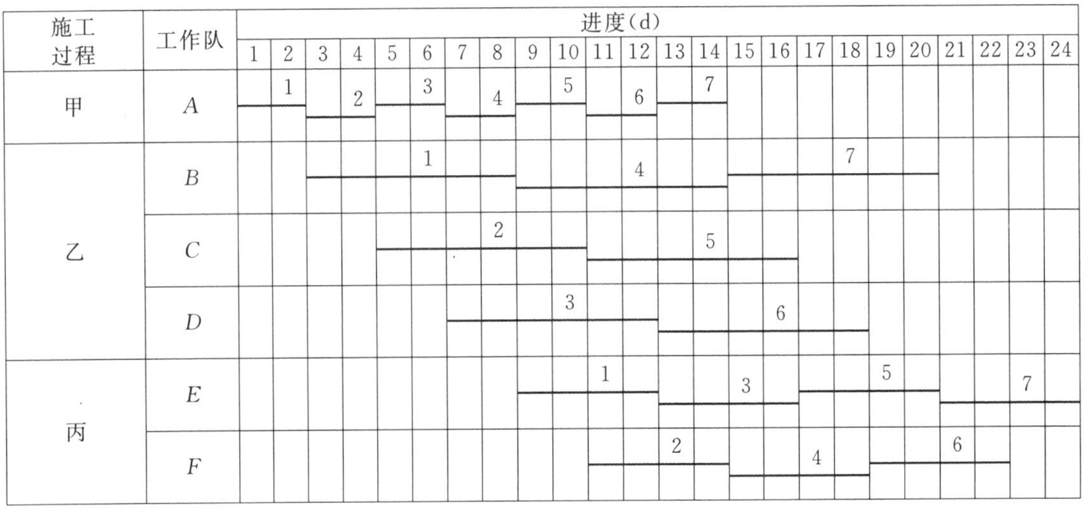

施工过程	工作队	1	2	3	4	5	6	7	8	9	10	11	12	13	14	15	16	17	18	19	20	21	22	23	24
甲	A		1		2		3		4		5		6		7										
乙	B						1						4						7						
	C								2						5										
	D										3						6								
丙	E												1			3			5				7		
	F														2			4				6			

图 5.4　成倍节拍流水作业图

d.检查作业图的正确性,防止发生错误。既不能有"超作业",又不能有中间停歇。

e.计算工期。

等步距异节拍流水施工方式比较适用于线路工程(如道路、管道等)的施工,也适用于房屋建筑施工。

(3)无节奏流水

无节奏流水施工是指同一施工过程在各个施工段上流水节拍不完全相等的一种流水施工方式。

无节奏流水施工的实质是,各工作队连续作业,流水步距经计算确定,使专业工作队之间在一个施工段内不相互干扰(不超前,但可能滞后),或做到前后工作队之间工作紧紧衔接。因此,组织无节奏流水的关键就是正确计算流水步距。

无节奏流水施工的流水步距通常采用"累加数列法"确定。其步骤是:

第一步,累加各施工过程的流水节拍,形成累加数列;

第二步,相邻两施工过程的累加数列错位相减;

第三步,取差数最大者作为这两个施工过程的流水步距。

表 5.1 所示是某工程施工的流水节拍。

表 5.1 某工程施工的流水节拍

施 工 过 程	流水节拍(d)			
	一段	二段	三段	四段
甲	2	4	3	2
乙	3	3	2	3
丙	4	2	3	2

根据以上三个步骤对本例进行计算。首先,求甲、乙两施工过程的流水步距:

$$
\begin{array}{r}
2\ \ 6\ \ 9\ \ 11 \\
-)\ 0\ \ 3\ \ 6\ \ 8\ \ 11 \\
\hline
2\ \ 3\ \ 3\ \ 3\ -11
\end{array}
$$

可见,其最大差值为 3,故甲、乙两施工过程的流水步距可取 3d。同理,可求出乙、丙两个施工过程的流水步距是 3d。

$$
\begin{array}{r}
3\ \ 6\ \ 8\ \ 11 \\
-)\ 0\ \ 4\ \ 6\ \ 9\ \ 11 \\
\hline
3\ \ 2\ \ 2\ \ 2\ -11
\end{array}
$$

组织无节奏流水施工的基本要求与异步距异节拍流水相同,即保证各施工过程的工艺顺序合理和各施工队组尽可能依次在各施工段上连续施工。

图 5.5 为该工程的无节奏流水作业图。

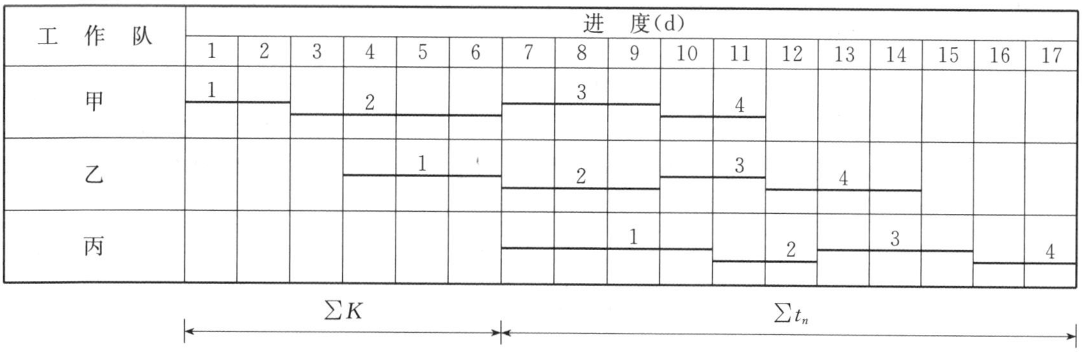

工 作 队	进 度(d)																
	1	2	3	4	5	6	7	8	9	10	11	12	13	14	15	16	17
甲	1			2				3			4						
乙				1			2			3		4					
丙							1				2		3			4	

图 5.5 无节奏流水作业图

无节奏流水施工不像有节奏流水施工那样有一定的时间约束,它在进度安排上比较灵活、自由,适用于各种不同结构性质和规模的工程施工组织,实际应用比较广泛。

5.1.4 双代号网络计划方法

5.1.4.1 双代号网络图的基本符号

(1)箭线

在双代号网络图中,一条箭线代表一项工作;每项工作都要占用一定的时间,也要消耗一定的资源(如劳动力、材料等)。在无时标的网络图中,箭线的长短并不反映该项工作占用时间的长短;箭线所指的方向表示该项工作进行的方向,箭线的箭尾表示该项工作的开始,箭头表示该项工作的结束。

(2)节点

节点在双代号网络图中表示一项工作的开始或结束,用圆圈表示;节点仅为前后两项工作的交接点,只是一个"瞬间"概念,它既不消耗时间也不消耗资源;箭线尾部的节点称箭尾节点,箭线头部的节点称箭头节点;网络图的第一个节点叫起点节点,它意味着一项工程或任务的开始,最后一个节点叫终点节点,它意味着一项工程或任务的完成,网络图中的其他节点称为中间节点。

(3)虚箭线

虚箭线又称虚工作,它表示一项虚拟的工作,用带箭头的虚线表示。由于是虚拟的工作,故不占用时间,不消耗资源,它的主要作用是在网络图中解决工作之间的连接关系,即正确表示网络图中工作之间的相互依存和相互制约的逻辑关系。

5.1.4.2 双代号网络图的绘制规则

双代号网络图的绘制规则是:

①双代号网络图必须正确表达逻辑关系。

②网络图中不允许出现循环线路。

③网络图中不允许出现代号相同的箭线。

④在一个网络图中,只允许有一个起点节点和一个终点节点。在网络图中除起点和终点外,不允许再出现没有外向工作的节点及没有内向工作的节点(多目标网络图除外)。

⑤严禁在网络图中出现没有箭尾节点的箭线和没有箭头节点的箭线。

⑥网络图中不允许出现双向箭头、无箭头或倒向的线。

⑦当网络图的起点节点有多条外向箭线或终点节点有多条内向箭线时,为使图形简洁,可应用母线法绘图。

5.1.4.3 双代号网络计划时间参数计算

网络计划时间参数计算包括各项工作的最早开始时间(ES_{i-j})、最早完成时间(EF_{i-j})、最迟开始时间(LS_{i-j})、最迟完成时间(LF_{i-j})及工作总时差(TF_{i-j})和自由时差(FF_{i-j}),如图5.6所示。按工作计算法计算双代号网络计划时间参数:

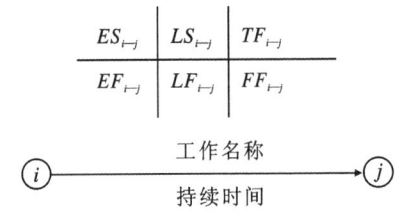

图 5.6 双代号网络计划时间参数标注形式(一)

(1)工作最早开始时间

①工作 $i-j$ 的最早开始时间 ES_{i-j} 应从网络计划的起点节点开始,顺箭线方向依次逐项计算。

②以起点节点为箭尾节点的工作 $i-j$,如未规定其最早开始时间 ES_{i-j},其值等于零,即

$$ES_{i-j}=0 \quad (i=1) \tag{5.2}$$

③其他工作 $i-j$ 的最早开始时间 ES_{i-j} 应为:

$$ES_{i-j}=\max\{ES_{h-i}+D_{h-i}\} \tag{5.3}$$

式中　ES_{h-i}——工作 $i-j$ 的紧前工作 $h-i$ 的最早开始时间;

D_{h-i}——工作 $i-j$ 的紧前工作 $h-i$ 的持续时间。

（2）工作最早完成时间

$$EF_{i-j} = ES_{i-j} + D_{i-j} \tag{5.4}$$

（3）计算工期 T_c

$$T_c = \max\{EF_{i-n}\} \tag{5.5}$$

式中 EF_{i-n}——以终点节点 $(j=n)$ 为箭头节点的工作 $i-n$ 的最早完成时间。

网络计划的计划工期 T_p 应按下列情况分别确定：

①当已规定了要求工期 T_r 时：

$$T_p \leqslant T_r \tag{5.6}$$

②当未规定要求工期时：

$$T_p = T_c \tag{5.7}$$

（4）工作最迟完成时间

①工作 $i-j$ 的最迟完成时间 LF_{i-j} 应从网络计划的终点节点开始，逆箭线方向依次逐项计算。

②以终点节点 $(j=n)$ 为箭头节点的工作的最迟完成时间 LF_{i-n}，应按网络计划的计划工期 T_p 确定，即：

$$LF_{i-n} = T_p \tag{5.8}$$

③其他工作 $i-j$ 的最迟完成时间

$$LF_{i-j} = \min\{LF_{j-k} - D_{j-k}\} \tag{5.9}$$

式中 LF_{j-k}——工作 $i-j$ 的各项紧后工作 $j-k$ 的最迟完成时间；

D_{j-k}——工作 $i-j$ 的各项紧后工作 $j-k$ 的持续时间。

（5）工作最迟开始时间

$$LS_{i-j} = LF_{i-j} - D_{i-j} \tag{5.10}$$

（6）工作时差

①工作总时差。工作 $i-j$ 的总时差 TF_{i-j} 应按下式计算：

$$TF_{i-j} = LS_{i-j} - ES_{i-j} \tag{5.11}$$

或

$$TF_{i-j} = LF_{i-j} - EF_{i-j} \tag{5.12}$$

②工作自由时差。工作 $i-j$ 的自由时差 FF_{i-j} 的计算应符合下列规定：

a. 当工作 $i-j$ 有紧后工作 $j-k$ 时，其自由时差应为：

$$FF_{i-j} = ES_{j-k} - ES_{i-j} - D_{i-j} \tag{5.13}$$

式中 ES_{j-k}——工作 $i-j$ 的紧后工作 $j-k$ 的最早开始时间。

b. 以终点节点 $(j=n)$ 为箭头节点的工作，其自由时差 FF_{i-j} 应按网络计划的计划工期 T_p 确定，即：

$$FF_{i-n} = T_p - ES_{i-n} - D_{i-n} \tag{5.14}$$

或

$$FF_{i-n} = T_p - EF_{i-n} \tag{5.15}$$

以图 5.7 为例，其图上计算法的计算结果如图中所示。

（7）关键工作和关键线路的确定

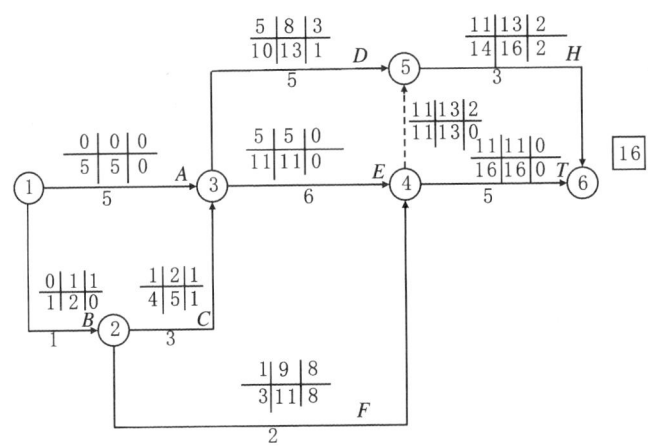

图 5.7 双代号网络计划时间参数标注形式(二)

①总时差最小的工作应为关键工作。

②自始至终全部由关键工作组成的线路或线路上总的工作持续时间最长的线路应为关键线路。该线路在网络图上应用粗线、双线或彩色线标注。

5.1.4.4 双代号时标网络计划

(1)时标网络计划的基本表达方法

时标网络计划是以时间坐标为尺度编制的网络计划。时标网络计划的工作以实箭线表示,自由时差以波形线表示,虚工作以虚箭线表示。当实箭线后有波形线且其末端有垂直部分时,其垂直部分用实线绘制;当虚箭线有时差且其末端有垂直部分时,其垂直部分用虚线绘制。

(2)时标网络计划图的绘制步骤

①计算网络计划各工作的时间参数。

②在有横向时间刻度的表格上确定每项工作最早开始时间的节点位置。

③按各工作的持续时间长短绘制相应工作的实线部分。箭线一般沿水平方向画,其水平投影长度即该工作的持续时间。

④用水平波形线将实线部分与其紧后工作的最早开始节点连接起来。该波形线的水平投影长度即该工作的自由时差。

⑤两项工作之间,如果需要加虚箭线连接时,不占用时间的部分用垂直虚线连接,占用时间的部分可用波形线来表示。

⑥将时差最小的工作由起点节点连至终点节点的线路,即为关键线路。终点节点所在位置的时间即工程竣工时间。

图 5.8 是将图 5.7 按最早开始时间绘制的时标网络计划图。

5.1.5 工程项目进度计划的编制方法

5.1.5.1 划分施工过程

编制单位工程施工进度计划时,首先必须研究施工过程的划分,再进行有关内容的计算和设计。施工过程划分应考虑下述要求:

(1)施工过程划分粗细程度的要求

对于控制性施工进度计划,其施工过程的划分可以粗一些,一般可按分部工程划分施工过

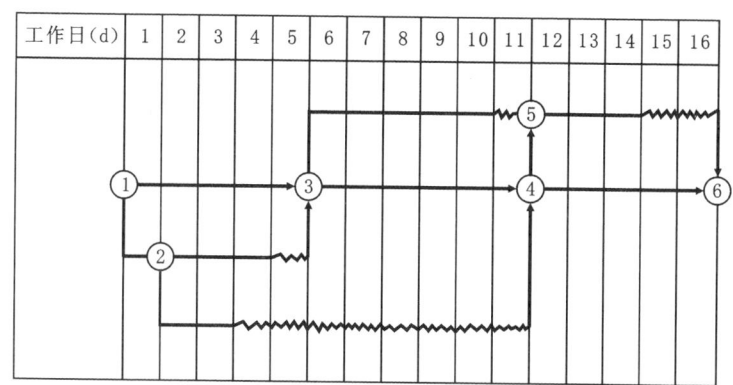

图 5.8 按最早开始时间绘制的时标网络计划图

程。如开工前准备、打桩工程、基础工程、主体结构工程等。对于指导性施工进度计划，其施工过程的划分可以细一些。

（2）对施工过程进行适当合并，达到简明清晰的要求

为了使计划简明清晰、突出重点，一些次要的施工过程应合并到主要施工过程中去，如基础防潮层可合并到基础施工过程内；有些虽然重要但工程量不大的施工过程也可与相邻的施工过程合并，如挖土可与垫层合并为一项，组织混合班组施工。

（3）施工过程划分的工艺性要求

现浇钢筋混凝土施工，一般可分为支模、扎筋、浇筑混凝土等施工过程，是合并还是分别列项，应视工程施工组织、工程量、结构性质等因素研究确定。一般，现浇钢筋混凝土框架结构的施工应分别列项，如绑扎柱钢筋、安装柱模板、浇捣柱混凝土、安装梁板模板、绑扎梁板钢筋、浇捣梁板混凝土、养护、拆模等施工过程。但在现浇钢筋混凝土工程量不大的工程对象上，一般不再细分，可合并为一项，如砖混结构工程中的现浇雨篷、圈梁、厕所及盥洗室的现浇楼板等可列为一项。

施工过程的划分，应考虑所选择的施工方案。住宅建筑的水、暖、煤、卫、电等房屋设备安装是建筑工程的重要组成部分，应单独列项；工业厂房的各种机电等设备安装也要单独列项，可由专业队或设备安装单位单独编制其施工进度计划。土建施工进度计划中列出其施工过程，表明其与土建施工的配合关系。

（4）明确施工过程对施工进度的影响程度

施工过程对施工进度的影响程度可分为三类：第一类为资源驱动的施工过程，对工程的完成起着决定性的作用，在条件允许的情况下，可以缩短或延长工期。第二类为辅助性施工过程，它一般不占用拟建工程的工作面，虽需要一定的时间和消耗一定的资源，但不占用工期，可不列入施工计划以内，如交通运输、场外构件加工或预制等。第三类施工过程虽直接在拟建工程中进行作业，但它的时间随着客观条件的变化而变化，应根据具体情况列入施工计划，如混凝土的养护等。

5.1.5.2 计算工程量

工程量应根据施工图纸、工程量计算规则及相应的施工方法进行计算。计算时应注意：

（1）工程量的计量单位

每个施工过程的工程量的计量单位应与采用的施工定额的计量单位相一致。

（2）采用的施工方法

计算工程量时,应与采用的施工方法相一致,使计算的工程量与施工的实际情况相符合。

(3)正确取用预算文件中的工程量

如果编制单位工程施工进度计划时已编制出预算文件(施工图预算或施工预算),则工程量可从预算文件中抄出并汇总;但施工进度计划中某些施工过程与预算文件的内容不同(如计量单位、计算规则、采用的定额等)时,则应根据施工实际情况加以修改、调整或重新计算。

5.1.5.3　套用施工定额

确定了施工过程及其工程量之后,即可套用施工定额(当地实际采用的劳动定额及机械台班定额),以确定劳动量和机械台班量。

在套用国家或当地颁发的定额时,必须注意结合本单位工人的技术等级、实际操作水平、施工机械情况和施工现场条件等因素,确定定额的实际水平,使计算出来的劳动量、机械台班量符合实际需要。有些采用新技术、新材料、新工艺或特殊施工方法的施工过程,定额中尚未编入时,可参考类似施工过程的定额、经验资料,按实际情况确定。

5.1.5.4　计算劳动量及机械台班量,确定施工过程的延续时间

根据工程量及确定采用的施工定额,即可进行劳动量及机械台班量的计算,然后确定施工过程的延续时间。

5.1.5.5　初排施工进度

上述各项计算内容确定之后,即可编制施工进度计划的初步方案。一般的编制方法有:

(1)根据施工经验直接安排的方法

根据经验资料及有关计算,直接在进度表上画出进度线。其一般步骤是:先安排主导施工过程的施工进度,再安排其余施工过程。其余施工过程应尽可能配合主导施工过程并最大限度地搭接,形成施工进度计划的初步方案。总的原则是,使每个施工过程尽可能早地投入施工。

(2)按工艺组合流水组织的施工方法

先按各施工过程(即工艺组合流水)初排流水进度线,然后将各工艺组合最大限度地搭接起来。

无论采用上述哪一种方法编排进度,都应注意以下问题:

①每个施工过程的施工进度线都应用横道粗实线段表示(初排时可用铅笔细线表示,待检查调整无误后再加粗);

②每个施工过程的进度线所表示的时间(d)应与计算确定的延续时间一致;

③每个施工过程的施工起止时间应根据施工工艺顺序及组织顺序确定。

5.1.5.6　检查与调整施工进度计划

施工进度计划初步方案编出后,应根据业主和有关部门的要求、合同规定及施工条件等,先检查各施工过程之间的施工顺序是否合理、工期是否满足要求、劳动力等资源消耗是否均衡,然后再进行调整,直至满足要求,正式形成施工进度计划。总的要求是在合理的工期下尽可能使施工过程连续,这样便于资源的合理安排。

5.2　工程项目进度计划的实施

工程项目进度计划的实施就是施工活动的进展,也就是用工程项目进度计划指导施工活动,落实和完成计划。

5.2.1　工程项目进度计划的审核

项目经理应进行工程项目进度计划的审核,其主要内容包括:

①进度安排是否符合施工合同确定的建设项目总目标和分目标的要求,是否符合其开工、竣工日期的规定。

②施工进度计划中的内容是否有遗漏,分期施工是否满足分批交工的需要和配套交工的要求。

③施工顺序安排是否符合施工程序的要求。

④资源供应计划是否能保证施工进度计划的实现,供应是否均衡,分包人供应的资源是否满足进度要求。

⑤施工图设计的进度是否满足施工进度计划要求。

⑥总分包之间的进度计划是否相协调,专业分工与计划的衔接是否明确、合理。

⑦对实施进度计划的风险是否已分析清楚,是否有相应的对策。

⑧各项保证进度计划实现的措施设计得是否周到、可行、有效。

5.2.2　工程项目进度计划的贯彻

(1)检查各层次的计划,形成严密的计划保证系统

工程项目的所有施工进度计划[施工总进度计划、单位工程施工进度计划、分部(项)工程施工进度计划]都是围绕一个总任务而编制的,它们之间的关系是高层次计划为低层次计划提供依据,低层次计划是高层次计划的具体化。在对其贯彻执行时,应当首先检查各层次计划是否协调一致,计划目标是否层层分解、互相衔接,组成一个计划实施的保证体系,以施工任务书的方式下达到施工队,保证施工进度计划的实施。

(2)利用施工任务书层层明确责任

项目经理、作业队和作业班组之间分别签订责任状,按计划目标明确规定工期、承担的经济责任、权限和利益。用施工任务书将作业任务下达到施工班组,使其明确具体施工任务、技术措施、质量要求等内容,且施工班组必须保证按作业计划时间完成规定的任务。

(3)进行计划的交底,促进计划的全面、彻底实施

施工进度计划的实施是全体工作人员的共同行动,要使有关人员都明确各项计划的目标、任务、实施方案和措施,使管理层和作业层协调一致,将计划变成全体员工的自觉行动,在计划实施前可以根据计划的范围进行计划交底工作,以使计划得到全面、彻底的实施。

5.2.3　工程项目进度计划的实施

(1)编制月(旬)作业计划

为了实施施工进度计划,将规定的任务结合现场施工条件,如施工场地的情况、劳动力与机械等资源条件和施工的实际进度,在施工开始前和施工过程中不断地编制本月(旬)作业计划,这是使施工计划更具体、更实际和更可行的重要环节。在月(旬)计划中要明确:本月(旬)应完成的任务;所需要的各种资源量;提高劳动生产率和节约措施等。

(2)签发施工任务书

编制好月(旬)作业计划后,将每项具体任务通过签发施工任务书的方式下达到班组落实、

实施。施工任务书是向班组下达任务,实行责任承包、全面管理的原始记录和综合性文件,是计划和实施的纽带。

施工任务书由施工员按班组编制并下达。在实施过程中要做好记录,任务完成后回收,作为原始记录和业务核算资料。

施工任务书包括施工任务单、限额领料单和考勤表。施工任务单包括分项工程施工任务、工程量、劳动量、开工日期、完工日期、工艺、质量和安全要求。限额领料单是根据施工任务单编制的控制班组领用材料的依据,应具体列明材料名称、规格、型号、单位和数量、领用记录、退料记录等。

(3)做好施工进度记录,填好施工进度统计表

在计划任务完成的过程中,各级施工进度计划的执行者都要跟踪做好施工记录,及时记载计划中的每项工作开始日期、每日完成数量和完成日期,记录施工现场发生的各种情况、干扰因素的排除情况;跟踪做好形象进度,工程量,总产值,耗用的人工、材料和机械台班等的数量统计与分析,为施工项目进度检查和控制分析提供反馈信息。因此,要求实事求是地记载,并填好上报统计报表。

(4)做好施工中的调度工作

施工中的调度是组织施工中各阶段、环节、专业和工种的互相配合、进度协调的指挥核心。调度工作是使施工进度计划顺利实施的重要手段。其主要任务是掌握计划实施情况,协调各方面关系,采取措施,排除各种矛盾,加强各薄弱环节,实现动态平衡,保证完成作业计划和实现进度目标。

调度工作内容主要有:监督作业计划的实施,调整、协调各方面的进度关系;监督检查施工准备工作;督促资源供应单位按计划供应劳动力、施工机具、运输车辆、材料构配件等,并对临时出现的问题采取调配措施;按施工平面图管理施工现场,结合实际情况进行必要的调整,保证文明施工;了解气候、水、电、气的情况,采取相应的防范和保证措施;及时发现和处理施工中各种事故和意外事件;调节各薄弱环节;定期、及时地召开现场调度会议,贯彻施工项目主管人员的决策,发布调度令。

5.3　工程项目进度计划的检查、调整与控制

BIM 在进度管理中的应用

5.3.1　进度计划的检查

在工程项目的实施过程中,进度控制人员应经常地、定期地跟踪检查施工实际进度情况,主要是收集工程项目进度材料,进行统计整理和对比分析,确定实际进度与计划进度之间的关系,其主要工作包括:

5.3.1.1　跟踪检查工程实际进度

跟踪检查工程实际进度是项目进度控制的关键措施,其目的是收集实际施工进度的有关数据。跟踪检查的时间和收集数据的质量,直接影响控制工作的质量和效果。一般检查的时间间隔与工程项目的类型、规模、施工条件和对进度执行要求的程度有关。通常可以确定每月、半月、旬或周进行一次。若施工中遇到天气恶劣、资源供应不及时等不利因素的严重影响,检查的时间间隔可临时缩短,次数应增加,甚至可以每日进行检查,或派人员驻现场督

阵。检查和收集资料的方式一般采用进度报表方式或定期召开进度工作汇报会。根据不同需要,检查的内容包括:

(1)检查期内实际完成和累计完成工程量;

(2)实际参加施工的劳动力、机械数量和生产效率;

(3)窝工人数、窝工机械台班数及其原因分析;

(4)进度管理情况;

(5)进度偏差情况;

(6)影响进度的特殊原因及分析。

5.3.1.2　整理、统计跟踪检查的数据

收集到的工程项目实际进度数据,要进行必要的整理,按计划控制的工作项目进行统计,形成与计划进度具有可比性的数据、相同的量纲和形象进度。一般可以按实物工程量、工作量和劳动消耗量及累计百分比整理和统计实际检查的数据,以便与相应的计划完成量对比。

5.3.1.3　对比实际进度与计划进度

将收集的资料整理和统计成与计划进度具有可比性的数据后,用工程项目实际进度与计划进度的比较方法进行比较。通常用的比较方法有横道图比较法、S形曲线比较法、"香蕉"形曲线比较法、前锋线比较法和列表比较法等。通过比较得出实际进度与计划进度一致、超前、拖后三种情况。

5.3.1.4　工程项目进度检查结果的处理

按照检查报告制度的规定,将工程项目进度检查的结果形成进度控制报告并向有关主管人员和部门汇报。

进度控制报告是把检查比较的结果、有关施工进度现状和发展趋势提供给项目经理及各级业务职能负责人的最简单的书面形式报告。进度控制报告是根据报告的对象不同,确定不同的编制范围和内容而分别编写的。一般分为项目概要级进度控制报告、项目管理级进度控制报告和业务管理级进度控制报告。

项目概要级的进度报告是报给项目经理、企业经理或业务部门及建设单位或业主的,它是以整个工程项目为对象说明进度计划执行情况的报告。项目管理级的进度报告是报给项目经理及企业业务部门的,它是以单位工程或项目分区为对象说明进度计划执行情况的报告。业务管理级的进度报告是就某个重点部位或重点问题编写的报告,是供项目管理者及各业务部门为其采取应急措施而使用的。

进度报告由计划负责人或进度管理人员与其他项目管理人员协作编写。报告时间一般与进度检查时间相协调,也可按月、旬、周等间隔时间进行编写上报。

通过检查,向企业提供月度进度报告的内容主要包括:

(1)项目实施概况、管理概况、进度概要的总说明。

(2)项目施工进度、形象进度及简要说明。

(3)施工图纸提供进度;材料、物资、构配件供应进度;劳务记录及预测;日历计划。

(4)对建设单位、业主和施工者的工程变更指令、价格调整、索赔及工程款收支情况。

(5)进度偏差的状况和导致偏差的原因分析;解决问题的措施;计划调整意见等。

5.3.2　进度计划的比较

5.3.2.1　横道图比较法

横道图比较法,是把在项目施工中检查实际进度收集的信息经整理后直接用横道线并列标于原计划的横道图上,进行直观比较的方法。

完成任务量可以用实物工程量、劳动消耗量和工作量三种物理量表示。为了比较方便,一般用它们实际完成量的累计百分比与计划的应完成量的累计百分比进行比较。

(1)匀速施工横道图比较法

匀速施工是指项目施工中每项工作的施工进展都是匀速的,即在单位时间内完成的任务量都是相等的,累计完成的任务量与时间呈直线变化,如图5.9所示。

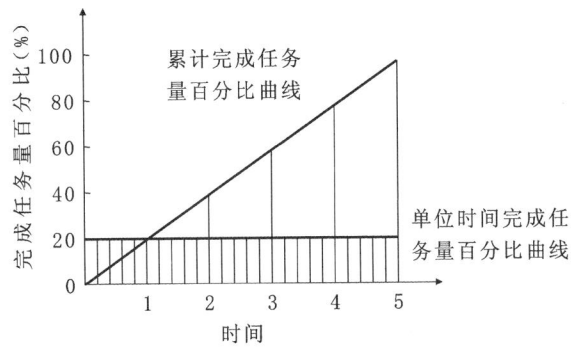

图 5.9　匀速进展工作时间与完成任务量关系曲线图

匀速施工横道图比较法的步骤为:

①编制横道图进度计划。

②在进度计划上标出检查日期。

③将检查收集的实际进度数据按比例用涂黑的粗线标于计划进度线的下方。

④比较分析实际进度与计划进度:涂黑的粗线右端与检查日期相重合,表明实际进度与施工计划进度相一致;涂黑的粗线右端在检查日期的左侧,表明实际进度拖后;涂黑的粗线右端在检查日期的右侧,表明实际进度超前。

必须指出,该方法只适用于工作从开始到完成的整个过程中,施工速度不变、累计完成的任务量与时间成正比的情况。

(2)双比例单侧横道图比较法

当工作在不同的单位时间内的进展速度不同时,累计完成的任务量与时间的关系不是呈直线变化的,这种情况的进度比较可以采用双比例单侧横道图比较法。

双比例单侧横道图比较法是在使用表示工作实际进度的涂黑粗线的同时,在图上标出某对应时刻实际完成任务量的累计百分比,将该百分比与其同时刻计划完成任务量累计百分比相比较,判断工作的实际进度与计划进度之间的关系的一种方法,如图5.10所示。其步骤为:

①编制横道图进度计划。

②在横道线上方标出各工作主要时间的计划完成任务量累计百分比。

③在计划横道线的下方标出工作的相应日期的实际完成任务量累计百分比。

④用涂黑粗线标出实际进度线,并从开工日标起,同时反映出施工过程中工作的连续与间断情况。

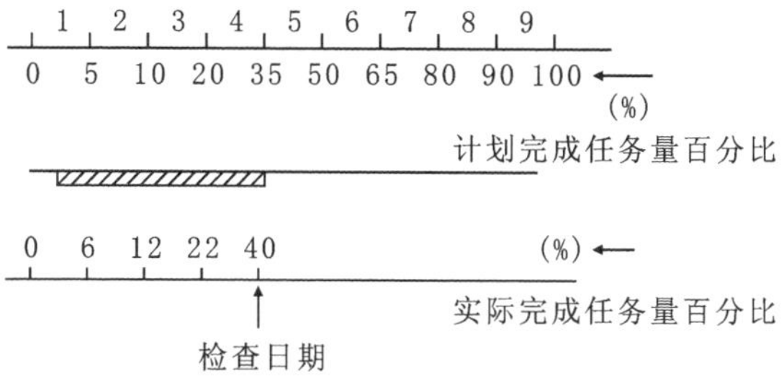

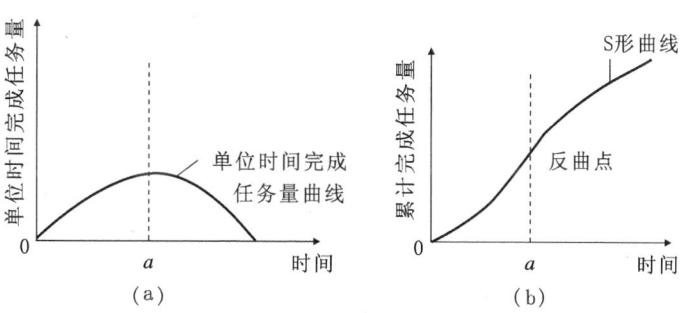

图 5.10 双比例单侧横道图比较法

⑤对照横道线上方计划完成任务量累计百分比与同时间的下方实际完成任务量累计百分比,比较得出实际进度与计划进度的偏差。当同一时刻上下两个累计百分比相等,表明实际进度与计划进度一致;当同一时刻上面的累计百分比大于下面的累计百分比,表明该时刻实际施工进度拖后,拖后的量为二者之差。当同一时刻上面的累计百分比小于下面的累计百分比,表明该时刻实际施工进度超前,超前的量为二者之差。

应该指出,由于工作的施工速度是变化的,因此横道图中进度横线,不管是计划的还是实际的,都是表示工作的开始时间、持续天数和完成时间,并不表示计划完成量和实际完成量,这两个量分别通过标注在横道线上方及下方的累计百分比数量表示。表示实际进度的涂黑粗线是从实际工程的开始日期画起,若工作实际施工间断,亦可在图中将涂黑粗线作相应的空白。

5.3.2.2 S 形曲线比较法

S 形曲线比较法是以横坐标表示进度时间、纵坐标表示累计完成任务量,绘制出一条按计划时间表示累计完成任务量的曲线,将施工项目的各检查时间实际完成的任务量与 S 形曲线进行实际进度与计划进度的比较的一种方法。

从整个工程项目的施工全过程而言,一般是开始和结尾阶段单位时间投入的资源量较少,中间阶段单位时间投入的资源量较多,与其相关,单位时间完成的任务量也是同样变化的,如图 5.11(a)所示;而随时间发展的累计完成的任务量,则应该呈 S 形变化,如图 5.11(b)所示。

图 5.11 时间与完成任务量关系曲线

S 形曲线比较法同横道图一样,是在图上直观地进行施工项目实际进度与计划进度的比较。一般情况下,计划进度控制人员在计划实施前绘制 S 形曲线。在项目施工过程中,按规定时间将检查的实际完成情况绘制在与计划进度 S 形曲线同一张图上,可得出实际进度 S 形曲线,如图 5.12 所示。比较两条 S 形曲线可以得到如下信息:

①项目实际进度与计划进度比较。当实际工程进展点落在 S 形曲线左侧,则表示此时实际进度比计划进度超前;若落在其右侧,则表示拖后;若刚好落在其上,则表示二者一致。

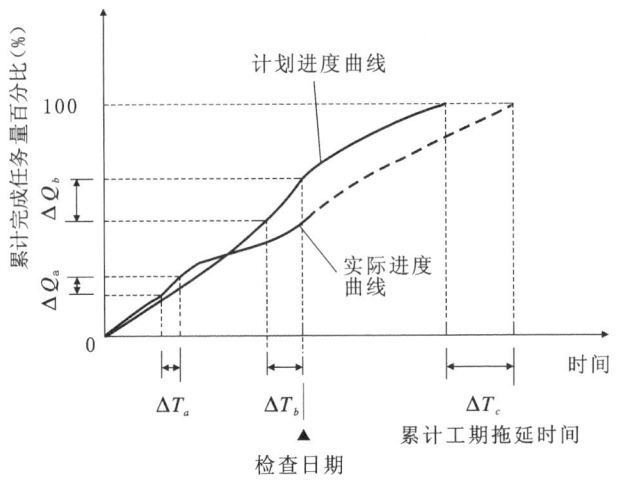

图 5.12　S 形曲线比较图

②项目实际进度比计划进度超前或拖后的时间。如图 5.12 所示，ΔT_a 表示 T_a 时刻实际进度超前的时间；ΔT_b 表示 T_b 时刻实际进度拖后的时间。

③项目实际进度比计划进度超前或拖后完成的任务量。如图 5.12 所示，ΔQ_a 表示在 T_a 时刻，超前完成的任务量；ΔQ_b 表示在 T_b 时刻，拖后完成的任务量。

④预测工程进度。如图 5.12 所示，后期工程按原计划速度进行，则工期拖延预测值为 ΔT_c。

5.3.2.3　"香蕉"形曲线比较法

(1)"香蕉"形曲线的绘制

从 S 形曲线比较法中得知，按某一时间开始的工程项目的进度计划，其计划实施过程中进度时间与累计完成任务量的关系都可以用一条 S 形曲线表示。对于一个工程项目的网络计划，在理论上总是分为最早和最迟两种开始与完成时间的。因此，一般情况下，任何一个工程项目的网络计划，都可以绘制出两条曲线：一是计划以各项工作的最早开始时间安排进度而绘制的 S 形曲线，称为 ES 曲线；二是计划以各项工作的最迟开始时间安排进度而绘制的 S 形曲线，称为 LS 曲线。两条 S 形曲线都是从计划的开始时刻开始和完成时刻结束，因此两条曲线是闭合的。"香蕉"形曲线就是两条 S 形曲线组合成的闭合曲线，如图 5.13 所示。

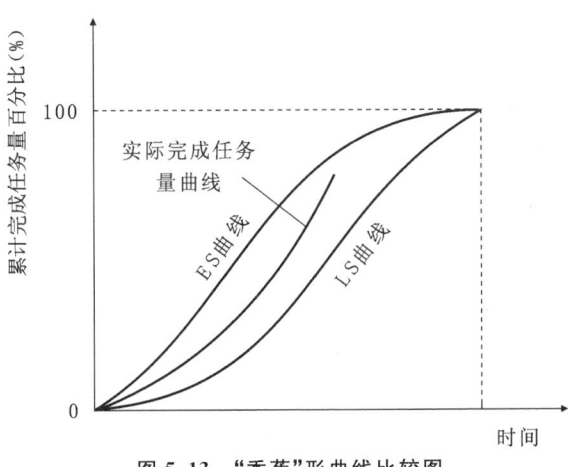

图 5.13　"香蕉"形曲线比较图

在项目的实施中,进度控制的理想状况是任一时刻按实际进度描绘的点都应落在该"香蕉"形曲线的区域内,如图5.13中的实际进度线。

"香蕉"形曲线的作图方法与S形曲线的作图方法基本一致,不同之处在于它是分别以工作的最早开始时间和最迟开始时间而绘制的两条S形曲线的结合。

(2)"香蕉"形曲线比较法的作用

①利用"香蕉"形曲线进行进度的合理安排;

②进行施工实际进度与计划进度的比较;

③确定检查状态下后期工程的 ES 曲线和 LS 曲线的发展趋势。

5.3.2.4 前锋线比较法

施工项目的进度计划用时标网络计划表达时,还可以采用实际进度前锋线比较法进行实际进度与计划进度的比较。

前锋线比较法是从计划检查时间的坐标点出发,用点画线依次连接各项工作的实际进度点,最后到计划检查时间的坐标点为止,形成前锋线。根据实际进度前锋线与工作箭线交点的位置判定施工实际进度与计划进度偏差。简言之,实际进度前锋线比较法是通过施工项目实际进度前锋线判定施工实际进度与计划进度偏差的方法。见案例5.2和图5.15。

5.3.2.5 列表比较法

当采用时标网络计划时也可以采用列表比较法。即记录检查时正在进行的工作名称和已进行的天数,然后列表计算有关时间参数,根据原有总时差和尚有总时差,判断实际进度与计划进度偏差的方法。

列表比较法(表5.2)步骤为:

表 5.2 列表比较法

工作代号	工作名称	检查计划时尚需作业天数	到计划最迟完成时尚有天数	原有总时差	尚有总时差	情况判断
(一)	(二)	(三)	(四)	(五)	(六)	(七)

①在(一)、(二)栏内分别填写工作代号和工作名称。

②计算检查时正在进行的工作 $i—j$ 尚需作业时间 T^2_{i-j},填在(三)栏内,其计算公式为:

$$T^2_{i-j} = D_{i-j} - T^1_{i-j} \tag{5.16}$$

式中　D_{i-j}——工作 $i—j$ 的计划持续时间;

　　　T^1_{i-j}——工作 $i—j$ 检查时已经进行的时间。

③计算工作 $i—j$ 检查时至最迟完成时间的尚有时间 T^3_{i-j},填在(四)栏内,其计算公式为:

$$T^3_{i-j} = LF_{i-j} - T^2 \tag{5.17}$$

式中　LF_{i-j}——工作 $i—j$ 的最迟完成时间;

　　　T^2——检查时间。

④计算工作 $i—j$ 总时差 TF_{i-j},填在(五)栏内。

⑤计算工作 $i—j$ 尚有总时差 TF^1_{i-j},填在(六)栏内,其计算公式为:

$$TF^1_{i-j} = T^3_{i-j} - T^2_{i-j} \tag{5.18}$$

式中　T^3_{i-j}——检查时至最迟完成时间的尚有时间。

⑥分析工作实际进度与计划进度的偏差,填在(七)栏内,可能有以下几种情况:

a.若工作尚有总时差与原有总时差相等,则说明该工作的实际进度与计划进度一致;

b.若工作尚有总时差小于原有总时差,但仍为正值,则说明该工作的实际进度比计划进度拖后(产生的偏差值为二者之差),但不影响总工期;

c.若尚有总时差为负值,则说明对总工期有影响,应当调整。

【案例5.2】 已知某施工项目网络计划图如图5.14所示,在第5天检查时,发现A工作已完成,B工作已进行1天,C工作已进行2天,D工作尚未开始。用前锋线比较法和列表比较法,记录和比较进度情况。

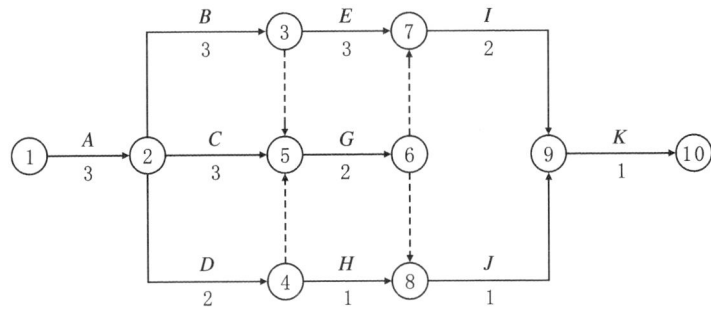

图5.14 某施工项目网络计划图

【解】 (1)根据第5天检查情况,绘制前锋线,如图5.15所示。

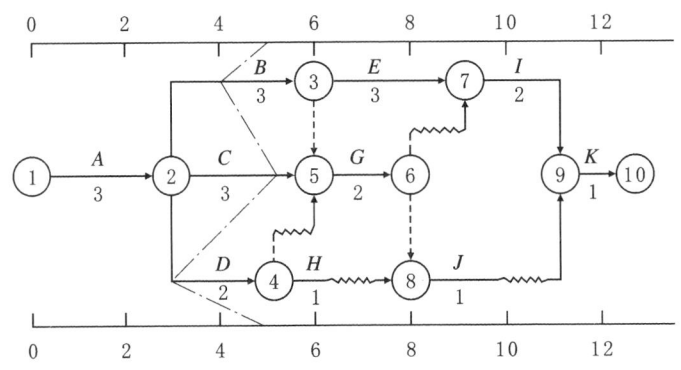

图5.15 某施工项目进度前锋线图

(2)根据上述公式计算有关参数,如表5.3所示。

(3)根据尚有总时差的计算结果,判断工作实际进度情况,见表5.3。

表5.3 网络计划检查结果分析表

工作代号	工作名称	检查计划时尚需作业天数	到计划最迟完成时尚有天数	原有总时差	尚有总时差	情况判断
(一)	(二)	(三)	(四)	(五)	(六)	(七)
2—3	B	2	1	0	−1	影响工期1天
2—5	C	1	2	1	1	正常
2—4	D	2	2	2	0	正常

5.3.3 工程项目进度计划的调整与控制

5.3.3.1 工程项目进度偏差的原因分析

由于工程项目的特点,尤其是较大和复杂的工程项目,工期较长,影响进度的因素较多。编制计划、执行和控制工程进度计划时,必须充分认识和估计这些因素,才能克服其影响,使工程进度尽可能按计划进行;当出现偏差时,应考虑有关影响因素,分析产生的原因。其主要影响因素有:

(1)工期及相关计划的失误

①计划时遗漏部分必需的功能或工作。

②计划值(例如计划工作量、持续时间)不足,相关的实际工作量增加。

③资源或能力不足,例如,计划时没考虑到资源的限制或缺乏,没有考虑如何完成工作。

④出现了计划中未能考虑到的风险或状况,未能使工程实施达到预定的效率。

⑤在现代工程中,上级(业主、投资者、企业主管)常常在一开始就提出很紧迫的工期要求,使承包商或其他设计人、供应商的工期太紧。而且许多业主为了缩短工期,常常压缩承包商的做标期、前期准备的时间。

(2)工程条件的变化

①工作量的变化。可能是由于设计的修改、设计的错误、业主新的要求、修改项目的目标及系统范围的扩展造成的。

②外界(如政府、上层系统)对项目新的要求或限制、设计标准的提高等可能造成项目资源的缺乏,使得工程无法及时完成。

③环境条件的变化。工程地质条件和水文地质条件与勘察设计不符,如地质断层、地下障碍物、软弱地基、溶洞,以及恶劣的气候条件等,都对工程进度产生影响,造成临时停工或破坏。

④发生不可抗力事件。工程实施中如果出现意外的事件,如战争、内乱、工人罢工等政治事件,地震、洪水等严重的自然灾害,重大工程事故、试验失败、标准变化等技术事件,通货膨胀、分包单位违约等经济事件,都会影响工程进度计划。

(3)管理过程中的失误

①计划部门与实施者之间、总分包商之间、业主与承包商之间缺少沟通。

②工程实施者缺乏工期意识,例如,管理者拖延了图纸的供应和批准,任务下达时缺少必要的工期说明和责任落实,拖延了工程活动。

③项目参加单位对各个活动(各专业工程和供应)之间的逻辑关系(活动链)没有了解清楚,下达任务时也没有做详细的解释,同时对活动的必要的前提条件准备不足,各单位之间缺少协调和信息沟通,许多工作脱节,资源供应出现问题。

④由于其他方面未完成项目计划规定的任务造成拖延。例如,设计单位拖延设计、运输不及时、上级机关拖延批准手续、质量检查拖延、业主不果断处理问题等。

⑤承包商没有集中力量施工,材料供应拖延,资金缺乏,工期控制不紧。这可能是由于承包商同期工程太多,力量不足造成的。

⑥业主没有集中资金的供应,拖欠工程款,或业主的材料、设备供应不及时。

(4)其他原因

例如,由于采取其他调整措施造成工期的拖延,如设计的变更、质量问题的返工、实施方案的修改等。

5.3.3.2　分析进度偏差的影响

通过进度比较方法,如果判断出现进度偏差时,应当分析偏差对后续工作和对总工期的影响。进度控制人员由此可以确认应该调整产生进度偏差的工作和调整偏差值的大小,以便确定采取调整措施,获得符合实际进度情况和计划目标的新进度计划。

①若出现偏差的工作为关键工作,则无论偏差大小,都对后续工作及总工期产生影响,必须采取相应的调整措施;若出现偏差的工作不是关键工作,需要根据偏差值与总时差和自由时差的大小关系,确定对后续工作和总工期的影响程度。

②分析进度偏差是否大于总时差。若工作的进度偏差大于该工作的总时差,说明此偏差必将影响后续工作和总工期,必须采取相应的调整措施;若工作的进度偏差小于或等于该工作的总时差,说明此偏差对总工期无影响,但它对后续工作的影响程度需要根据比较偏差与自由时差的情况来确定。

③分析进度偏差是否大于自由时差。若工作的进度偏差大于该工作的自由时差,说明此偏差对后续工作将产生影响,采取的调整措施应根据后续工作允许影响的程度而定;若工作的进度偏差小于或等于该工作的自由时差,则说明此偏差对后续工作无影响,原进度计划可以不做调整。

5.3.3.3　工程项目进度计划的调整方法

(1)增加资源投入

通过增加资源投入,缩短某些工作的持续时间,使工程进度加快,并保证实现计划工期。这些被压缩持续时间的工作是位于由于实际进度的拖延而引起总工期增长的关键线路和某些非关键线路上的工作,同时这些工作又是可压缩持续时间的工作。它会带来如下问题:

①造成费用的增加,如增加人员的调遣费用、周转材料一次性费、设备的进出场费;

②由于增加资源造成资源使用效率的降低;

③加剧资源供应的困难。

(2)改变某些工作间的逻辑关系

在工作之间的逻辑关系允许改变的条件下,可改变逻辑关系,达到缩短工期的目的。例如,可以把依次进行的有关工作改成平行的或互相搭接的,以及分成几个施工段进行流水施工等,都可以达到缩短工期的目的。这可能产生如下问题:

①工作逻辑上的矛盾性;

②资源的限制,平行施工要增加资源的投入强度;

③工作面的限制及由此产生的现场混乱和低效率问题。

(3)资源供应的调整

如果资源供应发生异常,应采用资源优化方法对计划进行调整,或采取应急措施,使其对工期影响最小。例如,将服务部门的人员投入到生产中去,投入风险准备资源,采用加班或多班制工作。

(4)增减工作范围

它包括增减工作量或增减一些工作包(或分项工程)。增减工作内容应做到不打乱原计划的逻辑关系,只对局部逻辑关系进行调整。在增减工作内容以后,应重新计算时间参数,分析

对原网络计划的影响。当对工期有影响时,应采取调整措施,保证计划工期不变。这可能产生如下影响:

①损害工程的完整性、经济性、安全性、运行效率,或提高项目运行费用。

②必须经过上层管理者,如投资者、业主的批准。

(5)提高劳动生产率

改善工、器具以提高劳动效率;通过辅助措施和合理的工作过程,提高劳动生产率。要注意如下问题:

①加强培训,且应尽可能地提前;

②注意工人级别与工人技能的协调;

③工作中的激励机制,如奖金、小组精神发扬、个人负责制等;

④改善工作环境及项目的公用设施;

⑤项目小组时间上和空间上合理地组合与搭接;

⑥多沟通,避免项目组织中的矛盾。

(6)将部分任务转移

如分包、委托给另外的单位,将原计划由自己生产的结构构件改为外购等。当然这不仅有风险,产生新的费用,而且需要增加控制和协调工作。

(7)将一些工作包合并

特别是在关键线路上按先后顺序实施的工作包合并,与实施者一道研究,通过局部地调整实施过程和人力、物力的分配,以缩短工期。

5.3.3.4　工程项目进度控制的管理措施

建设工程项目进度控制的管理措施涉及管理的思想、管理的方法、管理的手段(包括管理模式、合同管理和风险管理)等。为实现进度目标,不但应进行进度控制,还应注意分析影响工程进度的风险,并在分析的基础上采取风险管理措施,以减少进度失控的风险。常见的影响工程进度的风险包括组织风险、管理风险、合同风险、资源(人力、物力和财力)风险和技术风险等,应重视信息技术(包括相应的软件、局域网、互联网及数据处理设备)在进度控制中的应用。虽然信息技术对进度控制而言只是一种管理手段,但它的应用有利于提高进度信息处理的效率,有利于提高进度信息的透明度,有利于促进进度信息的交流和项目各参与方的协同工作。

项目管理机构要识别进度计划变更风险,并在进度计划变更前制定下列预防风险的措施:

①组织措施;

②技术措施;

③经济措施;

④沟通协调措施。

当采取措施后仍不能实现原目标时,项目管理机构应变更进度计划,并报原计划审批部门批准。项目管理机构进度计划的变更应符合下列规定:

①调整相关资源供应计划,并与相关方进行沟通;

②变更计划的实施应与组织管理规定及相关合同要求一致。

5.3.3.5　工程项目进度控制的总结

项目经理部应在进度计划完成后,及时进行工程进度控制总结,为进度控制提供反馈信息。总结时应依据以下资料：

①工程项目进度计划；

②工程项目进度计划执行的实际记录；

③工程项目进度计划检查结果；

④工程项目进度计划的调整资料。

工程项目进度控制总结应包括：

①合同工期目标和计划工期目标完成情况；

②工程项目进度控制经验；

③工程项目进度控制中存在的问题；

④科学的工程进度计划方法的应用情况；

⑤工程项目进度控制的改进意见。

5.4　工程项目进度管理案例

【案例 5.3】　（1）背景

某公司中标的建筑工程的网络计划如图 5.16 所示。计划工期为 12 周，其持续时间和预算费用如表 5.4 所示。工程进行到第 9 周时，D 工作完成了 2 周，E 工作完成了 1 周，H 工作还没有开始。

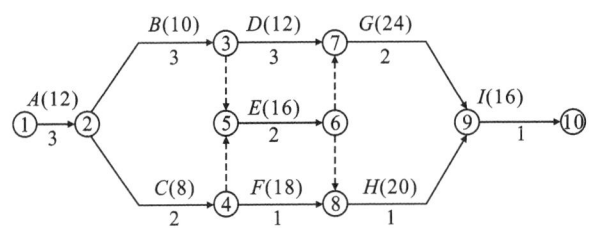

图 5.16　中标工程的网络计划

表 5.4　网络计划的工作时间和费用

工作名称	A	B	C	D	E	F	G	H	I	合计
持续时间（周）	3	3	2	3	2	1	2	1	1	
费用（万元）	12	10	8	12	16	18	24	20	16	136

（2）问题

①绘制实际进度前锋线，并计算累计完成投资额。

②如果后续工作按计划进行，试分析上述三项工作对计划工期产生了什么影响。

③重新绘制第 9 周至完工的时标网络计划。

④如果要保持工期不变，第 9 周后需压缩哪项工作？

（3）分析与解答

① 根据第 9 周进度情况绘制的实际进度前锋线如图 5.17 所示。为绘制实际进度前锋线，必须将图 5.17 绘成时标网络计划，然后再打点连线。

完成的投资为：$12+10+8+2/3×12+1/2×16+18+20＝84$（万元）。

②从图 5.17 中可以看出，D、E 工作均未完成计划。D 工作延误一周，这一周是在关键线

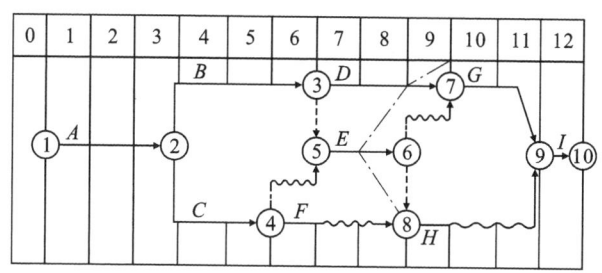

图 5.17　实际进度前锋线

路上,故将使项目工期延长一周。E、H 工作虽然也延误一周,但由于该工作有一周总时差,故对工期不造成影响。

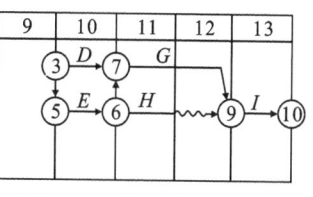

图 5.18　第 9 周至完工的时标网络计划

③重绘的第 9 周至完工的时标网络计划如图 5.18 所示。

④如果要使工期保持 12 周不变,在第 9 周检查之后,应立即组织压缩 G 工作的持续时间一周,因为 G 工作在关键线路上,且它的持续时间又长,压缩一周可节约 12 万元,大于其他工作的压缩节约额。

小　结

工程项目进度计划的编制工具有横道计划、里程碑计划和网络计划;编制原理有流水施工方法和网络计划技术,要按照一定的顺序展开。进度计划的实施主要通过月(旬)作业计划和施工任务书的方式下达具体任务到班组实施完成。进度计划的比较方法主要有横道图比较法、S 形曲线比较法、"香蕉"形曲线比较法、前锋线比较法和列表比较法。

复习思考题

5.1　试述项目进度计划编制的依据。

5.2　简述双代号网络图的绘制规则。

5.3　简述施工进度计划的比较方法。

5.4　工程项目进度偏差的原因有哪些?如何调整?

5.5　工程项目进度控制的管理措施有哪些?

职业技能训练

参观典型工程项目进度管理现场,用 BIM 技术编制小型单位工程进度控制文件。

1.目标

熟悉项目进度控制方法,掌握 BIM 技术的应用;感悟工匠精神、中国速度。

2.环境要求

(1)参观现场应为大型文明施工现场;

(2)选择一个拟建的小型工程项目或较为复杂的分部工程项目;

(3)图纸齐全;

(4)BIM 中心应满足要求。

3.问题讨论

(1)为什么武汉火神山医院能够实现超常进度控制?

(2)工程项目施工中如何统筹好进度、质量、安全、成本 4 大目标?

6 工程项目质量管理

养成精益求精、实事求是、质量第一的工作态度。

了解工程质量管理的基本概念和质量体系的基本知识;理解施工质量控制的特点,影响质量因素的控制方法;掌握工程质量分析的常用工具;了解装配式混凝土建筑的施工质量验收要求;掌握施工质量事故的处理方法。

通过本章的教学,使学生初步具有工程项目质量控制检查、质量管理的技能,培养建筑工程施工质量管理的基本能力。

6.1 工程项目质量管理概述

武汉绿地中心

【案例 6.1】 历经磨难的武汉绿地中心。

大型和特大型工程的施工部署与施工方案对质量控制十分重要,也直接关系到整个项目建设的成败,是展现行业发展新技术、新工艺、新设备、新材料的关键所在。武汉绿地中心工程项目是由世界 500 强企业中建三局建造的典型工程。其创造的大型造楼机在央视"大国重器"节目中播出,见证了武汉市经济发展的奋进历程。

6.1.1 项目质量和质量控制的定义

所谓质量,是指一组固有特性满足要求的程度。固有是指在某事或某物中本来就有的;特性是指可区分的特征;要求是指明示的、隐含的或必须履行的需求或期望。质量的主体可以是产品,也可以是某项活动或过程的工作质量,还可以是质量管理体系运行的质量。项目质量的主体是项目,项目的结果可能是有形产品,也可能是无形产品,更多的则是两者的结合。根据项目的一次性特点,项目质量取决于由 WBS 所确定的项目范围内所有的阶段、子项目、各工作单元的质量,即项目的工作质量。要保证项目质量,首先应保证工作质量。

质量控制是质量管理的一部分,致力于满足质量要求。质量控制的目标就是确保项目质量能满足有关方面所提出的质量要求(如适用性、可靠性、安全性等)。质量控制的范围涉及项目质量形成全过程的各个环节。

6.1.2 质量管理及其特征

质量管理是为确保项目的质量特性满足要求而进行的计划、组织、指挥、协调和控制等活动。现代质量管理虽然仍重视产品、工程和服务质量,但更强调体系或系统的质量、人的质量,并以人的质量、体系质量去确保产品、工程和服务质量。这种管理活动,不仅存在于工业生产领域,而且已扩及农业生产、工程建设、交通运输、教育卫生、商业服务等领域。无论是行业质量管理,还是企业、事业单位的质量管理,客观上都存在着一个系统对象——质量体系。

无论哪个质量体系,都具有一个系统所应具备的特征:

(1)集合性

质量体系是由若干个可以相互区别的要素(或子系统)组成的一个不可分割的整体系统。质量体系的要素主要是人、机(设备)、料(原材料)、法(法规和方法)、环(环境)等,具体包括市场调研、设计、采购、工艺准备、物资、设备、检验、标准(规程)、计量、不合格及纠正措施、搬运、储存、包装、售后服务、质量文件和记录、人员培训、质量成本、质量体系审核与复审、质量职责和责任以及统计方法的应用等。

(2)相关性

质量体系各要素之间是相互联系和相互作用的,某一要素发生变化,势必使其他要素进行相应的改变和调整。如更新了设备,操作人员就要更新知识,操作方法、工艺等也要进行相应调整。不能静止地、孤立地看待质量体系中的任何一个要素,要依据相关性,协调好它们之间的关系,从而发挥系统整体效能。

(3)目的性

质量体系的目的就是追求稳定的高质量,使产品或服务满足规定的要求或潜在的需要,使广大用户、消费者和顾客满意,同时使本企业获得良好的经济效益。企业必须建立质量体系,对影响产品或服务质量的技术、管理和人员等质量体系要素进行控制。

(4)环境适应性

任何一个质量体系都存在于一定的环境条件之中。我国质量体系必须适应我国经济体制和政治体制。质量体系是人工系统,而不是自然系统;是开环系统,而不是闭环系统;是动态系统,而不是静态系统;它与企业单位的计量管理系统、标准化管理系统等共同组成了技术监督系统。

6.2　项目质量策划

质量策划是质量管理的一部分,致力于制定质量目标并规定必要的运行过程和相关资源,以实现质量目标。

项目质量策划是围绕着项目所进行的质量目标策划、运行过程策划、确定相关资源等活动的过程。项目质量策划的结果是明确项目质量目标;明确为达到质量目标应采取的措施,包括必要的作业过程;明确应提供的必要条件,包括人员、设备等资源条件;明确项目参与各方、部门或岗位的质量职责。质量策划的这些结果可用质量计划、质量技术文件等质量管理文件形式加以表达。

6.2.1　项目质量目标策划

项目的质量目标是项目在质量方面所追求的目的。无论何种项目,其质量目标都包括总目标和具体目标。项目质量总目标表达了项目拟达到的总体质量水平。项目质量的具体目标包括项目的功能性目标、可靠性目标、安全性目标、经济性目标、时间性目标和环境适应性目标等。不同的项目,其质量目标策划的内容和方法也不相同,但考虑的因素是基本相同的,主要有:

①项目的功能性要求。每一个项目都有其特定的功能,在进行项目质量目标策划时,必须考虑其功能,满足项目的适用性要求。

②项目的外部条件。项目的外部条件使项目的质量目标受到了制约,项目的质量目标应与其外部条件相适应。所以,在确定项目的质量目标时,应充分掌握项目外部条件,如工程项目的环境条件、地质条件、水文条件等。

③质量的经济性。提高项目质量,必然会增加项目成本。所以,项目所追求的质量不是最高,而是最佳,即既能满足项目的功能要求和社会或用户的期望,又不至于造成成本的不合理增加。在对项目质量目标进行策划时,应综合考虑项目质量和成本之间的关系,合理确定项目的质量目标。

④市场因素。市场因素是项目的一种"隐含需要",是社会或用户对项目的一种期望。

6.2.2　运行过程策划

①项目质量环。简单地说,项目质量环就是影响项目质量的各个环节,是从识别需要到评定能否满足这些需要的各个阶段中,影响质量的相互作用的活动的概念模式。不同的项目,其质量环也有所不同。例如,施工项目的质量环一般是由八个阶段构成,如图6.1所示。

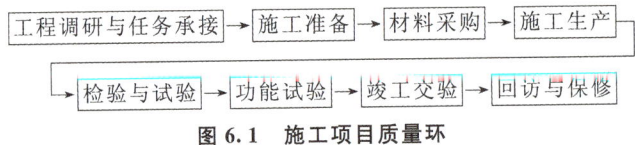

图 6.1　施工项目质量环

②质量管理程序。应明确项目不同阶段的质量管理内容和重点,明确质量管理的工作流程等问题。

③确定相关资源。建立相应的组织机构,配备人力、材料、检验试验机具等必备资源。

④质量管理措施。包括质量管理技术措施、组织措施等。

⑤质量管理方法。包括项目质量控制方法、质量评价方法等。

6.2.3　质量策划的依据

①项目特点。不同类型、不同规模、不同特点的项目,其质量目标、质量管理运行过程及需要的资源各不相同,因此,应针对项目的具体情况进行质量策划。

②项目质量方针。项目的质量方针反映了项目总的质量宗旨和质量方向,质量方针提供了质量目标制定的框架,是项目质量策划的基础之一。

③项目范围陈述。项目范围陈述说明了项目所有者的需求及项目的主要要求,项目质量策划应适应这些需求和要求。

④产品描述。产品是项目的成果。尽管可能在项目范围陈述中已经描述了产品的相关要

素,然而产品的描述通常包含更加详细的技术要求和其他相关内容,这是项目质量策划的必要依据。

⑤标准和规则。不同的行业、不同的领域,对其相关项目都有相应的质量要求,这些要求往往是通过标准、规范、规程等形式加以明确的,这些标准和规则对质量策划将产生重要影响。

6.2.4 质量策划的方法和技术

在质量策划过程中,应采用科学的方法和技术,以确保策划结果的可靠性。常用的质量策划方法和技术有以下几种:

(1)流程图

流程图是由若干因素和箭线相连的因素关系图,主要用于质量管理运行过程策划。包括系统流程图和原因结果图两种主要类型。

①系统流程图。主要用于说明项目系统各要素之间存在的相关关系。利用系统流程图可以明确质量管理过程中各项活动、各环节之间的关系。如图6.2所示。

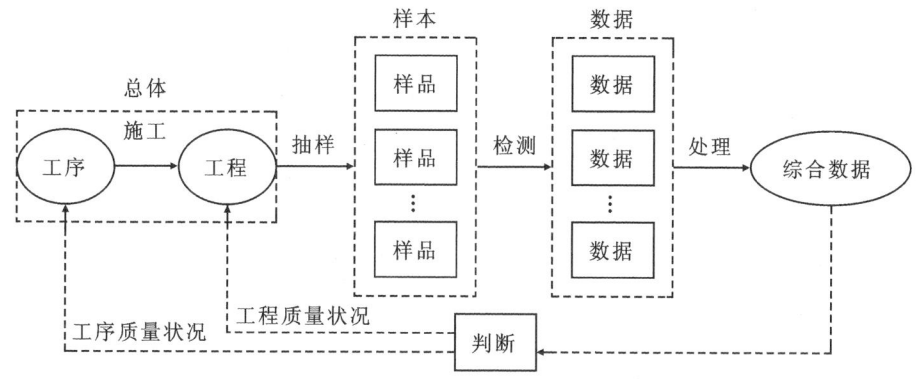

图6.2 项目工程质量评判系统流程图

②原因结果图。主要用于分析和说明各种因素和原因如何导致或产生各种潜在的问题和后果。如图6.3所示。

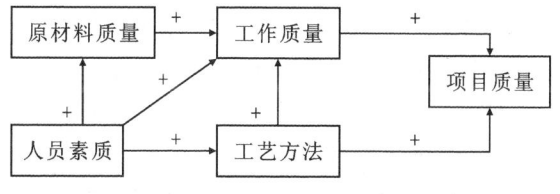

图6.3 原因结果图

(2)质量成本分析

质量成本是指为保证和提高项目质量而支出的一切费用,以及因未达到既定质量水平而造成的一切损失之和。质量成本分析,就是要研究项目质量成本的构成和项目质量与成本之间的关系,进行质量成本的预测与计划。

(3)类比

类比就是将拟进行的项目与已完成的类似项目相比较,为实施项目的质量管理提供成熟的经验和思路。

6.2.5　质量计划

项目质量计划作为对外质量保证和对内质量控制的依据,体现项目全过程质量管理要求,应在项目管理策划过程中编制。项目质量计划编制依据包括:

①合同中有关产品质量要求;

②项目管理规划大纲;

③项目设计文件;

④相关法律、法规和标准规范;

⑤质量管理其他要求。

项目质量计划应包括下列内容:

①质量目标和质量要求;

②质量管理体系和管理职责;

③质量管理与协调的程序;

④法律、法规和标准规范;

⑤质量控制点的设置与管理;

⑥项目生产要素的质量控制;

⑦实施质量目标和质量要求所采取的措施;

⑧项目质量文件管理。

项目质量计划应报组织批准。项目质量计划需修改时,应按原批准程序报批。

6.2.6　质量技术文件

质量技术文件主要用以表述保证和提高项目质量的技术支持内容,包括与项目质量有关的设计文件、工艺文件、研究试验文件等。技术文件应准确、完整、协调、一致。

6.3　质 量 控 制

上海佘山世茂洲际酒店

【案例6.2】"挂在"坑壁上的五星级酒店——上海佘山世茂洲际酒店。

"挂在"坑壁上的五星级酒店——上海佘山世茂洲际酒店是世界首个建造在废石坑内的自然生态酒店。通过科学选择施工方法和施工机械,经过对三个方案的技术、经济、工期等比选,最后选择方案三。项目利用天宝三维扫描仪 TX5,对崖壁进行扫描,得到崖壁点云模型。通过汽车泵 BIM 模型结合崖壁模型选择泵车最佳布置点。项目多项支护技术世界领先,被国际上誉为"世界建筑奇迹"。

6.3.1　项目质量控制的特点

(1)影响质量的因素多

项目的进行是动态的,影响项目质量的因素也是动态的。项目的不同阶段、不同环节、不同过程的影响因素也不尽相同,如设计、材料、自然条件、施工工艺、技术措施、管理制度等,均直接影响质量。

（2）易产生质量变异

质量变异是指项目质量数据的不一致性。产生这种变异的原因有偶然因素和系统因素两种。偶然因素是随机发生的，客观存在的，是正常的；系统因素是人为的，是异常的。偶然因素所造成的变异称为偶然变异，这种变异对项目质量的影响较小，是经常发生的，是难以避免、难以识别，也是难以消除的；系统因素所造成的变异称为系统变异，这类变异对项目质量的影响较大，易识别，通过采取措施可以避免，也可以消除。在项目的质量控制中，应采取相应的方法和手段对质量变异加以识别和控制。

（3）质量控制的阶段性

项目需经历不同的阶段，各阶段的工作内容、工作结果都不相同，所以每阶段的质量控制内容和控制重点亦不相同。

（4）易产生判断错误

在项目质量控制中，经常需要根据质量数据对项目实施的过程或结果进行判断。项目的复杂性、不确定性，造成质量数据的采集、处理和判断的复杂性，最终往往会导致对项目质量状况的错误判断。

（5）项目质量受费用、工期的制约

项目的质量不是独立存在的，它受费用和工期的制约。在对项目进行质量控制的同时，必须考虑其对费用和工期的影响，同样应考虑费用和工期对质量的制约，使项目的质量、费用、工期都能实现预期目标。

（6）项目一般不能解体、拆卸

已加工完成的产品可以解体、拆卸，对某些零部件进行检查。但项目一般做不到这一点，例如，对于已建成的楼房，就难以检查其地基的质量；对于已浇筑完成的混凝土构筑物，就难以检查其中的钢筋质量。所以，项目的质量控制应更加注重项目进展过程，注重对阶段结果的检验和记录。

6.3.2 项目质量控制步骤

项目质量控制过程主要包括以下步骤：

选择控制对象——为控制对象确定标准或目标——制订实施计划，确定保证措施——按计划执行——跟踪观测、检查——发现、分析偏差——根据偏差采取对策。

上述步骤可归纳为四个阶段：计划（Plan）、实施（Do）、检查（Check）和处置（Action）。在项目质量控制中，这四个阶段循环往复，形成 PDCA 循环。

（1）计划

计划阶段的主要工作任务是确定质量目标、活动计划和管理项目的具体实施措施。本阶段的具体工作是分析现状，找出质量问题及控制对象；分析产生质量问题的原因和影响因素；从各种原因和因素中确定影响质量的主要原因或主要影响因素；针对质量问题及影响质量的主要因素制订改善质量的措施及实施计划，并预计效果。

在制订计划时，要反复分析思考，明确回答以下问题：为什么要提出该计划，采取这些措施；为什么应做如此改进；改进后要达到什么目的，有何效果；改进措施在何处（哪道工序、哪个环节）执行；计划和措施在何时执行和完成；计划由谁执行；用什么方法完成等。

（2）实施

实施阶段的主要工作任务是根据计划阶段制订的计划措施，组织贯彻执行。本阶段要做好计划措施的交底以及组织落实、技术落实和物资落实。

（3）检查

检查阶段的主要工作任务是检查实际执行情况，并将实施效果与预期目标对比，进一步找出存在的问题。

（4）处置

处置阶段的主要工作任务是对检查的结果进行总结和处理。其具体工作包括：总结经验，纳入标准。即通过对实施情况的检查，明确有效果的措施，制定相应的工作文件、工艺规程、作业标准及各种质量管理的规章制度，总结好的经验，防止问题再次发生。

6.3.3　质量因素的控制

影响项目质量的因素主要有五大方面：人、材料、设备、方法和环境。对这五方面因素的控制，是保证项目质量的关键。

（1）人的控制

人作为控制的对象，要尽量避免其产生失误；人作为控制的动力，要充分调动人的积极性，发挥人的主导作用。因此，应提高人的素质，健全岗位责任制，改善劳动条件，公平合理地激励劳动热情；应根据项目特点，从确保质量出发，在人的技术水平、生理缺陷、心理行为、错误行为等方面控制人的使用；更为重要的是提高人的质量意识，形成人人重视质量的项目环境。

（2）机械的控制

机械主要是指施工机械和各类工器具，包括施工过程中使用的运输设备、吊装设备、操作工具、测量仪器、计量器具及施工安全设施等。施工机械设备是所有施工方案和工法得以实施的重要物质基础，合理选择和正确使用施工机械设备是保证项目施工质量和安全的重要条件。

（3）材料（含设备）的控制

材料包括工程材料和施工用料，又包括原材料、半成品、成品、构配件和周转材料等。各类材料是工程施工的基本物质条件，材料质量不符合要求，工程质量就不可能达到标准。这里说的设备是指工程设备，是组成工程实体的工艺设备和各类机具，如各类生产设备、装置和辅助配套的电梯、泵机，以及通风空调、消防、环保设备等，它们是工程项目的重要组成部分，其质量的优劣直接影响到工程使用功能的发挥。所以，加强对材料、设备的质量控制，是保证工程质量的基础。

（4）方法的控制

方法包括项目实施方案、工艺、组织设计、技术措施等。对方法的控制，主要是通过合理选择、动态管理等环节加以实现。合理选择就是根据项目特点选择技术可行，经济合理，有利于保证项目质量、加快项目进度、降低项目费用的实施方法。动态管理就是在项目进行过程中正确应用方法，并随着条件的变化不断进行调整。

（5）环境的控制

影响项目质量的环境因素较多，有项目技术环境，如地质、水文、气象等；项目管理环境，如质量保证体系、质量管理制度等；劳动环境，如劳动组合、作业场所等。根据项目特点和具体条件，采取有效措施对影响质量的环境因素进行控制。

6.3.4 项目工序质量控制

(1)工序质量控制概念

工序是指一个(或一组)工人在一个工作地对一个(或若干个)劳动对象连续完成的各项生产活动的总和。项目就是由一系列相互关联、相互制约的工序所构成。要控制项目质量,首先应控制工序质量。

①工序质量的内容。工序质量包括两方面:一是工序活动条件的质量,二是工序活动效果的质量。就质量控制而言,这两者是互相关联的。一方面要控制工序活动条件的质量,使每道工序投入品的质量符合要求;另一方面应控制工序活动效果的质量,使每道工序所形成的产品达到其质量要求或标准。工序质量控制,就是对工序活动条件和活动效果进行质量控制,从而达到对整个项目的质量控制。

②工序质量控制的原理。采用数理统计方法,通过对工序样本数据进行统计、分析,来判断整个工序质量的稳定性。若工序不稳定,则应采取对策和措施予以纠正,从而实现对工序质量的有效控制。其基本步骤是:

a.检测。采用必要的检测工具和手段,对工序样本进行检测。

b.分析。采用数理统计方法对所得数据进行分析,为正确判断工序质量状况提供依据。

c.判断。根据分析结果,判断工序状态。判断数据是否符合正态分布状态;是否在质量标准规定的范围之内;是否在控制图的控制界限之间;是属于正常状态还是异常状态;是偶然因素引起的质量变异还是系统因素引起的质量变异等。

d.对策。根据判断的结果,采取相应的对策。若出现异常情况,则应查找原因,予以纠正,并采取措施加以预防,以达到控制工序质量的目的。

③工序质量控制的原则。工序质量控制的基本原则是:

a.严格遵守工序作业标准或规程;

b.主动控制工序活动条件的质量;

c.及时控制工序活动效果的质量;

d.合理设置工序质量控制点。

(2)工序质量控制点的设置

工序质量控制点是指在不同时期工序质量控制的重点。质量控制点的涉及面较广,根据项目的特点,视其重要性、复杂性、精确性、质量标准和要求等,质量控制点可能是材料、操作环节、技术参数、设备、作业顺序、自然条件、项目环境等。质量控制点的设置,主要视其对质量特征影响的程度及危害程度加以确定。

①人的行为与物的状态。某些工序应控制人的行为,避免因人的失误造成质量问题,如对高空作业、水下作业等,都应从人的生理、心理、技术能力等方面对操作者进行考核、控制;某些工序应以物的状态作为控制的重点,应根据加工、计量等不同工序特点,分别以控制机具设备或防止失稳、倾覆、腐蚀等危险源或作业场所为控制重点。

②材料的质量和性能。材料的质量和性能是直接影响工程质量的主要因素。某些工序应将材料的质量和性能作为控制的重点,如预应力筋加工,就要求钢筋匀质、弹性模量一致,含硫量和含磷量不能过大,以免产生热脆和冷脆。

③施工方法与关键的操作。某些直接影响工程质量的操作应作为控制的重点,如预应力

筋张拉,如果不进行严格控制,就不能可靠地建立预应力值。另外,施工方法中对质量产生重大影响的问题,如液压滑模施工中支承杆失稳问题、混凝土被拉裂和坍塌问题、建筑物倾斜和扭转问题、大模板施工中模板的稳定和组装问题等,均为控制的重点。

④施工顺序。某些工序或操作,必须严格控制相互之间的先后顺序,否则就会影响工程质量。如冷拉钢筋,就应先对焊后冷拉,否则就会失去冷强。

⑤技术间隙与技术参数。有些工序之间的技术间隙时间性很强,某些技术参数与质量密切相关,如果不严格控制就会影响质量。如混凝土的水灰比、外加剂掺量等技术参数;砌筑后应有 6～10d 的时间让墙体充分沉陷、稳定,干燥后才能抹灰,抹灰层干燥后才能喷白、刷浆;分层浇筑混凝土,必须待下层混凝土未初凝时将上层混凝土浇完等。

⑥常见的质量通病。常见的质量通病,如渗水、漏水、起壳、起砂、裂缝等,都与工序操作有关,均应事先研究对策,提出预防措施。

⑦新工艺、新技术、新材料的应用。新工艺、新技术、新材料虽已通过鉴定、试验,但操作人员缺乏经验时,应将其工序操作作为重点严加控制。

⑧质量不稳定、质量问题较多的工序。通过对质量数据的统计分析表明,质量波动、不合格品率较高的工序应设置为质量控制点。

⑨特殊土地基和特种结构。对于湿陷性黄土、膨胀土等特殊土地基的处理,以及大跨度结构、高耸结构等技术难度较大的施工环节和重要部位,应加以特别控制。

质量控制点的设置是保证项目质量的有力措施,也是进行质量控制的重要手段。在工序质量控制过程中,首先应对工序进行全面分析、比较,以明确质量控制点;然后应分析所设置的质量控制点在工序进行过程中可能出现的质量问题或造成质量隐患的因素,并加以严格控制。

6.3.5　施工过程质量控制的主要途径和方法

6.3.5.1　施工质量检验检查

(1)施工质量检验的主要方式

①自我检验。简称"自检",即作业组织和作业人员的自我质量检验。这种检验包括随做随检和一批作业任务完成后提交验收前的全面自检。随做随检可以使质量偏差及时得到纠正,持续改进和调整作业方法,保证工序质量始终处于受控状态。全面自检可以保证检验批施工质量的一次交验合格。

②相互检验。简称"互检",即相同工种相同施工条件的作业组织和作业人员,在实施同一施工任务时相互间的质量检验。相互检验对于促进质量水平的提高有积极的作用。

③专业检验。简称"专检",即专职质量管理人员的例行专业查验,也是施工企业质量管理部门对现场施工质量的监督检查方式之一。只有经过专检合格的施工成果才能提交施工监理机构检查验收。

④交接检验。即前后工序或施工过程进行施工交接时的质量检查。如桩基工程完工后,地下和上部结构施工前必须进行桩基施工质量的交接检验;墙体砌筑完成后,抹灰前必须进行墙体施工质量的交接检验等。通过施工质量交接检验,可以控制上道工序的质量隐患,也有利于形成层层设防的质量保证链。

(2)施工质量检验的方法

①目测法。即用观察、触摸等感观方式所进行的检查。实践中人们把它归纳为"看、摸、

敲、照"的检查操作方法。

②量测法。即使用测量器具进行具体的量测,获得质量特性数据,分析判断质量状况及其偏差情况的检查方式。实践中人们把它归纳为"量、靠、吊、套"的检查操作方法。

(3)施工质量检查的方式

①日常检查。指施工管理人员所进行的施工质量经常性检查。

②跟踪检查。指设置施工质量控制点,指定专人所进行的相关施工质量跟踪检查。

③专项检查。指对某种特定施工方法、特定材料、特定环境等的施工质量,或某类质量通病所进行的专项质量检查。

④综合检查。指根据施工质量管理的需要,或企业职能部门的要求所进行的不定期的或阶段性的全面质量检查。

⑤监督检查。指业主、监理机构、政府质量监督部门的各类例行检查。

(4)施工质量检查的一般内容

①检查施工依据。即检查是否严格按质量计划的要求和相关的技术标准进行施工;有无擅自改变施工方法、粗制滥造、降低质量标准的情况。

②检查施工结果。即检查已完施工的成果是否符合规定的质量标准。

③检查整改落实。即检查生产组织和人员对质量检查中已被指出的质量问题或需要改进的事项是否认真执行整改。

6.3.5.2 施工质量检测试验

检测试验是施工质量控制的重要手段,也是贯彻执行建设法律、法规强制性条文的重要内容。工程检测试验必须委托有相应资质的检测机构进行。工程施工质量检测试验必须贯彻执行国家有关见证取样送检的规定。

常见的工程施工检测试验有:桩基础承载力的静载和动载试验检测;基础及结构物的沉降检测;大体积混凝土施工的温控检测;建筑材料物理力学性能的试验检测;砂浆、混凝土试块的强度检测;供水、供气、供油管道的承压试验检测;涉及结构安全和使用功能的重要分部工程的抽样检测;室内装饰装修的环境和空气质量检测等。

6.3.5.3 隐蔽工程施工验收

凡被后续施工所覆盖的分项分部工程称之为隐蔽工程,如桩基工程、基础工程、钢筋混凝土施工中的钢筋工程、预埋管道工程等。为确保工程质量,对隐蔽工程施工过程应及时进行质量检查,并在其施工结果被覆盖前做好隐蔽工程验收,办理验收签证手续。隐蔽工程施工验收的要求包括:

①隐蔽工程在隐蔽前应由施工单位通知有关单位进行验收,并应形成验收文件。

②隐蔽工程的施工质量验收应按规定的程序和要求进行。即施工单位必须先进行自检,包括施工班组自检和专业质量管理人员的检查;自检合格后,开具"隐蔽工程验收单",提前24h或按合同规定通知驻场监理工程师按时到场进行全面质量检查,并共同验收签证。必要时或合同有规定时,应按同样的时间要求提前约请工程设计单位参与验收。

③隐蔽工程验收的范围、内容和合格质量标准,应严格执行国家标准 GB 50300—2013 有关检验批、分项分部工程的质量验收标准。特别应保证验收单的验收范围、内容与实际查验的范围、内容一致;检查不合格需要整改纠偏的内容,必须在整改纠偏后,经重新查验合格,才能进行验收签证。

④对于基础工程的隐蔽验收,应根据政府工程质量监督部门的质量监督要求,约请监督人员实施全面核查核验,经批准认可后才能隐蔽覆盖,进行后续主体结构工程施工。

6.3.5.4　施工技术复核

施工技术复核是指对用于指导施工或提供施工依据的技术数据、参数、样本等的复查核实工作,其目的在于保证技术基准的正确性。如工程测量定位、工程轴线及高程引测点的设置、混凝土及砌筑砂浆配合比、建筑结构节点大样图、结构件加工图等。施工技术复核要点:

①施工技术复核必须以施工技术标准、施工规范和设计规定为依据,保证技术基准的正确性。

②施工技术复核必须贯彻技术工作责任制度,担任技术复核的人员必须具备相应的技术资格和业务能力。凡涉及施工技术复核内容的单据表式均应设置技术操作人、复核人和技术负责人签名专栏,全面反映技术工作的过程和结果,并对该结果负责。

③凡涉及工程施工主要技术基准、影响施工总体质量的技术复核内容,以及按照施工监理细则要求必须报监理工程师核准的技术复核项目,施工单位必须按规定报送,获准后才能作为施工依据。

6.3.5.5　施工计量管理

从工程质量控制的角度,施工计量管理主要是指施工现场的投料计量和施工测量、检验的计量管理。它是有效控制工程质量的基础工作,计量失真和失控,不但会造成工程质量隐患,而且也会造成经济损失。

①工程施工计量管理应按照计量工作的法制性、统一性、准确性等规定要求进行,增强计量意识、法制观念和监督机制。

②应正确选择各种计量器具、仪器仪表,并做好经常性的维护保养和定期校准工作,保证计量器具的精度和灵敏度,防止因计量器具失真失控、计量误差超标造成工程质量隐患;应加强计量工作责任制,建立计量管理制度,做到专人管理计量器具,严格执行计量操作程序和规程,规范计量记录等,以保证各项计量的准确性。

6.3.5.6　施工例会和质量控制活动

施工例会是施工过程中沟通信息、协调关系的常用手段,对解决施工质量、进度、成本、职业健康安全和环境管理目标控制过程中的各种矛盾和问题,有十分重要的作用。施工例会通常有定期例会和不定期例会。

定期例会是一种周期性的固定时间、规定出席范围的会议方式;不定期例会是指根据管理需要,确定一项专门、不定期地召开的会议,以解决管理过程的工作任务部署、信息沟通、协同配合问题,其会议的主题、具体时间、参会人员等都根据实际需要专项确定。

做好各类例会的事前计划和准备,是使会议获得事半功倍效果的重要工作。会前计划和准备工作的内容,一般有:

①会议的时间、地点;

②会议的主题(中心)和开会程序;

③会议的主持人、记录人;

④会议的主发言人及其发言时间,以及需要讨论或审议的议题;

⑤会议需要准备和分发的文件资料;

⑥需要与会者准备和携带的文件资料(分为必备必带的资料和酌情准备的资料);

⑦会议的通知、联络方式和承担人,报名或签到安排;

⑧会场所需的文具、演讲设施;

⑨会议中间的休息和生活安排。

6.4　施工项目质量保证

6.4.1　施工质量保证体系的建立

BIM 质量巡检
与协同管理

施工质量保证体系专指现场施工管理组织的施工质量自控系统或管理系统,即施工单位为实施承建工程的施工质量管理和目标控制,以现场施工管理组织架构为基础,通过质量管理目标的确定和分解、所需人员和资源的配置,以及施工质量管理相关制度的建立和运行,形成具有质量控制和质量保证能力的工作系统。

施工质量保证体系是以现场施工管理组织机构为主体,根据施工单位质量管理体系和业主方或总承包方的工程项目质量控制总体系统的有关规定和要求而建立的,如图 6.4 所示。

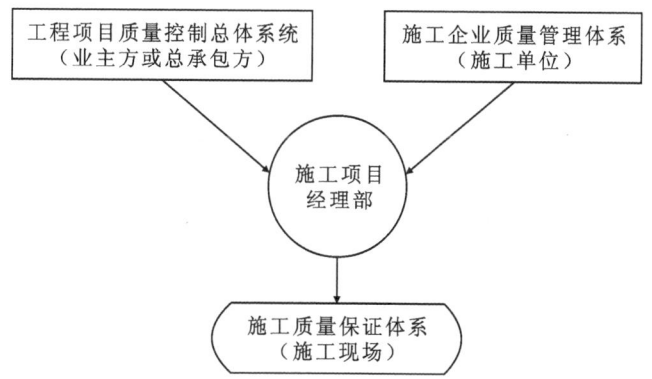

图 6.4　施工质量保证体系关系图

(1)施工质量保证体系的内容

施工质量保证体系需要根据施工管理的范围,结合工程特点建立。其主要内容有:

①现场施工质量控制的目标体系;

②现场施工质量控制的业务职能(部门)分工;

③现场施工质量控制的基本制度和主要工作流程,如技术质量岗位责任制度、施工质量检查检验制度、检测试验管理制度、信息档案管理制度、质量控制例会制度等,以及各相关方面的工作流程;

④现场施工质量计划或施工组织设计文件;

⑤现场施工质量控制点及其控制措施;

⑥现场施工质量控制的内外沟通协调关系网络及其运行措施,如与业主方、监理方、设计方、分包方、供应方、政府等方面以及本企业职能部门的沟通关系。

(2)施工质量保证体系的特点

施工质量保证体系并非独立于现场施工管理组织以外的专门组织系统,而是通过以上内容所形成的现场施工质量保证的制度性和程序性的文件体系,为现场施工管理组织注入质量控制的活力和机制。施工质量保证体系有如下特点:

①系统性。从根本上说,它是一种以履行承包商自身的施工质量责任、创造施工质量管理环境和实施施工质量控制为目的的、系统的组织措施。

②互动性。施工质量保证体系和施工进度控制系统、施工成本控制系统、施工安全职业健康及环境管理系统的建立与运行有着密切的联系,而且通常在一个施工管理组织内部集成为一个综合的管理体系。

③双重性。施工质量保证体系,既可以说是施工单位质量管理体系在承建项目上的具体体现或延伸,也可以说是特定建设项目质量控制总体系统的构成单元或分解结构,它必须结合这两方面质量管理方针和目标的要求。

④一次性。它的建立和运行与施工任务的承包和实施同步,随着工程竣工而终止,也是施工项目管理特征的体现。

6.4.2 施工质量保证体系的运行

(1)PDCA 循环原理

施工质量保证体系的运行,是以质量计划为龙头,过程管理为重心,按照 PDCA 循环(图 6.5)原理展开。

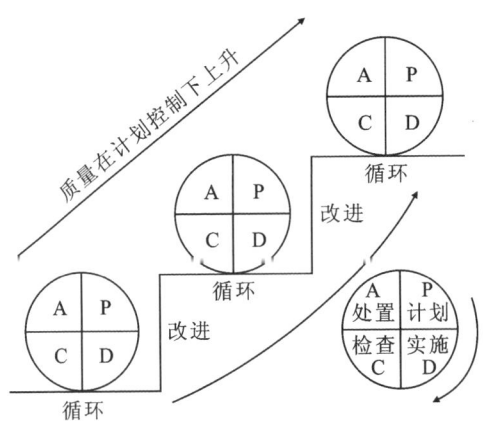

图 6.5 PDCA 循环示意图

①计划(Plan)。施工质量计划阶段,应明确目标并制订实现目标的行动方案。现场施工管理组织应根据其任务目标和责任范围,建立施工质量控制的管理制度,对质量工作程序、技术方法、业务流程、资源配置、检验试验要求、质量记录方式、不合格处理、管理措施等做出具体规定并形成相关文件。施工质量计划编成后,还需对其实现预期目标的可行性、有效性、经济合理性等进行分析论证,并按规定的程序与权限经过审批后执行。

②实施(Do)。包含两个环节,即计划行动方案的交底和按计划规定的方法与要求展开施工作业技术活动。计划交底的目的在于使具体的作业者和管理者明确计划的意图和要求,掌握施工质量标准,从而规范作业和管理行为,正确执行计划的行动方案,步调一致地去努力实现预期的施工质量目标。

③检查(Check)。指对计划实施过程进行各种检查,包括作业者的自检、互检和专职管理者专检。各类检查也都包含两大方面:一是检查是否严格执行了计划的行动方案,实际条件是

否发生了变化,没按计划执行的原因;二是检查计划执行的结果,即施工质量是否达到标准的要求,对此进行评价和确认。

④处置(Action)。对于质量检查所发现的施工质量缺陷或质量不合格问题,及时进行原因分析,采取必要的措施予以纠正,保持施工质量的受控状态。处置分为纠偏处置和预防处置两个步骤,前者是采取应急措施,解决当前的质量问题和缺陷;后者是将信息反馈至管理部门,反思问题症结或计划时的不周,为今后类似质量问题的预防提供借鉴。

(2)施工质量控制环节

施工质量保证体系的运行,按照事前、事中和事后控制相结合的方式依次展开。

①事前控制。要求预先进行周密的施工质量计划。施工质量计划或施工组织设计、施工项目管理实施规划的编制,必须建立在切实可行、能有效实现预期质量目标的基础上,作为施工质量控制的行动方案进行施工部署。事前控制属预控方式,有两层含义:一是强调通过计划手段的运用,进行施工质量目标的预控,简称"计划预控";二是强调按施工质量计划的要求,控制施工准备工作状态,为施工作业过程或工序的质量控制打好基础。

②事中控制。主要是通过技术作业和管理活动行为的自我约束和他人监控来达到施工质量控制的目的。

自我约束,就是在施工质量计划的指导下,依靠作业者和管理者的内在因素,把作业技术能力调整到最佳状态,按规定的程序和标准去完成预定质量目标的作业任务。他人监控,包括来自企业内部管理者的检查监督和来自企业外部的工程监理等的监控,是自我约束的一种外在推动力。自我约束和他人监控相辅相成,构成机制,是事中施工质量控制的基本保证。

③事后控制。包括对质量活动结果的评价认定和对质量偏差的纠正。理想的状况就是希望做到各项作业活动"一次成活"、"一次交验合格率100%"。但这种理想状态并不是所有的施工过程都能达到,因为施工过程中不可避免地存在一些计划时难以预料的影响因素,当出现质量实际值与目标值之间超出允许偏差时,必须分析原因,采取措施纠正偏差,保持质量受控状态。

以上三大环节,不是孤立和截然分开的,它们之间构成有机的系统过程,实质上也就是PDCA循环的具体化,并在每一次滚动循环中不断提高,达到质量管理或质量控制的持续改进。

6.4.3 工程项目质量审核

质量审核是确定质量活动和有关结果是否符合计划安排,以及这些安排是否有效地实施并适合于达到预定目标的、有系统的、独立的检查。

质量审核包括质量管理体系审核、产品质量审核、过程质量审核、服务质量审核和内部质量审核等。通过质量审核,评价审核对象的现状对规定要求的符合性,并确定是否需要采取措施给予改进,从而保证项目质量符合规定要求,保证质量管理体系有效运行。

(1)质量管理体系审核

质量管理体系审核是确定质量管理体系及其各要素的活动,对有关结果是否符合有关标准和文件的要求,对质量管理体系文件中的各项规定是否得到有效的贯彻并适合于达到质量目标的、系统的、独立的审查。

质量管理体系审核可分为文件审核和现场审核两个阶段。在文件审核阶段,主要对质量管理体系文件,如质量手册及各种体系程序文件是否符合约定标准或合同要求进行审核,这种审核有时也称符合性审核。在现场审核阶段,要对实际的质量管理体系活动是否与质量保证标准、质量手册或程序文件的规定相一致进行审核,亦即对其是否得到有效的实施进行审核。

(2)产品质量审核

产品质量审核就是抽取已经验收合格的产品,定量(或定性)检查、分析其符合规定质量特性的程度。

产品质量审核的目的是通过对产品的客观评价,获得出厂产品质量信息,以确定产品质量水平。产品质量审核的结果要作为质量管理体系是否有效、过程是否处于受控状态的验证。产品质量审核的依据是产品的标准或技术规范。产品质量审核应由具有资格并经组织管理者授权的内部审核员进行。

(3)过程质量审核

过程质量审核就是通过对过程的检查、分析,评价过程质量控制的正确性、有效性的活动。过程质量审核是指产品形成的各个阶段、各个环节的输入经过过程活动达到增值的效果。过程质量审核的对象包含所有过程,既可以是一个大过程,也可以是一个大过程中的子过程。如果审核对象是一个具体的工序,此时也可称为工序质量审核。

(4)内部质量审核

内部质量审核是项目组织的自我审核,也称为第一方审核。第二方审核是指顾客对供方的审核,第三方审核是指具有第三方性质的认证机构对申请认证组织进行的审核。第二、第三方审核又称外部审核。

内部质量审核的目的是评价质量管理体系的符合性、有效性,依据是质量手册及其程序文件,采用现场评审方法,使质量管理体系得到改进。

内部质量审核的步骤:

①确定任务。如是例行审核,按年度计划规定进行;如是特殊审核,要明确目的和受审核的部门和要素。

②审核准备。由项目经理指定审核组长和审核组成员。编制审核计划日程表并将任务分配到审核组成员。审核计划日程表确定后,应尽早通知受审核部门负责人。

③现场审核。召开首次会议,说明审核的目的、范围、依据和方法。审核中发现不合格,按规定填写不合格报告,并请受审核部门领导对事实表示认可(签字)。召开会议,审核组报告审核结果,宣读不合格报告,并请受审核部门负责人填写纠正措施计划。

④编写审核报告。由审核组长按规定格式编写,此报告经项目经理审定后通过质量管理部门正式下达给受审核部门。

⑤纠正措施跟踪。质量管理部门会同审核组对纠正措施计划的实施进行跟踪验证。

⑥全面审核报告的编写和纠正措施计划完成情况的汇总分析。

6.4.4　工程项目质量的持续改进

(1)质量持续改进的作用

①持续改进的目的是不断提高质量管理体系的有效性,不断增强顾客满意程度。

②持续改进是增强满足要求的能力的循环活动,改进的重点是改善产品的特殊性和提高质量管理体系过程的有效性。

（2）质量持续改进的方法

质量持续改进要求不断寻找进一步改进的机会，并采取适当的改进方式。改进的途径可以是日常渐进的改进活动，也可以是突破性的改进项目。持续改进的方法有：

①通过建立和实施质量目标，营造一个激励改进的氛围和环境；

②确立质量目标，明确改进方向；

③通过数据分析、内部审核，不断寻求改进机会，并做出适当的改进活动安排；

④通过纠正和预防措施及其他适用的措施实现改进；

⑤在管理评审中评价改进效果，确定新的改进目标和改进的决定。

（3）质量持续改进的范围及内容

质量持续改进的范围包括质量管理体系、过程和产品三个方面。改进的内容涉及产品质量、日常工作和企业长远的目标，不合格现象必须纠正、改进，目前合格但不符合发展需要的也要不断改进。

（4）质量持续改进的步骤

①分析和评价现状，以识别改进的区域；

②确定改进目标；

③寻找可能的解决办法以实现这些目标；

④评价这些解决办法并做出选择；

⑤实施选定的解决办法；

⑥测量、验证、分析和评价实施的结果，以确定这些目标已经达到；

⑦正式采纳更正（即形成正式的规定）；

⑧必要时，对结果进行评审，以确定进一步改进的机会。

6.5 项目质量控制的数理统计方法

由于质量数据有计量和计数之分，所以在项目质量控制中，不同类型的质量数据，其分析处理方法亦不同。根据质量数据的使用目的不同，项目质量数据大体上有以下几类：

（1）掌握项目实施质量状况用的数据。如与项目有关的质量指标、参数等。

（2）分析质量问题、原因用的数据。如为了分析某一质量特性值不合格的原因而搜集的数据。

（3）控制工序质量用的数据。这类数据是为了掌握工序生产状态的稳定性，用以对工序质量做出判断和确定对策。

（4）判断项目质量水平的数据。这类数据是为了评判已完成项目的质量状况，作为项目质量合格控制的依据。

6.5.1 数理统计的几个概念

（1）总体

总体又称母体、检查批或批，是指研究对象全体元素的集合。总体分为有限总体和无限总体。有限总体有一定的数量表现，如一批同规格的材料；无限总体则无一定的数量表现，如一道工序，它源源不断地生产出某一产品，本身是无限的。

（2）样本

从总体中抽取出来的一部分个体组成样本，样本也可称为子样。从总体中抽取样本的方法有两种：随机抽样和系统抽样。随机抽样排除了人的主观影响，使总体中的每一个个体都具有同等的机会被抽取到；系统抽样是指每经过一定的时间间隔或数量间隔抽取若干产品作为样本。

（3）随机现象

在质量检验中，某一产品的检验结果可能是合格、不合格，这种事先不能确定结果的现象称为随机现象。

（4）随机事件

每一种随机现象的表现或结果就是随机事件。如某产品检验为"合格"，就是一个随机事件。

（5）随机事件的频率

随机事件发生的次数称为"频数"，它与数据总数的比值就称为"频率"。

（6）随机事件的概率

频率的稳定值称为"概率"。

6.5.2 排列图法

排列图法是用来寻找影响项目质量主要因素的一种常用的统计分析方法。

排列图有两个纵坐标，一个横坐标，如图 6.6 所示。左纵坐标表示频数，即某种因素发生的次数；右纵坐标表示频率，即某种因素发生的累计频率；横坐标表示影响项目质量的各个因素或项目，按影响质量程度的大小，从左到右依次排列。该图由若干个按频数大小依次排列的直方柱和一条累计频率曲线所组成。在排列图中，通常将累计频率曲线的累计百分数分为三级，与此对应的因素分为三类：A 类因素对应于频率 $0 \sim 80\%$，是影响项目质量的主要因素；B 类因素对应于频率 $80\% \sim 90\%$，是次要因素；C 类因素对应于频率 $90\% \sim 100\%$，是影响项目质量的一般因素。

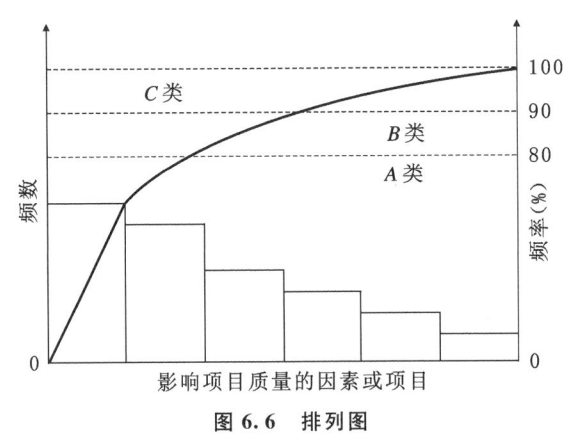

图 6.6 排列图

（1）绘图原理

①按影响程度的大小将影响质量的各个因素或项目从左至右排列，以直方柱的高度表示各因素出现的频数。

②将各因素所占的百分比依次累加，以求得各因素的累计频率；将所得的各因素的累计频率逐一标注在图中相应位置，并将其以光滑曲线连接，即可得到累计频率曲线。

③划分 A、B、C 类区。自频率纵坐标引累计频率为 80%、90%、100% 的三条平行于横坐

标的虚线。横坐标及三条虚线由下向上将累计频率分为 A、B、C 三个类区。

（2）绘图要点

①按不同的项目（因素）进行分类，分类项目要具体明确，尽量使各个影响质量的因素之间的数据有明显差别，以便突出主要因素。

②数据要取足，代表性要强，以确保分析判断的可靠性。

③适当合并一般因素。通常情况下，不太重要的因素可以列出很多项，为简化作图，常将这些因素合并为其他项，放在横坐标的末端。

④对影响因素进行层层分析。在合理分层的基础上，分别确定各层的主要因素及其相互关系。分层绘制排列图可以步步深入，最终确定影响质量的根本原因。

6.5.3 因果分析图法

为分析产生某种工程质量问题的原因，通过集思广益，将可能产生工程质量问题的所有原因反映在一张图面上，这种图就是因果分析图。其基本格式如图 6.7 所示。

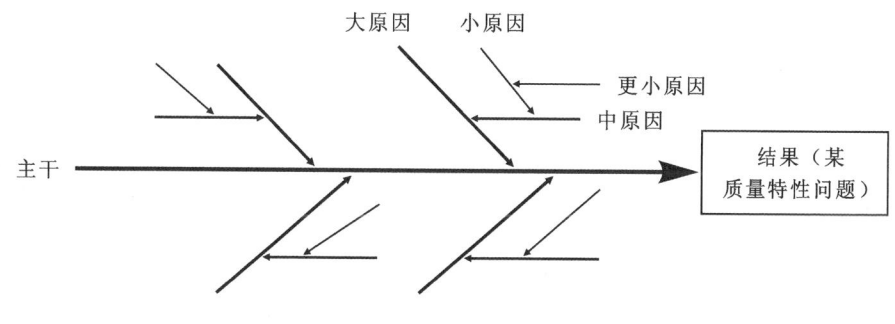

图 6.7 因果分析示意图

（1）因果分析图绘制原理。尽管影响项目质量的原因很多，且关系复杂，但归纳起来，存在两种互为依存的关系，即平行关系和因果关系。因果分析图能同时整理出这两种关系。

利用因果分析图可以逐级分层，从大到小，从粗到细，寻根究底，直至确定采取的有效措施为止。

（2）因果分析图的绘制步骤。不同类型的因果分析图的绘制步骤有所不同。现以混凝土强度不足的质量问题为例说明原因罗列型因果分析图的绘制步骤。

①决定特性

特性就是需要解决的质量问题，放在主干箭头的前面。本例的特性是混凝土强度不足。

②确定影响质量特性的原因

a.影响混凝土强度的大原因主要有人、材料、工艺、设备和环境五个方面。

b.进一步确定中、小原因。围绕着大原因进行层层分析，确定影响混凝土强度的中、小原因（中、小、更小）。

c.补充遗漏的因素。发扬技术民主，反复讨论，补充遗漏的因素。

d.制定对策。针对影响质量的因素，有的放矢地制定对策，并落实解决问题的人和时间，通过对策计划表的形式加以表达，并限期改正。

图 6.8 为本例所绘制出的因果分析图。

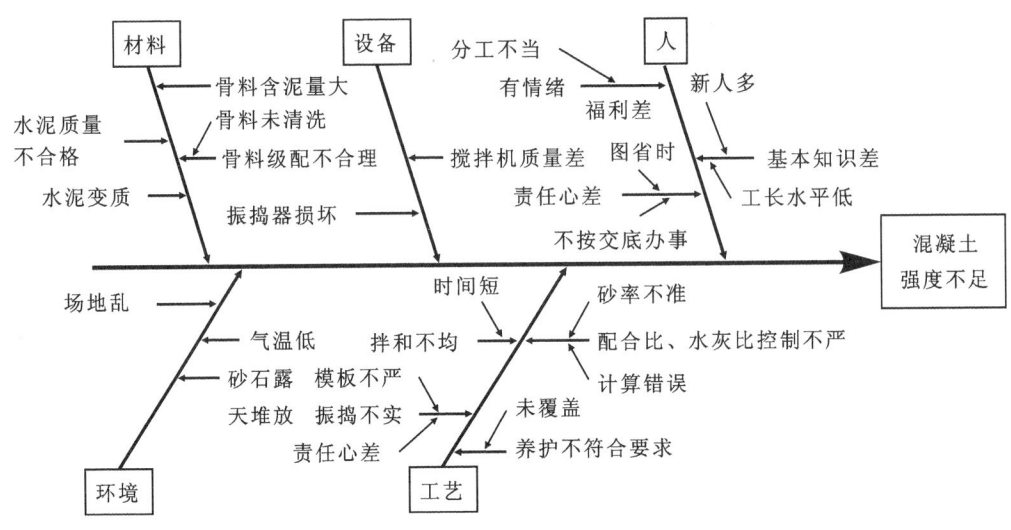

图 6.8 混凝土强度不足因果分析图

6.5.4 直方图法

为了能够比较准确地反映出质量数据的分布状况,可以用横坐标标注质量特性值,纵坐标标注频数或频率值,各组所包含数据的频数或频率的大小用直方柱的高度表示,这种图形称为直方图,如图 6.9 所示。以频数为纵坐标的直方图称为频数直方图,以频率为纵坐标的直方图称为频率直方图。

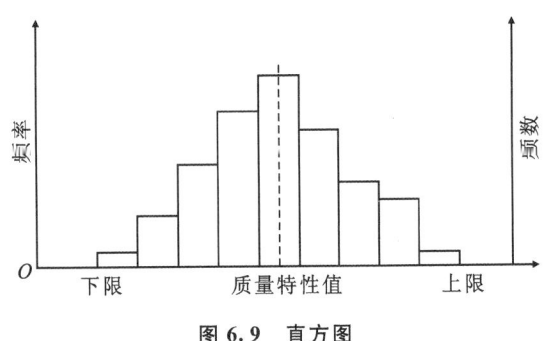

图 6.9 直方图

从表面上看,直方图表现了所取数据的分布,但其实质反映了数据所代表的生产过程的分布,即生产过程的状态。直方图形象直观地反映了数据分布情况,通过对直方图的观察和分析,可以判断生产过程是否稳定,及其质量情况。直方图图形分为正常型和异常型。

（1）正常型

正常型直方图的图形为左右大体对称的山峰形状,如图 6.10(a)所示。图的中部有一峰值,两侧的分布大体对称且越偏离峰值直方柱的高度越小,符合正态分布。表明这批数据所代表的工序处于稳定状态。

（2）异常型

与正常型分布状态相比,带有某种缺陷的直方图为异常型直方图。表明这批数据所代表的工序处于不稳定状态。常见的异常型直方图有以下几种:

①偏向型。直方的顶峰偏向一侧。这往往是由于只控制一侧界限,或一侧控制严格、另一

侧控制宽松所造成的。根据直方的顶峰偏向的位置不同,有左偏峰型和右偏峰型,如图 6.10(b)、图 6.10(c)所示。仅控制下限或下限控制严、上限控制宽时多呈现左偏峰型;仅控制上限或上限控制严、下限控制宽时多呈现右偏峰型。

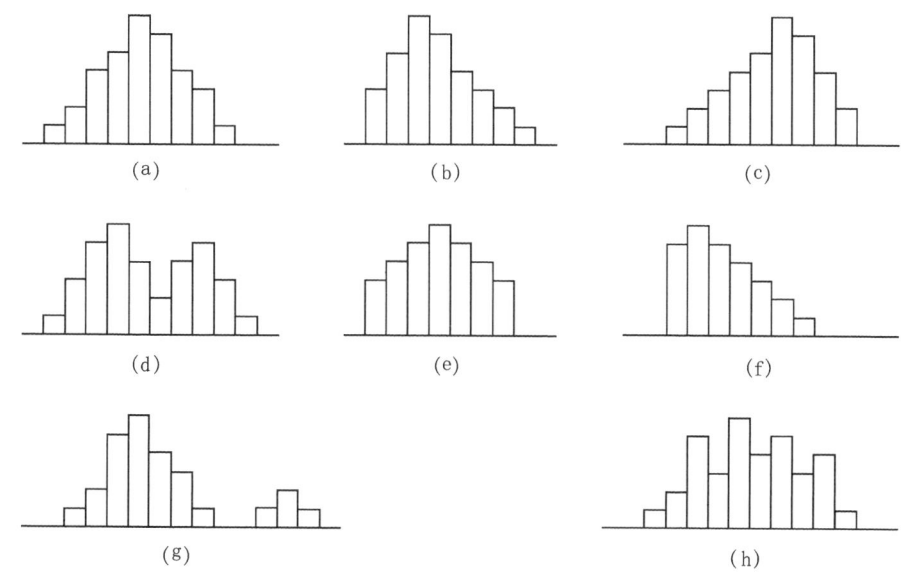

图 6.10　各种形状的直方图

(a)正常型;(b)左偏峰型;(c)右偏峰型;(d)双峰型;(e)平峰型;(f)高端型;(g)孤岛型;(h)锯齿型

②双峰型。一个直方图出现两个顶峰,如图 6.10(d)所示。往往是由于两种不同的分布混在一起所造成的。即虽然测试统计的是同一项目的数据,但数据来源条件差距较大,例如,两班工人的操作水平相差较大,将其质量数据混在一起所作出的直方图;使用两种强度等级相差较大的水泥且未调整其他配合参数时,按混凝土强度数据所作出的直方图等。出现这种直方图时,应将数据进行分层,然后分步作图分析。

③平峰型。在整个分布范围内,频数(频率)的大小差距不大,形成平峰型直方图,如图 6.10(e)所示。这往往是由于生产过程中某种缓慢变化的因素起作用所造成的,如工具的磨损、操作者的疲劳等都有可能出现这种图形。

④高端型。直方图的一侧出现陡峭绝壁状态,如图 6.10(f)所示。这是由于人为地剔除了一些数据,进行不真实的统计所造成的。

⑤孤岛型。在远离主分布中心处出现孤立的小直方,如图 6.10(g)所示。这表明项目在某一短时间内受到异常因素的影响,使生产条件突然发生较大变化,如短时间原材料发生变化或由技术不熟练的工人替班操作等。

⑥锯齿型。直方图出现参差不齐的形状,即频数不是在相邻区间减少,而是在隔区间减少,形成了锯齿状。造成这种现象的原因不是质量数据本身的问题,而主要是绘制直方图时分组过多或测量仪器精度不够,如图 6.10(h)所示。

6.5.5　控制图法

控制图是反映工序随时间变化而发生的质量变动的状态,即反映项目实施过程中各阶段质量波动状态的图形。

（1）控制图原理

例如，某项工程项目每天测得 10 个混凝土强度数据，共测 10d，作成直方图，如图 6.11 所示。

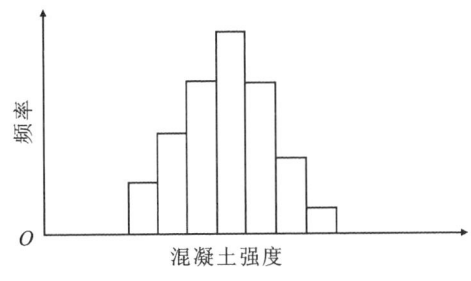

图 6.11 混凝土直方图

从图 6.11 可以直观地看出数据的分布状态，但看不出数据随时间变化的状况。计算出每天数据的平均值和极差，并作出曲线，如图 6.12 所示。

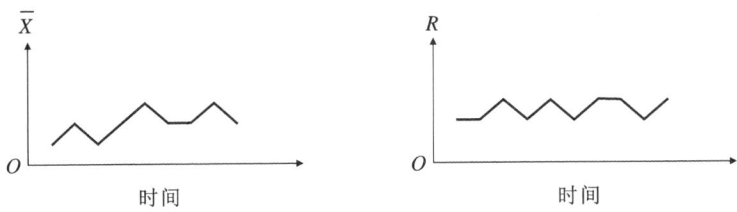

图 6.12 混凝土强度平均值和极差随时间变化状况

由图 6.12 可以看出混凝土强度平均值和极差随时间变化的情况，但这种变化是否正常仍不能判断，因此必须引入判定线。判定线可根据数理统计方法计算得到。这种带有判定线的图就是控制图，其判定线称为控制界限。控制图是用来区分质量波动是属于由偶然因素引起的正常波动还是由异常因素引起的异常波动，从而判断项目实施过程是否处于控制状态的一种有效工具。控制图的基本格式如图 6.13 所示。

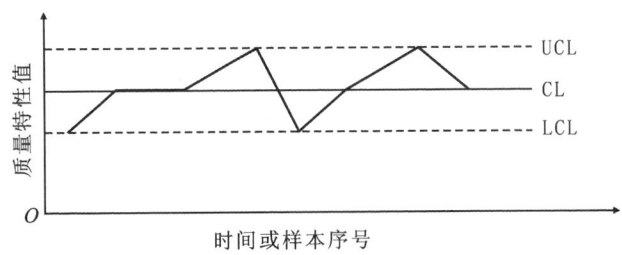

图 6.13 控制图基本格式

控制图中一般有三条控制界限：上控制界限，用 UCL（Upper Control Limit）表示；中心线，用 CL（Central Line）表示；下控制界限，用 LCL（Lower Control Limit）表示。将所控制的质量特性值在控制图上打点，若点全部落在上、下控制界限内，且点的排列无缺陷（如链、倾向、接近、周期等），则可判断项目实施过程处于控制状态，否则就认为项目实施过程中存在异常因素，必须查明，予以消除。可见，控制界限是判断项目实施过程是否发生异常变化，是否存在异常因素的尺度。因此，确定控制界限是制作控制图的关键。控制界限可根据数理统计原理计算得到。目前采用较多的是"三倍标准差法"，即用"3σ"方式确定控制界限。"3σ"方式，是以质量特性值（统计数据）的平均值作为中心线；以中心线为基准向上"3σ"作为控制上限；以中心线为基准向下"3σ"作为控制下限。设质量特性值均值为 u，标准差为 σ，则：

$$UCL = u + 3\sigma$$
$$CL = u$$
$$LCL = u - 3\sigma$$

正态分布中,数据落在 $u \pm 3\sigma$ 之间的概率为 99.73%,落在 $u \pm 3\sigma$ 范围之外的概率仅为 0.27%,属小概率事件。

控制图用于项目质量控制的基本思路是:为了使项目实施过程处于正常状态,项目实施应实现标准化。只要操作者按标准作业,控制图上的点越出控制界限或排列有缺陷的可能性就非常小。一旦点越出控制界限或排列有缺陷,即认为维持正常作业的良好状态和标准作业条件被破坏的可能性极大,就应对工序做仔细观察,调查研究,查清产生异常的原因,采取措施,消除异常因素,使工序恢复和保持良好的状态,避免产生大量质量不合格问题,真正起到"预防为主"和"控制"的作用。

(2)控制图的观察与分析

制作控制图的目的是为了利用控制图控制项目或工序、工作质量,使项目实施过程或工作过程处于"控制状态"。所谓控制状态,是指项目实施过程或工作过程仅受到偶然因素的影响,其质量特性统计量的分布基本上不随时间变化;反之,则称为非控制状态或异常状态。对控制图的观察分析,其依据是统计经验所得到的简单规律。

判定项目实施过程或工作过程处于控制状态的标准,可归纳为两条:

①控制图上的点不超过控制界限。

②控制图上点的排列分布无缺陷。

有缺陷的控制图为:

a.连续 7 个点在中心线的同侧。

b.有连续 7 个点上升或下降。

c.连续 11 个点中,有 10 个点在中心线的同一侧;连续 14 个点中,有 12 个点在中心线的同一侧;连续 17 个点中,有 14 个点在中心线的同一侧;连续 20 个点中,有 16 个点在中心线的同一侧。

d.点围绕某一线做周期波动。

6.6 施工质量验收与质量事故处理

6.6.1 施工质量的验收方法

6.6.1.1 施工质量验收的依据

(1)工程施工承包合同

工程施工承包合同所规定的有关施工质量方面的条款,是发包方所要求的施工质量目标,是承包方对施工质量责任的明确承诺,是施工质量验收的重要依据。

(2)工程施工图纸

由发包方确认并提供的工程施工图纸,以及按规定程序和手续实施变更的设计和施工变更图纸,是工程施工合同文件的组成部分,也是直接指导施工和进行施工质量验收的重要依据。

BIM 在质量安全管理中的应用

（3）工程施工质量验收统一标准

由住房城乡建设部和国家质量监督检验检疫总局联合发布的《建筑工程施工质量验收统一标准》（GB 50300—2013），规范了建筑工程施工质量验收的基本规定、验收的划分、验收的标准以及验收的组织和程序。根据我国现行的工程建设管理体制，国务院各工业交通部门负责对全国专业建设工程质量的监督管理，因此，其相应的专业建设工程施工质量验收统一标准是各专业工程建设施工质量验收的依据。

（4）专业工程施工质量验收规范

专业工程施工质量验收规范是在工程施工质量验收统一标准的指导下，结合专业工程的特点和要求编制的，是施工质量验收统一标准的进一步深化和具体化，作为专业工程施工质量验收的依据。"验收规范"和"统一标准"必须配合使用。

（5）建设法律、法规、管理标准和技术标准

现行的建设法律、法规、管理标准和相关的技术标准，是制定施工质量验收"统一标准"和"验收规范"的依据，而且其中强调了相应的强制性条文，也是组织和指导施工质量验收、评判工程质量责任行为的重要依据。

6.6.1.2　施工过程的质量验收

根据《建筑工程施工质量验收统一标准》，建筑工程质量验收的划分有检验批、分项工程、分部（子分部）工程、单位（子单位）工程。其中，检验批和分项工程是质量验收的基本单元，分部工程是在所含全部分项工程验收的基础上进行的验收，它们是在施工过程中随完工随验收的。单位工程是完整的具有独立使用功能的建筑产品，须进行最终的竣工验收。因此，施工过程的质量验收包括检验批质量验收、分项工程质量验收和分部工程质量验收。

（1）检验批质量验收

检验批是指"按同一生产条件或按规定的方式汇总起来供检验用的，由一定数量样本组成的检验体"。"检验批可根据施工及质量控制和专业验收需要按楼层、施工段、变形缝等进行划分"。规范规定：检验批应由监理工程师（建设单位项目技术负责人）组织施工单位项目专业质量（技术）负责人等进行验收。

检验批质量验收合格应符合下列规定：

①主控项目和一般项目的质量经抽样检验合格；

②具有完整的施工操作依据、质量检查记录。

（2）分项工程质量验收

分项工程应按主要工种、材料、施工工艺、设备类别等进行划分，可由一个或若干检验批组成。分项工程应由监理工程师（建设单位项目技术负责人）组织施工单位项目专业质量（技术）负责人进行验收。

分项工程质量验收合格应符合下列规定：

①分项工程所含的检验批均应符合合格质量的规定；

②分项工程所含的检验批的质量验收记录应完整。

（3）分部工程质量验收

分部工程的划分应按专业性质、建筑部位确定。当分部工程较大或较复杂时，可按材料种类、施工特点、施工程序、专业系统及类别等分为若干子分部工程。分部工程应由总监理工程师（建设单位项目负责人）组织施工单位项目负责人和技术、质量负责人等进行验收；地基与基

础、主体结构分部工程的勘察、设计单位工程项目负责人和施工单位技术、质量部门负责人也应参加相关分部工程验收。

分部(子分部)工程质量验收合格应符合下列规定:

①所含分项工程的质量均应验收合格;

②质量控制资料应完整;

③地基与基础、主体结构和设备安装等分部工程有关安全及功能的检验和抽样检测结果应符合有关规定。

施工过程质量验收中,工程质量不符合要求时的处理方法:

①经返工重做或更换器具、设备的检验批,应重新进行验收;

②经有资质的检测单位检测鉴定能达到设计要求的检验批,应予以验收;

③经有资质的检测单位检测鉴定达不到设计要求,但经原设计单位核算认可能够满足结构安全和使用功能的检验批,可予以验收;

④经返修或加固处理的分项、分部工程,虽然改变外形尺寸,但仍能满足安全使用要求,可按技术处理方案和协商文件进行验收;

⑤通过返修或加固处理后仍不能满足安全使用要求的分部工程、单位(子单位)工程,严禁验收。

6.6.1.3 工程质量竣工验收与备案

(1)单位工程施工质量验收的要求

单位工程施工质量验收,也称质量竣工验收,是建筑工程投入使用前的最后一次验收,也是最重要的一次验收,应按下列要求和方法进行验收:

①工程施工质量应符合各类工程质量统一验收标准和相关专业验收规范的规定;

②工程施工应符合工程勘察、设计文件的要求;

③参加工程施工质量验收的各方人员应具备规定的资格;

④工程质量的验收均应在施工单位自行检查评定的基础上进行;

⑤隐蔽工程在隐蔽前应由施工单位通知有关单位进行验收,并应形成验收文件;

⑥涉及结构安全的试块、试件及有关材料,应按规定进行见证取样检测;

⑦检验批的质量应按主控项目、一般项目验收;

⑧涉及结构安全和功能的重要分部工程应进行抽样检测;

⑨承担见证取样检测及有关结构安全检测的单位应具有相应资质;

⑩工程的观感质量应由验收人员通过现场检查共同确认。

(2)单位工程竣工验收的组织和程序

①工程完工后,施工单位经自查合格后,向建设单位提交工程竣工报告,申请工程竣工验收。实行监理的工程,工程竣工验收报告须经总监理工程师签署意见。

②建设单位收到工程竣工报告后,对符合竣工验收要求的工程,组织勘察、设计、施工、监理等单位和其他方面的专家组成验收组,制订验收方案。

③建设单位应在工程竣工验收7个工作日前将验收时间、地点、验收组成员名单通知该工程的工程质量监督机构。

④建设单位组织工程竣工验收,验收过程中主要进行以下工作:建设、勘察、设计、施工、监理单位分别汇报工程合同履约情况及工程施工各环节施工满足设计要求,质量符合法律、法规和强

制性标准的情况;检查审核设计、勘察、施工、监理单位的工程档案资料及质量验收资料;实地检查工程外观质量,对工程的使用功能进行抽查;对工程施工质量管理各环节工作、工程实体质量及质保资料情况进行全面评价,形成经验收组人员共同确认签署的工程竣工验收意见。

⑤竣工验收合格,建设单位应及时提出工程竣工验收报告。验收报告还应附有工程施工许可证、设计文件审查意见、质量检测功能性试验资料、工程质量保修书及法规所规定的其他文件。

⑥工程质量监督机构应对工程竣工验收工作进行监督。

(3)单位工程质量验收合格的规定

①所含分部工程的质量验收均应合格;

②质量控制资料应完整;

③所含分部工程有关安全和功能的检测资料应完整;

④主要功能项目的抽查结果应符合相关专业质量验收规范的规定;

⑤观感质量验收应符合要求。

根据我国《建设工程质量管理条例》的规定,国家推行工程竣工验收备案制度,并对各类工程颁发了相应的工程竣工验收备案管理办法。单位工程质量验收合格后,建设单位应在规定时间内,将工程竣工验收报告和有关文件报建设行政管理部门备案。

6.6.2　施工质量事故处理

6.6.2.1　施工质量事故的分类

根据住房城乡建设部《关于做好房屋建筑和市政基础设施工程质量事故报告和调查处理工作的通知》(建质[2010]111号),工程质量事故是指由于建设、勘察、设计、施工、监理等单位违反工程质量有关法律、法规和工程建设标准,使工程产生结构安全、重要使用功能等方面的质量缺陷,造成人身伤亡或者重大经济损失的事故。

(1)按事故造成损失的程度分级

①特别重大事故,是指造成30人以上死亡,或者100人以上重伤,或者1亿元以上直接经济损失的事故。

②重大事故,是指造成10人以上30人以下死亡,或者50人以上100人以下重伤,或者5 000万元以上1亿元以下直接经济损失的事故。

③较大事故,是指造成3人以上10人以下死亡,或者10人以上50人以下重伤,或者1 000万元以上5 000万元以下直接经济损失的事故。

④一般事故,是指造成3人以下死亡,或者10人以下重伤,或者100万元以上1 000万元以下直接经济损失的事故。

该等级划分所称的"以上"包括本数,所称的"以下"不包括本数。

(2)按事故责任分类

①指导责任事故。指由于工程实施指导或领导失误而造成的质量事故。例如,由于工程负责人片面追求施工进度,放松或不按质量标准进行控制和检验,降低施工质量标准等。

②操作责任事故。指在施工过程中,由于实施操作者不按规程和标准实施操作而造成的质量事故。例如,浇筑混凝土时随意加水,或振捣疏漏造成混凝土质量事故等。

③自然灾害事故。指由于突发的严重自然灾害等不可抗力造成的质量事故。

(3)按工程状态分类

①在建工程施工质量事故。指在施工期间,因某种或几种主观责任过失、客观不可抗力等因素的分别作用或共同作用而致使工程质量特性不能符合规定标准并造成规定数额以上经济损失,甚至发生在建工程的整体或局部坍塌事件。其原因,可能是主观的,也可能是客观的,或两者兼而有之;可能是施工本身的原因,也可能是工程勘察、设计等施工以外的其他原因;主观及客观因素可能有一种,也可能有多种。总之,是在施工过程中发生的工程建设质量事故,称之为施工质量事故。

②竣工工程施工质量事故。指已经竣工的工程在使用过程中,出现建筑物、构筑物明显倾斜、偏移、结构开裂,安全和使用功能存在重大隐患;或由于质量低劣需要加固补强,致使建筑物外形尺寸改变,造成永久性缺陷。严重时,工程使用过程中出现建筑物整体或局部倒塌、桥梁断裂、隧道渗水、豆腐渣道路等。这类工程质量事故中,若经查明属于建设过程施工原因所造成的,也称为施工质量事故。

6.6.2.2 施工质量事故的处理

(1)施工质量事故处理的程序

①事故报告

施工现场发生质量事故时,施工负责人(项目经理)应按规定的时间和规定的程序及时向企业报告事故状况,内容包括:事故发生的工程名称、部位、时间、地点;事故经过及主要状况和后果;事故原因的初步分析判断;现场已采取的控制事态的措施;对企业紧急请求的有关事项等。

②现场保护

当施工过程中发生质量事故,尤其是导致土方、结构、施工模板、平台坍塌等安全事故造成人员伤亡时,施工负责人应视事故的具体状况,组织在场人员果断采取应急措施保护现场,救护人员,防止事故扩大。同时做好现场记录、标识、拍照等,为后续的事故调查保留客观真实的场景。

③事故调查

事故调查是搞清质量事故原因,有效进行技术处理,分清质量事故责任的重要手段。事故调查包括现场施工管理组织的自查和来自企业的技术、质量管理部门的调查。此外,根据事故的性质,需要接受政府建设行政主管部门、工程质量监督部门以及检察、劳动部门等的调查,现场施工管理组织应积极配合,如实汇报情况和提供资料。

④事故处理

事故处理包括两大方面,即事故的技术处理,解决施工质量不合格和缺陷问题;事故的责任处罚,根据事故性质、损失大小、情节轻重对责任单位和责任人做出行政处分直至追究刑事责任等的不同处罚。

⑤恢复施工

对停工整改、处理质量事故的工程,经过对施工质量的处理过程和处理结果的全面检查验收,并有明确的质量事故处理鉴定意见后,报请工程监理单位批准恢复正常施工。

(2)施工质量事故技术处理的依据和要求

处理依据包括:施工合同文件;工程勘察资料及设计文件;施工质量事故调查报告;相关建设法律、法规及其强制性条文;类似工程质量事故处理的资料和经验。

处理要求是:搞清原因,稳妥处理;坚持标准,技术合理;安全可靠,不留隐患;验收鉴定,结论明确。

(3)施工质量事故处理的方式

①返工处理。即推倒重来,重新施工或更换零部件,自检合格后重新进行检查验收。

②返修处理。即经过适当的加固补强、修复缺陷,自检合格后重新进行检查验收。

③让步处理。对质量不合格的施工结果,经设计人的核验,虽没达到设计的质量标准,却尚不影响结构安全和使用功能,经业主同意后可予验收。

④降级处理。如对已完施工部位,因轴线、标高引测差错而改变设计平面尺寸,若返工损失严重,在不影响使用功能的前提下,经承发包双方协商验收。

⑤不做处理。对于轻微的施工质量缺陷,如面积小、点数多、程度轻的混凝土蜂窝麻面、露筋等在施工规范允许范围内的缺陷,可通过后续工序进行修复。

6.7　工程项目质量管理案例

【案例 6.3】　某公司承接某公寓工程,建筑面积约 31 225m²,地下 2 层为人防和车库,地上 13 层,1～3 层为公共建筑,4 层以上为高档住宅。基础类型为带柱帽式筏板基础,主体为框架剪力墙结构。结构跨度大,结构形式复杂,钢筋采用 HPB300 级和 HRB400 级,钢筋接头采用绑扎、气压焊,地下混凝土采用 C35 级,地上混凝土采用 C30 级和 C25 级。

【问题】　(1)施工单位应对哪些影响质量的因素进行控制?

(2)施工过程中,工序质量控制的步骤是什么?

(3)该工程的施工质量计划应由谁来编制?施工质量计划的内容有哪些?

【解】　(1)施工单位应对以下影响施工项目质量的因素进行控制:主要有五个方面,即 4M1E,指人、材料、机械、方法和环境。

(2)工序质量控制的步骤是实测、分析、判断。

(3)施工质量计划的编制主体是施工承包企业。施工质量计划的内容一般包括:

①工程特点及施工条件分析;

②履行施工承包合同所必须达到的工程质量总目标及其分解目标;

③质量管理组织机构、人员及资源配置计划;

④为确保工程质量所采取的施工技术方案、施工程序;

⑤材料设备质量管理及控制措施;

⑥工程检测项目计划及方法等。

【案例 6.4】　某 12 层住宅工程项目为装配式住宅示范工程,采用叠合板式混凝土剪力墙结构装配。层高为 3m,总高度为 36.45m。

【问题】　装配式混凝土建筑的施工质量验收,除了符合一般建筑工程施工质量验收的规定以外,还有一些专门的要求。

(1)预制构件的质量验收要求有哪些?

(2)安装连接的质量验收要求有哪些?

【解】　(1)预制构件的质量验收要求

①预制构件进场时应检查质量证明文件或质量验收记录。

②梁板类简支受弯预制构件进场时应进行结构性能检验,结构性能应符合国家现行有关标准的规定及设计的要求。

③钢筋混凝土构件和允许出现裂缝的预应力混凝土构件应进行承载力、挠度和裂缝宽度

检验;不允许出现裂缝的预应力混凝土构件应进行承载力、挠度和抗裂检验。

④对于不可单独使用的叠合板预制底板,可不进行结构性能检验。对叠合梁构件,是否进行结构性能检验及选用哪种结构性能检验的方式应根据设计要求确定。

⑤不做结构性能检验的预制构件,施工单位或监理单位代表应驻厂监督生产过程。当无驻厂监督时,预制构件进场时应对其主要受力钢筋数量、规格、间距、保护层厚度及混凝土强度等进行实体检验。检验数量:同一类型预制构件不超过1 000个为一批,每批随机抽取1个构件进行结构性能检验。

⑥预制构件的混凝土外观质量不应有严重缺陷,且不应有影响结构性能和安装、使用功能的尺寸偏差。对出现的一般缺陷,应要求构件生产单位按技术处理方案进行处理,并重新检查验收。

⑦预制构件粗糙面的外观质量,键槽的外观质量和数量,预制构件上的预埋件预留插筋、预留孔洞、预埋管线等的规格型号、数量应符合设计要求。

⑧预制板类、墙板类、梁柱类构件、装饰构件的装饰外观外形尺寸偏差和检验方法应符合现行《装配式混凝土建筑技术标准》(GB/T 51231—2016)的规定。

(2)安装连接的质量验收要求

①装配式结构采用后浇混凝土连接时,构件连接处后浇混凝土的强度应符合设计要求,并应符合现行《混凝土强度检验评定标准》(GB/T 50107—2010)的有关规定。

②钢筋采用套筒灌浆连接、浆锚搭接连接时,灌浆应饱满、密实,所有出口均应出浆,灌浆料强度应符合国家现行有关标准的规定及设计要求。

③预制构件底部接缝坐浆强度应满足设计要求。

④钢筋采用机械连接、焊接连接时,其接头质量应符合现行行业标准的有关规定。

⑤预制构件型钢焊接连接的型钢焊缝的接头质量,螺栓连接的螺栓材质、规格、拧紧力矩均应满足设计要求,并应符合现行国家标准的有关规定。

⑥装配式结构分项工程的外观质量不应有严重缺陷,且不得有影响结构性能和使用功能的尺寸偏差。施工尺寸偏差及检验方法应符合设计要求;当设计无要求时,应符合现行《装配式混凝土建筑技术标准》(GB/T 51231—2016)的规定。

⑦装配式混凝土建筑的饰面外观质量应符合设计要求,并应符合现行国家标准的有关规定。

【案例 6.5】　某服装厂大楼工程为 4 层框架结构,现浇钢筋混凝土柱、梁,楼面采用预应力圆孔板,砖砌填充墙,钢筋混凝土基础。柱网前面和后面尺寸均为 4m×10.5m,每层层高为4m,总高度为 16.8m,总长度为 48m,总宽度为 21m,总建筑面积为 4 280m²。

该工程无正规图纸,仅有几张草图,且计算错误,因此,该工程未经审批,未办任何手续,无施工许可证。施工中粗制滥造。该工程经省、市建设行政主管部门判定为劣质工程并难以用加固办法确保工程质量和使用安全。

【问题】　(1)分析该工程质量事故发生的原因。

(2)依据事故的严重程度,工程质量事故分为哪几类?该工程质量事故属于哪一类?依据是什么?

(3)鉴于该工程的劣质程度并难以用加固办法确保工程质量和使用安全,如何处理?

(4)工程质量事故处理的基本要求是什么?

【解】　(1)该工程质量事故发生的原因主要是违背基本建设程序、设计计算以及施工和管理问题。

（2）依据事故的严重程度，工程质量事故分为：一般事故和重大事故。一般事故指补救当中直接经济损失在1万元以上10万元以下，或者人员重伤2人以下，且无人员死亡的事故。重大事故指在工程建设过程中，由于责任过失造成工程倒塌、报废、机械设备损坏、人员伤亡或重大经济损失的事故。

该工程质量事故属于重大事故。

（3）鉴于该工程的劣质程度并难以用加固办法确保工程质量和使用安全，该质量事故只能采取拆除的方法。

（4）工程质量事故处理的基本要求是：

①处理应达到安全可靠，不留隐患，满足生产、使用要求，施工方便，经济合理的目的；

②重视消除事故原因；

③注意综合治理；

④正确确定处理范围；

⑤正确选择处理时间和方法；

⑥加强事故处理的检查验收工作；

⑦认真复查事故的实际情况；

⑧确保事故处理期间的安全。

小　　结

工程项目的质量是一个重要的指标，它最终体现在项目的运行功能和效果上。影响项目质量的因素也是综合性的，涉及项目的全过程及项目的各个要素，包括设计质量、施工质量、材料和设备的质量、运行管理的质量等。在工程项目的质量控制中，要注意实施者的选择和培训，注意通过合同达到有效的控制。

建设工程项目质量控制是建设工程项目管理的重要任务之一，它贯穿于建设项目决策阶段和实施阶段的全过程。施工质量控制是建设工程项目全过程质量控制的关键阶段。本章的主要知识点包括：

（1）施工质量策划和影响质量因素的控制方法；

（2）施工质量保证体系的建立和运行；

（3）项目质量控制的数理统计分析方法；

（4）施工质量验收与质量事故处理。

复习思考题

6.1　质量策划包括哪些内容？

6.2　工序质量控制点如何设置？

6.3　质量因素如何进行有效控制？

6.4　施工质量检验的主要方式有哪些？

6.5　施工质量保证体系的内容是什么？

6.6　项目质量控制的数理统计方法有哪几种？

6.7　施工质量验收的依据是什么？

6.8　试述施工质量事故的处理程序。

职业技能训练

参观典型工程(鲁班奖工程)现场,编制小型单位工程质量管理文件。

1. 目标

熟悉项目质量管理方法,掌握施工质量控制的主要内容;深刻理解高质量发展的内涵。

2. 环境要求

(1)参观项目应为典型工程或鲁班奖工程施工现场;

(2)选择一个拟建的小型单位工程项目或较为复杂的分部工程项目;

(3)图纸齐全。

3. 问题讨论

(1)如何理解质量第一?

(2)工程项目如何才能获得鲁班奖? 为此,我们应该做好哪些准备?

7 工程项目成本管理

 **素质目标**

形成细心严谨、力求节约的工作作风。

 **知识目标**

了解工程成本的概念、构成及形式；熟悉成本计划的制订、成本控制的方法及降低工程项目成本的途径和方法；熟悉成本核算的内容和成本分析的方法；掌握成本考核的依据和方法。

能力目标

通过本章的学习，使学生初步具备工程项目成本管理的技能，逐步培养学生对建筑工程进行成本控制的能力。

7.1 工程项目成本管理概述

工程项目成本是指工程项目在实施过程中所发生的全部生产费用的总和，其中包括支付给生产工人的工资、奖金，所消耗的主、辅材料及构配件，周转材料的摊销费或租赁费、机械费，以及现场进行组织与管理所发生的全部费用支出。工程项目成本是企业的主要产品成本，一般以建设项目的单位工程作为成本核算的对象，通过各单位工程成本核算的综合来反映工程项目的成本。

工程项目的成本控制是指在项目成本的形成过程中，对生产经营所消耗的人力资源、物质资源和费用开支进行指导、监督、调节和限制，及时纠正将要发生和已经发生的偏差，把各项生产费用控制在计划成本的范围之内，以保证成本目标的实现。

7.1.1 工程项目成本的构成与形式

（1）工程项目成本的构成

工程项目实施过程中所发生的各项费用支出计入成本费用。按成本的经济性质和国家的规定，项目成本由直接成本和间接成本组成。

①直接成本

直接成本是指实施过程中耗费的构成工程实体或有助于工程实体形成的各项费用支出，是可以直接计入工程对象的费用，包括人工费、材料费和施工机具使用费等。

②间接成本

间接成本是指准备施工、组织和管理施工生产的全部费用支出，是非直接用于也无法直接计入工程对象，但为进行工程施工所必须发生的费用，包括管理人员工资、办公费、差旅交通费等。

（2）工程项目成本的形式

①根据成本管理要求来划分

a.承包成本。它是根据工程量清单计算出来的工程量,企业的建筑、安装工程基础定额和各地区的市场劳务价格、材料价格信息,按有关取费的指导性费率进行计算的。承包成本是反映企业竞争水平的成本,是确定工程造价的基础,也是编制计划成本和评价实际成本的依据。

b.计划成本。工程项目计划成本是指项目经理部根据计划期的有关资料(如工程的具体条件和企业为实施该项目的各项技术组织措施),在实际成本发生前预先计算的成本。它反映了企业在计划期内应达到的成本水平。

c.实际成本。实际成本是项目在报告期内实际发生的各项生产费用的总和。把实际成本与计划成本比较,可揭示成本的节约和超支,考核企业技术水平及技术组织措施的贯彻执行情况和企业的经营效果。实际成本与承包成本比较,可以反映工程盈亏情况。

以上三种成本的关系可用图 7.1 来说明。

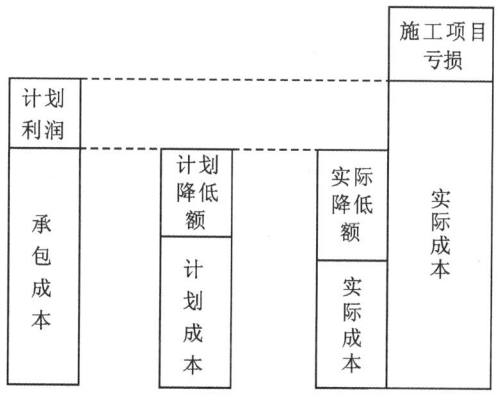

图 7.1　三种成本的关系图

②按生产费用计入成本的方法来划分

a.直接成本。直接成本是指直接耗用于并能直接计入工程对象的费用。

b.间接成本。间接成本是指非直接用于也无法直接计入工程对象,但为进行工程施工所必须发生的费用,通常是按照直接成本的比例来计算。

③按生产费用与工程量关系来划分

a.固定成本。固定成本是指在一定期间和一定的工程量范围内,其发生的成本额不受工程量增减变动的影响而相对固定的成本。如折旧费、大修理费、管理人员工资、办公费、照明费等。这一成本是为了保持企业一定的生产经营条件而发生的。一般来说,固定成本每年基本相同,但是,当工程量超过一定范围则需要增添机械设备和管理人员,此时固定成本将会发生变动。

b.变动成本。变动成本是指发生的总额随着工程量的增减变动而成正比例变动的费用,如直接用于工程的材料费、实行计划工资制的人工费等。

7.1.2　工程项目成本控制的系统过程

项目成本控制包括成本预测、计划、实施、核算、分析、考核、整理成本资料与编制成本报告。具体而言,项目成本控制应按以下程序进行:企业进行项目成本预测;项目经理部编制成本计划;项目经理部实施成本计划;项目经理部进行成本核算;项目经理部进行成本分析;进行工程项目成本考核。

(1)工程项目成本预测

工程项目成本预测是通过成本信息和工程项目的具体情况,并运用一定的专门方法,对未来的成本水平及其可能发展趋势做出科学的估计。它是企业在工程项目实施以前对成本所进行的核算。通过成本预测,可以在满足项目业主和本企业要求的前提下,选择成本低、效益好的最佳成本方案,并能够在施工项目成本形成过程中针对薄弱环节,加强成本控制,克服盲目性,提高预见性。

(2)工程项目成本计划

工程项目成本计划是项目经理部对项目成本进行计划管理的工具。它是以货币形式编制工程项目在计划期内的生产费用、成本水平、成本降低率及为降低成本所采取的主要措施和规划的书面方案,是建立工程项目成本管理责任制、开展成本控制和核算的基础。

(3)实际工程项目成本的形成控制

工程项目成本的形成控制主要指项目经理部对工程项目成本的实施控制,包括制度控制、定额或指标控制、合同控制等。

(4)工程项目成本核算

工程项目成本核算是指将项目实施过程中所发生的各种费用和形成的工程项目成本与计划目标成本,在保持统计口径一致的前提下进行对比,找出差异。

(5)工程项目成本分析

工程项目成本分析是在工程成本跟踪核算的基础上,动态分析各成本项目的节超原因。它贯穿于工程项目成本管理的全过程,也就是说工程项目成本分析主要利用项目的成本核算资料(成本信息),与目标成本(计划成本)、承包成本以及类似的工程项目的实际成本等进行比较,了解成本的变动情况,同时也要分析主要技术经济指标对成本的影响,系统地研究成本变动的因素,检查成本计划的合理性,并通过成本分析,揭示成本变动的规律,寻找降低施工项目成本的途径。

(6)工程项目成本考核

所谓成本考核,就是工程项目完成后,对工程项目成本形成中的各责任者,按工程项目成本目标责任制的有关规定,将成本的实际指标与计划、定额、预算进行对比和考核,评定施工项目成本计划的完成情况和各责任者的业绩,并据此给予相应的奖励和处罚。

7.2　工程项目成本计划

7.2.1　工程项目成本计划编制的依据和程序

(1)成本计划编制依据

编制成本计划,需要广泛收集相关资料并进行整理,作为成本计划编制的依据。在此基础上,根据有关设计文件、工程承包合同、施工组织设计、成本预测资料等,按照项目应投入的生产要素,结合各种因素变化的预测和拟采取的各种措施,估算项目生产费用支出的总水平,进而提出项目的成本计划控制指标,确定目标总成本。目标总成本确定后,应将总目标分解落实到各级部门,以便有效地进行控制。最后,通过综合平衡,编制完成成本计划。成本计划编制依据应包括:

①合同文件;

②项目管理实施规划;

③相关设计文件;

④价格信息;

⑤相关定额;

⑥类似项目的成本资料。

(2)成本计划编制程序

项目管理机构应通过系统的成本策划,按成本组成、项目结构和工程实施阶段分别编制项目成本计划。成本计划编制应符合下列规定:

①由项目管理机构负责组织编制;

②项目成本计划对项目成本控制具有指导性;

③各成本项目指标和降低成本指标明确。

项目成本计划编制应符合下列程序:

①预测项目成本;

②确定项目总体成本目标;

③编制项目总体成本计划;

④项目管理机构与组织的职能部门根据其责任成本范围,分别确定自己的成本目标,并编制相应的成本计划;

⑤针对成本计划制定相应的控制措施;

⑥由项目管理机构与组织的职能部门负责人分别审批相应的成本计划。

7.2.2　工程项目成本计划种类

对于一个工程项目而言,其成本计划是一个不断深化的过程。在这一过程的不同阶段形成深度和作用不同的成本计划,按其作用可分为三类。

(1)竞争性成本计划

竞争性成本计划即工程项目投标及签订合同阶段的估算成本计划。这类成本计划以招标文件中的合同条件、投标者须知、技术规程、设计图纸或工程量清单等为依据,以有关价格条件说明为基础,结合调研和现场考察获得的情况编制而成。

(2)指导性成本计划

指导性成本计划即选派项目经理阶段的预算成本计划,是项目经理的责任成本目标。它以合同标书为依据,按照企业的预算定额标准制定的设计预算成本计划,且一般情况下只是确定责任总成本指标。

(3)实施性成本计划

实施性成本计划即项目施工准备阶段的施工预算成本计划,它以项目实施方案为依据,落实项目经理责任目标为出发点,采用企业的施工定额通过施工预算的编制而形成的实施性施工成本计划。

7.2.3　成本计划编制方法

施工成本计划的编制方法有以下三种：

(1)按施工成本组成编制

建筑安装工程费用项目由分部分项工程费、措施项目费、其他项目费、规费和税金组成。

施工成本可以按成本构成分解为人工费、材料费、施工机械使用费、措施项目费和企业管理费等。

(2)按施工项目组成编制

大中型工程项目通常是由若干单项工程构成的,每个单项工程又包含若干单位工程,每个单位工程下面又包含了若干分部分项工程。因此,首先把项目总施工成本分解到单项工程和单位工程中,再进一步分解到分部工程和分项工程中,编制分项工程的成本支出计划,从而得到详细的成本计划表。

在编制成本支出计划时,要在项目总的方面考虑总的预备费,也要在主要的分项工程中安排适当的不可预见费,避免在具体编制成本计划时,由于某项内容工程量计算有较大出入,使原来的成本预算失实。

(3)按施工进度编制

编制按工程进度的施工成本计划,通常可利用控制项目进度的网络图进一步扩充而得。即在建立网络图时,一方面确定完成各项工作所需花费的时间;另一方面确定完成这一工作的合适的施工成本支出计划。在实践中,通过对施工成本目标按时间进行分解,在网络计划基础上获得项目进度计划的横道图,并在此基础上编制成本计划。其表示方式有两种:一种是在时标网络图上按月编制的成本计划;另一种是利用时间-成本累积曲线(S形曲线)表示。

由于在进度计划的非关键线路中存在许多有时差的工序或工作,因而 S 形曲线必然包括在由全部工作都按最早开始时间开始和全部工作都按最迟必须开始时间开始的曲线所组成的"香蕉图"内(图 7.2)。项目经理可根据编制的成本支出计划来合理安排资金,同时也可以根据筹措的资金来调整 S 形曲线,即通过调整非关键线路上的工序项目的最早或最迟开工时间,力争将实际的成本支出控制在计划的范围内。

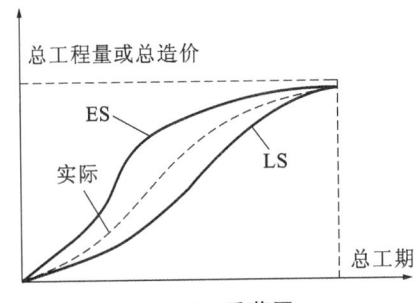

图 7.2　香蕉图

ES 曲线:按照工程网络计划中每项工作的最早开始时间绘制整个工程项目的计划累计完成工程量或造价;LS 曲线:按照工程网络计划中每项工作的最迟开始时间绘制整个工程项目的计划累计完成工程量或造价

以上三种编制施工成本计划的方式并不是相互独立的。在实践中,往往是将这几种方式结合起来使用,从而可以取得扬长避短的效果。

7.3　工程项目成本控制

成本控制是在项目成本的形成过程中,对生产经营所消耗的人力资源、物质资源和费用开支进行指导、监督、检查和调整,及时纠正将要发生和已经发生的偏差,把各项生产费用控制在计划成本的范围之内,以保证成本目标的实现。

项目管理机构实施成本控制的依据包括:合同文件、成本计划、进度报告、工程变更与索赔资料、各种资源的市场信息。

BIM 在成本
控制中的应用

7.3.1　工程项目成本控制的任务

工程项目的成本控制,应伴随项目建设的进程渐次展开,各个阶段的工作内容不同,成本控制的主要任务也不同。

(1)工程前期的成本控制(事前控制)

成本的事前控制是通过成本预测和决策,落实降低成本措施,编制目标成本计划而层层展开的。

①工程投标阶段。在投标阶段,成本控制的主要任务是编制适合本企业施工管理水平、施工能力的报价。即根据工程概况和招标文件,联系建筑市场和竞争对手的情况进行成本预测,提出投标决策意见;中标以后,应根据项目的建设规模,组建与之相适应的项目经理部,同时以标书为依据确定项目的成本目标,并下达给项目经理部。

②施工准备阶段。根据设计图纸和有关技术资料,对施工方法、施工顺序、作业组织形式、机械设备选型、技术组织措施等进行认真的研究分析,制订科学先进、经济合理的施工方案;根据企业下达的成本目标,以分部分项工程实物工程量为基础,联系劳动定额、材料消耗定额和技术组织措施的节约计划,在优化的施工方案的指导下,编制明细而具体的成本计划,并按照部门、施工队和班组的分工进行分解,作为部门、施工队和班组的责任成本落实下去,为今后的成本控制做好准备;根据项目建设时间的长短和参加建设人数的多少,编制间接费用预算,并对上述预算进行明细分解,以项目经理部有关部门责任成本的形式落实下去,为今后的成本控制和绩效考评提供依据。

(2)实施期间的成本控制(事中控制)

实施期间成本控制的任务是建立成本管理体系。项目经理部应将各项费用指标进行分解,以确定各个部门的成本控制指标,加强成本的过程控制。事中控制要以工程合同造价为依据,从预算成本和实际成本两方面控制项目成本。实际成本控制应包括对主要工料的数量和单价、分包成本和各项费用等影响成本的主要因素进行控制。

①加强施工任务单和限额领料单的管理,特别是要做好每一个分部分项工程完成后的验收,包括实际工程量的验收和工作内容、工程质量、文明施工的验收,以及实耗材料的数量、实耗人工的核对,以保证施工任务单和限额领料单的结算资料绝对正确,为成本控制提供真实可靠的数据。

②将施工任务单和限额领料单的结算资料与施工预算进行核对,计算分部分项工程的成本差异,分析差异产生的原因,并采取有效的纠偏措施。

③做好月度成本原始资料的收集和整理,正确计算月度成本,分析月度预算成本与实际成本的差异。

④在月度成本核算的基础上,实行责任成本核算。也就是利用原有会计核算的资料,重新按责任部门或责任者归集成本费用,每月结算一次,并与责任成本进行对比,由责任部门或责任者自行分析成本差异和产生差异的原因,自行采取措施纠正差异,为全面实现责任成本创造条件。

⑤经常检查对外经济合同的履约情况,为顺利施工提供物质保证。

⑥定期检查各责任部门和责任者的成本控制情况,检查成本控制责权利的落实情况(一般为每月一次)。发现成本差异偏高或偏低的情况,应会同责任部门或责任者分析产生差异的原因,并督促他们采取相应的对策来纠正差异;如有因责权利不到位而影响成本控制工作的情况,应针对责权利不到位的原因,调整有关各方的关系,落实责权利相结合的原则,使成本控制工作得以顺利进行。

(3)竣工验收阶段的成本控制(事后控制)

事后控制主要是重视竣工验收工作,对照合同结算价的变化,将实际成本与目标成本之间的差距加以分析,进一步挖掘降低成本潜力,落实成本责任制。

①精心安排,完成工程竣工扫尾工作,把时间缩短到最低限度。

②重视竣工验收工作,顺利交付使用。对验收中甲方提出的意见,应根据设计要求和合同内容认真处理,如果涉及费用,应请甲方签证,列入工程结算。

③及时办理工程结算。一般来说,工程结算造价=原清单报价±增减账。但在施工过程中,有些按实结算的经济业务是由财务部门直接支付的,项目预算员不掌握资料,往往在工程结算时遗漏。因此,在办理工程结算以前,要求项目预算员和成本员进行一次认真全面的核对。

④在工程保修期间,应由项目经理指定保修工作的责任者,并责成保修责任者根据实际情况提出保修计划(包括费用计划),以此作为控制保修费用的依据。

⑤掌握成本的实际情况,将实际成本与计划成本进行比较,计算成本差异,明是节约还是浪费。

⑥分析成本节约或超支的原因和责任归属。对于计划标准脱离实际的部分,要在下一期计划制订前加以修正。同时,要根据计划成本的实际完成情况,对成本责任部门的成绩进行评价和考核,对于降低成本效果较大者给予奖励,对于造成损失浪费的责任者给予一定的经济制裁。

7.3.2　工程项目成本控制的内容

工程项目成本控制的主要内容有以下四个方面:

(1)材料费的控制

材料费的控制按照"量价分离"的原则分为两种,一是材料用量的控制,二是材料价格的控制。

①材料用量的控制

在保证符合设计规格和质量标准的前提下,合理使用材料和节约使用材料,通过定额管理、计量管理等手段及施工质量控制,避免返工等,有效控制材料物资的消耗。

②材料价格的控制

由于材料价格是由买价、运杂费、运输中的合理损耗等所组成,因此,控制材料价格主要是通过市场信息、询价,应用竞争机制和经济合同手段等控制材料、设备、工程用品的采购价格,包括买价、运费和损耗等。

(2)人工费的控制

人工费的控制同样实行"量价分离"的原则。人工用工数通过项目经理与施工劳务承包人的承包合同,按照内部施工预算、钢筋翻样单或模板量计算出定额人工工日,并将安全生产、文明施工及零星用工按定额工日的一定比例(一般为15%~25%)一起发包。

(3)机械费的控制

机械费由台班数量和台班单价两方面决定,主要从以下方面控制台班费的有效支出:

①合理安排施工生产,加强设备租赁计划管理,减少因安排不当引起的设备闲置;

②加强机械设备的调度工作,尽量避免窝工,提高现场设备利用率;

③加强现场设备的维修保养,避免因不正当使用造成机械设备的停置;

④做好上机人员与辅助生产人员的协调与配合,提高机械台班产量。

(4)管理费的控制

现场施工管理费在项目成本中占有一定比例,项目在使用和开支时弹性较大,控制与核算都较难把握,主要采取以下控制措施:

①根据现场施工管理费占工程项目计划总成本的比重,确定项目经理部施工管理费总额;

②在项目经理的领导下,编制项目经理部施工管理费总额预算和各管理部门的施工管理费预算,作为现场施工管理费的控制依据;

③制定项目管理开支标准和范围,落实各部门和各岗位的控制责任;

④制定并严格执行项目经理部的施工管理费使用的审批、报销程序。

7.3.3 工程项目成本控制的基本方法

(1)施工图预算控制成本支出

在工程项目的成本控制中,可按施工图预算实行"以收定支"。具体的处理方法如下:

①人工费的控制。项目经理部与作业队签订劳务合同时,应该将人工费单价定低一些,其余部分可用于定额外人工费和关键工序的奖励费。这样,人工费就不会超支,而且还留有余地,以备关键工序之需。

②材料费的控制。按"量价分离"方法计算工程造价时,水泥、钢材、木材"三材"的价格随行就市,实行高进高出;地方材料的预算价格为:基准价×(1+材差系数)。由于材料市场价格变动频繁,往往会发生预算价格与市场价格严重背离而使采购成本失去控制的情况。因此,项目材料管理人员必须经常关注材料市场价格的变动,并积累系统、翔实的市场信息。

③周转设备使用费的控制。施工图预算中的周转设备使用费等于耗用数乘以市场价格,而实际发生的周转设备使用费等于使用数乘以企业内部的租赁单价或摊销率。由于两者的计量基础和计价方法各不相同,只能以周转设备预算费的总量来控制实际发生的周转设备使用费的总量。

④施工机械使用费的控制。施工图预算中的机械使用费等于工程量乘以定额台班单价。由于项目施工的特殊性,实际的机械利用率不可能达到预算定额的取定水平;再加上预算定额所设定的施工机械原值和折旧率又有较大的滞后性,因而使施工图预算的机械使用费往往小于实际发生的机械使用费,形成机械使用费超支。在这种情况下,就可以以施工图预算的机械

使用费和增加的机械费补贴来控制机械费支出。

⑤构件加工费和分包工程费的控制。在市场经济体制下,钢门窗、木制成品、混凝土构件、金属构件和成型钢筋的加工,以及打桩、土方、吊装、安装、装饰和其他专项工程的分包,都要通过经济合同来明确双方的权利和义务。在签订这些经济合同时,要坚持"以施工图预算控制合同金额"的原则,绝不允许合同金额超过施工图预算。

(2)施工预算控制资源消耗

资源消耗数量的货币表现就是成本费用。因此,资源消耗的减少,就等于成本费用的节约;控制了资源消耗,也等于是控制了成本费用。以施工预算控制资源消耗的实施步骤和方法是:

①项目开工以前,编制整个工程项目的施工预算,作为指导和管理施工的依据。如果是边设计边施工的项目,则编制分阶段的施工预算。

②对生产班组的任务安排,必须签发施工任务单和限额领料单,并向生产班组进行技术交底。施工任务单和限额领料单的内容应与施工预算完全相符,不允许篡改施工预算,也不允许有定额不用而另行估工。

③在施工任务单和限额领料单的执行过程中,要求生产班组根据实际完成的工程量和实耗人工、实耗材料做好原始记录,作为施工任务单和限额领料单结算的依据。

④任务完成后,根据回收的施工任务单和限额领料单进行结算,并按照结算内容支付报酬(包括奖金)。

(3)成本与进度同步跟踪,控制分部分项工程成本

①横道图计划的进度与成本的同步控制

在横道图计划中,表示作业进度的横线有两条,一条为计划线,一条为实际线;计划线上的"C"表示与计划进度相对应的计划成本;实际线下的"C"表示与实际进度相对应的实际成本。由此得到以下信息:

a. 每个分项工程的进度与成本的同步关系,即施工到什么阶段,就将发生多少成本;

b. 每个分项工程的计划施工时间与实际施工时间(从开始到结束)之比(提前或拖期),以及对后道工序的影响;

c. 每个分项工程的计划成本与实际成本之比(节约或超支),以及对完成某一时期责任成本的影响;

d. 每个分项工程施工进度的提前或拖期对成本的影响程度;

e. 整个施工阶段的进度和成本情况。

通过进度与成本同步跟踪的横道图,要求实现:以计划进度控制实际进度;以计划成本控制实际成本;随着每道工序进度的提前或拖期,对每个分项工程的成本实行动态控制,以保证项目成本目标的实现。

②网络图计划的进度与成本的同步控制

网络图计划的进度与成本的同步控制,与横道图计划基本相同。所不同的是,网络图计划在施工进度的安排上更具逻辑性,而且可在破网后随时进行优化和调整,因而对每道工序的成本控制也更有效。

网络图的表示方法为:箭杆的上方用"C"后面的数字表示工作的计划成本,实际施工的时间和成本则在箭杆附近的方格中按实填写,这样就能从网络图中看到每项工作的计划进度与实际

进度、计划成本与实际成本的对比情况,同时也可以清楚地看出今后控制进度、控制成本的方向。

(4)建立月度财务收支计划,控制成本费用支出

①以月度施工作业计划为龙头,并以月度计划产值为当月财务收入计划,同时由项目各部门根据月度施工作业计划的具体内容编制本部门的用款计划。

②将各部门的月度用款计划进行汇总,并按照用途的轻重缓急平衡调度,同时提出具体的实施意见,经项目经理审批后执行。

③在月度财务收支计划的执行过程中,项目财务成本员应该根据各部门的实际情况做好记录,并于下月初反馈给相关部门,由各部门自行检查分析节超原因,吸取经验教训。对于节超幅度较大的部门,应将书面分析报告分送项目经理和财务部门,以便项目经理和财务部门采取有针对性的措施。

(5)加强质量管理,控制质量成本

质量成本是指项目为保证和提高产品质量而支出的一切费用,以及为达到质量指标而发生的一切损失费用。质量成本包括控制成本和故障成本。控制成本包括预防成本和鉴定成本,属于质量成本保证费用,与质量水平成正比关系;故障成本包括内部故障成本和外部故障成本,属于损失性费用,与质量水平成反比关系。质量成本的组成如图7.3所示。

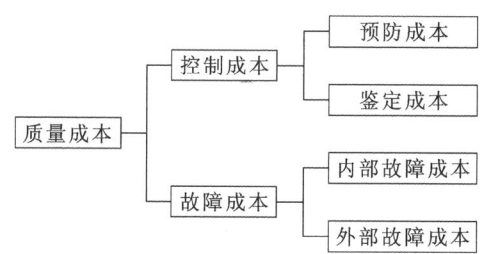

图7.3 质量成本组成图

①质量成本核算

将施工过程中发生的质量成本费用,按照预防成本、鉴定成本、内部故障成本和外部故障成本的明细科目归集,然后计算各个时期的各项质量成本。

质量成本的明细科目,可根据实际支付的具体内容来确定。

a.预防成本。包括质量管理工作费、质量培训费、质量情报费、质量技术宣传费、质量管理活动费等。

b.鉴定成本。包括材料检验试验费、工序监测和计量服务费、质量评审活动费等。

c.内部故障成本。包括返工损失、停工损失、返修损失、质量过剩损失、技术超前支出和事故分析处理等。

d.外部故障成本。包括保修费、赔偿费、诉讼费和因违反环境保护法而发生的罚款等。

②质量成本分析

根据质量成本核算的资料进行归纳、比较和分析,共包括四项内容:

a.质量成本总额的构成内容分析;

b.质量成本总额的构成比例分析;

c.质量成本各要素之间的比例关系分析;

d.质量成本占预算成本的比例分析。

③质量成本控制

根据分析资料,对影响质量成本较大的关键因素采取有效措施,进行质量成本控制。表 7.1 为质量成本控制表。

表 7.1 质量成本控制表

关键因素	措 施	执行人、检查人
降低返工、停工损失,将其控制在预算成本的 1% 以内	(1)对每道工序事先进行技术质量交底; (2)加强班组技术培训; (3)设置班组质量干事,把好第一道关; (4)设置作业队技监点,负责对每道工序进行质量复检和验收; (5)建立严格的质量奖罚制度,调动班组积极性	
减少质量过剩支出	(1)施工员要严格掌握定额标准,力求在保证质量的前提下,使人工和材料消耗不超过定额水平; (2)施工员和材料员要根据设计要求和质量标准,合理使用人工和材料	
健全材料验收制度,控制劣质材料额外损失	(1)材料员在对现场材料和构配件进行验收时,若发现劣质材料要拒收,并向供应单位索赔; (2)根据材料质量的不同,合理加以利用,以减少损失	
增加预防成本,强化质量意识	(1)建立从班组到施工队的质量 QC 攻关小组; (2)定期进行质量培训; (3)合理地增加质量奖励,调动职工积极性	

(6)坚持现场管理标准化,减少浪费

施工现场临时设施费用是工程直接成本的一个组成部分。在项目管理中,降低施工成本有硬手段和软手段两个途径。所谓硬手段主要是指优化施工技术方案,应用价值工程方法,结合施工对设计提出改进意见,以及合理配置施工现场临时设施,控制施工规模,降低固定成本的开支;软手段主要指通过加强管理、克服浪费、提高效率等来降低单位建筑产品物化劳动和活劳动的消耗。

(7)开展"三同步"检查,防止成本盈亏异常

项目经济核算的"三同步",是指统计核算、业务核算和会计核算的同步。统计核算即产值统计,业务核算即人力资源和物质资源的消耗统计,会计核算即成本会计核算。根据项目经济活动的规律,这三者之间有着必然的同步关系。这种规律性的同步关系具体表现为:完成多少产值,消耗多少资源,发生多少成本,三者应该同步。否则,项目成本就会出现盈亏异常情况。

7.3.4 降低工程项目成本的途径和措施

降低工程项目成本的途径,应该是既开源又节流,或者说既增收又节支。只开源不节流,或者只节流不开源,都不可能达到降低成本的目的。

(1)认真会审图纸,积极提出修改意见

施工单位应该在满足用户要求和保证工程质量的前提下,联系项目施工的主客观条件,对设计图纸进行认真的会审,并提出积极的修改意见,在取得用户和设计单位的同意后,修改设计图纸,同时办理增减账。

(2)加强合同预算管理,增加工程预算收入

①深入研究招标文件、合同内容,正确编制施工图预算。

②把合同规定的"开口"项目作为增加预算收入的重要方面。"开口"项目的取费有比较大的潜力,是项目创收的关键。

③根据工程变更资料,及时办理增减账。随着工程的变更,必然会带来工程内容的增减和施工工序的改变,从而也必然会影响成本费用的支出。因此,项目承包方应就工程变更对既定施工方法、机械设备使用、材料供应、劳动力调配和工期目标等的影响程度,以及为实施变更内容所需要的各种资源进行合理估价,及时办理增减账手续,并通过工程款结算从建设单位取得补偿。

(3)制订先进的、经济合理的施工方案

施工方案不同,工期就会不同,所需机具也不同,因而发生的费用也会不同。因此,正确选择施工方案是降低成本的关键所在。制订施工方案要以合同工期和上级要求为依据,联系项目的规模、性质、复杂程度、现场条件、装备情况、人员素质等因素综合考虑。

(4)组织均衡施工,加快施工进度

凡是按时间计算的成本费用,如项目管理人员的工资和办公费、现场临时设施费和水电费,以及施工机械和周转设备的租赁费等,在加快施工进度、缩短施工周期的情况下,都会有明显的节约。除此之外,还可从用户那里得到一笔相当可观的提前竣工奖。因此,加快施工进度也是降低项目成本的有效途径之一。

(5)降低材料成本

材料成本在整个项目成本中的比重最大,一般可达70%左右,而且有较大的节约潜力,往往在其他成本项目(如人工费、机械费等)出现亏损时,要靠材料成本的节约来弥补。因此,材料成本的节约,也是降低项目成本的关键。

(6)提高机械利用率

节约机械使用费要做好以下三方面的工作:

①结合施工方案的制订,从机械性能、操作运行和台班成本等因素综合考虑,选择最适合项目施工特点的施工机械,要求做到既实用又经济。

②做好工序、工种机械施工的组织工作,最大限度地发挥机械效能;同时,对机械操作人员的技能也要有一定的要求,防止因不规范操作或操作不熟练影响正常施工,降低机械利用率。

③做好平时的机械维修保养工作,使机械始终保持完好状态,随时都能正常运转。严禁在机械维修时将零部件拆东补西,人为地损坏机械。

(7)落实技术组织措施

一般情况下,应在项目开工以前根据工程情况制订技术组织措施计划,作为降低成本计划的内容之一列入施工组织设计;在编制月度施工作业计划的同时,也可以按照作业计划的内容编制月度技术组织措施计划。为了保证技术组织措施计划的落实,应在项目经理的领导下明确分工:由工程技术人员制订措施,材料人员提供材料,现场管理人员和班组负责执行,财务成本员结算节约效果,最后由项目经理根据措施执行情况和节约效果对有关人员进行奖励,形成落实技术组织措施的"一条龙"。

(8)用好用活激励机制,调动职工增产节约的积极性

①对关键工序施工的关键班组要实行重奖;

②对材料操作损耗特别大的工序,可由生产班组直接承包;

③实行钢模零件和脚手螺栓有偿回收;

④实行班组"落手清"承包。

7.4　工程项目成本核算

BIM 实际
成本编制

7.4.1　概述

(1)工程项目成本核算的对象

成本核算对象的确定,是设立工程成本明细分类账户,归集和分配生产费用及正确计算工程成本的前提。成本核算对象,是指在计算工程成本中确定归集和分配生产费用的具体对象,即生产费用承担的客体。一般来说,成本核算对象的划分有以下方法:

①一个单位工程由几个施工单位共同施工,各施工单位都应以同一单位工程为成本核算对象,各自核算自行完成的部分。

②规模大、工期长的单位工程可以划分为若干部位,以分部位的工程作为成本核算对象。

③同一建设项目,由同一施工单位施工,并在同一地点施工,属同一结构类型,开竣工时间相近的若干单位工程可以合并作为一个成本核算对象。

④改建、扩建的零星工程,可以将开竣工时间相接近、属于同一建设项目的各单位工程合并作为一个成本核算对象。

⑤土石方工程、打桩工程可以根据实际情况和管理需要,以一个单项工程为成本核算对象,或将同一施工地点的若干个工程量较少的单项工程合并作为一个成本核算对象。

(2)工程项目成本核算的任务

①成本核算的前提和首要任务。执行国家有关成本开支范围、费用开支标准、工程预算定额和企业施工预算、成本计划的有关规定;控制费用,促使项目合理、节约地使用人力、物力和财力。

②成本核算的主体和中心任务。正确及时地核算施工过程中发生的各项费用,计算施工项目的实际成本。

③成本核算的根本目的。反映和监督工程项目成本计划的完成情况,为项目成本预测,为参与项目施工生产、技术和经营决策提供可靠的成本报告和有关资料,促使项目改善经营管理,降低成本,提高经济效益。

7.4.2　工程项目成本核算的基本框架

(1)人工费核算

①内包人工费。指企业与项目两层分离后,企业所属的劳务分公司依据与项目经理部签订的劳务合同结算的全部工程价款。内包人工费按月结算,计入项目单位工程成本。适用于类似外包工式的合同定额结算支付办法。

②外包人工费。按项目经理部与劳务基地或直接与单位施工队伍签订的包清工合同,以当月验收完成的工程实物量计算人工费,并按月凭项目经济员提供的"包清工工程款月度成本汇总表"预提,计入项目单位工程成本。

(2)材料费核算

工程耗用的材料,根据限额领料单、退料单、报损报耗单、大堆材料耗用计算单等,由项目料具员按单位工程编制"材料耗用汇总表",并据以计入项目成本。

(3)周转材料费核算

①周转材料实行内部租赁制,以租费的形式反映其消耗情况,按"谁租用谁负担"的原则,核算其项目成本。

②按周转材料租赁办法和租赁合同,由出租方与项目经理部按月结算租赁费。租赁费按租用的数量、时间和内部租赁单价计算,计入项目成本。

③周转材料在调入移出时,项目经理部都必须加强计量验收制度,如有短缺、损坏,一律按原价赔偿,计入项目成本(缺损数＝进场数－退场数)。

④租用周转材料的进退场运费,按其实际发生数,由调入项目负担。

⑤对 U 形卡、脚手扣件等零件,除执行项目租赁制外,考虑到其比较容易散失的因素,按规定实行定额预提摊耗,摊耗数计入项目成本,但相应减少次月租赁基数及租赁费。单位工程竣工必须进行盘点,盘点后的实物数与前期逐月按控制定额摊耗后的数量差,按实调整清算计入成本。

⑥实行租赁制的周转材料,一般不再分配负担周转材料差价。退场后发生的修复整理费用,应由出租单位进行出租成本核算,不再向项目另行收费。

(4)结构件费核算

①项目结构件的使用必须要有领发手续,并根据这些手续,按照单位工程使用对象编制"结构件耗用月报表"。

②项目结构件的单价以项目经理部与外加工单位签订的合同为准,计算耗用金额并计入成本。

③根据实际施工形象进度、已完施工产值的统计及各类实际成本消耗三者在月度时点上的"三同步"原则(配比原则的引申与应用),结构件耗用的品种和数量应与施工产值相对应;结构件数量金额账的结存数,应与项目成本员的账面余额相符。

④结构件的高进高出价差核算同材料费的高进高出价差核算一致。结构件内"三材"数量、单价、金额均按报价书核定,或按竣工结算单的数量按实结算。报价内的节约或超支由项目自负盈亏。

⑤如发生结构件的一般价差,可计入当月项目成本。

⑥部位分项分包,如铝合金门窗、卷帘门等,按照企业通常采用的类似结构件管理和核算方法,项目经济员必须做好月度已完工程部分验收记录,正确计报部位分项分包产值,并书面通知项目成本员及时、正确、足额计入成本。预算成本的拆算、归类可与实际成本的出账保持同口径。分包合同价可包括制作费和安装费等有关费用,工程竣工时根据分包合同结算书,按实调整成本。

⑦在结构件外加工和部位分包施工过程中,项目经理部通过自身努力获取的经营利益或转嫁压价让利风险所产生的利益,均受益于施工项目。

(5)机械使用费核算

①机械设备实行内部租赁制,以租赁费形式反映其消耗情况,按"谁租用谁负担"的原则,核算其项目成本。

②按机械设备租赁办法和租赁合同,由企业内部机械设备租赁市场与项目经理部按月结

算租赁费。租赁费根据机械使用台班、停置台班和内部租赁单价计算,计入项目成本。

③机械进出场费,按规定由承租项目负担。

④项目经理部租赁的各类大中小型机械,其租赁费全额计入项目机械费成本。

⑤根据内部机械设备租赁市场运行规则要求,结算原始凭证由项目指定专人签证开班和停班数,据以结算费用。现场机、电、修等操作工奖金由项目考核支付,计入项目机械费成本并分配到有关单位工程。

⑥上述机械租赁费的计算,尤其是大型机械进出场费应与产值对应,防止只有收入无成本的不正常现象,或反之,形成收入与支出不匹配的状况。

(6)其他直接费核算

①材料二次搬运费。按项目经理部租用汽车的包天或包月租费结算,或以运输公司的汽车运费计算。

②临时设施摊销费。按项目经理部搭建的临时设施总价除以项目合同工期,求出每月应摊销额,临时设施使用一个月摊销一个月,摊完为止。

③生产工具用具使用费。大型机动工具、用具等可以套用类似内部机械租赁办法以租费形式计入成本,也可按购置费用一次摊销法计入项目成本,并做好在用工具实物借用记录,以便反复利用。工用具的修理费按实际发生数计入成本。

④除上述以外的其他直接费内容,均应按实际发生的有效结算凭证计入项目成本。

(7)施工间接费核算

项目经理部不但应该掌握、控制直接成本,而且应该掌握、控制间接成本,即对全部项目成本负责。企业的管理费用、财务费用作为期间费用,不再构成项目成本,企业与项目在费用上分开核算。项目发生的施工间接费必须是自己可控的。凡属项目发生的可控费用均下沉到项目去核算,企业不再硬性将公司本部发生费用向下分摊。

①要求以项目经理部为单位编制工资单和奖金单列支工作人员薪金。项目经理部工资总额每月必须正确核算,以此计提职工福利费、工会经费、教育经费、劳保统筹费等。

②劳务分公司所提供的炊事人员代办食堂承包费,服务、警卫人员所提供的区域岗点承包服务及其他代办服务费用计入施工间接费。

③内部银行的存贷利息,计入"内部利息"。

④施工间接费,先在项目"施工间接费"总账归集,再按一定的分配标准计入受益成本核算对象"工程施工—间接成本"。

(8)分包工程成本核算

①包清工工程。纳入"人工费—外包人工费"内核算。

②部位分项分包工程。纳入结构件费内核算。

③双包工程。指将整幢建筑物以包工包料的形式分包给外单位施工的工程。对双包工程,可根据承包合同取费情况和发包合同支付情况,即上下合同差,测定目标赢利率。月度结算时,以双包工程已完工价款作收入,应付双包单位工程款作支出,适当负担施工间接费预结降低额。为稳妥起见,拟控制在目标赢利率的50%以内,也可在月结成本时做收支持平处理,竣工结算时再按实调整实际成本,反映利润。

④机械作业分包工程。指利用分包单位专业化施工优势,将打桩、吊装、大型土方、深基础等施工项目分包给专业单位施工的形式。对机械作业分包产值统计的范围是,只统计分包费

用,而不包括物耗价值,即打桩只计打桩费而不计桩材费,吊装只计吊装费而不包括构件费。机械作业分包实际成本与此对应,包括分包结账单内除工期奖之外的全部工程费用。

同双包工程一样,总分包企业合同差价包括总包单位管理费、分包单位让利收益等,在月结成本时,可先预结一部分,或月结时做收支持平处理,到竣工结算时,再作为项目效益反映。

⑤由于上述双包工程和机械作业分包工程的收入和支出较易辨认(计算),项目经理部也可以对这两类分包工程采用竣工点交办法,即月度不结盈亏。

⑥项目经理部应增设"分建成本"项目,核算双包工程、机械作业分包工程成本状况。

⑦各类分包形式(特别是双包)对分包单位领用、租用、借用本企业物资、工具、设备、人工等费用,必须根据项目经理部管理人员开具的,且经分包单位指定专人签字认可的专用结算单据,如"分包单位领用物资结算单"及"分包单位租用工器具设备结算单"等结算依据入账,抵作已付分包工程款。

7.4.3　项目成本核算的基础工作

(1)健全企业和项目两个层次的核算组织体制

为了科学有序地开展施工项目成本核算,分清责任,合理考核,应做好以下工作:

①建立健全原始记录制度;

②建立健全各种财产物资的收发、领退、转移、保管、清查、盘点、索赔制度;

③制定先进合理的企业成本定额;

④建立企业内部结算体系;

⑤对成本核算人员进行培训。

(2)规范以项目核算为基点的企业成本会计账表

①工程施工账。核算项目进行建筑安装工程所发生的各项费用支出,总体反映本项目经理部的成本状况,对单位工程成本明细账起统驭和控制作用。

②施工间接费账表。核算项目经理部为组织和管理施工生产活动所发生的支出,以项目经理部为单位设账。

③其他直接费账表。有些其他直接费不能直接计入受益单位工程,可先归集入以项目为单位的"其他直接费"总账,按费用组成内容设专栏记载。月终,再分配计入单位工程成本。

④项目工程成本表。考虑与损益表衔接相符,成本表内应加上工程结算其他收入。按工程费用项目组成口径,包括计划利润、税金及附加等。

⑤在建工程成本明细表。要求分单位工程列示,账表相符。

⑥竣工工程成本明细表。要求分单位工程填列,竣工工程全貌预算成本完整拆算,竣工时应当调整与已结数之差,实际成本账表相符。

⑦施工间接费表。

(3)建立项目成本核算的辅助记录台账

施工项目成本是生产耗费的货币表现,而不是生产耗费的原始实物形态,这往往使项目经理和项目管理人员难以掌握,并会有一种"模糊"的感觉。通过管理会计式台账,还其本来面目,就会有清晰的透明度。为了避免项目管理人员的重复劳动,原则上应做如下分工:由项目有关业务人员记录各项经济业务的过程,项目成本员记录各项经济业务的结果,并要求按时按质完成。

各种台账的原始资料来源及设置要求如表 7.2 所示。

表 7.2 项目成本核算的辅助记录台账表

序号	台账名称	责任人	原始资料来源	设置要求
1	人工费台账	预算员	劳务合同结算单	分部分项工程的工日数，实物量金额
2	机械使用费台账	核算员	机械租赁结算单	各机械使用台班金额
3	主要材料收、发、存台账	材料员	入库单，限额领料单	反映月度分部分项工程收、发、存的数量和金额
4	周转材料使用台账	材料员	周转材料租赁结算单	反映月度租用数量、动态
5	设备材料台账	材料员	设备租赁结算单	反映月度租用数量、动态
6	钢筋、钢结构件、门窗、预埋件台账	技术员	入库单进场数、领用单	反映进场、耗用、余料数量和金额、动态
7	商品混凝土专用台账	材料员	商品混凝土结算单	反映月度收、发、存的数量和金额
8	其他直接费台账	核算员	与各子目相应的单据	反映月度耗费的金额
9	施工管理费台账	核算员	与各子目相应的单据	反映月度耗费的金额
10	预算增减账台账	预算员	技术核定单，返工记录，施工图预算定额，实际报耗资料，调整账单，签证单	施工图预算增减账内容、金额，预算增减账与技术核定单内容一致，同步进行
11	索赔记录台账	成本员	向有关单位收取的索赔单据	反映及时，便于收取
12	资金台账	成本员、预算员	工程量，预算增减账，工程账单，收款凭证，支付凭证	反映工程价款支付及拖欠款情况
13	资料文件收发台账	资料员	工程合同，与各部门来往的各类文件、纪要、信函、图纸、通知等资料	内容、日期、处理人意见、收发人签字等，反映全面
14	工程进度台账	统计员	工程实际进展情况	按各分部分项工程据实记录
15	产值构成台账	统计员	施工预算，工程形象进度	按"三同步"要求，正确反映每月的施工产值
16	预算成本构成台账	预算员	施工预算，施工图预算	按分部分项工程单列各项成本种类、金额、占总成本的比重
17	质量成本科目台账	技术员	用于技术措施项目的报耗实物量费用原始单据	便于结算费用
18	成本台账	成本员	汇集记录有关成本费用资料	反映"三同步"
19	甲方供料台账	核算员、材料员	建设单位提供的各种材料构件验收、领用单据（包括"三材"交料情况）	反映供料实际数量、规格、损坏情况

7.4.4 项目成本实际数据的收集

为使项目成本核算坚持施工形象进度、施工产值统计、实际成本归集的"三同步"原则,施工产值及实际成本的归集,宜按照下列方法进行:

(1)应按照统计人员提供的当月完成工程量的价值及有关规定,扣减各项上缴税费后,作为当期工程结算收入。

(2)人工费应按照劳动管理人员提供的用工分析和受益对象进行财务处理,计入工程成本。

(3)材料费应根据当月项目材料消耗和实际价格,计算当期消耗,计入工程成本;周转材料应实行内部调配制,按照当月使用时间、数量、单价计算,计入工程成本。

(4)机械使用费按照项目当月使用台班和单价计算,计入工程成本。

(5)其他直接费应根据有关核算资料进行财务处理,计入工程成本。

(6)间接成本应根据现场发生的间接成本项目的有关资料进行财务处理,计入工程成本。

7.4.5 项目月度成本报告

项目经理部应在跟踪核算分析的基础上,编制月度项目成本报告,上报企业成本主管部门进行指导、检查和考核。

(1)人工费周报表

人工费用报表应该每周编制一份。项目经理部必须掌握人工费用的详细情况,了解该周某工程施工中的每个分项工程的人工单位成本和总成本,以及与之对应的预算数据。有了这些资料,就不难发现哪些分项工程的单位成本或总成本与预算存在差异,从而进一步找出症结所在。

(2)工程成本月报表

工程成本月报表包括工程的全部费用,是针对每一个施工项目设立的。该报表的资料数据很多都来自工程成本分类账。工程成本月报表有助于项目经理评价本工程中各个分项工程的成本支出情况。

(3)工程成本分析月报表

工程成本分析月报表将施工项目的分部分项工程成本资料和结算资料汇于一表,使得项目经理能够纵观全局。该报表通常一月一编报,也可以一季编报一次。工程成本分析月报表的资料来源于施工项目的成本日记账、成本分类账及应收账款分类账,起到报告工程成本现状的作用。

7.5　工程项目的成本分析

工程项目的成本分析,就是根据统计核算、业务核算和会计核算提供的资料,对项目成本的形成过程和影响成本升降的因素进行分析,以寻求进一步降低成本的途径,包括项目成本中的有利偏差的挖掘和不利偏差的纠正;另一方面,通过成本分析,可以从账簿、报表反映的成本现象看清成本的实质,从而增强项目成本的透明度和可控性,为加强成本控制、实现项目成本目标创造条件。

5D 模拟建造
与成本分析

7.5.1　成本分析的内容和原则

（1）成本分析的内容

成本分析的内容就是对项目成本变动因素的分析。影响项目成本变动的因素有两个方面：一是外部的属于市场经济的因素，二是内部的属于企业经营管理的因素。工程项目成本分析的重点应放在影响工程项目成本升降的内部因素上。即：

①材料、能源利用的效果；

②机械设备的利用效果；

③施工质量水平的高低；

④人工费用水平的合理性；

⑤其他影响施工项目成本变动的因素。

（2）成本分析的原则

工程项目成本分析应该符合以下原则要求：

①实事求是；

②用数据说话；

③注重时效；

④为生产经营服务。

7.5.2　工程项目成本分析的方法

（1）成本分析的基本方法

①比较法

比较法就是通过技术经济指标的对比，检查目标的完成情况，分析产生差异的原因，进而挖掘内部潜力的方法。比较法通常有下列形式：

a.将实际指标与目标指标对比，以此检查目标的完成情况，分析完成目标任务的积极因素和影响目标完成的因素，以便及时采取措施，保证成本目标的实现。

b.将本期实际指标与上期实际指标对比。通过这种对比，可以看出各项技术经济指标的动态情况，反映施工项目管理水平的提高程度。

c.与本行业平均水平、先进水平对比。通过这种对比，可以反映本项目的技术管理和经济管理水平与其他项目的平均水平和先进水平的差距，进而采取措施赶超先进水平。

以上三种对比可以在一张表上同时反映。

【案例7.1】　某项目本年节约"三材"的目标为100 000元，实际节约130 000元，上一年节约90 000元，本企业先进水平节约135 000元。根据上述资料编制分析表，如表7.3所示。

表7.3　实际指标与目标指标、上期指标、先进水平对比表　　　　　　　　　单位：元

指　　标	本年目标数	上一年实际数	企业先进水平	本年实际数	差　异　数		
					与目标比	与上一年比	与先进比
"三材"节约额	100 000	90 000	135 000	130 000	＋30 000	＋40 000	－5 000

②因素分析法

因素分析法，又称连锁置换法或连环替代法。这种方法可用来分析各种因素对成本的影

响程度。在分析时,首先要假定众多因素中的一个因素发生了变化,而其他因素不变,然后逐个替换,并分别比较其计算结果,以确定各个因素的变化对成本的影响程度。

③差额计算法

差额计算法是因素分析法的一种简化形式,它利用各个因素的目标数与实际数的差额来计算其对成本的影响程度。

【案例7.2】 某项目某月的实际成本降低额比目标数提高了3.35万元(表7.4)。

表 7.4 降低成本目标与实际对比表

项　　　目	单　　位	目　　标	实　　际	差　　异
承包成本	万元	400	430	+30
成本降低率	%	4	4.5	+0.5
成本降低额	万元	16	19.35	+3.35

根据表7.4资料,应用"差额计算法"分析承包成本和成本降低率对成本降低额的影响程度。

【解】 承包成本增加对成本降低额的影响程度

$$(430-400)\times 4\% = 1.20(万元)$$

成本降低率提高对成本降低额的影响程度

$$(4.5\%-4\%)\times 430 = 2.15(万元)$$

以上两项合计 $=1.20+2.15=3.35$(万元)

④比率法

比率法是指用两个以上的指标的比例进行分析的方法。它的基本特点是:先把对比分析的数值变成相对数,再观察其相互之间的关系。常用的比率法有以下几种:

a.相关比率。项目经济活动的各个方面是互相联系、互相依存、互相影响的,因而可将两个性质不同而又相关的指标加以对比,求出比率,并以此来考查经营成果的好坏。例如,产值和工资是两个不同的概念,但它们又是投入与产出的关系。一般情况下,都希望以最少的人工费支出完成最大的产值,因此,用产值工资率指标来考核人工费的支出水平,就很能说明问题。

b.构成比率。通过构成比率,可以考查成本总量的构成情况及各成本项目占成本总量的比重,同时也可看出量、本、利的比例关系(即承包成本、实际成本和降低成本的比例关系),从而为寻求降低成本的途径指明方向。

c.动态比率。就是将同类指标不同时期的数值进行对比,求出比率,以分析该项指标的发展方向和发展速度。

(2)项目成本的偏差分析

在项目管理中,偏差分析指实际完成工作与计划完成工作之间的差异分析。项目成本的偏差分析又称为赢得值法或偏差分析法。赢得值法(Earned Value Management,EVM)是一种能全面衡量工程进度、成本状况的整体方法,其基本要素是用货币量代替工程量来测量工程的进度,它不以投入资金的多少来反映工程的进展,而是以资金已经转化为工程成果的量来衡量,是一种完整和有效的工程项目监控指标和方法。

赢得值法评价曲线如图7.4所示,图中的横坐标表示时间,纵坐标则表示费用,图中参数分别为:

已完成工作的预算费用(Budgeted Cost for Work Performed,简称 BCWP)＝已完工程量×计划单价

计划完成工作的预算费用(Budgeted Cost for Work Scheduled,简称 BCWS)＝计划工程量×计划单价

已完工作的实际费用(Actual Cost for Work Performed,简称 ACWP)＝已完工程量×实际单价

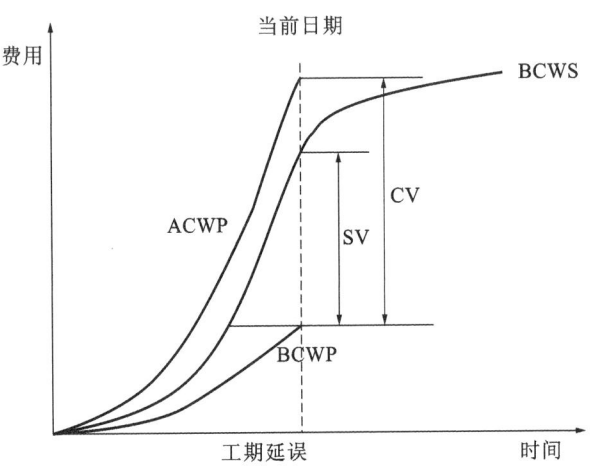

图 7.4　赢得值法评价曲线图

CV<0,SV<0,表示项目执行效果不佳,即费用超支,进度延误,应采取相应的补救措施

依据图 7.4,具体分析方法如下:

①费用偏差(Cost Variance,简称 CV):指检查期间 BCWP 与 ACWP 之间的差异,CV＝BCWP－ACWP。当 CV 为负值时表示执行效果不佳,即实际消费费用超过预算值(超支)。反之当 CV 为正值时表示实际消耗费用低于预算值,有节余或效率高。若 CV＝0,表示项目按计划执行。

②进度偏差(Schedule Variance,简称 SV):指检查日期 BCWP 与 BCWS 之间的差异,SV＝BCWP－BCWS。当 SV 为正值时表示进度提前,SV 为负值表示进度延误。若 SV＝0,表明进度按计划执行。

③费用执行指标(Cost Performed Index,简称 CPI):指挣得值与实际费用值之比,CPI＝BCWP/ACWP。CPI>1 表示低于预算,CPI<1 表示超出预算,CPI＝1 表示实际费用与预算费用吻合。

④进度执行指标(Schedule Performed Index,简称 SPI):指项目挣得值与计划值之比,SPI＝BCWP/BCWS。SPI>1 表示进度提前,SPI<1 表示进度延误,SPI＝1 表示实际进度等于计划进度。

7.6　工程项目的成本考核

成本考核是衡量成本降低的实际成果,也是对成本指标完成情况的总结和评价。组织应根据项目成本管理制度,确定项目成本考核目的、时间、范围、对象、方式、依据、指标、组织领

导、评价与奖惩原则。

7.6.1　成本考核的依据

成本考核的依据包括成本计划、成本控制、成本核算和成本分析的资料。成本考核的主要依据是成本计划确定的各类指标。

成本计划一般包括以下三类指标：

(1)成本计划的数量指标,如：

①按子项目汇总的工程项目计划总成本指标；

②按分部工程汇总的各单位工程(或子项目)计划成本指标；

③按人工、材料、机具等各主要生产要素划分的计划成本指标。

(2)成本计划的质量指标,如项目总成本降低率。

$$设计预算成本计划降低率=\frac{设计预算总成本计划降低额}{设计预算总成本}\times100\% \tag{7.1}$$

$$责任目标成本计划降低率=\frac{责任目标总成本计划降低额}{责任目标总成本}\times100\% \tag{7.2}$$

(3)成本计划的效益指标,如项目成本降低额。

$$设计预算总成本计划降低额=设计预算总成本-计划总成本 \tag{7.3}$$

$$责任目标总成本计划降低额=责任目标总成本-计划总成本 \tag{7.4}$$

7.6.2　成本考核的方法

公司应以项目成本降低额、项目成本降低率作为对项目管理机构进行成本考核的主要指标。

要加强公司层对项目管理机构的指导,并充分依靠管理人员、技术人员和作业人员的经验和智慧,防止项目管理在企业内部异化为靠少数人承担风险的以包代管模式。成本考核也可分别考核公司层和项目管理机构。

公司应对项目管理机构的成本和效益进行全面评价、考核与奖惩。公司层对项目管理机构进行考核与奖惩时,既要防止虚盈实亏,也要避免实际成本归集差错等影响,使成本考核真正做到公平、公正、公开,在此基础上落实成本管理责任制的奖惩措施。项目管理机构应根据成本考核结果对相关人员进行奖惩。

7.7　工程项目成本管理案例

【案例7.3】　差额分析法在工程项目成本分析中的应用。

某建筑工程公司自2017年3月26日至8月15日承包某国际培训中心工程,工期天数为143天。该工程概况:总建筑面积为9 398m²,建筑层数为五层,其中地下一层。工程建筑总高度为22m。建筑物基础类型为预制桩基础,主体结构为钢筋混凝土框架剪力墙结构。

该工程项目经理部与业主结算采用分段结算方式,整个工程划分为打桩、基础、主体结构、门窗、内外装饰、水电安装等几个阶段,成本核算对应分阶段进行,其中打桩工程成本核算情况如表7.5所示。

表 7.5　打桩工程实际成本与计划成本核算表　　　　　　　　单位:万元

序　　号	内　　容	计划成本	实际成本
1	人工费	11.2	11.78
2	材料费	66.73	60.44
3	机械费	20.47	20.71
4	其他费用	16.01	17.32
合　　计		114.41	110.25

【问题】　根据表中资料,用差额分析法分析成本降低的原因。

【解】　差额分析法是利用各个因素的计划值和实际值的差额来计算其对成本的影响程度。

人工费的增加对成本的影响程度:$11.2-11.78=-0.58$(万元)

材料费的减少对成本的影响程度:$66.73-60.44=+6.29$(万元)

机械费的增加对成本的影响程度:$20.47-20.71=-0.24$(万元)

其他费用的增加对成本的影响程度:$16.01-17.32=-1.31$(万元)

综合以上:$-0.58+6.29-0.24-1.31=+4.16$(万元)。说明打桩工程实际成本比计划成本低 4.16 万元,其中材料费的减少是打桩工程实际成本降低的主要原因。这是因为在打桩施工过程中,对打桩和接桩的材料进行了严格控制,使材料费用成本下降。对预制方桩,在与供货商签订合同时,双方谈定的制桩费用包括了桩的制作、运输等费用;对打桩分包单位,要求其承担接桩用电焊条、角钢等材料费用,这些材料和制品的费用低于与建设单位签订合同中的材料单价。

另外,在打桩场地铺道砟费用方面,原定铺设道砟厚度 15cm,根据现场施工情况,在打桩机开行范围内,采用局部铺道砟,局部铺设路基箱的方法,道砟用量减少,机械费用略有提高,但材料费用减少,因而降低了总费用。

小　　结

本章介绍了工程项目成本的概念、构成与形式;分析了工程项目成本计划编制的方法;论述了工程项目成本控制和成本分析的方法;深入浅出地介绍了工程项目成本核算对象及基础工作;简述了工程项目成本考核的依据及方法。通过案例分析,可以了解和掌握成本控制和成本分析方法的实际应用。

复习思考题

7.1　工程项目成本的构成及形式有哪些?

7.2　简述工程项目成本计划编制的方法。

7.3　工程项目成本核算的对象如何划分?

7.4　简述工程项目成本控制的基本方法。

7.5　简述降低工程项目成本的途径和措施。

7.6　工程项目成本分析的方法有哪些?

7.7　简述工程项目成本考核的依据。

职业技能训练

编制小型单位工程成本计划文件。

1.目标

熟悉项目成本管理方法,掌握施工成本控制的主要内容;提高节约资源、环境保护意识。

2.环境要求

(1)选择一个拟建的小型工程项目或较为复杂的分部工程项目;

(2)图纸齐全;

(3)施工现场条件应有一定的特点。

3.问题讨论

找一找生活中成本管理的案例。

8 工程项目职业健康安全与环境管理

 素质目标

形成以人为本、保护环境的意识。

 知识目标

通过本章学习,理解工程项目职业健康与环境管理的基本特点,掌握工程项目施工安全控制的程序及措施方法,了解建设工程职业健康安全事故的处理方式,掌握现场文明施工与环境保护方案的编制方法。

 能力目标

具备工程项目施工安全控制基本能力;能进行建设工程职业健康安全事故的分类和处理;能进行文明施工和现场环境保护方案的编制。

8.1 概　　述

8.1.1 职业健康安全与环境管理的概念

职业健康安全是指影响工作场所内员工、临时工作人员、合同方人员、访问者和其他人员健康安全的条件和因素。职业健康安全管理体系是工程项目管理体系的组成部分,是组织对与其业务相关的职业健康风险的管理,它包括制定、实施、实现、评审和保持职业健康安全方针所需的组织结构、计划活动、职责、惯例、程序、过程和资源。

环境是指组织运行活动的外部存在,包括空气、水、土地、自然资源、植物、动物、人,以及它们之间的相互关系。环境管理体系是整个管理体系的一个组成部分,包括制定、实施、实现、评审和保持环境方针所需的组织结构、计划活动、职责、惯例、程序、过程和资源。

8.1.2 职业健康安全与环境管理的目的

建设工程项目的职业健康安全管理的目的是保护产品生产者和使用者的健康与安全。要控制影响工作场所内员工、临时工作人员、合同方人员、访问者和其他人员健康和安全的条件和因素,考虑和避免因使用不当对使用者造成的健康和安全的危害。

建设工程项目环境管理的目的是保护生态环境,使社会的经济发展与人类的生存环境相协调。要控制作业现场的各种粉尘、废水、废气、固体废弃物以及噪声、振动对环境的污染和危害,节约能源,避免资源的浪费。

8.1.3 职业健康安全与环境管理的任务

职业健康安全与环境管理的任务是,建筑生产组织(企业)为达到建筑工程职业健康安全与环境管理的目的而进行的组织、计划、控制、领导和协调的活动,包括制定、实施、实现、评审和保持职业健康安全与环境方针所需的组织结构、计划活动、职责、惯例、程序、过程和资源,并为此建立职业健康安全与环境管理体系。

8.1.4 建设工程职业健康安全与环境管理的特点

①复杂性。建设项目的职业健康安全和环境管理涉及大量的露天作业,受到气候条件、工程地质和水文地质、地理条件和地域资源等不可控因素的影响较大。

②多变性。一方面是项目建设现场材料、设备和工具的流动性大;另一方面由于技术进步,项目不断引入新材料、新设备和新工艺,这都加大了相应的管理难度。

③协调性。项目建设涉及的工种甚多,包括大量的高空作业、地下作业、用电作业、爆破作业、施工机械、起重作业等较危险的工种,并且各工种经常需要交叉或平行作业。

④持续性。项目建设一般具有建设周期长的特点,从设计、实施直至投产阶段,诸多工序环环相扣,前一道工序的隐患可能在后续的工序中暴露,酿成安全事故。

⑤经济性。产品的时代性、社会性与多样性决定环境管理的经济性。

⑥多样性。产品的时代性和社会性决定了环境管理的多样性。

8.2 工程项目施工安全控制

8.2.1 工程项目施工安全控制概述

安全是指免除不可接受的损害风险的状态。安全生产是指使生产过程处于避免人身伤害、设备损坏及其他不可接受的损害风险(危险)的状态。我国安全生产的方针是"安全第一,预防为主,综合治理"。

安全控制是为满足生产安全,涉及对生产过程中的危险进行控制的计划、组织、监控、调节和改进等一系列管理活动。安全控制的目标是减少和消除生产过程中的事故,保证人员健康安全和财产免受损失。

(1)施工安全控制的特点

①控制面广。由于建设工程规模较大,生产工艺复杂、工序多,在建造过程中流动作业多,高处作业多,作业位置多变,遇到的不确定因素多,安全控制工作涉及范围大,控制面广。

②控制的动态性。建设工程项目的单件性,使得每项工程所处的条件不同,所面临的危险因素和防范措施也会有所改变;员工转移工地后,熟悉一个新的工作环境需要一定的时间,有些工作制度和安全技术措施也会有所调整,员工同样有个熟悉的过程。由于建设工程项目施工的分散性,尽管有各种规章制度和安全技术交底的环节,但是面对具体的生产环境时,仍然需要自己的判断和处理,有经验的人员还必须适应不断变化的情况。

③控制系统交叉性。建设工程项目是开放系统,受自然环境和社会环境影响很大,安全控制需要把工程系统与环境系统及社会系统相结合。

④控制的严谨性。安全状态具有触发性,其控制措施必须严谨,一旦失控,就会造成损失和伤害。

(2)施工安全控制的程序

建设工程项目施工安全控制程序如图8.1所示。

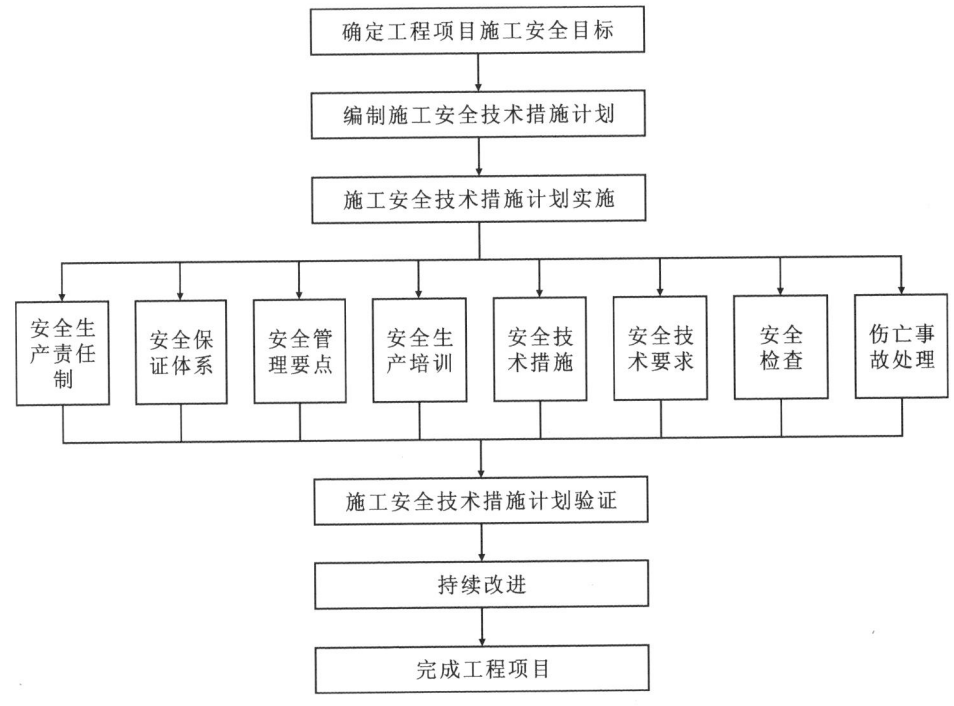

图 8.1 建设工程项目施工安全控制程序

①确定建设工程项目施工的安全目标。按"目标管理"方法,在以项目经理为首的项目管理系统内进行分解,从而确定每个岗位的安全目标,实现全员安全控制。

②编制建设工程项目施工安全技术措施计划。对生产过程中的安全风险进行识别和评价,对其不安全因素用技术手段加以消除和控制,并形成文件。施工安全技术措施计划是进行工程项目施工安全控制的指导性文件。

③实施施工安全技术措施计划。包括建立健全安全生产责任制,设置安全生产设施,进行安全教育和培训,沟通和交流信息,通过安全控制使生产作业的安全状况处于受控状态。

④进行施工安全技术措施计划的验证。包括安全检查、纠正不符合要求的情况,并做好检查记录工作。根据实际情况补充和修改安全技术措施。

⑤持续改进,直至完成建设工程项目的所有工作。由于建设工程项目的开放性,在项目实施过程中,各种条件可能有所变化,以致造成对安全风险评价的结果失真,使得安全技术措施与变化的条件不相适应,此时应考虑是否对安全风险重新评价和是否有必要更改安全技术措施计划。

(3)工程施工安全控制的基本要求

①施工单位在取得安全行政主管部门颁发的"安全施工许可证"后才可开工。

②总承包单位和每一个分包单位都应经过安全资格审查认可。

③各类作业人员和管理人员必须具备相应的执业资格才能上岗。

④所有新员工必须经过三级安全教育,即进厂、进车间和进班组的安全教育。

⑤特殊工种作业人员必须持有特种作业操作证,并严格按规定定期进行复查。

⑥对查出的安全隐患要做到"五定",即定整改责任人、定整改措施、定整改完成时间、定整改完成人、定整改验收人。

⑦必须把好安全生产"六关",即措施关、交底关、教育关、防护关、检查关、改进关。

⑧施工现场安全设施齐全,并符合国家及地方有关规定。

⑨施工机械(特别是现场安设的起重设备等)必须经安全检查合格后方可使用。

⑩保证安全技术措施费用的落实,不得挪作他用。

8.2.2 施工安全技术措施计划及其实施

8.2.2.1 工程项目安全计划的内容

①项目概况。包括项目的基本情况、可能存在的不安全因素等。

②安全控制和管理目标。应明确安全控制和管理的总目标和子目标,目标要具体化。

③安全控制和管理程序。主要应明确安全控制和管理的工作过程和安全事故的处理过程。

④安全组织机构。包括安全组织机构形式和安全组织机构的组成。

⑤职责权限。根据组织机构状况,明确不同组织层次、各相关人员的职责和权限,进行责任分配。

⑥规章制度。包括安全管理制度、操作规程、岗位职责等,规章制度的建立应遵循的法律、法规和标准等。

⑦资源配置。针对项目特点,提出安全管理和控制所必需的材料、设施等资源的要求和具体的配置方案。

⑧安全措施。针对不安全因素确定相应措施。

⑨检查评价。明确检查评价方法和评价标准。

⑩奖惩制度。明确奖惩标准和方法。

8.2.2.2 施工方案中安全措施的主要内容

建筑工程的结构复杂多变,各施工工程所处地理位置、环境条件不尽相同,无统一的安全技术措施,编制施工方案时应结合本企业的经验教训、工程所处位置和结构特点,以及既定的安全目标,抓住六种伤害的防患(防高空坠落、防物体打击、防坍塌、防触电、防机械伤害、防中毒事故),制定相应的措施。

一般工程安全技术措施主要考虑以下内容:

①从建筑或安装工程整体考虑施工期内对周围道路、行人及邻近居民、设施的影响,采取相应的防护措施(全封闭防护或部分封闭防护);平面布置应考虑施工区与生活区分隔,以及自己的施工排水、安全通道、高处作业对下部和地面人员的影响;临时用电线路的整体布置、架设方法;安装工程中的设备、构配件吊运,起重设备的选择和确定,起重半径以外安全防护范围等,复杂的吊装工程还应考虑视角、信号、步骤等细节。

②对深基坑、基槽的土方开挖,应了解土壤种类,选择土方开挖方法、放坡坡度或固壁支撑的具体做法,总的要求是防坍塌。人工挖孔桩基础工程还须有测毒设备和防中毒措施。

③30m 以上脚手架或设置的挑架、大型混凝土模板工程,还应进行架体和模板承重强度、荷载计算,以保证施工过程中的安全;安全平网、立网的架设要求,架设层次段落,做好严密的随层安全防护;龙门、井架等垂直运输设备的拉结、固定方法及防护措施。

④施工过程中的"四口"(即楼梯口、电梯口、通道口、预留洞口)应有防护措施。如楼梯、通道口应设置 1.2m 高的防护栏杆并加装安全立网;预留孔洞应加盖;大面积孔洞,如吊装孔、设备安装孔、天井孔等应加周边栏杆并安装立网。交叉作业应采取隔离防护,如上部作业应满铺脚手板,外侧边沿应采取加挡板和网等防物体下落措施。

⑤"临边"防护措施。施工中未安装栏杆的阳台(走台)周边、无外架防护的屋面(或平台)周边、框架工程楼层周边、跑道(斜道)两侧边、卸料平台外侧边等均属于临边危险地域,应采取预防人员和物料下落的措施。

⑥当外用电线路与在建工程(含脚手架具)的外侧边缘之间达到最小安全操作距离时,必须采取屏障、保护网等措施;如果小于最小安全距离时,还应设置绝缘屏障,并悬挂醒目的警示标志。根据施工总平面的布置和现场临时用电需要量,制定相应的安全用电技术措施和电气防火措施,如果临时用电设备在 5 台及 5 台以上或设备总容量在 50kW 及 50kW 以上者,应编制临时用电组织设计。

⑦施工工程、暂设工程、井架门架等金属构筑物,凡高于周围原有避雷设备,均应有防雷设施;易燃易爆作业场所必须采取防火防爆措施。

⑧季节性施工的安全措施。如夏季防止中暑措施,包括降温、防热辐射、调整作息时间、疏导风源等措施;雨季施工要制定防雷防电、防坍塌措施;冬季防火、防大风等。

8.2.2.3　安全计划的实施

(1)安全生产责任制度

根据《建设工程安全生产管理条例》和《建筑施工安全检查标准》(JCJ 59—2011)的相关规定,安全生产责任制度的主要内容如下:

①安全生产责任制度主要包括企业主要负责人的安全责任,负责人或其他副职的安全责任,项目负责人(项目经理)的安全责任,生产、技术、材料等各职能管理负责人及其工作人员的安全责任,技术负责人的安全责任,专职安全生产管理人员的安全责任,施工员的安全责任,班组长的安全责任和岗位人员的安全责任等。

②项目应对各级、各部门安全生产责任制规定检查和考核办法,并按规定期限进行考核,对考核结果及兑现情况应有记录。

③项目独立承包的工程在签订承包合同中必须有安全生产工作的具体指标和要求。工程由多单位施工时,总分包单位在签订分包合同的同时要签订安全生产合同(协议),签订合同前要检查分包单位的营业执照、企业资质证、安全资格证等。分包队伍的资质应与工程要求相符,在安全合同中应明确总分包单位各自的安全职责,原则上实行总承包的由总承包单位负责,分包单位向总包单位负责,服从总包单位对施工现场的安全管理,分包单位在其分包范围内建立施工现场安全生产管理制度,并组织实施。

④项目的主要工种应有相应的安全技术操作规程,包括砌筑、抹灰、混凝土、木工、电工、钢筋、机械、起重司机、信号指挥、脚手架、水暖、油漆、塔吊、电梯、电气焊等工种,特殊作业应另行补充。应将安全技术操作规程列为日常安全活动和安全教育的主要内容,并应悬挂在操作岗位前。

⑤工程项目部专职安全人员的配备应按住房城乡建设部的规定,1 万 m^2 以下工程 1 人;1 万～5 万 m^2 的工程不少于 2 人;5 万 m^2 以上的工程不少于 3 人。

总之,企业实行安全生产责任制,必须做到在计划、布置、检查、总结、评比生产的同时计划、布置、检查、总结、评比安全工作。

(2)安全教育培训

①企业法定代表人安全教育的内容:国家有关安全生产的方针、政策、法律、法规及有关规章制度;安全生产管理职责、企业安全生产管理知识及安全文化;有关事故案例及事故应急处理措施等。

②项目经理部安全教育的内容:国家和当地政府的安全生产方针、政策,安全生产法律、法规,部门规章制度和安全纪律,安全事故分析和处理案例。

③作业队安全教育培训的内容:承担施工任务的特点、施工安全基本知识、安全生产制度;相关工种的安全技术操作规程;机械设备、电气、高空作业等安全基本知识;防火、防毒、防爆、防洪、防雷击、防触电、防高空坠落、防物体打击、防坍塌、防机械车辆伤害等及紧急安全处理知识;安全防护用品发放标准;防护用具、用品使用基本知识。

④班组安全教育培训的内容:作业特点及安全操作规程;班组安全生产制度及纪律;爱护和正确使用安全防护装置(设施)及个人劳动防护用品知识;本岗位的不安全因素及防范对策;本岗位的作业环境、使用机具的安全要求。

⑤从事电工、压力容器操作、爆破作业、金属焊接、井下检验、机动车驾驶、机动船舶驾驶、高空作业等特殊工种的作业人员,必须经国家认可的具有资质的单位进行安全技术培训,考试合格并取得上岗证书方可上岗作业。已取得职业高中、技工学校及中专以上学历的毕业生从事与其所学专业相应的特种作业,持学历证明经考核发证机关同意,可以免予相关专业的培训。

(3)安全技术交底

安全技术交底的基本要求是:

①项目经理部必须实行逐级安全技术交底制度,纵向延伸到班组全体作业人员。

②技术交底必须具体、明确、针对性强。

③技术交底的内容应针对分部分项工程施工中给作业人员带来的潜在危害和存在问题。

④应优先采用新的安全技术措施。

⑤应将工程概况、施工方法、施工程序、安全技术措施等向工长、班组长进行详细交底。

⑥定期向由两个以上作业队和多工种进行交叉施工的作业队进行书面交底。

⑦保持书面安全技术交底签字记录。

安全技术交底主要内容包括:本工程项目的施工作业特点和危险点;针对危险点的具体预防措施;应注意的安全事项;相应的安全操作规程和标准;发生事故后应及时采取的避难和急救措施。

(4)施工现场安全生产管理规定

①应落实各项安全管理制度和操作规程,确定各级安全生产责任人;

②各级管理人员和施工人员应进行相应的安全教育,依法取得必要的岗位资格证书;

③各施工过程应配置齐全劳动防护设施和设备,确保施工场所安全;

④作业活动严禁使用国家及地方政府明令淘汰的技术、工艺、设备、设施和材料;

⑤作业场所应设置消防通道、消防水源,配备消防设施和灭火器材,并在现场入口处设置明显标志;

⑥作业现场场容、场貌、环境和生活设施应满足安全文明达标要求;

⑦食堂应取得卫生许可证,并应定期检查食品卫生,预防食物中毒;

⑧项目管理团队应确保各类人员的职业健康需求,防治可能产生的职业和心理疾病;

⑨应落实减轻劳动强度、改善作业条件的施工措施。

(5)施工安全检查

工程项目安全检查的目的是清除隐患、防止事故、改善劳动条件及提高员工安全生产意识。安全检查是安全控制工作的一项重要内容。通过安全检查,可以发现工程中的危险因素,以便有计划地采取措施,保证安全生产。施工项目的安全检查由项目经理组织,定期进行。

①安全检查的分类

安全检查可分为日常性检查、专业性检查、季节性检查、节假日前后的检查和不定期检查。

日常性检查,即经常的、普遍的检查。企业一般每年进行 1～4 次;工程项目组、车间、科室每月至少进行 1 次;班组每周、每班次都应进行检查。专职安全技术人员的日常检查应该有计划、针对重点部位周期性地进行。

专业性检查是针对特种作业、特种设备、特殊场所进行的检查,如电焊、气焊、起重设备、运输车辆、锅炉压力容器、易燃易爆场所等。

季节性检查是指根据季节特点,为保障安全生产的特殊要求所进行的检查。如春季风大,要着重防火、防爆;夏季高温,多雨雷电,要着重防暑、降温、防汛、防雷击、防触电;冬季着重防寒、防冻等。

节假日前后的检查是针对节假日期间容易产生麻痹思想的特点而进行的安全检查,包括节假日前进行安全生产综合检查,节假日后进行遵章守纪的检查等。

不定期检查是指在工程或设备开工和停工前、检修中、工程或设备竣工及试运转时进行的安全检查。

②安全检查的主要内容

a. 查思想。主要检查企业领导和职工对安全生产工作的认识。

b. 查管理。主要检查工程的安全生产管理是否有效。内容包括安全生产责任制、安全技术措施计划、安全组织机构、安全保证措施、安全技术交底、安全教育、安全持证上岗、安全设施、安全标识、操作行为、违规管理、安全记录等。

c. 查隐患。主要检查作业现场是否符合安全生产、文明生产的要求。

d. 查整改。主要检查对过去提出问题的整改情况。

e. 查事故处理。对安全事故的处理应达到查明事故原因,明确责任并对责任者做出处理,明确和落实整改措施等要求。同时,还应检查对伤亡事故是否及时报告,认真调查,严肃处理。

安全检查的重点是违章指挥和违章作业。在安全检查过程中,应编制安全检查报告,说明已达标项目、未达标项目、存在问题、原因分析、纠正和预防措施。

③安全检查的注意事项

a. 建立检查的组织领导机构,配备适当的检查力量,挑选具有较高业务水平的专业人员参加。

b. 安全检查要深入基层,紧紧依靠职工,坚持领导与群众相结合的原则,组织好检查工作。

c.做好检查的各项准备工作,包括思想、业务知识、法规政策和物质、奖金准备。

d.明确检查的目的和要求。既要严格要求,又要防止一刀切,要从实际出发,分清主、次矛盾,力求实效。

e.把自查与互查有机结合起来。基层以自检为主,企业内相应部门间互相检查,取长补短,相互学习和借鉴。

f.坚持查改结合。检查不是目的,只是一种手段,整改才是最终目的。发现问题,要及时采取切实有效的防范措施。

g.建立检查档案。结合安全检查表的实施,逐步建立健全检查档案,收集基本的数据,掌握基本安全状况,为及时消除隐患提供依据,同时也为以后的职业健康安全检查奠定基础。

8.3 建设工程职业健康安全事故处理

8.3.1 安全生产应急响应

项目管理机构应识别可能的紧急情况和突发过程的风险因素,编制项目应急准备与响应预案。应急准备与响应预案应包括下列内容:

①应急目标和部门职责;

②突发过程的风险因素及评估;

③应急响应程序和措施;

④应急准备与响应能力测试;

⑤需要准备的相关资源。

项目管理机构应对应急预案进行专项演练,对其有效性和可操作性实施评价并修改完善。

发生安全生产事故时,项目管理机构应启动应急准备与响应预案,采取措施进行抢险救援,防止发生二次伤害。项目管理机构在事故应急响应的同时,应按规定上报上级和地方主管部门,及时成立事故调查组对事故进行分析,查清事故发生原因和责任,进行全员安全教育,采取必要措施防止事故再次发生。

组织应在事故调查分析完成后进行安全生产事故的责任追究。

8.3.2 建设工程施工安全事故处理

(1)按规定向有关部门报告事故情况

事故发生后,事故现场有关人员应当立即向本单位负责人报告;单位负责人接到报告后,应当于1h内向事故发生地县级以上人民政府安全生产监督管理部门和负有安全生产监督管理职责的有关部门报告,并有组织、有指挥地抢救伤员、排除险情;应当防止人为或自然因素的破坏,便于事故原因的调查。

①情况紧急时,事故现场有关人员可以直接向事故发生地县级以上人民政府安全生产监督管理部门和负有安全生产监督管理职责的有关部门报告。

②安全生产监督管理部门和负有安全生产监督管理职责的有关部门接到事故报告后,应当依照下列规定上报事故情况,并通知公安机关、劳动保障行政部门、工会和人民检察院。

　　a.特别重大事故、重大事故逐级上报至国务院安全生产监督管理部门和负有安全生产监督管理职责的有关部门。

　　b.较大事故逐级上报至省、自治区、直辖市人民政府安全生产监督管理部门和负有安全生产监督管理职责的有关部门。

　　c.一般事故上报至设区的市级人民政府安全生产监督管理部门和负有安全生产监督管理职责的有关部门。

　　(2)组织调查组,开展事故调查

　　①特别重大事故由国务院或者国务院授权有关部门组织事故调查组进行调查。重大事故、较大事故、一般事故分别由事故发生地省级人民政府、设区的市级人民政府、县级人民政府负责调查。省级人民政府、设区的市级人民政府、县级人民政府可以直接组织事故调查组进行调查,也可以授权或者委托有关部门组织事故调查组进行调查。未造成人员伤亡的一般事故,县级人民政府也可以委托事故发生单位组织事故调查组进行调查。

　　②事故调查组有权向有关单位和个人了解与事故有关的情况,并要求其提供相关文件、资料,有关单位和个人不得拒绝。事故发生单位的负责人和有关人员在事故调查期间不得擅离职守,并应当随时接受事故调查组的询问,如实提供有关情况。事故调查中发现涉嫌犯罪的,事故调查组应当及时将有关材料或者其复印件移交司法机关处理。

　　③现场勘查

　　事故发生后,调查组应迅速到现场进行及时、全面、准确和客观的勘查,包括现场笔录、现场拍照和现场绘图。

　　④分析事故原因

　　通过调查分析,查明事故经过,按受伤部位、受伤性质、起因物、致害物、伤害方法、不安全状态、不安全行为等,查清事故原因,包括人、物、生产管理和技术管理等方面的原因。通过直接和间接地分析,确定事故的直接责任者、间接责任者和主要责任者。

　　⑤制定预防措施

　　根据事故原因分析,制定防止类似事故再次发生的预防措施。根据事故后果和事故责任者应负的责任提出处理意见。

　　⑥提交事故调查报告

　　事故调查组应当自事故发生之日起60d内提交事故调查报告;特殊情况下,经负责事故调查的人民政府批准,提交事故调查报告的期限可以适当延长,但延长的期限最长不超过60d。事故调查报告应当包括下列内容:

　　a.事故发生单位概况;

　　b.事故发生经过和事故救援情况;

　　c.事故造成的人员伤亡和直接经济损失;

　　d.事故发生的原因和事故性质;

　　e.事故责任的认定及对事故责任者的处理建议;

　　f.事故防范和整改措施;

　　g.事故的审理和结案。

　　重大事故、较大事故、一般事故,负责事故调查的人民政府应当自收到事故调查报告之日起15d内作出批复;特别重大事故,30d内作出批复,特殊情况下,批复时间可以适当延长,但延长的期限最长不超过 30d。

8.4 文明施工与现场环境保护措施

8.4.1 施工现场安全文明施工的措施

文明施工是指保持施工现场良好的作业环境、卫生环境和工作秩序。因此,文明施工也是保护环境的一项重要措施。文明施工主要包括:规范施工现场的场容,保持作业环境的整洁卫生;科学组织施工,使生产有序进行;减少施工对周围居民和环境的影响;遵守施工现场文明施工的规定和要求,保证职工的安全和身体健康。

文明施工可以适应现代化施工的客观要求,有利于员工的身心健康,有利于培养和提高施工队伍的整体素质,促进企业综合管理水平的提高,提高企业的知名度和市场竞争力。

(1)加强现场文明施工的管理

①建立文明施工的管理组织。应确立项目经理为现场文明施工的第一责任人,以各专业工程师、施工质量、安全、材料、保卫等现场项目经理部人员为成员的施工现场文明管理组织,共同负责本工程现场文明施工工作。

②健全文明施工的管理制度。包括建立各级文明施工岗位责任制,将文明施工工作考核列入经济责任制,建立定期的检查制度,实行自检、互检、交接检制度,建立奖惩制度,开展文明施工立功竞赛,加强文明施工教育培训等。

(2)落实现场文明施工的各项管理措施

针对现场文明施工的各项要求,落实相应的各项管理措施。

①施工平面布置

施工总平面图是现场管理、实现文明施工的依据。施工总平面图应对施工机械设备、材料和构配件的堆场、现场加工场地,以及现场临时运输道路、临时供水供电线路和其他临时设施进行合理布置,并随工程实施的不同阶段进行场地布置和调整。

②现场围挡、标牌

a.施工现场必须实行封闭管理,设置进出口大门,制定门卫制度,严格执行外来人员进场登记制度。沿工地四周连续设置围挡,市区主要路段和其他涉及市容景观路段的工地设置围挡的高度不低于 2.5m,其他工地的围挡高度不低于 1.8m;围挡材料要求坚固稳定、统一、整洁、美观。

b.施工现场必须设有"五牌一图",即工程概况牌、管理人员名单及监督电话牌、消防保卫(防火责任)牌、安全生产牌、文明施工牌和施工现场总平面图。

c.施工现场应合理悬挂安全生产宣传和警示牌,特别是主要施工部位、作业点和危险区域及主要通道口必须有针对性地悬挂醒目的安全警示牌。

③施工场地

a.施工现场应积极推行硬地坪施工,作业区、生活区主干道地面必须用一定厚度的混凝土硬化,场内其他道路地面也应硬化处理。

b.施工现场道路畅通、平坦、整洁,无散落物。

c.施工现场设置排水系统,排水畅通,不积水。

d.严禁泥浆、污水、废水外流或未经允许排入河道,严禁堵塞下水道和排水河道。

e.施工现场适当地方设置吸烟处,作业区内禁止吸烟。

f.积极美化施工现场环境,根据季节变化适当进行绿化布置。

④材料堆放、周转设备管理

a.建筑材料、构配件、料具必须按施工现场总平面布置图堆放,布置合理。

b.建筑材料、构配件及其他料具等必须做到安全、整齐堆放(存放),不得超高。堆料分门别类悬挂标牌;标牌应统一制作,标明名称、品种、规格、数量等。

c.建立材料收发管理制度,仓库、工具间材料堆放整齐,易燃易爆物品分类堆放,专人负责,确保安全。

d.施工现场建立清扫制度,落实到人,做到“工完料尽场地清”,车辆进出场应有防泥带出措施。建筑垃圾及时清运,临时存放现场的也应集中堆放整齐、悬挂标牌。不用的施工机具和设备应及时出场。

e.施工设施、大模板、砖夹等,集中堆放整齐;大模板成对放稳,角度正确。钢模及零配件、脚手扣件分类分规格,集中存放。竹木杂料,分类堆放、规则成方、不散不乱、不作他用。

⑤现场生活设施

a.施工现场作业区与办公、生活区必须明显划分,确因场地狭窄不能划分的,要有可靠的隔离栏防护措施。

b.宿舍内应确保主体结构安全,设施完好。宿舍周围环境应保持整洁、安全。

c.宿舍内应有保暖、消暑、防煤气中毒、防蚊虫叮咬等措施。严禁使用煤气灶、煤油炉、电饭煲、“热得快”、电炒锅、电炉等器具。

d.食堂应有良好的通风和洁卫措施,保持卫生整洁,炊事员持健康证上岗。

e.建立现场卫生责任制,设卫生保洁员。

f.施工现场应设固定的男、女简易淋浴室和厕所,要保证结构稳定、牢固和防风雨,实行专人管理、及时清扫,保持整洁,要有灭蚊蝇措施。

⑥现场消防、防火管理

a.建立现场消防管理制度,建立消防领导小组,落实消防责任制和责任人员,做到思想重视、措施跟上、管理到位。

b.定期对有关人员进行消防教育,落实消防措施。

c.现场必须有消防平面布置图,临时设施按消防条例有关规定搭设,做到标准规范。

d.易燃易爆物品堆放间、油漆间、木工间、总配电室等消防防火重点部位要按规定设置灭火器和消防沙箱,并有专人负责,对违反消防条例的有关人员进行严肃处理。

e.施工现场用明火要做到严格按动用明火规定执行,审批手续齐全。

⑦医疗急救的管理

展开卫生防病教育,准备必要的医疗设施,配备经过培训的急救人员,有急救措施、急救器材和保健医药箱。在现场办公室的显著位置张贴急救车和有关医院的电话号码等。

⑧社区服务的管理

建立施工不扰民的措施。现场不得焚烧有毒、有害物质等。

⑨治安管理

a.建立现场治安保卫领导小组,有专人管理。

b.新入场的人员做到及时登记,做到合法用工。

c.按照治安管理条例和施工现场的治安管理规定搞好各项管理工作。

d.建立门卫值班管理制度,严禁无证人员和其他闲杂人员进入施工现场,避免安全事故和失盗事件的发生。

(3)建立检查考核制度

对于建设工程文明施工,国家和各地大多制定了标准或规定,也有比较成熟的经验。在实际工作中,项目应结合相关标准和规定建立文明施工考核制度,推进各项文明施工措施的落实。

(4)抓好文明施工建设工作

①建立宣传教育制度。现场宣传安全生产、文明施工、国家大事、社会形势、企业精神、优秀事迹等。

②坚持以人为本,加强管理人员和班组文明建设。教育职工遵纪守法,提高企业整体管理水平和文明素质。

③主动与有关单位配合,积极开展共建文明活动,树立企业良好的社会形象。

8.4.2　施工现场环境保护的措施

施工现场环境保护是按照法律、法规、各级主管部门和企业的要求,保护和改善作业现场的环境,控制现场的各种粉尘、废水、废气、固体废弃物、噪声、振动等对环境的污染和危害。环境保护也是文明施工的重要内容之一。

(1)大气污染的防治

大气污染物包括:

①气体状态污染物。如二氧化硫、氮氧化物、一氧化碳、苯、苯酚、汽油等。

②粒子状态污染物。包括降尘和飘尘。飘尘又称为可吸入颗粒物,易随呼吸进入人体肺脏,危害人体健康。

③工程施工工地对大气产生的主要污染物有锅炉、熔化炉、厨房烧煤产生的烟尘,建材破碎、筛分、碾磨、加料过程、装卸运输过程产生的粉尘,施工动力机械排放的尾气等。

施工现场空气污染的防治措施是:

①严格控制施工现场和施工运输过程中的降尘和飘尘对周围大气的污染,可采用清扫、洒水、遮盖、密封等措施降低污染。

②严格控制有毒有害气体的产生和排放,如禁止随意焚烧油毡、橡胶、塑料、皮革、树叶、枯草、各种包装物等废弃物品,尽量不使用有毒、有害的涂料等化学物质。

③所有机动车的尾气排放应符合国家现行标准。

(2)水污染的防治

水体的主要污染源和污染物包括:

①水体污染源。包括工业污染源、生活污染源、农业污染源等。

②水体的主要污染物。包括各种有机和无机有毒物质。有毒有机物质包括挥发酚、有机氯农药、多氯联苯等。有毒无机物质包括汞、镉、铬、铅等重金属以及氰化物等。

③施工现场废水和固体废物随水流流入水体的部分。包括泥浆、水泥、油漆、各种油类、混凝土添加剂、有机溶剂、重金属、酸碱盐等。

防止水体污染的措施是：

①控制污水的排放。

②改革施工工艺，减少污水的产生。

③综合利用废水。

（3）建设工程施工现场的噪声控制

①噪声的分类

噪声按照振动性质可分为气体动力噪声、机械噪声、电磁性噪声。

噪声按来源可分为交通噪声（如汽车、火车等）、工业噪声（如鼓风机、汽轮机等）、建筑施工的噪声（如打桩机、混凝土搅拌机等）、社会生活噪声（如高音喇叭、收音机等）。

②施工现场噪声的控制措施

噪声控制技术可从声源、传播途径、接收者防护等方面来考虑。

从声源上降低噪声是防止噪声污染的最根本的措施。具体做法是：

a. 尽量采用低噪声设备和工艺代替高噪声设备与工艺，如采用低噪声振捣器、风机、电动空压机、电锯等。

b. 在声源处安装消声器消声，即在通风机、鼓风机、压缩机、燃气机、内燃机及各类排气放空装置等进出风管的适当位置设置消声器。

c. 严格控制人为噪声。

从传播途径上控制噪声的方法主要有：

a. 吸声。利用吸声材料（大多由多孔材料制成）或由吸声结构形成的共振结构（金属或木质薄板钻孔制成的空腔体）吸收声能，降低噪声。

b. 隔声。应用隔声结构阻碍噪声向空间传播，将接收者与噪声声源分隔。

c. 消声。利用消声器阻止噪声传播。允许气流通过的消声降噪装置是防治空气动力性噪声（如空气压缩机、内燃机产生的噪声等）的主要装置。

d. 减振降噪。对由振动引起的噪声，可通过降低机械振动减小噪声，如将阻尼材料涂在振动源上，或改变振动源与其他刚性结构的连接方式等。

此外，可让处于噪声环境下的人员使用耳塞、耳罩等防护用品，减少相关人员在噪声环境中的暴露时间，以减轻噪声对人体的危害。

（4）建设工程施工现场固体废物处理

固体废物是生产、建设、日常生活和其他活动中产生的固态、半固态废弃物质。固体废物是一个极其复杂的废物体系，按照其化学组成可分为有机废物和无机废物；按照其对环境和人类健康的危害程度可以分为一般废物和危险废物。

施工工地上常见的固体废物包括：

①建筑渣土。包括砖瓦、碎石、渣土、混凝土碎块、废钢铁、碎玻璃、废弃装饰材料等。

②废弃的散装建筑材料。如废水泥、废石灰等。

③生活垃圾。包括炊厨废物、丢弃食品、废纸、生活用具、玻璃、陶瓷碎片、废电池、废日用电器、废塑料制品、煤灰渣等。

④设备、材料等的包装材料。

⑤粪便。

固体废物处理的基本思想是采取资源化、减量化和无害化的处理，对固体废物进行综合利

用,建立固体废物回收体系。固体废物的主要处理和处置方法有:

①物理处理。包括压实浓缩、破碎、分选、脱水干燥等。

②化学处理。包括氧化还原、中和、化学浸出等。

③生物处理。包括好氧处理、厌氧处理等。

④热处理。包括焚烧、热解、焙烧、烧结等。

⑤固化处理。包括水泥固化法和沥青固化法等。

⑥回收利用。包括回收利用和集中处理等资源化、减量化的方法。

⑦处置。包括土地填埋、焚烧、贮留池贮存等。

8.5 职业健康安全与环境管理案例

【案例 8.1】 某公司承接了小区 7 号楼的施工任务。2007 年 8 月 16 日,电焊工张某在工地 9 层楼梯间进行配电箱避雷跨接作业。电焊机原来放在 11 层,他本应从楼内将电焊机移到 9 层或从内拉线进行作业,但张某图省事,欲将电焊机从 11 层通廊外扔向 8 层通廊,结果焊把线落到了 8 层通廊顶槽内;王某从 9 层窗口去够焊把线,因重心失稳,不幸从 9 层窗口坠到首层采光井顶板上,坠落高度 20m,当场死亡。

经调查,电焊工张某是刚刚从农村来此做工不久的农民,虽然经过了培训,考核合格,但还未拿到特种作业上岗证。该项目安全管理工作涣散,制度执行不力,缺乏对职工进行安全生产有关法律、法规知识的培训教育,造成施工人员在法律知识上欠缺和安全意识上淡漠,违章、冒险、蛮干。

【问题】 (1)分析造成这起事故的原因。

(2)分部工程安全技术交底的要求和主要内容是什么?

(3)简述建立安全管理体系的要求。

【解】 (1)这是一起由高处坠落所引起的事故。事故发生的原因如下:

①作业中缺乏相互监督,无人制止违章行为,反映出该施工单位安全管理不到位。

②违反了特种作业人员必须持证上岗的规定。

③对作业人员未进行安全生产法律、法规的教育,安全培训工作不到位。

④电焊工张某缺乏安全常识,自我保护意识差,违章、冒险、蛮干。

(2)分部工程安全技术交底的要求是:安全技术交底工作在正式作业前进行,不但要有口头讲解,而且应有书面文字材料,并履行签字手续,施工负责人、生产班组、现场安全员三方各留一份;安全技术交底是施工负责人向施工作业人员进行责任落实的法律要求,要严肃认真地进行,不能流于形式;交底内容不能过于简单、千篇一律,应按分部分项工程要求和针对具体的作业条件进行。分部工程安全技术交底的主要内容包括:①按照施工方案的要求,在施工方案的基础上对施工方案进行细化和补充;②对具体操作者讲明安全注意事项,保证操作者的人身安全。

(3)建立安全管理体系的要求有:管理职责;安全管理体系;采购控制;分包单位控制;施工过程控制;安全检查、检验和标识;事故隐患控制;纠正和预防措施;安全教育和培训;内部审核;安全记录。

小　　结

　　职业健康安全与环境管理作为建设工程项目管理的主要内容之一,是时代的要求。因此,正确理解职业健康安全与环境管理的内涵,明确其基本任务,掌握建设工程职业健康安全与环境管理的特点是管理者的工作内容之一。

　　工程项目施工安全控制事关生命安全和工程成本,"安全第一,预防为主,综合治理"是我国安全生产的方针,切实可行的安全技术措施和有效实施是安全控制的重点。

　　明确安全事故的处理原则,掌握安全事故的处理程序,是安全事故处理的核心。明确文明施工的要求,有效实施施工现场环境保护措施是环境管理的关键所在。

复习思考题

8.1　建设工程职业健康安全与环境管理有哪些特点?

8.2　施工安全控制有哪些特点?

8.3　简述安全技术交底的基本要求。

8.4　简述安全检查的主要内容。

8.5　简述建设工程施工安全事故的处理措施。

8.6　施工现场安全文明施工的措施有哪些?

9 工程项目资源与信息管理

 **素质目标**

树立工程整体观和全局意识，重视信息优势。

 **知识目标**

通过本单元的学习，使学生熟悉工程项目资源管理的内容及程序，掌握项目资源管理计划的编制和控制的方法，了解工程项目资源管理考核的内容及方法；使学生熟悉工程项目信息管理的概念、任务及原则，掌握工程项目报告系统的种类、作用、要求、内容，工程项目信息的收集及加工整理，了解工程项目文档管理、软信息以及如何运用BIM技术实施工程项目管理。

能力目标

具备根据工程项目资源的特点编制资源管理计划的能力；具备根据每种资源的特性进行动态配置、控制及处置的能力；具备工程项目信息收集及BIM技术在项目管理中应用的能力。

9.1 工程项目资源管理

9.1.1 工程项目资源管理概述

9.1.1.1 工程项目资源管理概念

工程项目资源管理指对项目所需的人力资源、材料、机械设备、技术和资金等所进行的计划、组织、指挥、协调和控制等活动。

工程项目资源管理的特点主要表现为：工程所需资源的种类多、需求量大；工程项目建设过程的不均衡性；资源供应受外界影响大，具有复杂性和不确定性，资源经常需要在多个项目中协调；资源对项目成本的影响大。

BIM技术在火神山、雷神山医院建设中大显身手

9.1.1.2 工程项目资源管理的内容

工程项目资源管理的内容主要包括人力资源管理、材料管理、机械设备管理、技术管理和资金管理五个方面。

（1）人力资源管理

人力资源是指能够推动经济和社会发展的体力和脑力劳动者。在项目中，人力资源包括不同层次的管理人员和参与项目的各种工人。

项目人力资源管理是指项目组织对该项目的人力资源所进行的科学的计划、适当的培训、合理的配置、准确的评估和有效的激励等一系列管理工作。

工程项目人力资源管理的任务是根据项目目标，不断获取项目所需人员，并将其整合到项目团队之中,使之与项目组织融为一体。项目中人力资源的使用,关键是要明确责任,提高效率。项目人力资源的来源包括建筑企业内部选派、建筑企业劳务市场、外部招聘、劳务承包等。

(2)材料管理

建筑材料成本占整个建筑工程造价的比重为 2/3～3/4。加强项目的材料管理,对于提高工程质量、降低工程成本都将起到积极的作用。

建筑材料分为主要材料、辅助材料和周转材料。

(3)机械设备管理

对机械设备的管理往往实行集中管理与分散管理相结合的办法,主要任务在于正确选择机械设备,保证机械设备在使用中处于良好状态,减少机械设备闲置、损坏,提高施工机械化水平,提高完好率、利用率和效率。

机械设备的供应来自四种渠道,即企业自有设备、市场租赁设备、企业为项目专购设备及分包机械施工任务。

(4)技术管理

技术管理是指项目实施的过程中对各项技术活动和技术工作的各种资源进行科学管理的总称。

技术管理主要内容包括技术管理基础性工作、项目实施过程中的技术管理工作、技术开发管理工作、技术经济分析与评价。

(5)资金管理

项目资金管理应以保证收入、节约支出、防范风险和提高经济效益为目的。通过对资金的预测和对比及项目奖金计划等方法,不断地进行分析和对比、计划调整和考核,以达到降低成本、提高效益的目的。

项目资金管理主要环节包括:资金收入、支出预测,资金收入对比,资金筹措,资金使用管理等。

9.1.1.3　工程项目资源管理的作用

工程项目资源管理的作用在于:在满足需要的前提下,以尽量少的消耗获得产出,达到减少支出、节约物化劳动和活劳动的目的。具体表现在以下方面:

①进行生产要素优化配置,即适时、适量、比例适宜、位置适宜地配备或投入生产要素,以满足施工需要。

②进行生产要素的优化组合,即投入项目的各种生产要素在使用过程中要协调发挥作用,有效地形成生产力。

③在项目的实施过程中要进行动态管理。项目的实施过程是一个不断变化的过程,对各种资源的需求也是不断变化的,因此,各种资源的配置和组合也需要进行动态管理。动态管理的基本内容是按照项目的内在规律,有效地计划、配置、控制和处置各种资源,使之在项目中合理流动,在动态中寻求平衡。

④在项目运行过程中,合理地节约使用资源。

9.1.1.4　工程项目资源管理的全过程及程序

(1)工程项目资源管理的全过程

工程项目资源管理的全过程包括项目资源的计划、配置、控制和处置四个环节。

①计划。编制资源管理计划是优化配置和组合的手段,目的是对资源投入量、投入时间、

投入步骤做出合理安排,以满足项目实施的需要。

②配置。资源配置是指按照编制的计划,从资源的供应到投入项目实施,保证项目需要。资源优化是资源管理目标的计划预控,通过项目管理实施规划和施工组织设计予以实现。它包括资源的合理选择、供应和使用,既包括市场资源,也包括内部资源。配置要遵循资源配置自身经济规律和价值规律,更好地发挥资源的效能,降低成本。

③控制。资源控制是指根据每种资源的特性,设计合理的控制措施,并进行动态配置和组合,协调投入,合理使用,不断纠正偏差,以尽可能少的资源满足项目要求,达到节约资源的目的。

资源动态控制是资源管理目标的过程控制,包括对资源利用率和使用效率的监督、闲置资源的清退、资源随项目实施任务的增减变化及时调度等,通过管理活动予以实现。

④处置。资源处置是在各种资源投入、使用与产出核算的基础上,进行使用效果分析,一方面进行管理效果的总结,找出经验和问题,评价管理活动;另一方面为管理提供储备和反馈信息,以指导下一阶段的管理工作,并持续改进。

（2）工程项目资源管理的程序

项目管理机构应根据项目目标管理的要求进行项目资源的计划、配置、控制,并根据授权进行考核和处置。项目资源管理应遵循下列程序:

①明确项目的资源需求;

②分析项目整体的资源状态;

③确定资源的各种提供方式;

④编制资源的相关配置计划;

⑤提供并配置各种资源;

⑥控制项目资源的使用过程;

⑦跟踪分析并总结改进。

9.1.1.5 工程项目资源管理的责任分配

工程项目资源管理的责任分配将人员配备工作与项目工作分解结构相联系,明确表示出工作分解结构中的每个工作单元由谁负责、由谁参与,并表明了每个人在项目中的地位。常用责任分配矩阵来表示,如表9.1所示。

表 9.1　责任分配矩阵

WBS	项目经理	总工程师	工程技术部	人力资源部	质量管理部	安全监督部	合同预算部	物资供应部
管理规划	D	M	C	A	A	A	A	A
进度管理	D	M	C	A	A	A	A	A
质量管理	D	M	A	A	C	A	A	A
成本管理	DM	A	A	A	A	A	A	A
安全管理	D	M	A	A	A	C	A	A
资源管理	DM	A	A	C	A	A	A	C
现场管理	D	M	C	A	A	A	A	A
合同管理	DM	M	A	A	A	A	C	A
沟通管理	D	A	C	A	A	A	A	A

注:D—决策;M—主持;C—主管;A—参与。

　　责任分配矩阵是将所分解的工作任务落实到项目有关部门或者个人，并明确表示出他们在组织工作中的关系、责任和地位的一种方法和工具。它是以组织单位为行、工作单元为列的矩阵图。

　　矩阵中的符号表示项目工作人员在每个工作单元中的参与角色或责任。用来表示工作任务参与类型的符号有多种形式，常见的有字母、数字和几何图形。

9.1.2　工程项目人力资源管理

9.1.2.1　人力资源管理概述

（1）人力资源的概念

　　从广义上讲，人力资源是指在一定社会范围或领域内人口总体所具有的劳动能力（包括体力劳动和脑力劳动）的总和。

　　从狭义上讲，如果是一个人，则人力资源是指该人可用于生产产品或提供各种服务的能力、技能和知识。如果是一个企业组织，则人力资源是指企业组织的全部成员所能够提供的服务与有利于企业经营活动的能力的总和。

　　从项目经理部对施工项目实施过程管理的角度讲，人力资源是指一个施工项目的实施过程中需要投入人的劳动的总和。其量的多少、是否高效，反映项目经理部项目管理的整体水平和效果。

　　人力资源管理工作的主要内容包括施工项目的人力资源管理计划、人力资源控制及人力资源考核。

（2）人力资源的基本特点

　　人力资源以人的身体和劳动为载体，是一种"活"的资源，并与人的自身生理特征相联系。这一特点决定了人力资源使用过程中需要考虑工作的环境、工作风险、时间弹性等非经济和非货币因素。

　　人力资源具有再生性。人口的再生产和劳动力再生产，通过人口总体和劳动力总体内各个体的不断替换、更新和恢复的过程得以实现。

　　人力资源在经济活动中是居于主导地位的能动性资源。在施工项目实施过程中，比起对其他生产要素的管理，人力资源潜能的发挥和发挥程度更依赖于管理人员的管理水平，即能否实现对员工的有效激励，能否达到使整体实力大于各个部分实力之和的管理效果。

　　人力资源是具有时效性的资源。人力资源的形成、开发、使用受载体本身在时间方面的制约。从个体看，人力资源有其生命周期，以及生命周期内资源可发挥的时期、时段、时点等。

9.1.2.2　人力资源计划

　　人力资源计划是从项目目标出发，根据内外部环境的变化，通过对项目未来人力资源需求的预测，确定完成项目所需人力资源的数量和质量、各自的工作任务及其相互关系的过程。

　　人力资源计划分三个步骤：

①对现有人力资源进行评价；

②预测项目未来所需要的人力资源；

③制订人力资源总计划及各项管理政策。

　　项目人力资源计划的工具和方法包括：

①人力资源综合平衡，包括总量平衡和结构平衡。

②职务分析,即确定项目所需的各项职务或岗位以及任职条件和具体要求。职务分析的具体方法包括问卷调查法、面谈法、文献资料分析法、观察法和关键事件法等。

项目人力资源计划的结果表现为:

①角色和责任分配,采用责任分配矩阵表示;

②人员配备计划,采用人力资源直方图表示。

(1)人力资源需求计划

人力资源需求计划是为了实现目标而对所需人力资源进行预测,并为满足这些需要而预先进行系统安排的过程。

编制项目人力资源计划应符合国家有关劳动法律、法规以及行政规章制度,并结合项目建设规模、生产运营复杂程度及自动化水平、人员素质与劳动生产率要求、组织机构设置与生产管理制度进行。其编制依据和要求是:

a.项目目标分析。将项目总体目标分解成具体的子目标。

b.工作分解结构。根据 WBS 确定人力资源的数量、质量和要求。

c.项目进度计划。各活动何时需要相应的人力资源及占用时间。

d.制约因素。是否能够及时获得所需要的人力资源。

e.历史资料。国内外同类项目的情况,借鉴以前的成功经验。

f.组织理论。马斯洛的需求理论,麦戈里格的 X 理论与 Y 理论等。

①项目管理人员需求的确定

项目管理人员需求应根据岗位编制计划,使用合理的预测方法进行预测。在人员需求中,应明确需求的职务名称、人员需求数量、知识技能等方面的要求,招聘的途径、招聘的方式、选择的方法、程序、希望到岗时间等。最终要形成一个有员工数量、招聘成本、技能要求、工作类别及为完成组织目标所需的管理人员数量和层次的分列表。

②综合劳动力和主要工种劳动力需求的确定

劳动力综合需要量计划是确定暂设工程规模和组织劳动力进场的依据。编制时,首先根据工种工程量汇总表中分别列出的各个建筑物专业工种的工程量,查相应定额,便可得到各个建筑物几个主要工种的劳动量;再根据总进度计划表中各单位工程工种的持续时间,即可得到某单位工程在某段时间的平均劳动力数。按同样方法可计算出各个建筑物的各主要工种在各个时期的平均工人数。将总进度计划表纵坐标方向上各单位工程同工种的人数叠加在一起并连成一条曲线,即得到某工种的劳动力动态曲线图和计划表。

③劳动力需要量计划表

劳动力需要量计划表是根据施工方案、施工进度和预算,依次确定专业工种、进场时间、劳动量和工人数,然后汇集成表格形式,它可作为现场劳动力调配的依据。表 9.2 为劳动力需要量计划表。

④劳务人员的优化配置

对于劳务人员的优化配置,应根据承包项目的施工进度计划和工种需要数量进行。项目经理部根据计划与劳务合同,接收到劳务承包队伍派遣的作业人员后,应根据工程的需要,或保持原建制不变,或重新进行组合。

⑤项目经理的配备

表 9.2　劳动力需要量计划表

序号	专业工种		劳动量	需要时间									备注
	名称	级别		×月			×月			×月			
				Ⅰ	Ⅱ	Ⅲ	Ⅰ	Ⅱ	Ⅲ	Ⅰ	Ⅱ	Ⅲ	

在整个项目进行过程中,除特殊情况外,项目经理是固定不变的。由于实行项目经理负责制,项目经理必须自始至终负责项目的全过程活动,直至项目竣工、项目经理部解散。

(2)人力资源配置计划

人力资源配置的内容包括:

①研究制定合理的工作制度与运营班次,即根据生产过程特点,提出工作时间、工作制度和工作班次方案;

②研究员工配置数量,即根据精减、高效的原则和劳动定额,确定各岗位所需人员的人数;

③研究确定各类人员应具备的劳动技能和文化素质;

④研究测算职工工资和福利费用;

⑤研究测算劳动生产率;

⑥研究提出员工选聘方案,特别是高层次管理人员和技术人员的来源和选聘方案。

人力资源配置计划编制的依据是:

①人力资源配备计划。人力资源配备计划主要阐述人力资源在何时、以何种方式加入和离开项目组。人力资源配备计划可能是正式的,也可能是非正式的,可能是十分详细的,也可能是框架概括型的,皆依项目的需要而定。

②资源库说明。即可供项目使用的人力资源情况。

③制约因素。指外部获取时的招聘惯例、招聘原则和程序。

人力资源配置的方法是:

①按设备计算定员。即根据机器设备的数量、工人操作设备定额和生产班次等计算生产定员人数。

②按劳动定额计算定员。根据工作量或生产任务量,按劳动定额计算生产定员人数。

③按岗位计算定员。根据设备操作岗位和每个岗位需要的工人数计算生产定员人数。

④按比例计算定员。如按服务人数占职工总数或者生产人员数量的比例计算所需服务人员的人数。

⑤按劳动效率计算定员。根据生产任务和生产人员的劳动效率计算生产定员人数。

⑥按组织机构职责范围、业务分工计算管理人员的人数。

(3)人力资源培训计划

为适应发展的需要,要对员工进行培训,包括新员工的上岗培训和老员工的继续教育,以及各种专业培训等。

人力资源培训是提高人员综合素质的重要途径,有助于提高团队士气,降低员工流失率,有利于迎接新技术革命的挑战,有利于大幅度提高生产力。

培训计划涉及培训政策,培训需求分析,培训目标的建立,培训内容,选择适当的培训方式(包括在职、脱产)。培训内容包括规章制度、安全施工、操作技术和文明教育四个方面。

9.1.2.3 人力资源控制

人力资源控制应包括人力资源的选择、订立施工分包合同、人力资源培训等内容。

(1)人力资源的选择

要根据项目需求确定人力资源的性质、数量、标准及组织中工作岗位的需求,提出人员补充计划;对有资格的求职人员提供均等的就业机会;根据岗位要求和条件允许来确定合适人选。

(2)项目管理人员招聘的原则

①公开原则;

②平等原则;

③竞争原则,即制定科学的考核程序、录用标准;

④全面原则,包括德、才、能;

⑤量才原则。

(3)签订施工分包合同

施工分包合同有专业工程分包合同与劳务作业分包合同之分。分包合同的发包人一般是取得施工总承包合同的承包单位,分包合同中一般仍沿用施工总承包合同中的名称,即称为承包人;分包合同的承包人一般是专业化的专业工程施工单位或劳务作业单位,在分包合同中一般称为分包人或劳务分包人。

施工分包合同承包方式有两种:一是按施工预算或投标价承包;二是按施工预算中的清单工程量承包。劳务分包合同的内容应包括:工程名称,工作内容及范围,提供劳务人员的数量,合同工期,合同价款及确定原则,合同价款的结算和支付,安全施工,重大伤亡及其他安全事故处理,工程质量、验收与保修,工期延误,文明施工,材料机具供应,文物保护,发包人、承包人的权利和义务,违约责任等。同时还应考虑劳务人员的各种保险的合同管理。

(4)人力资源培训

人力资源培训包括培训岗位、人数,培训内容、目标、方法、地点和培训费用等,应重点培训生产线关键岗位的操作运行人员和管理人员。人员的培训时间应与项目的建设进度相衔接,如设备操作人员应在设备安装调试前完成培训工作,以便这些人员参加设备安装、调试过程,熟悉设备性能,掌握处理事故的技能等,保证项目顺利完成。组织应重点考虑供方、合同方人员的培训方式和途径,可以由组织直接进行培训,也可以根据合同约定由供方、合同方自己进行培训。

人力资源培训包括管理人员的培训和工人的培训。

①管理人员的培训

岗位培训,是对一切从业人员,根据岗位或者职务对其具备的全面素质的不同需要,按照不同的劳动规范,本着"干什么学什么,缺什么补什么"的原则进行的培训活动。其宗旨是提高职工的本职工作能力,使其成为合格的劳动者,并根据生产力发展和技术进步的需要,不断提高其适应能力。包括对项目经理的培训,对基层管理人员和土建、装饰、水暖、电气工程师的培训以及其他岗位的业务、技术干部的培训等。

继续教育,包括建立以"三总师"为主的技术、业务人员的继续教育体系,采取按系统、分层次、多形式的方法,对具有中专以上学历的处级以上职务的管理人员进行继续教育。

学历教育,主要是有计划地选派部分管理人员到高等院校深造,为企业培养高层次专门管理人才和技术人才,毕业后回本企业继续工作。

②工人的培训

班组长培训,是指按照国家建设行政主管部门制定的班组长岗位规范对班组长进行培训。通过培训,最终达到班组长100%持证上岗。

技术工人等级培训,是指按照住房城乡建设部颁发的《工人技术等级标准》和劳动部颁发的有关技师评聘条例,开展中、高级工人应知应会考评和工人技师的评聘。

特种作业人员的培训,是指根据国家有关特种作业人员必须单独培训、持证上岗的规定,对从事电工、塔式起重机驾驶员等工种的特种作业人员进行培训,保证100%持证上岗。

对外埠施工队伍的培训,是指按照省、市有关外地务工人员必须进行岗前培训的规定,对所使用的外地务工人员进行培训,颁发省、市统一制发的外地务工人员就业专业训练证书。

9.1.2.4　人力资源考核

项目人力资源考核是指对项目组织人员的工作做出评价。绩效考核是一个动态的过程,受到各种因素的影响,具有过程性与非人为性的特点。

(1)管理人员的考核

管理人员考核应考虑以下几个因素:

①技能。这一项含有技术水平和工作能力两方面的表现。

②激励。激励是指通过各种有效的手段,激发人的需要、动机、欲望,形成某一特定目标并在追求这一目标的过程中保持高昂的情绪和持续的积极状态,发挥潜能,达到预期的目标。应针对每个人的不同需求选择不同的激励方法。

③环境。包括社会环境、法律法规、工资福利、消费水平等。

④机会。

管理人员绩效考核的内容包括:

①工作成绩。重点考核工作的实际成果,以员工工作岗位的责任范围和工作要求为标准,相同职位的职工以同一个标准考核。

②工作态度。重点考核员工在工作中的表现,如责任心、职业道德、工作积极性等。

③工作能力。

管理人员绩效考核的方法有:

①主观评价法。指依据一定的标准对被考核者进行主观评价。在评价过程中,可以通过比较法,将被考核者的工作成绩与其他被考核者的进行比较,评出最终的顺序或等级;也可以通过绝对标准法,直接根据考核标准和被考核者的行为表现进行比较。主观评价法比较简易,但也容易受考核者的主观影响,需要在使用过程中精心设计考核方案,减少考核的不确定性。

②客观评价法。指依据工作指标的完成情况进行客观评价。工作指标主要包括:生产指标,如产量、销售量、废次品率、原材料消耗量、能源率等;个人工作指标,如出勤率、事故率、违规违纪次数等指标。客观评价法注重工作结果,忽略被考核者的工作行为,适用于生产一线从事体力劳动的员工。

③工作成果评价法。指为员工设定一个最低的工作成绩标准,将员工的工作结果与这一标准进行比较。重点考核被考核者的产出和贡献。

为保持员工的正常状况,通过奖惩、解聘、晋升、调动等方法,使员工技能水平和工作效率达到岗位要求。

(2)作业人员的考核

作业人员的考核应以劳务分包合同等为依据,由项目经理部对进场的劳务队伍进行评价。在施工过程中,项目经理部的管理人员应加强对劳务分包队伍的管理,重点考核是否按照组织有关规定进行施工,是否严格执行合同条款,是否符合质量标准和技术规范操作要求等。工程结束后,由项目经理对分包队伍进行评价,并将评价结果报组织有关管理部门,为以后选择分包队伍提供依据。

9.1.3 项目材料管理

9.1.3.1 材料计划

(1)材料需求计划

BIM 在资源
管理中的应用

项目经理部所需要的主要材料、大宗材料应编制材料需求计划,由组织的物资部门负责采购。根据各工程量汇总表所列各建筑物和构筑物的工程量,查万元定额或概算指标便可得出各项目所需的材料需要量。

材料计划必须计算准确(设计预算材料分析、施工预算材料分析),对材料"两算"存在的问题有明确的说明。材料供应必须满足项目进度要求。

材料需求计划应包括以下内容:

①单位工程材料需求计划。根据施工组织设计和施工图预算,在开工前提出,作为备料依据。

②工程材料需求计划。根据施工预算、生产进度及现场条件,按工程计划期提出,作为备料依据。

③材料需求计划表。应包括使用单位,材料品名、规格、计量单位、数量,交货地点,材料的技术标准等,必要时还要提供图纸和实样。表 9.3 为材料需要量计划表。

表 9.3 材料需要量计划表

序号	材料名称	规格	需要量		需要时间									备注
			单位	数量	×月			×月			×月			
					Ⅰ	Ⅱ	Ⅲ	Ⅰ	Ⅱ	Ⅲ	Ⅰ	Ⅱ	Ⅲ	

(2)材料使用计划

在材料需求计划的基础上,根据项目总进度计划表,大致估计出某些建筑材料在某季度的需要量,从而按照时间、地点要求编制出建筑材料需要量计划。材料使用计划是材料和构件等落实组织货源、签订供应合同、确定运输方式、编制运输计划、组织进场、确定暂设工程规模的依据。

(3)分阶段材料计划

大型、复杂、工期长的项目要实行分段编制计划的方法,对不同阶段、不同时期提出相应的分阶段材料需求及使用计划,以保证项目的顺利实施。

9.1.3.2　材料控制

材料控制应包括材料供应单位的选择、订立采购供应合同、出厂或进场验收、储存管理、使用管理及不合格品处置等。

材料控制应坚持实事求是的原则,加强物资计划管理,提高计划的准确性,不得粗估冒算,防止因计划不周造成积压、浪费;要坚持计划的严肃性与灵活性相结合的原则,计划一经订立或批准,无意外变化,不得随意改变,应严格执行。

(1)材料供应单位的选择

为保证供应材料的合格,确保工程质量,要对生产厂家及供货单位进行资格审查,审查内容包括:要有营业执照,生产许可证,生产产品允许等级标准,产品鉴定证书,产品获奖情况;应有完善的检测手段、手续和试验机构,可提供产品合格证及材质证明;应对其产品质量和生产历史情况进行调查和评估,了解其他用户使用情况与意见,生产厂方(或供货单位)的经济实力、赔偿能力、有无担保及包装储运能力等。

(2)材料采购供应合同

材料的供应一般需要经过订货、生产、运输、储存、使用等各个环节,经历一个非常复杂的过程。

建筑材料采购供应合同,其合同当事人为供方和需方。供方一般为物资供应单位或建筑材料生产厂家,需方为建设单位(业主)、项目总承包单位或施工承包单位。供方应对其生产或供应的产品质量负责,需方应根据合同的规定进行验收。

采购供应合同的内容主要应包括:采买和采卖双方的责任、权利和义务,以及采购对象的规格、性能指标、数量、单价、总价、附加条件和必要的相关说明等。

(3)材料出厂或进场验收

现场材料验收包括验收准备、质量验收和数量验收。

验收准备工作包括:

①材料进场前,根据平面布置图进行存料场地及设施的准备。应平整、夯实存料场地,并按需要建棚、建库。对露天存放的材料,需围挡的,应准备好充足的围挡物品。

②办理验收材料前,必须根据用料计划、送料凭证、质量保证书或产品合格证等,对所进材料进行质量和数量验收,严把质量和数量关。

质量验收工作包括:

①一般材料外观检验,主要检验料具的规格、型号、尺寸、色彩、方正及完整性。

②专用、特殊加工制品外观检验,应根据加工合同、图纸及翻样资料,由合同技术部门进行质量验收。

③内在质量验收,由专业技术人员负责,按规定比例抽样后,送专业检验部门检测力学性能、工艺性能、化学成分等技术指标。

④对不符合计划要求或质量不合格的材料应拒绝接收,不能满足设计要求和无质量证明的材料、构件、器材,一律不得进场。

材料验收工作应遵循有关规定进行,并做好记录、办理验收手续。

数量验收工作包括:

①大堆材料、砂石按计量换算验收,抽查率不得低于10%。

②水泥等袋装的材料按袋点数,袋重抽查率不得低于10%。散装水泥除采取措施卸净外,按磅单抽查。

③三大构件实行点件、点根、点数和验尺的验收方法。

④对有包装的材料,除按包装件数实行全数验收外,属于重要的、专用的易燃易爆、有毒物品等的应逐项逐件点数、验尺和过磅。属于一般通用的可进行抽查,抽查率不得低于10%。

⑤应配备必要的计量器具,对进场、入库、出库材料严格计量把关,并做好相应的验收记录和发放记录。

(4)材料储存管理

材料仓库的选址应有利于材料的进出和存放,符合防火、防雨、防盗、防风、防变质的要求。

材料储存应满足下列要求:

①入库的材料,应按型号、品种分区堆放,并分别编号、标识。

②易燃易爆的材料,应专门存放、专人负责保管,并有严格的防火、防爆措施。

③有防湿、防潮要求的材料,应采取防湿、防潮措施,并做好标识。

④有保质期的库存材料,应定期检查,防止过期,并做好标识。

⑤易损坏的材料,应保护好包装,防止损坏。

(5)材料使用管理及不合格品处置

①材料领发

凡有定额的材料,应限额领发。超限额的用量,用料前办理手续,填写领料单,注明超耗原因,并经签发批准后实施。应记录领发料台账,记录领发状况和节约或超耗状态。进场、入库材料必须办理二次出库手续,每月对现场材料、半成品和成品进行盘点。限额领料是指:

a.实行限额领料的品种是根据企业的管理水平和实际情况制定的,一般有钢材、水泥、砌块、砖以及装修材料和贵重材料等。

b.限额领料的依据包括:各地区的预算定额和本企业制定的材料消耗定额;企业预算部门编制的施工图预算和变更预算;企业技术部门提供的混凝土、砂浆配合比,技术节约措施和各种翻样、配料表等技术资料;企业生产、计划部门提供的分部位的施工计划和实际竣工验收的工程量;企业质量部门提供的在工程中造成的质量偏差和超额用料的签署意见。

c.限额领料的程序是:材料定额员根据生产计划签发和下达限额领料单;生产班组持领料单到仓库领取限定的品种、规格、数量,双方办理出库手续,材料员要做好记录;材料领出后,由班组负责材料保管并合理使用,材料员按保管要求对班组进行监督,负责月末库存盘点和退料手续;因各种原因造成的超额用料,班组应填写限额领料单,说明超额原因,并经主管批准;材料定额员根据验收情况和工程量计算班组实际用量和实际消耗量,对结果进行节超分析,审核无误后,进行奖罚兑现。

②材料使用监督

项目材料管理责任者应就合理用料,严格按设计参数用料,严格执行领发手续,按规定进行用料交底和工序交接,合理堆放材料,按要求保管材料等材料使用问题进行监督。监督的常用手段是检查。检查应做到:情况有记录,原因有分析,责任要明确,处理有结果。

③材料回收

余料应回收,并及时办理退料手续,建立台账,处理好经济关系。

④不合格品处置

验收质量不合格,不能点收时,可以拒收,并及时通知上级供应部门(或供货单位)。如与供货单位协商做代保管处理时,则应有书面协议,并应单独存放,在来料凭证上写明质量情况和暂行处理意见。已进场的材料,发现质量问题或技术资料不齐时,材料管理人员应及时填报"材料质量验收报告单"报上一级主管部门,以便及时处理;且进场材料暂不发料,不使用,原封妥善保管。

9.1.3.3　材料管理评价

材料管理评价就是对企业的材料管理情况进行分析,发现材料供应、库存、使用中存在的问题,找出原因,采取相应的措施对策,以达到改进材料管理工作的目的。材料管理考核应坚持计划管理、跟踪检查、总量控制、节奖超罚的原则。

材料管理常用的考核指标有:

①材料供应情况分析:

$$进货品种齐备率 = \frac{实际进货品种数}{计划进货品种数} \times 100\% \tag{9.1}$$

②材料库存情况分析:

$$年度材料周转次数 = 12 \times \frac{库存材料月需用量}{月末库存量} \tag{9.2}$$

$$库存材料资金占用率 = \frac{材料平均库存总值}{年度施工产值} \times 100\% \tag{9.3}$$

③材料消耗情况分析:

$$\begin{aligned} 材料成本节约或超支额 &= 材料预算成本 - 材料实际成本 \\ &= 材料计划用量 \times 材料预算单价 - 材料实际用量 \\ &\quad \times 材料实际单价 \end{aligned} \tag{9.4}$$

分析式(9.4)可知,降低材料成本的主要途径是,降低材料的实际用量和降低材料的实际价格。

9.1.4　项目机械设备管理

9.1.4.1　机械设备计划

随着经济的持续发展,建筑施工组织的技术装备得到了较大的改善和发展,建筑机械设备已成为现代建筑的主要生产要素。施工组织不仅在装备品种、数量上有了较大的增加,而且拥有了一批应用高技术和机电一体化的先进设备。为使项目组织管好、用好这些设备,充分发挥机械设备的效能,保证机械设备的安全使用,确保施工现场的机械设备处于完好技术状态,预防和杜绝施工现场重大机械伤害事故和机械设备事故的发生,需要制订切实可行的机械设备管理计划。

(1)机械设备需求计划

机械设备选择的依据是项目的现场条件、工程特点、工程量及工期。

主要施工机械,如挖土机、起重机等的需要量,要根据施工进度计划、主要建筑物施工方案和工程量,并套用机械产量定额求得;辅助机械的需要量,可以根据建筑安装工程每10万元扩大概算指标求得;运输机械的需要量,应根据运输量计算。

项目所需要的机械设备可由四种方式提供:从本企业专业租赁公司租用设备、从社会上的机械设备租赁市场租用设备、分包队伍自有设备、企业新购买设备。表9.4为机械设备需要量计划表。

表9.4　机械设备需要量计划表

序号	机械设备名称	型号	规格	功率(kW)	需要量(台)	使用时间	备注

（2）机械设备使用计划

项目经理部应根据工程需要编制机械设备使用计划,报组织领导或组织有关部门审批,其编制依据是工程施工组织设计。机械设备使用计划一般由项目经理部机械管理员或施工准备员负责编制。中、小型设备机械一般由项目经理部主管经理审批;大型设备经主管项目经理审批,并报组织有关职能部门审批后,方可实施运作。租赁大型起重机械设备,主要考虑机械设备配置的合理性(是否符合使用、安全要求)以及是否符合资质要求(包括租赁企业、安装设备组织的资质要求),设备本身在本地区的注册情况及年检情况、操作设备人员的资格情况等)。

（3）机械设备保养与维修计划

机械设备使用的过程中,其保护装置、机械质量、可靠性等都有可能发生变化,因此,机械设备使用过程中的保养与维修是确保其安全、正常使用必不可少的手段。

机械设备保养的目的是保持机械设备的良好技术状态,提高设备运转的可靠性和安全性,减少零件的磨损,延长使用寿命,降低消耗,提高经济效益。

保养分为例行保养和强制保养。例行保养属于正常使用管理工作,不占用设备的运转时间,由操作人员在机械运转间隙进行。其主要内容是保持机械的清洁,检查运转情况,补充燃油与润滑油,补充冷却水,防止机械腐蚀,按技术要求检查润滑、转向与制动系统是否灵活可靠等。强制保养是隔一定的周期,需要占用机械设备正常运转时间而停工进行的保养。强制保养是按照一定周期和内容分级进行的。保养周期根据各类机械设备的磨损规律、作业条件、维护水平及经济性四个主要因素确定。强制保养根据工作和复杂程度分为一级保养、二级保养、三级保养和四级保养,级数越高,保养工作量越大。

机械设备的修理,是对机械设备的自然损耗进行修复,排除机械运行的故障,对损坏的零部件进行更换、修复,以保证机械的使用效率,延长使用寿命。机械设备的修理分为大修、中修和零星小修。大修和中修由组织安排机械设备预检修计划后进行检修。

9.1.4.2　机械设备管理控制

机械设备管理控制包括机械设备购置与租赁管理、使用管理、操作人员管理、报废和出场管理等。

机械设备管理控制任务是:正确选择机械设备;保证机械设备在使用中处于良好状态;减少闲置、损坏;提高机械设备使用效率及产出水平;进行机械设备的维护和保养。

（1）机械设备购置管理

实施项目需要新购买的机械设备时,对大型机械设备以及特殊机械设备应在调研的基础上写出经济技术可行性分析报告,经有关领导和专业管理部门审批后,方可购买;对中、小型机械设备应在调研的基础上,选择性价比较好的产品。机械设备的选择原则是:适用于项目要求,使用安全可靠,技术先进,经济合理。

在有多台同类机械设备可供选择时,要综合考虑它们的技术特性。机械设备技术特性如表9.5所示。

表 9.5　机械设备技术特性

序　号	内　　容	序　号	内　　容
1	工作效率	8	运输、安装、拆卸及操作的难易程度
2	工作质量	9	灵活性
3	使用费和维修费	10	在同一现场服务项目的数量
4	能源消耗费	11	机械的完好性
5	占用的操作人员和辅助工作人员	12	维修难易程度
6	安全性	13	对气候的适应性
7	稳定性	14	对环境保护的影响程度

(2)机械设备租赁管理

①计划申请与签订合同

a.租用单位对新开工工程按施工组织设计(或施工方案)编制单位工程一次性备料计划,上报公司材料管理部门负责组织备料;

b.租用单位根据施工进度,提前一个月申报月份使用租赁计划(包括使用时间、数量、配套规格等),由公司材料管理部门下达到租赁站;

c.公司材料管理部门根据申请计划,组织租用单位与租赁站签订合同。

②提料、退料、验收与结算

a.提料。由租用单位专职租赁业务的任务人员按租赁合同的数量、规格、型号,组织提料到现场,材料人员验收。

b.退料。租用单位材料人员应携带合同,租赁站业务人员按合同品名、规格、数量、质量情况组织验收。

c.验收与结算。连续租用应按月办理结算手续;退料后的结算应根据验收结果进行,租赁费、赔偿费和维修费一并结算收取。

③根据租赁协议明确双方赔偿与罚款的责任。

④周转工具的管理

周转工具实行租赁管理,要做好周转工具的调度平衡和自购部分配件的申报、采购工作;建立健全各种收发存台账,按月结清凭证手续及月报表工作;制定周转工具配备定额、扣耗定额,组织做好周转工具清产检查、监督实施过程中的管理,办理退租、回收、修理及租赁费用结算等工作。

(3)机械设备使用管理

机械设备的合理使用,就是处理好"管、养、修、用"之间的关系,不能违背机械设备使用的技术规律和经济规律,有效使用就是充分发挥机械设备的技术性能和效率。为确保机械设备

的合理有效使用,应遵循下列制度:

①建立健全机械使用责任制,包括:实行定人定机定岗制度,要求操作人员必须遵守操作规程;提高机械设备工作质量,将机械的使用效益与个人经济利益联系起来;爱护机械设备,管好原机零部件、附属设备和随机工具,执行保养规程。

②实行操作证制度。对操作人员进行培训、考试,确认合格者发给操作证,持证上岗。

③严格执行技术规定,包括:遵守试验规定,凡进入施工现场的机械设备,必须测定其技术性能、工作性能和安全性能,确认合格后才能验收、投产使用;遵守磨合期的使用规定,防止机件早期磨损,延长机械使用寿命和修理周期。

④合理组织机械施工,包括:根据需要和实际可能,经济合理地配备机械设备;安排好机械施工计划,充分考虑机械设备维修时间,合理组织实施、调配;组织机械设备流水施工和综合利用,提高单机效率;创造良好的现场环境,施工平面布置要适合机械操作要求;加强机械设备安全作业,作业前须向操作人员进行安全操作交底,严禁违章作业和机械设备带病作业。

⑤实行单组或机组核算,即以定额为基础,确定单机或机组生产率、消耗费用和保修费用;加强班组核算,按标准进行考核和奖惩。

⑥建立机械设备档案,包括原始技术文件,交接、运转和维修记录,事故分析和技术改造资料等。

⑦培养机务队伍,即提高机械设备管理人员的技术业务能力和操作保修技术。

(4)机械设备操作人员管理

机械设备操作人员必须持证上岗,即通过专业培训考核合格后,经有关部门注册,操作证年审合格,在有效期内,且所操作的机种与所持证上允许操作机种吻合。此外,机械操作人员还必须明确机组人员责任制,并建立考核制度,奖优罚劣,使机组人员严格按规范作业,并在本岗位上发挥出最优的工作业绩。责任制应对机长、机员分别制定责任内容,对机组人员应做到"责、权、利"三者相结合,定期考核,奖罚明确到位,以激励机组人员努力做好本职工作,使其操作的设备在一定条件下发挥出最大效能。

(5)机械设备报废和出场管理

机械设备属于下列情况之一的应当更新:

①设备损耗严重,大修理后性能、精度仍不能满足规定要求的;

②设备在技术上已经落后,耗能超过标准的20%以上的;

③设备使用年限长,已经经过四次以上大修或者一次大修费用超过正常大修费用一倍的。

(6)机械设备管理中常见的问题

设备由项目部管理,可以减少人员,减少中间环节,便于项目部灵活使用设备,提高项目部的经济效益,但也存在以下问题:

①项目部的一次性特点,很难根据自身特点对设备寿命周期进行管理,削弱了设备的基础工作。

②由于项目一次性特点,项目经理部往往从本项目经理部利益考虑,不愿拿出资金维护设备,造成部分设备带病作业,甚至拼设备,致使下一个项目不得不花大量的时间和资金去恢复设备,影响公司的持续发展和整体利益,使项目核算成本不真实。

③施工项目接替不上时,会出现设备管理、维修脱节的问题。

④施工中,由于机械设备分散在各施工项目上,项目经理部很难合理储存零部件,使备件

供应不及时。同时,配件的多头采购也难以保证备件质量。

9.1.4.3　机械设备管理考核

机械设备管理考核应对项目机械设备的配置、使用、维护以及技术安全措施、设备使用效率和使用成本等进行分析和评价,应着重考核机械设备的完好率和利用率指标。

机械设备的配置要做到机械配套,一是一个工种的全部过程和环节配套,二是主导机械与辅助机械在规格、数量和生产能力上配套。只有合理配备、配套使用,才能充分发挥机械的效能,获得较好的经济效益。

合理使用机械设备,应贯彻人机固定原则,实行定机、定人、定岗位责任的"三定"制度。搞好机械设备的综合利用,尽量做到一机多用,充分发挥其效率。要使现场环境、施工平面布置适合机械作业要求,为机械设备的施工创造良好条件。同时,应特别关注超期服役的施工设备,其风险是否可以接受等,以避免机毁人亡的事故出现。

为了保持机械设备的良好状态,提高机械设备运转的可靠性和安全性,减少零件的磨损,延长使用寿命,降低消耗,提高机械施工的经济效益,应做好机械设备的保养。另外,对机械设备的维修可以保证机械设备的使用效率,延长使用寿命。

9.1.5　项目技术管理

9.1.5.1　技术管理计划

(1)技术开发计划

技术开发的依据有:国家的技术政策,包括科学技术的专利政策、技术成果有偿转让;产品生产发展的需要,即未来对建筑产品的种类、规模、质量以及功能等的需要;组织的实际情况,即企业的人力、物力、财力以及外部协作条件等。

(2)设计技术计划

设计技术计划主要是涉及技术方案的确立、设计文件的形成以及有关指导意见和措施的计划。

(3)工艺技术计划

施工工艺上存在客观规律和相互制约关系,一般是不能违背的。如基坑未挖完土方,后序工作垫层就不能施工,浇筑混凝土必须在模板安装和钢筋绑扎完成后才能施工。因此,要对工艺技术进行科学周密的计划和安排。

9.1.5.2　技术管理控制

技术管理控制应包括技术开发管理,新产品、新材料、新工艺的应用管理,施工组织设计管理,技术档案管理等。

(1)技术开发管理

①确立技术开发方向和方式。根据我国国情,根据企业自身特点和建筑技术发展趋势,确定技术开发方向,走与科研机构、大专院校联合开发的道路。但从长远来看,企业应有自己的研发机构,强化自己的技术优势,在技术上形成一定的垄断,走技术密集型道路。

②加大技术开发的投入。应确定短、中、长期的研究投入费用及其占营业额的比例,逐步提高科技投入量,监督实施,并建立规范化的评价、审查和激励机制;加强研发力量,重视科研人才,增添先进的设备和设施,保证技术开发具有先进手段。

③加大科技推广和转化力度。

④增大技术装备投入。增大技术装备投入才能提高劳动生产率,投入规模应当是承包商当年收益的 $2\%\sim3\%$,并逐年增长。

⑤强化应用计算机和网络技术。利用软件进行招投标、工程设计和概预算工作,利用网络收集施工技术等情报信息,通过电子商务降低采购成本。

⑥加强科技开发信息的管理。建立强有力的情报信息中心,利于快速决策。

(2)新产品、新材料、新工艺的应用管理

应有权威的技术检验部门关于新产品、新材料、新工艺的技术性能的鉴定书,制定出质量标准及操作规程后,才能在工程上使用,加大推广力度。

(3)施工组织设计管理

施工组织设计是以施工项目为对象编制的,用以指导施工全过程各项施工活动的技术、经济、组织、协调和控制的综合性文件。

施工组织设计是企业实现科学管理、提高施工水平和保证工程质量的主要手段,也是贯穿设计、规范、规程等技术标准组织施工,纠正施工盲目性的有力措施。要进行充分调查研究,广泛发动技术人员、管理人员制定措施,使施工组织设计符合实际,切实可行。

(4)技术档案管理

技术档案是按照一定的原则、要求,经过移交、整理、归档后保管起来的技术文件材料。它既记录了各建筑物、构筑物的真实历史,又是技术人员、管理人员和操作人员智慧的结晶。技术档案实行统一领导、分专业管理。资料收集应做到及时、准确、完整,分类正确,传递及时,符合地方法规要求,无遗留问题。

①做好技术档案工作的作用

a.为建筑物使用、维修、改造、扩建提供技术依据;

b.证明工程质量的优劣、结构的安全可靠程度,认定工程质量等级的重要依据;

c.为工程结算提供证据,减少经济纠纷;

d.督促施工人员按规范、规程组织施工,考核工程施工管理的水平;

e.便于系统积累施工技术经济资料,为今后施工建设提供参考,有助于工程技术人员了解、熟悉与掌握本行业专业技术,为建筑工程领导、技术负责人进行生产、技术上的决策、指挥和组织工作提供依据。

②文件归档基本规定

a.建设、勘察、设计、施工、监理等单位应将工程文件的形成和积累纳入工程建设管理的各个环节和有关人员的职责范围。

b.工程勘察、设计、施工、监理等单位应将本单位形成的工程文件立卷后向建设单位移交。

c.建设工程项目实行总承包的,总包单位负责收集、汇总各分包单位形成的工程档案,并应及时向建设单位移交;各分包单位应将本单位形成的工程文件整理、立卷后及时移交总包单位。

d.建设工程项目由几个单位承包的,各个承包单位负责收集、整理、立卷其承包项目的工程文件,并应及时向建设单位移交。

③归档范围

对记载与工程建设有关的重要活动、工程建设主要过程和现状,具有保存价值的各种载体的文件,均应收集齐全,整理、立卷后归档。

单位工程竣工,施工技术资料项目包括:主要原材料、成品、半成品、构配件、设备出厂质量证明和试验报告;施工试验记录;施工记录;预检记录;隐蔽工程验收记录;基础、结构验收记录;设备安装工程记录;施工组织设计文件;技术交底文件;工程质量检验评定文件;竣工验收资料;设计变更、洽商记录;竣工图。

9.1.5.3　项目技术管理考核

项目技术管理考核包括对技术管理工作计划的执行,施工方案的实施,技术措施的实施,技术问题的处置,技术资料收集、整理和归档以及技术开发、新技术和新工艺应用等情况进行的分析和评价。

项目经理部的技术管理应执行国家的技术政策和企业的技术管理制度,同时,项目经理部根据需要可自行制定特殊的技术管理制度,并报企业总工程师批准。施工项目的主要技术管理制度包括:

①建立施工项目部技术责任制。明确项目技术负责人为责任人,落实各职能人员的职务、责任、权利和义务;明确工作流程和各职能人员之间的配合关系;明确各级技术管理人员的工作与绩效考核办法。

②建立施工图纸、勘测、设计文件管理制度。明确责任人和技术文件的收发、标识、保存及无效文件回收的工作流程,保证文件完整、齐全,使每一位应该持有文件的人员能及时、如数持有有效文件。

③建立图纸会审制度。明确项目技术负责人为责任人;明确内部会审和外部会审工作程序;明确会审的基本内容,如图纸文件合法,符合规程、规范和标准要求,构造合理方便施工,专业工种无漏项,建筑、结构、专业无矛盾,材料、设备、工艺等要求和质量标准明确,标高、尺寸无差错等。

④建立技术交底制度。技术交底是技术负责人就某项工程的构造、材料要求、使用的机具、操作工艺、质量标准、检验方法及安全、劳保、环保要求,在施工前对操作者所做的系统说明。技术交底由技术负责人负责,必须明确技术交底的详细内容和施工过程中需要进行跟踪检查的内容,如操作者是否按图纸要求、工艺要求进行操作,能否达到质量标准,操作工艺有无不适合客观条件需要改进的方面等。

⑤建立隐、预验工作管理制度。明确各专业责任人,明确隐、预验项目和具体工作程序。参加隐、预验工作的人员按施工项目实施规划的划分,对单位工程、流水段进行计划。对遗留问题的处理要有专人负责,确保隐、预验工作的及时、真实、准确、系统,资料完整并具有可追溯性。

⑥建立工程洽商、设计变更管理制度。开工前,由项目技术负责人明确责任人,由责任人组织制定管理制度,经批准后实施。明确工程洽商内容、技术洽商的其他责任人及授权规定等。涉及影响规划及公用、消防部门已审定的项目,如改变使用功能,增减建筑高度、面积,改变建筑外廓形态及色彩等项目时,应明确其变更需具备哪些条件,由哪一级签证。

⑦建立施工项目实施规划与季节性施工方案管理制度。由项目经理任责任人,指定专人负责制定管理制度。制度内容应与国家法规、企业制度保持一致,应明确计划与实施、组织与落实过程中的工作流程,明确逐级责任与权力。

⑧建立技术信息和技术资料管理制度。技术信息和技术资料由通用信息资料和本工程专项技术信息资料两大部分组成,前者是指导性、参考性资料,后者是工程归档资料。

⑨建立质量与安全问题处理制度。列出质量和安全事故分类内容,并相应地明确质量和安全保障与防范措施,以及相应的质量和安全事故责任与处理规定。

⑩建立计量、测量工作管理制度。明确责任人,明确需计量和测量的项目及其所使用的工具,明确计量和测量操作规程,对其成果、工具和设备进行管理。

⑪建立原材料、成品、半成品检验和施工试验制度。由项目技术负责人明确责任人和分专业负责人,明确原材料、成品、半成品检验和施工试验的项目,制订试验计划和操作规程,对结果进行评价。

建立健全施工项目技术管理的各项制度,首先是要求各项制度互相配套协调、形成系统,既互不矛盾,也不留漏洞,还要有针对性和可操作性;其次是要求项目经理部所属各单位、各部门和人员,在施工活动中必须遵照所制定的有关技术管理制度的规定和程序安排工作和生产,保证施工生产安全顺利地进行。

9.1.6 项目资金管理

9.1.6.1 资金管理计划

(1)项目资金流动计划

项目资金流动包括项目资金的收入与支出。

项目资金收入与支出计划管理是项目资金管理的重要内容,要做到收入有规定,支出有计划,追加按程序;做到在计划范围内一切开支有审批,主要工料大宗支出有合同,使项目资金运营在受控状态。

项目经理主持此项工作,由有关业务部门分别编制,财务部门汇总平衡。

①项目资金收支计划的内容

项目资金收支计划包括收入方和支出方两部分。收入方包括项目本期工程款等收入项目、向公司内部银行借款,以及月初项目银行存款。支出方包括项目本期支付的各项工料费用、上缴利税基金和管理费、归还公司内部银行的借款,以及月末项目银行存款。

编制资金收支计划。资金收入,要与发包方协调,使其履行合同按期拨款。资金支出,既要考虑本期的工料及费用支出,也要考虑前期按合同或协议延期付款的各项负债的偿还。一般来讲,工程前期项目经理部的投入要大于产出,这主要是现场办公用房和临时水电等设施的搭建、周转材料及生产机具的购置、对分包单位的预付款等支出较多,另外还可能存在发包方拖欠工程款,使得项目存在较大债务的情况。为此,安排资金时要考虑分包人、材料供应人的垫款能力,在双方协商基础上安排付款。因此,项目经理部按月统计各项负债情况和协议支付日期,安排支付期限,对编制好资金收支计划是十分必要的。

项目资金收支计划一经组织审批下达,就要认真履行,并于月末5日内将资金收支计划执行情况上报组织。

项目资金是严格按合同价款收取的,在实施项目合同的过程中,应从收取工程预付款开始,每月按进度收取工程进度款,到最终竣工结算时,按时间测算出价数金额,做出项目收入预测表,绘出项目资金按月收入图及项目资金按月累加收入图。

②资金收入测算工作应注意的问题

a.在项目经理的主持下,由职能部门人员参加,共同分工负责完成;

b.加强管理,确保按合同工期要求完成,以免延期罚款造成损失;

　　c.严格按合同规定的结算办法测算每月实际应收的工程进度款数额,同时注意收款滞后的时间因素。

　　③项目资金支出预测应注意的问题

　　a.项目资金支出预测的依据是成本费用控制计划,施工组织设计,材料、物资储备计划。

　　根据以上依据,测算出随着工程的实施,每月预计支出的人工费、材料费、施工机械使用费、物资储运费、临时设施费、其他直接费和施工管理费等各项支出,使整个项目的支出在时间上有一个总体的概念,以满足资金管理上的需要。

　　b.从实际出发,将原报价中估计的不确定因素加以调整,使资金支出预测更符合实际情况。

　　c.重视资金的支出时间价值。时间价值是指不同时间发生的等额资金在价值上的差别。

　　d.资金支出的预算是从筹措资金和合理安排调度资金方面考虑的,一定要反映出资金支出的时间价值,以及合同实施过程中不同阶段的资金需要。

　　(2)财务用款计划

　　项目资金收支计划的编制,是项目经理部在资金管理工作中首先要完成的工作。一方面需要将项目基金收支计划上报企业管理层审批,另一方面项目资金收支计划是实现项目资金管理目标的重要手段。

　　某公司项目的部门用款计划见表9.6。

表 9.6　部门用款计划表

用款部门:　　　　　　　　　　　　　　　　　　　　　　　　　　　　　　　　单位:元

支出内容	计划余额	审批金额
合　计		

项目经理签字:　　　　　　　　　　　　　　　　　　用款部门负责人签字:

　　(3)编制年、季、月度资金管理计划

　　项目经理部应编制年、季、月度资金收支计划,有条件的可以考虑编制旬、周、日的资金收支计划,上报组织主管部门审批。

　　①年度资金收支计划的编制,要根据施工合同工程款支付的条款和年度生产计划安排,预测年内可能达到的资金收入;要参照施工方案,安排工、料、机费用等资金分阶段投入,做好收入与支出在时间上的平衡。编制年度资金计划,主要是要摸清工程款到位情况,测算筹集资金的额度,安排资金分期支付,平衡资金,确立年度资金管理工作总体安排。这对保证工程项目顺利施工,保证充分的经济支付能力,稳定队伍,完成各项税费基金的上缴是十分重要的。

　　②季度、月度资金收支计划的编制,是年度资金收支计划的落实和调整,要结合生产计划的变化,安排好季、月度资金收支。特别是月度资金收支计划,要以收定支,量入为出,要根据施工月度作业计划,计算出主要工、料、机费用及分项收入,结合材料月末库存,由项目经理部组织各用款部门分别编制材料、人工、机械、管理费用及分包单位支出等分项用款计划,报项目

财务部门汇总平衡。汇总平衡后,由项目经理主持召开计划平衡会,确定各部门用款数,经平衡确定的资金收支计划报公司审批后,项目经理部将其作为执行依据,组织实施。

例如,某公司项目经理部资金收支计划见表9.7;某公司项目经理部资金收支计划执行情况见表9.8。

表 9.7 资金收支计划表

编制单位: 　　　　年　　月　　日 　　　　单位:万元

内　　容	栏　　次	金　　额
1. 期初银行存款额	1栏	
2. 本月收入货币资金	2栏	
其中:工程款收入		
其他收入		
公司贷款		
3. 货币资金合计	3栏(=1栏+2栏)	
4. 本月计划支出	4栏	
其中:项目工资、奖金		
自有劳务队费用		
外包劳务队费用		
材料费支出		
机械设备费支出		
其他生产支出		
分包单位款		
项目现场经费		
上缴税金		
上缴管理费等		
归还内部银行的贷款		
5. 计划银行存款余额	5栏(=3栏-4栏)	

表 9.8 资金收支计划执行情况表

编制单位： 年 月 日 单位:万元

内 容	栏 次	计 划 数	实 际 数
1.期初银行存款额	1栏		
2.本月收入货币资金	2栏		
其中:工程款收入			
其他收入			
公司贷款			
3.货币资金合计	3栏(＝1栏＋2栏)		
4.本月计划支出	4栏		
其中:项目工资、奖金			
自有劳务队费用			
外包劳务队费用			
材料费支出			
机械设备费支出			
其他生产支出			
分包单位款			
项目现场经费			
上缴税金			
上缴管理费等			
归还内部银行的贷款			
5.计划银行存款余额	5栏(＝3栏－4栏)		

9.1.6.2 资金控制

(1)资金收入与支出管理

①保证资金收入

生产的正常进行需要一定的资金保证,项目部的资金来源包括:组织(公司)拨付的资金,向发包人收取的工程款和备料款,以及通过组织(公司)获得的银行贷款等。

对工程项目来讲,收取工程款和备料款是项目资金的主要来源,重点是工程款收入。由于工程项目的生产周期长,采用的是承发包合同形式,工程价款一般按月度结算收取,因此要抓好月度价款结算,组织好日常工程价款收入,管好资金的入口。

工程预算结算和索赔工作一定要抓紧抓好,工程一开工,随着工、料、机生产费用的耗费,生产资金陆续投入,必须随着工程施工进度及时办好工程预算结算,从而为工程价款回收创造条件。要认真研究合同条款,按照施工合同条款规定的权限范围办好索赔,最大范围地争取应得的利益。

收款工作从承揽工程、签订合同时开始,直到工程竣工验收、预算结算确定收入,以及保修一年期满收回工程尾款。收款工作包括:

a.新开工项目按工程施工合同收取预付费或开办费。

b.根据月度统计表编制"工程进度款结算单"或"中期付款单",于规定日期报送监理工程师审批结算。如发包人不能按期支付工程进度款且超过合同支付的最后期限,项目经理部应向发包人出具付款违约通知书,并按银行的同期贷款利率计息。

c.根据工程变更记录和证明发包人违约的材料,及时计算索赔金额,列入工程进度款结算。

d.合同造价之外,由原发包单位负责的工程设备或材料,如发包人委托项目经理部代购,必须签订代购合同,应收取设备订货预付款或代购款及采购管理费。

e.工程材料单价实行市场价时,合同中属暂估价的,施工中实际发生材料价差应按规定计算,及时请发包人确认,与进度款一起收取。

f.工期奖、质量奖、技术措施费、不可预见费及索赔款,应根据施工合同规定,与工程进度款同时收取。

g.工程尾款应根据发包人认可的工程结算金额,于保修期完成时取得保修完成单后及时回收。

②控制资金支出

控制资金支出主要是控制项目资金的出口。施工生产直接或间接的生产费用投入需要耗费大量资金,要精心计划、节省使用资金,以保证项目部的资金支付能力。一般来说,工、料、机的投入有的要在交易发生期支付货币资金,有的可作为流动负债延期支付。从长期角度讲,任何负债都需要未来用货币资金或企业资产偿还。为此,要加强资金支出的计划控制,各种工、料、机投入都要按消耗定额,管理费用要有开支标准。

要抓好开源节流,组织好工料款回收,控制好生产费用支出,保证项目资金正常运转。在资金周转中使投入能得到补偿,得到增值,才能保证生产继续进行。

(2)项目资金的使用管理

建立健全项目资金管理责任制,明确项目资金的使用管理由项目经理负责,项目经理部财务人员负责协调组织日常工作,做到统一管理、归口负责、业务交接对口,建立责任制,明确项目预算员、计划员、统计员、材料员、劳动定额员等有关职能人员的资金管理职责和权限。

①资金的使用原则

项目资金的使用管理应本着促进生产、节省投入、量入为出、适度负债的原则,要本着国家、企业、员工三者利益兼顾的原则,优先考虑上缴国家的税金和应上缴的各项管理费。要依法办事,按照《劳动法》,保证员工工资按时发放;按照劳务分包合同,保证外包工劳务费按合同规定结算和支付;按材料采购合同,按期支付货款;按分包合同支付分包款。

②节约资金的办法

项目资金的使用管理反映了项目施工管理的水平。在施工计划安排、施工组织设计、施工方案的选择方面,要用先进的施工技术提高效率、保证质量、降低消耗,努力做到以较少的资金投入创造较大的经济价值。

③资金的管理方式

资金的管理方式讲究经济手段,合理控制材料占用资金。项目经理部要核定材料资金占用额,包括主要材料、周转材料、生产工具等的资金占用额;对劳务队占用模板、中小机械等,按预算分别核定收入,采用市场租赁价按月计算支出,对节约的劳务队按节约额进行奖励,反之扣一定比例的劳务费。

抓报量、抓结算,随时办理增减账索赔。根据生产进度,随时做好分部位和整个工程的预算结算,及时回收工程价款,减少应收账款占用。要抓好月度中期付款结算及报量,减少未完工程占用资金。

④项目资金的使用

项目经理部按组织下达的用款计划控制使用资金,以收定支,节约开支;按会计制度规定设立财务台账,记录资金支出情况,加强财务核算,及时盘点盈亏。

a.按用款计划控制资金使用。项目经理部各部门领用支票或现金,要填写用款申请表,由项目经理部部门负责人具体控制该部门支出。对于额度不大的零星采购和费用支出,可在月度用款计划范围内由经办人申请,部门负责人审批。各项支出的有关发票和结算验收单据,由各用款部门领导签字,并经审批人签证后,方可向财务报账。

财务要根据实际用款,做好记录,每周末编制银行存款情况快报,反映当期银行存款收入、支出和报告日结存数。各部门对原计划支出数不足部分,应书面报项目经理审批追加,审批单交财务,做到支出有计划,追加按程序。

b.设立财务台账,记录资金支出。为控制资金,项目经理部需要设立财务台账,作为会计核算的补充记录,进行债权债务的明细核算。

项目经理部的财务台账应按债权债务的类别,分别设置资金往来账户,以便及时提供财务信息,全面、准确、及时地反映债权债务情况;应按项目经理部的材料供应渠道,即按组织内部材料部门供应和项目经理自行采购的不同供料方式建立材料供货往来账户,按材料大的类别或供货单位逐一设立,反映所有材料(包括场外钢筋、铁活等加工料)的应付货款和已付货款的情况;应按项目经理部的劳务供应渠道,即按组织自有工人劳务队和外部市场劳务队建立劳务作业往来账户,反映应付劳务费和已付劳务费的情况。

不属于以上工料生产费用资金投入范围的分包工程、机械租赁作业、商品混凝土,应分别建立分包工程、产品作业供应等往来账户,并按合同单位逐一设立,反映应付款和已付款的情况。

项目经理部的财务台账可以由财务人员登账,也可在财务人员指导下由项目经理部有关业务部门登账。明细台账要定期与财务账核对,做到账账相符;还要与仓库保管员的收、发、存实物账及其他业务结算账核对,做到账实相符。总之,要做到财务总体控制,以利于发挥财务资金管理作用。

c.加强财务核算,及时盘点盈亏。项目部要随工程进展定期进行资产和债务的清查,以考查以前报告期结转利润的正确性和目前项目经理部利润的后劲。由于单位工程只有到竣工决算才能确定最终该工程的准确赢利,施工过程的报告期的财务结算只是相对准确,所以施工过程中要根据工程完成部位适时进行财产清查,对项目经理部所有资产方和所有负债方及时盘点,通过资产和负债加上级拨付资金平衡关系比较看出盈亏趋向。一般来说,项目经理部期末资产等于负债加上级拨付资金加待结算利润,说明利润有潜力;资产加待结算亏损等于负债加上级拨付资金,说明利润有潜亏。

（3）资金风险管理

要注意发包方资金到位情况,签好施工合同,明确工程款支付办法和发包方供料范围。在发包方资金不足的情况下,尽量要求发包方供应部分材料,防止发包方把属于甲方供料、甲方分包范围的转给组织支付。

要关注发包方资金动态,在已经发生垫资施工的情况下,要适当掌握施工进度,以利于回收资金。如果出现工程垫资超出原计划控制幅度的情况,要考虑调整施工方案,压缩规模,甚至暂缓施工,并积极与发包方协调,保证开发项目的资金回收。

9.2　项目信息管理

9.2.1　项目信息管理概述

9.2.1.1　信息管理的概念

信息管理是指对信息的收集、整理、处理、储存、传递与应用等一系列工作的总称。信息管理的目的就是通过有组织的信息流通,使决策者能及时、准确地获得相应的信息。为了达到信息管理的目的,就要把握好信息管理的各个环节,并要做到:

（1）了解和掌握信息来源,对信息进行分类;

（2）掌握和正确运用信息管理的手段,如计算机;

（3）掌握信息流程的不同环节,建立信息管理系统。

9.2.1.2　工程项目信息管理的基本任务

项目管理人员承担着项目信息管理的任务,负责收集项目实施情况的信息,做各种信息处理工作,并向上级、向外界提供各种信息。项目信息管理的任务主要包括:

（1）组织项目基本情况信息的收集并系统化,编制项目手册。项目信息管理的任务之一是按照项目的任务、实施要求,设计项目实施和项目管理中的信息和信息流,确定它们的基本要求和特征,并保证项目实施过程中信息顺利流通。

（2）遵循项目报告及各类资料的规定,例如资料的格式、内容、数据结构要求。

（3）按照项目实施、项目组织、项目管理工作过程建立项目管理信息系统,在实际工作中保证系统正常运行,并控制信息流。

（4）落实文件档案管理工作。有效的项目管理需要更多的工程项目信息,信息管理影响项目组织和整个项目管理系统的运行效率,是人们沟通的桥梁,项目管理人员应引起足够的重视。

9.2.1.3　工程项目信息管理工作的原则

对于大型项目,建设工程产生的信息数量巨大,种类繁多。为便于信息的收集、处理、储存、传递和利用,建设工程项目信息管理应遵循以下基本原则:

（1）标准化原则

要求在项目的实施过程中对有关信息的分类进行统一,对信息流程进行规范,产生的控制报表力求做到格式化和标准化,通过建立健全信息管理制度,从组织上保证信息生产过程的效率。

（2）有效性原则

项目管理人员所提供的信息应根据不同层次管理者的要求进行适当加工,针对不同管理层提供不同要求和不同浓缩程度的信息。例如,对于项目的高层管理者而言,提供的决策信息应力求精练、直观,尽量采用形象的图表来表达,以满足其战略决策的信息需要。这一原则有利于保证信息对于决策支持的有效性。

（3）定量化原则

建设工程产生的信息不是项目实施过程中所产生数据的简单记录,而是经过信息处理人员的比较与分析的结果。采用定量工具对有关数据进行分析和比较是十分必要的。

（4）时效性原则

考虑到工程项目决策过程的时效性,建设工程的成果也应具有相应的时效性。建设工程的信息都有一定的生产周期,如月报表、季度报表、年度报表等,这都是为了保证信息能够及时服务于决策。

（5）高效处理原则

通过采用高性能的信息处理工具(如建设工程信息管理系统),尽量缩短信息在处理过程中的延迟时间,项目管理人员的主要精力应放在对处理结果的分析和控制措施的制定上。

（6）可预见原则

建设工程产生的信息作为项目实施的历史数据,可以用于预测未来的情况,项目管理者应通过采用先进的方法和工具为决策者制定未来目标和行动规划提供必要的信息。如通过对以往投资执行情况的分析,可以对未来可能发生的投资进行预测,作为采取事前控制措施的依据,这在工程项目管理中也是十分重要的。

9.2.1.4　实施工程项目信息管理的基本条件

为了更好地进行工程项目信息管理,必须利用计算机技术。项目经理部要配备必要的计算机硬件和软件,应设项目信息管理员,使用和开发项目信息管理系统。项目信息管理员必须经有资质的培训单位培训并考核合格,方可上岗。

项目经理部负责收集、整理、管理本项目范围内的信息。实行总分包的项目由分包人负责分包范围的信息收集整理,承包人负责汇总、整理各分包人的全部信息。

随着工程的进展,应按照施工项目信息管理的要求,及时整理、录入施工项目信息。信息资料必须真实、准确,收集到的信息应经项目经理部有关负责人审核签字后方可录入计算机信息系统,以确保信息的真实性。

9.2.1.5　工程项目基本信息

项目的信息包括项目经理部在项目管理过程中的各种数据、表格、图纸、文字、音像资料等。项目实施过程中应积累以下项目基本信息:

（1）公共信息。包括法规和部门规章制度、市场信息、自然条件信息。

（2）单位工程信息。包括工程概况、施工记录、施工技术资料、工程协调、工程进度计划及资源计划、成本、商务、质量检查、安全文明施工及行政管理、交工验收等信息。

9.2.1.6　项目信息的目录结构

为了方便用计算机进行项目信息管理,可采用如图9.1所示的施工项目信息结构。

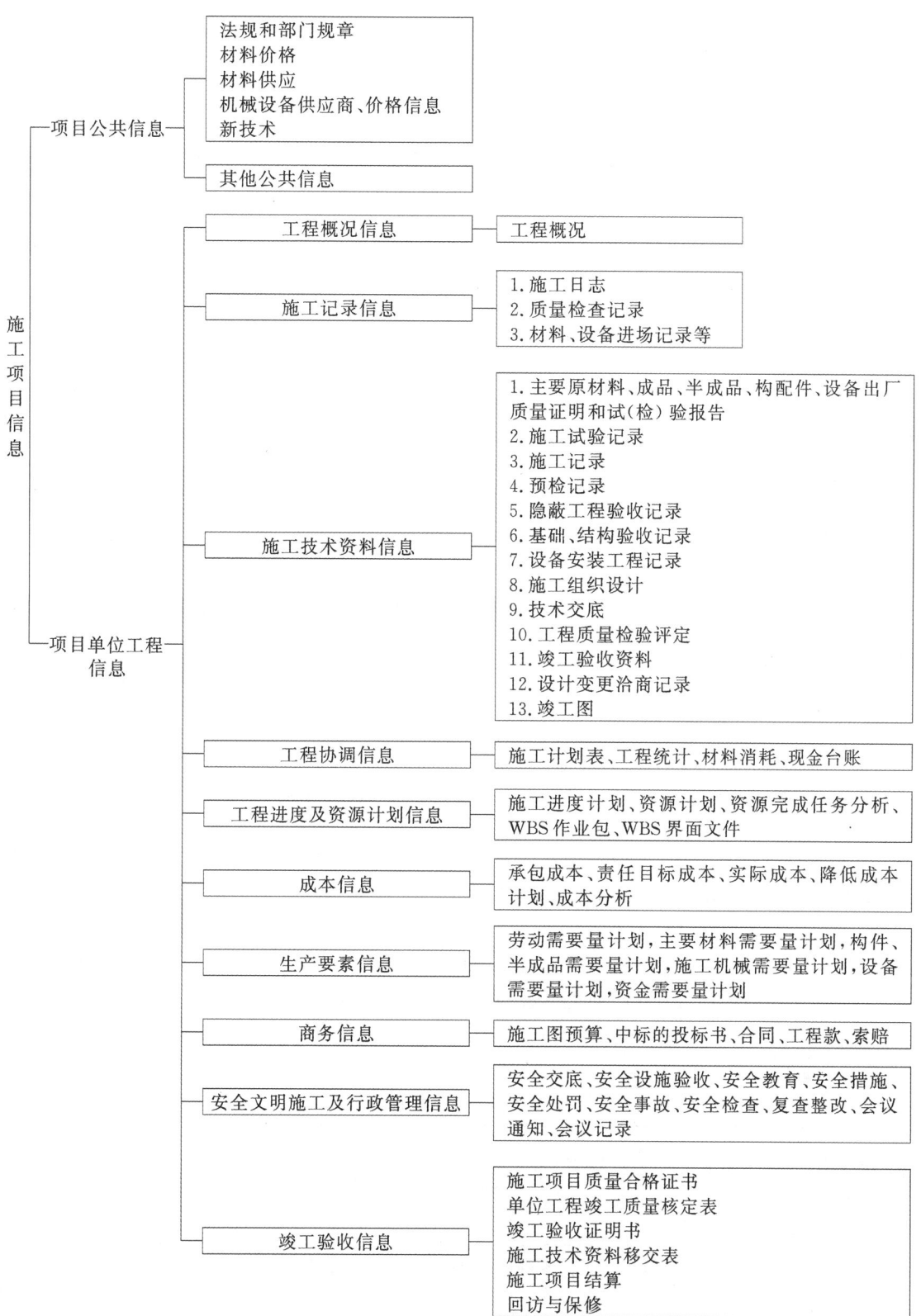

图 9.1 施工项目信息结构

9.2.2　工程项目报告系统

9.2.2.1　工程项目报告的种类

工程项目报告的形式和种类很多,按时间可分为日报、周报、月报、年报;针对项目结构的报告有分部分项工程报告、单位工程报告、单项工程报告、整个项目报告;专门内容的报告有质量报告、成本报告、工期报告;特殊情况的报告有风险分析报告、总结报告、特别事件报告;此外,还有状态报告、比较报告等。

9.2.2.2　工程项目报告的作用

(1)作为决策的依据。通过报告所反映的内容,可以使人们对项目计划和实施状况、目标完成程度等有比较清楚的了解,从而使决策简单化,提高准确度。

(2)用来评价项目,评价过去的工作及阶段成果。

(3)总结经验,分析项目中的问题。每个项目结束时都应有一个内容详细的分析报告。

(4)通过报告去激励各参加者,让大家了解项目的成就。

(5)提出问题,解决问题,安排后期的工作。

(6)预测将来情况,提供预警信息。

(7)作为证据和工程资料。工程项目报告便于保存,能提供工程的永久记录。

9.2.2.3　工程项目报告的要求

(1)与项目目标一致。报告的内容和描述必须与项目目标一致,主要说明目标的完成程度和围绕目标存在的问题。

(2)符合特定的要求。这里包括各个层次的管理人员对项目信息需要了解的程度,以及各个职能人员对专业技术工作和管理工作的需要。

(3)规范化、系统化。管理信息系统中应完整地定义报告系统的结构和内容,对报告的格式、数据结构进行标准化。在项目中要求各参加者采用统一形式的报告。

(4)处理简单化,内容清楚,所有人都能理解。

(5)报告要有侧重点。工程项目报告通常包括概况说明和重大的差异说明、主要的活动和事件的说明,而不是面面俱到。它的内容较多的是考虑实际效用,而不是考虑信息的完整性。

9.2.2.4　工程项目报告系统

项目初期,在建立项目管理系统时必须包括项目的报告系统。主要要解决两个问题:

(1)罗列项目实施过程中应有的各种报告,并系统化;

(2)确定各种报告的形式、结构、内容、数据、采撷和处理方式,并标准化。

建立如表9.9所示的报告目录。

表 9.9　报告目录表

报告名称	报告时间	提供者	接收者			
			A	B	C	D

编制工程计划时,应考虑需要的各种报告及其性质、范围和频率,并在合同或项目手册中确定。

原始资料应一次性收集,以保证同一信息的来源相同。收入报告中的资料应进行可信度检查,并将计划值引入以便对比。

工程项目报告应从基层做起,资料最基础的来源是工程活动,上层的报告应在基层报告的基础上,按照项目结构和组织结构层层归纳、总结,并做出分析和比较,形成金字塔形的报告系统。

项目月报是最重要的项目总体情况报告,其内容通常包括:

(1)工程项目概况

①简要说明本报告期中工程项目及主要活动的状况,如设计工作、批准过程、招标、施工及验收状况等。

②计划总工期与实际总工期的对比,可以采用不同颜色的图例,或采用前锋线方法来表示。

③总的趋向分析。

④成本状况和成本曲线,包括整个项目总结报告、各专业范围或各合同、各主要部门等层次。其中,需要分别说明原预算成本、工程量调整的结算成本、预计最终总成本、偏差原因及责任、工程量完成情况、支出等内容。可以采用对比分析表、柱形图、直方图、累计曲线加以描述。

⑤项目形象进度。用图示的方法描述建筑和安装工程的进度。

⑥对质量问题、工程量偏差、成本偏差、工期偏差的主要原因进行说明。

⑦说明下一报告期的关键活动。

⑧下一报告期必须完成的工作包。

⑨工程状况照片。

(2)项目进度详细说明

①按分部工程列出成本状况、实际和计划进度曲线的对比。

②按每个单项工程列出:控制性工期实际和计划工期对比,关键活动的实际和计划工期对比,实际和计划成本状况对比,工程状态,各种界面的状态,目前关键问题及解决的办法,特别事件说明等。

(3)预计工期计划

它包括下阶段控制性工期计划,下阶段关键活动详细的工期计划,以后几个月内关键工程活动表。

(4)按分部工程列出各施工单位。

(5)项目组织状况说明。

9.2.3　工程项目信息管理系统

9.2.3.1　工程项目信息管理系统的含义

工程项目信息管理系统也称项目规划和控制信息系统,是一个针对工程项目的计算应用软件系统,通过及时地提供工程项目的有关信息,支持项目管理人员确定项目规划,在项目实现过程中控制项目目标,即费用目标、进度目标、质量目标和安全目标。

工程项目信息管理系统是以工程项目为目标系统,利用计算机辅助工程项目管理的信息系统。

9.2.3.2　工程项目信息管理系统的功能要求

(1)工程项目信息管理系统的特点

工程项目信息管理系统是以计算机技术为主要手段,以项目管理为对象,通过收集、存储和处理有关数据为项目管理人员提供信息,作为项目管理规划、决策、控制和检查的依据,保证项目管理工作顺利实施,是项目管理系统的重要组成部分。通常,该系统应具有如下特点:

①可靠性。管理系统的信息收集、输出应真实可靠,使信息接收者对系统信任;只有项目管理人员相信系统的可靠性,才会采用该系统输出的信息。《建设工程项目管理规范》对收集、录入信息的真实性进行了规定。

②安全性。系统的安全性直接影响项目管理人员的使用,系统必须保证正常使用的安全性,同时应有权限设置,保证不同使用人员根据不同权限对信息进行相应的处理。

③及时性。任何信息都具有时间性,系统必须能够及时处理有关数据,并及时提供给管理人员所需信息,以使项目管理人员进行实时控制。

④适用性。信息系统必须满足项目管理人员的不同需要;从系统得到的信息,必须能被信息需求者所理解,并能为其决策提供帮助。信息系统还应具有可扩充性,以满足项目需求的变化及不同项目管理系统的需要。

⑤界面友好,操作方便。

(2)工程项目信息管理系统的功能要求

①方便项目信息输入、整理与存储;

②有利于用户提取信息;

③及时调整数据、表格与文档;

④能灵活补充、修改与删除数据;

⑤信息种类与数量应能满足项目管理的全部需要;

⑥能使设计信息、施工准备阶段的管理信息、施工过程项目管理各专业的信息、项目结算信息、项目统计信息等有良好的接口;

⑦能连接项目经理部各职能部门、项目经理与各职能部门、项目经理与作业层、项目经理部与企业各职能部门、项目经理与企业法定代表人、项目经理部与发包人和分包人、项目经理部与监理机构等,使项目管理层与企业管理层及作业层信息收集渠道畅通、信息资源共享。

9.2.3.3　工程项目信息管理系统的开发

工程项目信息管理系统的开发是一项非常复杂的工作,它的开发周期长,耗资巨大,投入高,风险大。它以工程项目的管理系统为环境,所涉及的相关专业多,且专业需求程度高,所以项目管理专业人员在研制过程中起着重要的作用。工程项目信息管理系统的设计和实现,是对项目管理思想、组织、方法和手段的提升,它能深化项目管理的基本理论,强化项目管理的基础工作,改进管理组织和管理方法。

工程项目信息管理系统的开发由系统规划、系统分析、系统设计、系统实施与系统评价等阶段组成。

(1)系统规划。系统规划需要提出系统开发的需求,通过实地现场调查和可行性研究,确定项目信息管理系统的目标及系统的主要结构,制订系统开发的整体计划,由此来指导信息管理系统研制的实施工作。

(2)系统分析。系统分析包括对项目任务的详细了解和分析,在此基础上,收集数据、分析数据、确定系统数据流程图等,制订最优的系统方案。

(3)系统设计。系统设计包括确定系统总体结构、系统流程图和系统配置,进行模块设计、系统编码设计、数据库设计、输入输出设计、文件设计和程序设计等。

（4）系统实施。系统实施包括机器的购置、安装,程序的调试,基础数据的准备,系统文档的准备,各类人员的培训及系统的运行与维护等。

（5）系统评价。系统建成及投入运行以后,必须对系统进行评价,估计系统的工作性能和技术性能,检查是否达到预期目标,其功能是否符合设计要求,进而对系统的应用价值、经济效益和社会效益做出综合评价。

9.2.3.4　工程项目信息流

工程项目信息流反映了各参加部门、各单位及各施工阶段之间的关系。为了建设工程的顺利完成,必须使工程项目信息在上下级之间、内部组织与外部环境之间流动。

（1）自上而下的信息流

自上而下的信息流,是指主管单位、主管部门、业主、工程项目负责人、检查员、班组工人之间由上级向其下级逐级流动的信息,即信息源在上,接收信息者在下。这些信息主要是指建设目标、工作条例、命令、办法及规定、业务指导意见等。

（2）自下而上的信息流

自下而上的信息流,是指由下级向上级流动的信息,即信息源在下,接收信息者在上。这些信息主要指项目实施中有关目标的完成量、进度、成本、质量、安全、消耗、效率等情况,此外,还包括上级部门关注的意见和建议等。

（3）横向间的信息流

横向流动的信息指项目管理工作中,同一层次的工作部门或工作人员之间相互提供和接收的信息。这种信息一般是由不同工作部门各自产生的,但为了共同的目标又需要相互协作、互通有无或相互补充,以及特殊、紧急情况下为节省信息流动时间而需要横向提供的信息。

（4）以信息管理部门为集散中心的信息流

信息管理部门是汇总信息、分析信息、分散信息的部门,必须帮助工作部门进行信息管理规划、任务检查,对有关专业技术问题进行咨询。因此,各个工作部门不仅要向上级汇报,而且应当将信息传递给信息管理部门,以利于信息管理部门为决策做好充分准备。

（5）工程项目内部组织与外部环境之间的信息流

工程项目的业主、承建商、监理单位、设计单位、建设银行、质量监督主管部门、有关国家管理部门和业务部门,都不同程度地需要信息交流,既要满足自身的需要,又要满足与外部环境的协作要求,或按国家规定的要求相互提供信息。

上述几种信息流都应有明晰的流线,并都要畅通。实际工作中,自上而下的信息流比较畅通,自下而上的信息流一般情况下渠道不畅或流量不够。因此,工程项目主管应当采取措施防止信息流通出现障碍,发挥信息流应有的作用,特别是对横向间的信息流以及自下而上的信息流应给予足够的重视,增加流量,以利于合理决策、提高工作效率和经济效益。

9.2.3.5　工程项目信息的收集

工程项目信息管理系统的运行质量,很大程度上取决于原始资料、原始信息的全面性、准确性和可靠性,因此,建立一套完善的信息采集制度是极其必要的。工程项目信息的收集包括以下内容:

（1）工程项目建设前期的信息收集

工程项目在正式开工之前,需要进行大量的工作,这些工作将产生大量包含着丰富内容的文件,工程建设单位应当了解和掌握这些内容。工程项目建设前期的信息收集内容如下:

①收集可行性研究报告及其有关资料。

②收集设计文件及其有关资料。收集这方面资料的方法通常包括：

a. 社会调查。即建设地区的工农业生产、社会经济、地区历史、人民生活水平及自然灾害等情况调查。

b. 工程技术勘测调查。收集建设地区的自然条件资料，如河流、水文、资源、地质、地形、地貌、气象等资料。

c. 技术经济勘察调查。主要收集工程建设地区的原材料、燃料来源，水电供应和交通运输条件，劳动力来源、数量和工资标准等资料。

③收集招标投标合同文件及其有关资料。招投标文件中包含了大量的信息，包括甲方的全部"要约"条件，乙方的全部"承诺"条件；甲方所提供的材料供应、设备供应、水电供应、施工道路、临时房屋、征地情况、通信条件等，乙方投入的人力、机械方面的情况，工期保证，质量保证，投资保证，施工措施，安全保证等。

项目建设前期除以上列举的各种资料外，上级关于项目的批文和有关指示，有关征用土地、迁建赔偿等协议式批准文件等，也是十分重要的资料。

（2）施工期间的信息收集

在工程项目整个施工阶段，每天都发生各种各样的情况，相应地包含着各种信息，需要及时收集和处理。因此，工程的施工阶段是大量的信息发生、传递和处理的阶段，工程项目信息管理工作主要集中在这一阶段。施工期间的信息收集内容如下：

①收集业主提供的信息。业主作为工程项目建设的组织者，要按照合同文件规定提供相应的条件，要不时表达对工程各方面的意见和看法，下达某些指令，因此，应及时收集业主提供的信息。当业主负责某些材料的供应时，需收集业主所提供材料的品种、数量、质量、价格、提货地点、提货方式等信息。工程项目负责人应及时收集这些信息资料，同时应收集业主对项目进度、质量、投资、合同等方面的意见和看法。

②收集承建商的信息。对现场发生的各种情况承建商必须掌握和收集，工程项目负责人也必须掌握和收集，并汇集成相应的信息资料。承建商在施工中经常向有关单位，包括上级部门、设计单位、业主及其他方面发出某些文件，传达一定的内容，如向业主报送施工组织设计、各种计划、单项工程施工措施、月支付申请表、各种项目自检报告、质量问题报告、有关意见等，项目负责人应全面系统地收集这些信息资料。

③收集建设项目的施工现场记录。此记录是驻地工程师的记录，主要包括工程施工历史记录、工程质量记录、工程计量、工程款记录和竣工记录等。

a. 现场管理人员的日报。主要包括现场每日的天气记录、当天的施工内容、参加施工的人员、施工用的机械（名称、数量等）、发现的施工质量问题、实际施工进度与计划施工进度的比较（若发生施工进度拖延，应说明原因）、当天的综合评论及其他说明（应注意的事项）等。

b. 驻施工现场管理负责人的日记。主要包括当天所做的重大决定、对施工单位所做的主要指示、发生的纠纷及解决办法、该工程项目总负责人（或其他代表）来施工现场谈及的问题、当天与该工程项目总负责人的口头谈话摘要、对驻施工现场管理工程师的指示、与其他人达成的任何主要协议，或对其他人的主要指示等。

c. 驻施工现场管理负责人的月报。驻施工现场管理负责人应每月向总负责人及业主汇报工地施工进度状况（与合同规定的进度做比较），工程款支付情况，工程进度拖延的原因分析，工程质量情况,工程进展中主要困难与问题(如施工中的重大差错,重大索赔事件,材料、设备供货及组织、协调方面的困难,异常的天气情况)等。

　　d.驻施工现场管理负责人对施工单位的指示。主要包括正式发出的重大指示,日常指示,在每日工地协调会中发出的指示,在施工现场发出的指示等。

　　e.补充图纸。即设计单位给施工单位的各种补充图纸。

　　f.工地质量记录。主要包括试验结果记录及样本记录。

　　④收集工地会议记录。召开工地会议是工程项目管理的一种重要方法,会议中包含着大量的信息,要求项目管理工程师必须重视工地会议,并建立一套完善的会议制度,以便于会议信息的收集。会议制度的内容包括会议的名称、主持人、参加人,举行会议的时间、会议地点等,每次工地会议都应有专人记录,会后应有工作会议纪要等。

　　a.第一次工地会议。第一次工地会议由甲方主持,主要内容是介绍业主、工程师、承建商的职员,澄清组织关系,检查承建商的动员情况(履约保证金、进度计划、保险、组织、人员、现场准备情况等),检查业主对合同的履行情况(如资金、投保,确定工地、图纸等),检查管理工程师动员阶段的工作情况(如提交水准点、图纸,确定职责分工等),检查为管理工程师提供设备的情况(如住宿、试验、通信、交通工具、水电等条件),明确例行程序(包括填报支付报表)。

　　第一次工地会议是以检查各方面准备情况,明确工程项目管理程序为主要目的。当承建商认为工地周围环境和情况与投标时相符,承建商拿到施工图纸且后续图纸无须担忧,承建商已得到占用工地的权力时,工程项目管理人即可下达开工令。

　　b.经常性工地会议。经常性工地会议由承建商主持,一般每月召开一次。工程项目负责人、承建商、监理方、业主代表参加该会议。会议主要内容:确定上次工地会议纪要,当月进度总结,进度预测,技术事宜,变更事宜,财务事宜,管理事宜,索赔和延期,下次工地会议及其他事项。工地会议确定的事情视为合同文件的一部分,承建商必须执行。工地会议记录应忠实于会议发言人,确保记录的真实性。

　　(3)工程竣工阶段的信息收集

　　工程竣工并按要求进行竣工验收时,需要大量与竣工验收有关的各种资料信息。这些信息一部分是在整个施工过程中长期积累形成的,一部分是在竣工验收期间,根据积累的资料整理分析而形成的。完整的竣工资料应由承建商编制,经工程项目负责人和有关方面审查后,移交业主并通过业主移交管理部门。

　　9.2.3.6　收集信息的加工整理

　　对收集的信息进行加工,是信息处理的基本内容。其中包括对信息进行分析、归纳、分类、计算比较、选择及建立信息之间的关系等工作。

　　(1)信息处理的要求和方法

　　①信息处理的要求。要使信息能有效地发挥作用,在信息处理的过程中就必须符合及时、准确、适用、经济的要求。

　　②信息处理的方法。从收集的大量信息中,找出信息与信息之间的关系和运算公式;从收集的少量信息中,得到大量的输出信息。信息处理包括收集、加工、输入计算机、传输、存储、计算、检索、输出等内容。

　　(2)收集信息的分类

　　工程项目信息管理中,对收集来的信息资料进行加工整理后,按其加工整理的深度可分为如下类型：

①对资料和数据进行简单整理和滤波；

②对信息进行分析、概括综合后能产生辅助决策的信息；

③通过应用数学模型统计推断可以产生决策的信息。

工程项目负责人依据施工过程中收集到的信息所做的决策或决定有几方面，如表 9.10 所示。

表 9.10　收集信息分类

信息类别	具体要求
1. 依据进度控制信息，对施工进度状态的意见和指示	工程项目负责人每月、每季度都要对工程进度进行分析、对比并做出综合评价，包括当月整个工程各方面，实际完成数量与合同规定的计划数量之间的比较。如果某一部分拖后，应分析其主要原因。对存在的主要困难和问题，要提出解决的意见
2. 依据质量控制信息，对工程质量情况的意见和指示	工程项目负责人应当系统地将当月施工中的各种质量情况，包括现场检查中发现的各种问题、施工中出现的重大事故，对各种情况、问题、事故的处理情况，除在月报、季报中进行阶段性的归纳和评价外，如有必要可进行专门的质量定期情况汇报
3. 依据投资控制信息，对工程结算情况的意见和指示	工程价款结算一般按月进行，要对投资完成情况进行统计、分析，并在此基础上做一些短期预测，以便对业主在组织资金方面提供咨询意见
4. 依据合同信息，对索赔的处理意见	在工程施工中，由于甲方的原因或客观条件使乙方遭受损失，乙方可提出索赔要求；乙方违约使工程遭受损失，甲方可提出索赔要求；工程项目负责人应对索赔提出处理意见

9.2.4　工程项目文档管理

BIM 在资料管理中的应用

项目管理信息大部分是以文档资料的形式出现的，因此项目文档资料管理是日常信息管理工作的一项主要内容。工程项目文档资料是有形的，是信息或数据的载体，它以记录的方式存在，具有集中、归档的性质。对项目文档资料进行科学系统的管理，能使项目实施过程规范化、正规化，提高项目管理的工作效率，确保项目归档文件材料的完整性和可靠性。项目文档资料管理是具体的，它的工作主要包括文档资料传递流程的确定，文档资料登录和编码系统的建立，文档资料的收集积累、加工整理、检索保管、归档保存和提供利用服务等。

工程项目文档资料包括各类文件、项目信件、设计图纸、合同书、会议纪要，各种报告、通知、记录、鉴证、单据、证明、书函等文字、数值、图表、图片及音像资料。

9.2.4.1　项目文档资料的传递流程

确定项目文档资料的传递流程是指要研究文档资料的流转通道及方向，研究资料的来源、使用者和保存节点，规定传输方向和目标。项目管理班子中的信息管理人员是文档资料传递渠道的中枢，所有文档资料都应统一归口传递至信息管理者，由其进行集中收发和管理，以避免散落和遗失。信息管理人员将接收到的文档资料经加工整理、归类保存后，再按信息规划规定的传递渠道传递给文档资料的接收者。同时,信息管理人员也应按照文档资料的内容,有目的地把有关信息传递给其他相关的接收者。当然,项目管理人员根据需要随时都可自行查阅经整理、分类后的文档资料。

项目文档资料的管理人员必须熟悉各项项目管理的业务,通过研究分析项目文档资料的特点和规律对其进行科学管理,使文档资料在项目管理中得到充分利用,为项目管理提供有效服务。除此之外,管理人员还应全面了解和掌握项目建设的进展情况和项目管理工作开展的实际情况,结合对文档资料的整理分析,对重要信息资料进行摘要综述,编制相关工程报告。

9.2.4.2 项目文档资料的登录和编码

信息分类和编码是文档资料科学管理的重要手段。任何接收或发送的文档资料均应予以登记,保证信息资料的完整记录。对文档资料进行登录,把它们列为项目管理单位的正式资源和财产,可以有据可查,便于归类、加工和整理,并通过登录掌握归档资料及其变化情况,有利于文档资料的清点和补缺。

为便于登录和归类,利用计算机对项目文档资料进行管理时,需要对文档资料进行统一编码,建立编码系统,确定分类归档存放的基本框架结构。给文档资料赋予独特的识别符号(如字符和数字等),就可给出信息资料的编码,而编码结构则表示文档资料的组成方式和相互间的关系。对项目信息进行编码的基本原则是:

(1)唯一性。虽然一个编码对象可有多个名称,也可按不同方式进行描述,但是在一个分类编码标准中,每个编码对象仅有一个代码,每一个代码唯一表示一个编码对象。

(2)合理性。项目信息编码结构应与项目信息分类体系相适应。

(3)可扩充性。项目信息编码必须留有适当的后备容量,以适应不断扩充的需要。

(4)简单性。项目信息编码结构应尽量简单,以提高信息处理的效率。

(5)适用性。项目信息编码应能反映项目信息对象的特点,便于记忆和使用。

(6)规范性。在同一个项目的信息编码标准中,代码的类型、结构及编写格式都必须统一。

9.2.4.3 项目文档资料的存放

为使文档资料在项目管理中得到有效的利用和传递,需要按科学方法将文档资料存放与排列。随着工程建设的进程,信息资料的逐步积累,数量会越来越多,如果随意存放,需要时必然查找困难,且极易丢失。存放与排列可以以编码结构的层次编码作为标识,将文档资料一件件、一本本地排列在书架上,位置应明显,易于查找。

为做好项目建设档案资料的管理工作,全面、完整地反映工程建设和项目管理的工作活动和成果,客观地记录项目建设的整个历史过程,充分发挥档案资料在项目建设、项目建成以后的使用管理,以及项目维护过程中的作用,应将文档资料整理归档、立卷、装订成册。工程项目信息资料经过科学系统的组合与排列,才能成为系统的、完整的文档,为项目管理服务,同时作为归档保存的项目文件。

9.2.5 项目管理中的软信息

(1)软信息的概念

前面所述的在项目系统中运行的一般都是可定量化的、可量度的信息,如工期、成本、质量、人员投入、材料消耗、工程完成程度等,它们可以用数据表示,可以写入报告中,通过报告和数据即可获得信息,了解情况。但另有许多信息是很难用上述信息形式表达和通过正规的信息渠道沟通的,它们主要是反映项目参加者的心理行为、项目组织状况的信息。例如,参加者的心理动机、期望和管理者的工作作风、爱好、习惯,对项目工作的兴趣、责任心;各工作人员的积极性,特别是项目组织成员之间的冷漠甚至分裂状态;项目的软环境状况;项目的组织程度及组织效率;项目组织与环境、项目小组与其他参加者、项目小组内部的关系融洽程度,项目领导的有效性;业主或上层领导对项目的态度、信心和重视程度;项目小组精神,如敬业、互相信任、组织约束程度,项目实施的秩序、程度等。

这些情况无法或很难定量化,甚至很难用具体的语言表达,但它同样作为信息反映着项目的情况,对工程项目实施、决策及更好地帮助项目管理者研究和把握项目组织,对项目组织实施激励等起到积极作用。

(2)软信息的特点

①软信息尚不能在报告中反映或完全正确地反映,缺少表达方式和正常的沟通渠道,只有管理人员亲临现场,参与实际操作和小组会议时才能发现并收集到。

②由于软信息无法准确地描述和传递,所以它的状况只能由人领会,仁者见仁,智者见智,不确定性很大,这便会导致决策的不确定性。

③由于很难表达,不能传递,很难进入信息系统沟通,所以软信息的使用是局部的。真正有决策权的上层管理者(如业主、投资者)由于不具备条件(不参与实际操作),所以无法获得和使用软信息,因而容易造成决策失误。

④软信息目前主要通过非正式沟通来影响人们的行为。例如,人们对项目经理的专制作风的意见和不满,互相诉说,以软抵抗对待项目经理的指令、安排。

⑤软信息只能通过人们的模糊判断,通过人们的思考来做信息处理,常规的信息处理方式是不适用的。

(3)软信息的获取

软信息的获取方式通常有:

①观察。通过观察现场及人们的举止、行为、态度,分析他们的动机,分析组织状况。

②正规的询问,征求意见。

③闲谈、非正式沟通。

④要求下层提交的报告中必须包括软信息内容并定义说明范围,这样上层管理者才能获得软信息,同时让各级管理人员建立软信息的概念并重视它。

9.2.6　BIM 技术在项目管理中的应用

BIM 的概念起源于美国,它的英文全称是 Building Information Modeling,是由美国佐治亚理工学院建筑与计算机学院查克伊士曼博士提出来的,国内较为一致的中文翻译为:建筑信息模型。查克伊士曼博士当时的定义是这样的:建筑信息模型是一个单一模型,这个模型适用范围是建设项目的全生命周期且模型包括整个项目的基础数据信息,如几何模型信息、功能要求及构建性信息,还包括实施项目过程中的扩展信息及控制信息,如施工进度信息。

随着 BIM 技术的广泛应用,美国随之制订了 BIM 标准,在标准 NBIMS 中是这样定义的:BIM 是一个数字化模型,包括建设项目的物理特性和功能特性;BIM 是一个共享性模型,建设项目全生命周期的数据信息都可以共享,且在实施项目的不同阶段及项目不同阶段的不同参与方随时可以提取、更新、修改模型中的信息,所以 BIM 是一个共享性的数字化模型,是一种全新的设计模式。

随着 BIM 的不断发展,BIM 的概念也有了一定的拓展,包含了更多工程项目的内容,但信息的集成、管理、共享依旧是核心。"十二五"规划中提出"全面提高行业信息化水平,重点推进建筑企业管理与核心业务信息化建设和专项信息技术的应用"。可见,BIM 技术与项目管理的结合不仅符合政策的导向,也是发展的必然趋势。

本节将重点介绍 BIM 技术在施工阶段进度管理、质量管理、成本管理、安全管理四个方面的信息化技术应用。

9.2.6.1　进度管理

在 BIM 三维模型信息的基础上,增加一维度进度信息,我们将这种基于 BIM 的管理称为 4D 管理。从目前看,BIM 技术在工程进度管理上有三方面应用。

一是可视化的工程进度安排。建设工程进度控制的核心技术是网络计划技术,目前该技术在我国的应用效果并不理想。在这一方面 BIM 有优势,通过与网络计划技术的集成,BIM 可以按月、周、天直观地显示工程进度计划。另一方面,BIM 便于工程管理人员进行不同施工方案的比较,选择符合进度要求的施工方案;同时,也便于工程管理人员发现工程进度计划和实际进度的偏差,及时进行调整。

二是对工程建设过程的模拟。工程建设是一个多工序搭接,多单位参与的过程。工程进度总计划,是由多个专项计划搭接而成的。传统的进度控制中,各单项计划间的逻辑顺序需要技术人员来确定,难免出现逻辑错误,造成进度拖延;而通过 BIM 技术,用计算机模拟工程建设过程,项目管理人员更容易发现二维网络计划中难以发现的工序间逻辑错误,优化进度计划。

三是对工程材料和设备供应过程的优化。当前,项目建设过程越来越复杂,参与单位越来越多,如何安排设备、材料供应计划,在保证工程建设进度需要的前提下节约运输和仓储成本,正是"精益建设"的重要课题。BIM 为精益建设思想提供了技术手段,通过计算机的资源计算、资源优化和信息共享功能,可以达到节约采购成本、提高供应效率和保证工程进度的目的。

因此,基于 BIM 的进度控制相比传统的进度计划横道图、网络图等进度控制手段更加直观,对整体进度情况的反映也较好;无论采用何种二维图形控制手段,阅读的效率都比三维图形低;在大量进度任务并行工作时,施工进度模拟的作用尤其显著;当进度滞后时,对后续工作的影响可表现得更好,如表 9.11 所示。

BIM 在工程项目进度管理中的应用体现在项目过程的方方面面,下面仅对其关键应用点进行具体介绍。

（1）执行进度计划跟踪

进度计划的跟踪需要在进度计划软件中输入进度信息与成本信息,数据录入后同步至施工进度模拟中,对进度计划的完成情况形成动画展示。相比传统的管理工作来说并未增加工作量。

（2）进度计划数据分析

同样适用赢得值法进行分析,但是数据主要通过自动估算及批量导入,相比传统估算方式会更加准确,且修改起来更加快捷。由于 BIM 在信息集成上的优势,在工作滞后分析上可利用施工模拟查看工作面的分配情况,分析是否有相互干扰的情况。在组织赶工时,利用施工进度模拟进行分析,看赶工对增加资源成本、进度的影响,分析赶工计划是否可行。

表 9.11 BIM 技术在进度管理中的优势表

序号	管理效果	具体内容	主要应用措施
1	加快招投标组织工作	利用基于 BIM 技术的相关软件系统,大大加快了计算速度和计算准确性。加快招标阶段的准备工作,同时提升了招标工程量清单的质量	（1）BIM 施工进度模拟； （2）BIM 施工安全与冲突分析系统； （3）BIM 建筑施工优化系统； （4）三维技术交底及安装指导； （5）移动终端现场管理
2	碰撞检测,减少变更和返工进度损失	BIM 技术强大的碰撞检查功能,十分有利于减少进度浪费	
3	加快生产计划、采购计划编制	工程中经常因生产计划、采购计划编制缓慢损失了进度,急需的材料、设备不能按时进场,影响了工期,造成窝工损失。BIM 改变了这一切,随时随地获取准确数据变得非常容易,生产计划、采购计划大大缩短了用时,加快了进度,同时提高了计划的准确性	
4	提升项目决策效率	传统管理中决策依据不足、数据不充分,导致领导难以决策,有时甚至导致多方谈判长时间僵持,延误工程进展。BIM 形成工程项目的多维度结构化数据库,整理分析数据几乎可以实时实现,有效地解决了以上问题	
5	提升全过程协同效率	基于 3D 的 BIM 沟通语言简单易懂、可视化好、理解一致,大大加快了沟通效率,减少理解不一致的情况	
		基于互联网的 BIM 技术能够建立高效的协同平台,从而保障所有参建单位在授权的情况下,可随时随地获得项目最新、最准确、最完整的工程数据,从过去的点对点传递信息转变为一对多传递信息,效率提升。图纸信息版本完全一致,从而减少传递时间的损失和版本不一致导致的施工失误	
		现场结合 BIM、移动智能终端拍照,大大提升了现场问题沟通效率	
6	加快竣工交付资料准备	基于 BIM 工程实施方法,过程中所有资料可方便地随时挂接到工程 BIM 数字模型中,竣工资料在竣工时即已形成。竣工 BIM 模型在运维阶段还将被业主发挥巨大的作用	
7	加快支付审核	业主缓慢的支付审核往往引起承包商合作关系的恶化,甚至影响到承包商的积极性。业主方利用 BIM 技术的数据能快速核查、反馈承包商的付款申请表,可以大大加快期中付款,提升双方战略合作成果	

（3）形象进度展示

在输入进度信息的基础上,利用施工模拟展示进度执行情况,用于会议沟通、协调。在对进度计划的实际情况展示方面,施工模拟具有直观的优势,能让人直观了解全局的工作情况；滞后工作对后续工作的影响也能很好地展示出来,能快速让各方了解问题的严重性。

（4）总包例会协调

在会议上，通过施工模拟与项目实际进展照片的对比，可以分析上周计划执行情况，布置下周生产计划，协调有关事项。

（5）召开进度协调会

当交叉作业频繁，或处于工期紧迫等特殊阶段，或专业工程进度严重滞后，或对其他专业工程进度造成较大影响时，应组织相关单位召开进度协调会并形成会议纪要。会议应使用4D、5D施工模拟展示项目阶段进度情况，分析总进度情况，分析穿插作业的滞后对工作面交接的影响，辅以进度分析的数据报表，增强沟通、协调能力。

（6）进度计划变更的处理

若进度计划变更不影响模型的划分，即修改进度计划并同步至软件中。若进度计划变更影响模型的划分，先记录变更部位，划定变更范围，再逐项修改模型划分与匹配信息。模型修改完成后，将进度计划与模型重新同步至软件中进行匹配，完成变更的处理。处理完成后，留下记录，记录内容应包括变更部位、变更范围、时间、版本等信息。

（7）模型变更的处理

模型变更时，先记录变更部位，划定变更范围；再为修改后的部位划分范围，输入进度信息、专业信息等数据；随后将模型同步至软件中重新进行匹配，完成变更处理。处理完成后，留下记录，记录内容应包括变更部位、变更范围、时间、版本等信息。

9.2.6.2　质量管理

BIM技术应用于工程质量管控中，能够发挥独特的优势功能与作用，既能从整体上把握工程建设质量，又能深入局部、分支项目，形成对构件质量的监督；能够在很大程度上提高质量控制效率，满足工程参建方的利益。因此，应该加大对该技术的应用力度，发挥该技术的先进作用，为工程建设中质量的监管创造有利条件。

一方面，业主是工程高质量的最大受益者，也是工程质量的主要决策人，但由于受专业知识局限，业主同设计人员、监理人员、承包商之间的交流存在一定困难，BIM为业主提供了形象的三维设计，业主可以更明确地表达自己对工程质量的要求，如建筑物的外观、材料、设备要求等，有利于各方开展质量控制工作。

另一方面，BIM是项目管理人员控制工程质量的有效手段。采用BIM设计的图纸是数字化的，计算机可以在检索、判别、数据整理等方面发挥优势；利用BIM模型和施工方案进行虚拟环境数据集成，对建设项目的可建设性进行仿真实验，可在事前发现质量问题。

BIM技术的引入不仅提供了一种"可视化"的管理模式，亦能够充分发掘传统技术的潜在能量，使其更充分、更有效地为工程项目质量管理工作服务。传统的二维管控质量的方法是将各专业平面图叠加，结合局部剖面图，设计、审核、校对人员凭经验发现错误，难以全面，而三维参数化的质量控制，是利用三维模型，通过计算机自动实时检测管线碰撞，精确性高。二维质量控制与三维质量控制的优缺点对比见表9.12所示。

基于BIM的工程项目质量管理包括产品质量管理及技术质量管理。

①产品质量管理。BIM模型储存了大量的建筑构件、设备信息，通过软件平台，可快速查找所需的材料及构配件信息，包括材质、尺寸要求等，并可根据BIM设计模型，对现场施工作业产品进行追踪、记录、分析，掌握现场施工的不确定性因素，避免不良后果的出现，监控施工质量。

表 9.12　二维质量控制与三维质量控制的优缺点对比表

传统二维质量控制的缺点	三维质量控制的优点
手工整合图纸,凭借经验判断,难以全面分析	电脑自动在各专业间进行全面检验,精确度高
均为局部调整,存在顾此失彼情况	在任意位置剖切大样及轴测图大样,观察并调整该处管线标高关系
标高多为原则性确定相对位置,大量管线没有精确确定标高	轻松发现影响净高的瓶颈位置
通过"平面+局部剖面"的方式,对于多管交叉的副管复制部位表达不够充分	在综合模型中直观地表达碰撞检查结果

②技术质量管理。通过 BIM 的软件平台动态模拟施工技术流程,再由施工人员按照仿真施工流程施工,确保施工技术信息的传递不会出现偏差,避免实际做法和计划做法不一样的情况,减少不可预见情况的发生,监控施工。

BIM 在工程项目质量管理中的关键应用点如下:

(1)质量信息的采集与收录

BIM 技术在工程质量管理中的应用,关键是要加强信息管理,依托于 BIM 进行工程信息的传递,从而形成对整个工程施工质量、施工概况等的监督,且 BIM 模型能够确保工程质量信息更为全面、彻底、精准地传递。

(2)材料、设备的质量监督

材料与设备是保证工程质量的基础,参照相关的制度应该由施工企业负责材料质量检验与设备检查,监理单位则负责相关审核工作。将 BIM 技术引入其中,能够实现材料、设备等的整个信息化采集、收录与整理,例如材料的质保证、质检报告、合格证等,同时将这些信息同构件部位联系起来,监理企业则能够凭借 BIM 系统来进行材料、设备等的检测与审核,在 BIM 模型中对抽样检测的材料信息进行标识,确保材料信息的精准、客观,为后期检查提供依据。

(3)工程施工的质量监管

工程现场施工信息同 BIM 模型加以比较,把各类需要检查的信息关联到构件,这样才能为信息的清晰收录、未来统计与复核做好准备,确保分项工程、隐蔽工程等的质检、审核、签证等的各类信息数据等都成为结构化的 BIM 数据,而且各项数据输入后,BIM 系统能够及时形成一个报告单,为相关的质量审核提供依据,提高审核认证工作效率。基于 BIM 的工程施工过程质量监管,由于信息传输的高效性、及时性,有效提高了质量监管工作效率。

9.2.6.3　成本管理

在 4D 的基础上,加入成本维度所形成的技术,被称为 5D 技术。5D 成本管理也是 BIM 技术最有价值的应用领域。BIM 出现以前,在 CAD 平台上我国的一些造价管理软件公司已对这一技术进行了深入的研发。在 BIM 平台上,这一技术得到了更大的发展空间,主要表现在以下几个方面:

①BIM 使工程量计算变更更加容易。在 BIM 平台上,设计图纸的元素不再是线条,而是带有属性的构件,"三维算量"实现了自动化。

②BIM 使成本控制更易于落实。运用 BIM 技术,业主可以便捷准确地得到不同建设方案的投资估算或概算,比较不同方案的技术经济指标,且项目投资估算、概算亦比较准确,能够降

低业主不可预见比率,提高资金使用率。同样,BIM 的出现可以让相关管理部门快速准确地获得工程基础数据,为企业制订精确的"人材机"计划提供有效支撑,大大减少了资源、物流和仓储环节的浪费,为实现限额领料、消耗控制提供了技术支撑。

③BIM 有利于加快工程结算进程。工程实施期间进度款支付拖延的一个主要原因在于工程变更多,结算数据存在争议。BIM 技术有助于解决这个问题。一方面,BIM 有助于提高设计图纸质量,减少施工阶段的工程变更;另一方面,如果业主和承包商达成协议,基于同一BIM 进行工程结算,结算数据的争议会大幅度减少。

④多算对比,有效管控。管理的支撑是数据,项目管理的基础就是工程基础数据的管理,及时、准确获取相关工程数据就是项目管理的核心竞争力。BIM 数据库可以实现任一时点上工程基础信息的快速获取,通过合同、计划与实际施工的消耗量、分项单价、分项合价等数据的多算对比,可以有效了解项目运营是盈是亏、消耗量有无超标、进货分包单价有无失控等问题,实现对项目成本风险的有效管控。

基于 BIM 技术的成本控制具有快速、准确、分析能力强等优势,如表 9.13 所示。

表 9.13　BIM 技术在成本控制中的优势表

序号	管理效果	内容
1	快速	建立基于 BIM 的 5D 实际成本数据库,汇总分析能力大大加强,速度快,使短周期成本分析工作量小、效率高
2	准确	成本数据动态维护,准确性大为提高;通过总量统计的方法消除累积误差,成本数据随进度推进准确度越来越高;数据控度达到构件级,可以快速提供支撑项目各条线管所需的数据信息,有效提升施工管理效率
3	精细	通过实际成本 BIM 模型,很容易检查出项目的实际成本数据,监督各成本点实时提供实际数据
4	分析能力强	可以多维度(时间、空间、WBS)汇总分析更多种类、更多统计分析条件的成本表达;直观地确定不同时点的资金需求,模拟并优化资金筹措和使用分配,实现投资资金财务收益最大化
5	提升企业成本控制能力	将实际成本 BIM 模型通过互联网集中在企业总部服务器上,企业总部成本部门、财务部门可共享每个工程项目的实际成本数据,实现了总部与项目部的信息对称

BIM 技术在工程项目成本控制中的应用如下:

(1)多维多算对比

多算对比是及时发现项目问题、降低项目费用、控制项目成本的有效手段。目前,多算对比是从三个维度——时间、工序、空间位置对项目计划成本与实际成本进行对比分析。

只分析其中一个维度是不够的,比如项目一个时间段的总体状况良好,实际成本低于计划成本,但可能存在实际成本高于计划成本的子项工序,因此需要将项目实际成本按工序进行拆分,且项目施工通常是不同施工段同时进行,所以还要按照空间区域进行成本对比和分析。基于 BIM 三维模型引入时间因素,可对任意时间段的实际成本和预算成本进行对比,直观判断该阶段盈亏情况,从而及时采取纠偏措施;将 BIM 模型和施工工序结合,按照具体工序进行成本对比,有利于及时发现、处理问题,实现成本精细化管理。

（2）动态成本管理

在 BIM 三维模型基础上增加时间维度和造价维度建成的 BIM-5D 模型,可以在施工过程中实时跟踪项目进展,动态展示资金使用情况,及时统计、汇总规定时间段的实际成本,并与预算成本、计划成本进行三算对比,若发现成本超支情况,可以及时采取有效纠偏措施,避免项目投资失控,实现成本的有效动态管理。

①改善变更管理

在施工过程中,工程变更是在所难免的。工程变更经常会引起项目工程量的变动及项目进度的变动等问题,从而造成实际施工成本与计划成本发生较大出入(主要是实际施工成本的增加),所以,必须高度重视和重点控制工程变更对项目成本产生的影响。

发生工程变更时,使用 BIM-5D 技术进行变更管理,因 BIM 模型信息具有关联性,工作人员只需将变更构件在 BIM 模型中进行修改调整,整个模型中与之关联的部位都会自动更新,而且由于 BIM 模型的共享协同能力,各参与方之间传输交换信息的时间大为减少,从而可快速计算变更工程量,准确确定变更费用,减少成本浪费,有序管理变更造价。

②快速结算工程进度款

进度款结算,一般是由施工单位根据已审批的工程形象进度计算出本阶段完成的工程量,套用相应的综合单价,算出工程款,向建设单位提出支付申请。由于 BIM 模型可将工程数据以建筑构件为载体进行存储、分析,所以利用 BIM 模型可快速完成工程量拆分。同时,BIM 模型根据施工现场进度及时更新数据库,因此造价人员利用 BIM 技术可实时、精确地汇总某一阶段的工程量,快速编写该阶段的工程计量申报表,建设单位可以通过 BIM 共享平台迅速审核其数据的准确性,提高工程进度款的结算效率,减少时间成本。

③真正实现限额领料

限额领料是控制现场材料使用量、降低项目成本的有效方法。利用 BIM 技术,根据数据库中以往同类项目的详细数据,可快速、精确地计算施工任务的材料消耗量,相关人员通过共享平台对数据进行审核,下达限额领料单,实现限额领料。

在建设项目施工阶段引入 BIM 技术进行成本控制,可以节约成本,提高工作效率,增强施工企业的管理水平和盈利能力。

9.2.6.4　安全管理

BIM 具有信息完备性和可视化的特点,在施工安全管理方面的应用主要体现在以下几点:

①将 BIM 当作数字化安全培训的数据库,可以达到更好的效果。对施工现场不熟悉的新工人在了解现场工作环境前都有较高风险遭受伤害,BIM 能帮助他们更快和更好地了解现场的工作环境。不同于传统的安全培训,利用 BIM 的可视化与实际现场相似度高的特点,可以让工人更直观和准确地了解到现场的状况,从而制定相应的安全工作策略。

②BIM 还可以提供可视化的施工空间。BIM 的可视化是动态的,施工空间随着工程的进展会不断地变化,它将影响到工人的工作效率和施工安全。通过可视化模拟工作人员的施工状况,可以形象地看到施工工作面、施工机械位置的情形,并评估施工进展中这些工作空间的可用性、安全性。

③仿真分析及健康监测。对于复杂工程,施工中如何考虑不利因素对施工状态的影响并进行实时的识别和调整,如何合理、准确地模拟施工中各个阶段结构系统的变化,如何合理地

安排施工和进度,如何控制施工中结构的应力应变状态处于允许范围内等,都是目前建筑领域迫切需要研究的课题。通过 BIM 相关软件,可以建立结构模型并通过仪器设备将实时数据传回,然后进行仿真分析,追踪结构的受力状态,杜绝安全隐患。

施工现场安全管理的内容可归纳为安全组织管理、场地与设施管理、行为控制管理和安全技术管理四个方面,分别对生产中的人、物、环境的行为与状态进行具体的管理与控制。

传统安全控制难点与缺陷主要体现在四个方面:

①建设项目施工现场环境复杂,安全隐患无处不在;

②安全管理方式、管理方法与建筑业发展脱节;

③微观安全管理方面研究尚浅;

④施工作业工人的安全意识薄弱。

基于 BIM 技术的项目安全管理与传统管理方式相比具有较大的优势,见表 9.14 所示。

表 9.14 BIM 技术在项目安全管理中的优势表

序号	优势
1	基于 BIM 的管理模式是创建信息、管理信息、共享信息的数字化方式,在工程安全管理方面具有很多的优势,如基于 BIM 的项目管理,工程基础数据(如量、价等)准确、透明、共享,能完全实现短周期、全过程对资金安全的控制
2	基于 BIM 技术,可以提供施工合同、支付凭证、施工变更等工程附件管理,并对成本测算、招投标、签证管理、支付等全过程造价进行管理
3	BIM 数据模型保证了各项目的数据动态调整,可以方便统计,追溯各个项目的现金流和资金状况
4	基于 BIM 的 4D 虚拟建造技术能提前发现在施工阶段可能出现的问题,并逐一修改,提前制定应对措施
5	应用 BIM 技术,可以对火灾等安全隐患进行及时处理,从而减少不必要的损失,对突发事件进行快速反应,快速准确掌握建筑的运营情况

BIM 技术在工程项目安全管理中的具体应用如下:

(1)安全交底,危险提前预防

以往的安全交底,往往只是安全负责人对现场工作人员耳提面命,工人的接受程度并不是很高。对一些危险地段施工应该注意的地方往往只是简单地口头描述,不能在现场工作人员的脑海中形成较深的印象,效果很差。结合 BIM 技术,可以将施工现场中容易发生危险的地方进行标识,告知现场人员在此处施工的过程中应该注意的问题,将安全施工方式方法进行展示。

通过现场的 BIM 工作室将危险源在模型上进行标记,安全员在现场指导施工时,可以查看模型上对应现场的位置,查看现场施工时应注意的问题,对现场施工人员操作不合理的地方进行调整,避免安全事故的发生;并且把现场图片实时上传到平台服务器,挂接在模型上和现场对应的位置,让项目管理人员能够不亲临现场就能实时把握施工进度,查看现场的安全措施是否到位。

基于 BIM 平台的现场安全管理实现了操作流程的规范,每个人各司其职,没有疏漏。既可以依托检查情况对工作人员进行工作考核,亦能实现现场的精细化管理,确保工程施工的顺利进行;能够摆脱以往沟通不顺畅、信息闭塞的情况,发现问题后能够及时有效地进行处理,实现从管理层到施工现场有效地衔接,杜绝以往检查时突击整改,不检查时放松警惕的现象。

(2)塔吊安全管理

大型工程施工现场需布置多个塔吊同时作业,因塔吊回转半径不足而造成施工碰撞的事故,也屡屡发生。确定塔吊回转半径后,再在 BIM 整体施工模型中布置不同型号的塔吊,能够确保其同电源线和附近建筑物的安全距离,确定员工使用塔吊的时机。在整体施工模型中,用不同颜色的色块来表明塔吊的回转半径和影响区域,并进行碰撞检测,生成塔吊回转半径内任何非钢安装活动的安全分析报告。该报告可用于项目定期安全会议,减少由于施工人员和塔吊操作人员缺少交流而产生的意外风险。

(3)灾害应急管理

随着建筑设计的日新月异,规范已经无法满足超高型、超大型或异型建筑空间的消防设计。利用 BIM 及相应灾害分析模拟软件,可以在灾害发生前模拟灾害发生的过程,分析灾害发生的原因,制定避免灾害发生的措施,以及发生灾害后人员疏散、救援支持的应急预案,可在发生意外时减少损失并赢得宝贵时间。BIM 能够模拟人员疏散时间、疏散距离、有毒气体扩散时间、建筑材料耐燃烧极限、消防作业面等,主要表现为:4D 模拟、3D 漫游和 3D 渲染能够标识各种危险,且 BIM 中生成的 3D 动画、渲染能够用来同工人沟通应急预案。应急预案包括五个方面:施工人员的入口/出口、建筑设备和运送路线、临时设施和拖车位置、紧急车辆路线、恶劣天气的预防措施。利用 BIM 技术可以进行物业沙盘模拟训练保安人员,通过 BIM 数字模型可以指导大楼人员进行快速疏散;通过对事故现场人员感官的模拟,使疏散方案更加合理;通过 BIM 模型来判断监控摄像头位置是否合理,与 BIM 虚拟摄像头关联,可随意打开任意视角的摄像头,摆脱传统监控系统的弊端。

当灾害发生后,BIM 模型可以提供救援人员紧急状况点的完整信息,配合温感探头和监控系统发现温度异常区,获取建筑物及设备的状态信息。通过 BIM 和楼宇自动化系统的结合,使得 BIM 模型能清晰地呈现建筑物内部紧急状况的位置并提供紧急状况点最合适的路线,救援人员可以由此作出正确的现场处置,提高应急行动的成效。

因此,基于 BIM 对施工现场安全文明施工制定的可行措施,从提前预防、完善流程的角度对施工现场的安全进行把控,防微杜渐,既能节省人力、物力,也能起到较好的参考借鉴作用。

9.3　智慧工地

建筑工程施工工地作业现场分散、管理复杂,既要管理人员、设备,又要组织各项培训、检查等。工地现场有许多危险性工作,且部分劳务人员安全意识不足,风险较大。施工过程会产生粉尘悬浮物、噪音、施工废弃物等污染。

传统施工管理主要依赖人工现场的巡查。管理方式粗放,人力资源投入成本高且效率低;质量安全管理不到位,安全问题无法预警,污染问题无法定量监测。

随着我国信息技术迅速发展,建筑行业转型升级,智慧工地应运而生,其技术与应用均走在世界前列。智慧工地就是建筑行业管理结合互联网技术的一种新的管理系统,通过在施工作业现场安装各类传感、监控装置,结合 IOT 物联网、人工智能、云计算及大数据等技术,对施工现场的人、机、料、法、环等资源进行集中管理,构建智能监控和项目管理体系。

9.3.1 智慧工地的作用与发展阶段

住房城乡建设部 2018 年颁布了《建筑工程施工现场监管信息系统技术标准》(JGJ/T 434—2018),明确了智慧工地相关要求。各地也相继制定了地方标准,如深圳市制定了《深圳市工地扬尘在线监测信息系统建设实施方案》《深圳市建设工程项目人员实名制管理办法》《深圳市建筑工程智慧工地实施技术要求》等,并在《2019 年"智慧工地"建设技术标准》中规定,建设内容主要包括:人员实名制管理、视频监控、扬尘噪声监测、施工升降机安全监控、塔式起重机安全监控、危险性较大的分部分项工程安全管理、工程监理报告、工程质量验收管理等"智能化应用"。

(1)智慧工地的核心价值

智慧工地能够提升效率,做到自动采集、智能分析、远程可视化;能够做到安全有保障,做到实时监测、事前预警、及时处理;能够实现绿色施工,做到自动监测、超标告警、自动调节。

智慧工地具有以下核心价值:

①劳务管理方面,可以杜绝不相关人员进场,有效解决劳务纠纷问题,实时掌控项目人员信息,及时决策。

②机械管理方面,智能吊装机械、智能加工机械等让特种作业人员管理有了机制保障,同时大幅度提升了效率。

③材料管理方面,提前制定出耗用资源计划,高效寻找到更合适的供应商,材料进出数量高效控制以防控项目成本风险。

④方案与工法管理方面,更可视、更精准、更及时地制定方案,有效预控风险,工法视频化更有效地指导作业。

⑤生产与环境管理方面,用 APP 能及时掌握环境信息,现场任务管理切实受控,进度目标得到保障。

(2)智慧工地的发展阶段

①感知阶段。借助人工智能技术,起到扩大人的视野、扩展感知能力以及增强人的某部分技能的作用。例如"塔机安全监控管理系统"通过物联网传感器来感知设备的运行状况、施工人员的安全行为等,借助物联网等技术来增强施工人员的技能等。

②替代阶段。研发人工智能技术来部分替代人,帮助完成以前无法完成或是风险很大的工作。例如"吊钩视频监控系统"能够实时地检测、查看到吊钩的运行轨迹,替代了传统的地面指挥人员,从而减少意外伤害的发生。

③智慧阶段。随着技术的不断进步,未来优化的产品中将融入"类人"思考能力,大面积替代人在建筑生产过程和管理过程的参与,由一部"建造大脑"来指挥和管理智能机具、设备,完成建筑的整个建造过程,形成强大的"自我进化"能力。

9.3.2 智慧工地云平台介绍

(1)智慧工地管理系统

智慧工地管理系统前端通过现场智能感知设备采集安全、进度、环境等相关信息,平台根据提前录入的项目管理组织架构、流程,自动派单流转,减少人工干预,提供工地数字化、可视化、远程智能化的管理工具,为管理方提供辅助决策的依据。

（2）智慧工地应用的项目管理价值

①进度管理方面。BIM＋智慧工地平台的应用推进了进度精细化管理，将责任落实到人，使进度可控。

②质量管理方面。云平台可以准确制定人员、材料和机械设备配置计划，对管理和运行情况进行自动化、全天候、多维度监控分析，有效管控各类风险，全面排查、治理隐患，提高资源利用效率，提高管理效率，保证施工质量。

③成本管理方面。BIM＋智慧工地平台的应用，降低了用工风险，推进了精细化成本控制，同时利用自动化的数据沉淀，逐步减少人工成本投入，进一步推进工人产业化发展。

④安全管理方面。通过智慧工地运用，掌握项目安全生产责任制落实情况，重大危险源自动化监测，减少人为干预的失误情况，对安全问题高发区域和隐患类型，可以根据分析结果进行辅助决策，积累安全生产工作经验，持续规范施工安全生产管理，降低安全风险。

【案例9.1】 斯维尔智慧工地云平台介绍。

斯维尔智慧工地云平台作为典型的SaaS模式产品，提供云端部署，也可以为客户架设私有云，有灾备，确保数据安全；同时SaaS模式的云端服务，确保了用户在任何地点使用PC、手机等多种终端可以便捷登录、管理智慧工地云平台承载的项目。斯维尔智慧工地云平台由7大系统，23项子系统组成，适用于Web端和移动端，实现工程管理干系人与施工现场的智能整合，形成一种崭新的施工现场一体化管理模式。

斯维尔智慧工地云平台亮点设计包括：

（1）为了便于对人员管理、环境监测、泥土车工效管理、材料设备管理等更加深化，"数字工地"设置三层结构，分为数据面板、数据列表以及数据详情，可由管理面、线、点逐级细致下探。

（2）通过BIM模型的轻量化浏览，对工地的计划进度与实际进度进行比对，从而使管理者及时了解整个项目进度情况，合理安排人、机、料等生产要素分配，辅助管理。

（3）项目管理模块可自定义编排，根据施工进度，将涉及安全、进度、质量相关的子系统模块调整于关键位置，方便日常管理，紧扣施工关键环节。

9.3.3　智慧工地子系统介绍

（1）智慧工地人员管理

①劳务实名子系统。以信息化为手段，解决传统管理模式下的劳务人员合同备案混乱、工资发放数额不清等难题。从员工进场到退场，考勤到发薪，打造劳务管理闭环，并应用指纹、人脸等识别设备，智能化管理劳工进出场，降低劳务管理成本。

②热成像体温检测子系统。

应用背景：2020年1月，武汉市部分医疗机构发现不明原因的病毒性肺炎病例，临床表现主要为发热。2020年1月20日，国务院部署肺炎疫情防控工作，要求落实重点场所测体温等措施，多部门联防联控。速度之快，效果之好，充分展示了国家力量。

传统测温：有病毒感染风险，需接触人体或者离人体很近，手动操作，而且需要大量人力、物力，效率低。

热成像测温：非接触式，响应快；实时测温，自动筛查预警；测量精度高，环境适应性高；易安装、易维护。

③人员定位子系统。劳务人员通过佩戴带有芯片的安全帽，实现现场施工人员的定位，管

理者可以更加高效地查看人员所处的位置和分布,并且设备能现场声光报警、联动短信预警,对人员进入危险区域提前预警提示。

(2)智慧工地设备管理

①塔机监控子系统。通过监控平台进行管控,实现塔吊作业数据的在线监控,应用于塔机防超载、特种作业人员管理、塔机群塔作业时的防碰撞等方面,降低安全生产事故发生机率,最大限度杜绝人员伤亡。

②升降机监控子系统。基于传感器技术、嵌入式技术、数据采集技术、生物识别技术等,重点针对施工升降机非法人员操控、维保不及时和安全装置易失效等安全隐患进行防控,有效地防范和减少升降机安全事故的发生。

③卸料平台监控子系统。基于物联网、大数据云服务等技术,实现了对施工现场卸料的超载超限问题的实时监控,当出现过载时发出报警,提醒操作人员规范操作,防止危险事故发生,为用户提供更为安全的施工环境。

④配电箱监控子系统。通过安装智能锁杜绝非特种作业人员随意开启电箱,避免危险事故发生,并实时监测电线温度、电气线路表面温度、电气线路剩余电流强度等数值,实现施工现场与监管方有效联动,达到工程周期中的监测数据可追溯,可前期预防,及时预警。

(3)智慧工地车辆管理

①车辆道闸监控子系统。通过在工地车辆出入口架设车辆采集设备,抓拍进出车辆的车牌,并记录出入时间,使得车辆车牌可识别、可追溯。整个过程无须人工干预,具备数据防篡改功能,便于现场的安全管理。

②地磅检测子系统。利用自动计量、传感等技术,使整个称重过程达到数据自动采集、自动判别、自动指挥、自动处理、自动控制,最大限度地降低人工操作所带来的弊端和工作强度,提高了系统的信息化、自动化程度。

(4)智慧工地视频管理

①视频监控子系统。全过程、多方位地对施工进展实施监控,对于作业人员起到一定的约束作用,对人的不安全行为能有效取证,对工地的防盗、防险提供智能化保障;同时,建设单位管理人员可以随时远程对工地进度进行监控,提升了管理效能,节约成本。

②视频会议子系统。运用远程视频会议系统,能减少内部培训、交流、会议等的时间成本,加快信息传递速度,缩短决策周期和执行周期,优化施工现场的沟通模式。

(5)智慧工地危大工程

①高支模监测子系统。通过安装在模板支架顶部的传感器,实时监测模板支架的钢管承受的压力、架体的竖向位移和倾斜度等数据,系统将对监测数据进行计算、分析,并及时将支架的危险状态通过声光报警提示作业人员。

②基坑监测子系统。通过土压力盒、锚杆应力计、孔隙水压计等智能传感设备,实时监测在基坑开挖阶段、支护施工阶段、地下建筑施工阶段及竣工后周边相邻建筑物、附属设施的稳定情况。

③边坡监测子系统。通过 TDR、渗压计、固定式测斜仪、雨量计等传感设备,有效掌握边坡岩石移动状况,对边坡稳定状态及时预报,确保作业的人、机、物安全,确保基坑周边建(构)筑物安全。

④VR 安全教育子系统。利用前沿成熟的 VR 或 AR 技术,充分考量工程施工中各个阶

段的安全隐患,以纯三维动态的形式逼真模拟出"安全事故场景",使得施工人员感受到安全教育的沉浸式体验,提升安全意识,预防安全事故。

(6)智慧工地绿色施工

①环境监测(TSP)子系统。对 PM2.5、PM10、噪声、风速、风向、空气温湿度等的数据进行实时采集、监控,一旦出现数值超标,可实现远程控制自动喷淋、雾炮除尘,有效控制环境污染,起到预防环境恶化的作用。

②喷淋灭尘子系统。与扬尘监测子系统形成联动,一旦阈值超标可实现自动喷淋,同时,在绿化区域内布置湿度传感器,感应绿化地的干湿度,达到启动阈值后自动启动喷淋系统为绿化地洒水,传感器的干湿度达到关闭阈值后自动关闭系统,节约工地用水。

(7)智慧工地其他管理系统

①智能广播子系统。运用于办公区、生活区、施工现场等,管理者通过远程安全教育、通知广播、紧急疏散等操作,有效提升现场管理效能,并且该系统可以与部分子系统进行联动,一旦遇到紧急情况将自动触发广播,实现真正的智能。

②水电监测子系统。通过对工地现场水表、电表计量数据实时上传,方便施工企业对工程能源消耗进行监控,优化现场用水、用电管理,减少水电资源的浪费,节约成本。

小　　结

工程项目资源是对项目中使用的人力资源、材料、机械设备、技术、资金和基础设施等的总称。工程项目资源管理是指对项目所需人力资源、材料、机械设备、技术、资金和基础设施所进行的计划、组织、指挥、协调和控制等活动。资源管理的内容主要包括人力资源管理、材料管理、机械设备管理、技术管理和资金管理五个方面。

人力资源管理包括施工项目的人力资源管理计划、人力资源控制、人力资源考核。

项目材料管理包括材料管理计划、材料控制、材料管理评价。

项目机械设备管理包括机械设备管理计划、机械设备控制、机械设备管理考核。

项目技术管理包括技术管理计划、技术控制、项目技术管理考核。

项目资金管理包括资金管理计划、资金控制、项目资金分析。

项目信息管理的任务包括:组织项目基本情况信息的收集并系统化,编制项目手册;按照项目实施、项目组织、项目管理工作过程建立项目管理信息系统,在实际工作中保证这个系统正常运行,并控制信息流。

工程项目报告应从基层做起,资料最基础的来源是工程活动,上层的报告应在基层报告的基础上,按照项目结构和组织结构层层归纳、总结,并做出分析和比较,形成金字塔形的报告系统。

工程项目信息管理系统是以工程项目为目标,利用计算机辅助工程项目管理的信息系统,具有可靠性、安全性、及时性、适用性、界面友好、操作方便等特点。

项目文档资料管理包括文档资料传递流程的确定,文档资料登录和编码系统的建立,文档资料的收集积累、加工整理、检索保管、归档保存和提供利用服务等。

在项目管理的决策支持系统和专家系统中,必须考虑软信息的作用和影响,通过项目的整体信息体系来研究、评价项目问题,做出决策,否则这些系统是不科学的,也是不适用的。

BIM 技术在施工阶段的运用包括施工阶段进度管理、质量管理、成本管理和安全管理四个方面。

复习思考题

9.1 什么是工程项目资源管理? 其内容有哪些?

9.2 项目人力资源管理的特点是什么?

9.3 试述资源管理的全过程及程序。

9.4 如何编制人力资源需求计划?

9.5 简述管理人员绩效考核的内容及方法。

9.6 如何编制材料需求量计划?

9.7 项目经理部应从哪些环节进行材料控制?

9.8 简述机械设备控制管理的内容及任务。

9.9 技术管理控制从哪些方面实施?

9.10 项目资金收支计划的内容有哪些?

9.11 项目资金控制应做好哪些工作?

9.12 如何做好项目资金风险管理?

9.13 工程项目信息管理系统的概念、功能要求是什么?

9.14 工程项目信息流程有哪些?

9.15 项目信息编码的基本原则是什么?

9.16 简述 BIM 技术在项目安全管理中的优势。

职业技能训练

参观智慧工地现场,用 BIM 技术编制小型单位工程施工现场管理文件。

1.目标

熟悉项目资源与信息管理方法;提高产业转型升级的认识,感悟国家信息技术发展的成就。

2.环境要求

(1)参观现场应为典型智慧工地施工现场;

(2)选择一个拟建的小型工程项目或较为复杂的分部工程项目;

(3)图纸齐全;

(4)BIM 中心应满足要求。

3.问题讨论

(1)想一想工程项目有哪些重要的资源,在项目管理中如何才能有效整合这些资源?

(2)理解工程项目信息管理与数字中国的关系。

10 工程项目风险与沟通管理

 **素质目标**

形成风险意识,善于沟通管理,具有工程整体观和全局意识。

 **知识目标**

通过本章的学习,使学生能够熟悉风险、工程项目风险管理的概念、分类及性质,掌握风险识别与风险评估的方法,能充分理解、应用风险对策与控制方法。使学生掌握项目沟通的程序与方式;熟悉项目沟通计划;了解沟通的途径、沟通的障碍;了解冲突管理的基本知识。

 **能力目标**

具备工程项目风险识别、风险评估的能力;能根据工程项目的特点选择适当的风险对策,进行风险规避与监控;具备信息提取、收集、分发、储存、处理的能力;具备项目沟通的能力及技巧,能有效解决、消除冲突和障碍。

10.1 工程项目风险管理

10.1.1 项目风险管理概述

10.1.1.1 工程项目中的风险

(1)风险的含义

根据对风险定义的角度不同,对风险有不同的解释,但较为通用的是:

①风险是损失发生的不确定性。即风险由不确定性和损失两个要素构成。

②风险是在一定条件下一定时期内,某一事件的预期结果与实际结果间的变动程度。变动程度越大,风险越大;反之,则越小。

风险因素是指能够引起或增加风险事件发生的机会或影响损失的严重程度的因素,是造成损失的内在或间接原因。根据其性质的不同,可将风险因素分为实质性风险因素、道德风险因素和心理风险因素。实质性风险因素是指能直接引起或增加损失发生机会或损失严重程度的因素,如环境污染就是影响人身体健康的实质性因素;道德风险因素是指由于人的品德、素质不良,促使风险事件发生的因素,如诈骗、偷工减料等行为;心理风险因素是指由于人主观上的疏忽或过失而导致风险事件发生的因素,如遗忘、侥幸导致损失的发生等。

风险事件又称风险事故,是指直接导致损失发生的偶发事件,它可能引起损失和人身伤亡。

(2)项目风险

《建设工程项目管理规范》中对项目风险的解释是："在企业经营和项目施工过程中存在大量的风险因素,如自然风险、政治风险、经济风险、技术风险、社会风险、国际风险、内部决策与管理风险等。风险具有客观存在性、不确定性、可预测性、结果双重性等特征。工程承包事业是一项风险事业,承包人和项目经理要面临一系列的风险,必须在风险面前做出决策。决策正确与否,与承包人对风险的判断和分析能力密切相关。"

项目的一次性特征使其不确定性要比一般的经济活动大许多,也决定了其不具有重复性项目所具有的风险补偿机会,一旦出现问题则很难补救。项目多种多样,每一个项目都有各自的具体问题,但有些问题却是很多项目所共有的。

①对于项目各组成部分之间的复杂关系,任何人都不可能了如指掌。

②项目各组成部分之间不是简单的线性关系。例如,当项目进度拖延时,有时可以通过增加人力夺回失去的时间;但在另外一些情况下,增加人力不但不能加快进度,反而使进度更加拖延。

③项目处于不断变化之中,难得出现平衡,即使偶尔出现,也只能短时间维持。

④虽然项目管理班子只想处理技术和经济问题,但找上门来的却经常是不同方面互相冲突的期望或者难以满足的要求,以及其他非常复杂、不确定性极高的非技术和非经济问题,如政治因素、文物保护、领导意图等,都使得最后完成的项目是互相冲突的希望和要求的一种折中,而非项目计划的实现。

项目不同阶段会有不同的风险,风险大多数随着项目的进展而变化,不确定性会随之逐渐减少。最大的不确定性存在于项目的早期,早期阶段做出的决策对以后阶段和项目目标的实现影响最大。项目各种风险中,进度拖延往往是费用超支、现金流出及其他损失的主要原因。

(3)风险分类

不同的风险具有不同的特性,为有效地进行风险管理,有必要对各种风险进行分类。

①按风险后果划分

a.纯粹风险。纯粹风险导致的结果只有两种,即没有损失或有损失。

b.投机风险。投机风险导致的结果有三种,即没有损失、有损失或获得利益。

②按风险来源划分

a.自然风险。自然风险是指由于自然力的不规则变化导致财产毁损或人员伤亡,如风暴、地震等。

b.人为风险。人为风险是指由于人类活动导致的风险。人为风险又可细分为行为风险、政治风险、经济风险、技术风险和组织风险等。

③按风险的形态划分

a.静态风险。静态风险是由于自然力的不规则变化或人的行为失误导致的风险。从发生的后果来看,静态风险多属于纯粹风险。

b.动态风险。动态风险是由于人类需求的改变、制度的改进和政治、经济、社会、科技等环境的变迁导致的风险。从发生的后果来看,动态风险既可属于纯粹风险,又可属于投机风险。

④按风险可否管理划分

a.可管理风险。可管理风险是指用人的智慧、知识等可以预测、控制的风险。

b.不可管理风险。不可管理风险是指用人的智慧、知识等无法预测和无法控制的风险。

风险可否管理取决于所收集资料的多少和掌握管理技术的水平。

⑤按风险影响范围划分

a.局部风险。局部风险是指由于某个特定因素导致的风险,其损失的影响范围较小。

b.总体风险。总体风险影响的范围大,其风险因素往往无法加以控制,如经济、政治等因素。

⑥按风险后果的承担者划分

按风险后果的承担者可将风险分为政府风险、投资方风险、业主风险、承包商风险、供应商风险、担保方风险等。

10.1.1.2　风险的基本性质

(1)风险的客观性

风险的客观性,首先表现在它的存在是不以人的意志为转移的。从根本上说,这是因为决定风险的各种因素对风险主体是独立存在的,不管风险主体是否意识到风险的存在,在一定的条件下仍有可能变为现实。其次,还表现在风险是无时不有、无所不在的,它存在于人类社会的发展过程之中,潜藏于人类从事的各种活动之中。

(2)风险的不确定性

风险的不确定性是指风险的发生是不确定的。即风险的程度有多大、风险何时何地有可能转变为现实均是不确定的。这是由于人们对客观世界的认识受到各种条件的限制,不可能准确预测风险的发生。

风险的不确定性并不代表风险就完全不可测度。有的风险可以测度,有的风险不可测度。例如,项目投资问题,对不同投资方案的不同收益和损失的可能性,可以根据有关情况、数据,运用各种方法进行测度;对于经济风险、政治风险和自然风险就很难测度,甚至无法测度。

风险的不确定性要求人们运用各种方法,尽可能地对风险进行测度,以便采取相应的对策规避风险。

(3)风险的不利性

风险一旦产生,就会使风险主体产生挫折、损失,甚至失败,这对风险主体是极为不利的。风险的不利性要求人们在承认风险、认识风险的基础上,做好决策,尽可能地避免风险,将风险的不利性降至最低。

(4)风险的可变性

风险的可变性是指在一定条件下风险可以转化。风险的可变性包括以下内容:

①风险性质的变化。在汽车没有普及之前,因汽车引起的车祸被视为特定风险,当汽车成为主要交通工具之后,车祸成为基本风险。

②风险量的变化。随着社会的发展,预测技术的不断完善,人们抵御风险的能力增强,在一定程度上能够对某些风险加以控制,使其频率降低,造成损失的范围减小,损失的程度减轻。

③某些风险在一定空间和时间范围内被消除。如中华人民共和国成立后,我国消除了多种传染病。

④新的风险产生。随着项目和其他活动的展开,会有新的风险出现。如进行项目建设时,为了加快进度而采取边勘察、边设计、边施工的方法,这时就可能产生质量、安全或造价风险。

(5)风险的相对性

风险的相对性是针对风险主体而言的,即使在相同的风险情况下,不同的风险主体对风险的承受能力也是不同的。风险主体收益的多少、投入的大小和风险主体的地位与拥有的资源的差异,决定了其风险承受能力的差异。例如,同样是损失 1 000 元,对拥有 100 万元资产的人和拥有 10 万元资产的人,其风险程度是不同的。

(6)风险同利益的对称性

风险同利益的对称性是指对风险主体来说风险和利益必然同时存在,即风险是利益的代价,利益是风险的报酬。如果没有利益而只有风险,那么谁也不会去承担这种风险;另一方面,为了实现一定的利益目标,必须以承担一定的风险为前提。例如,普通股风险大而收益也大,优先股风险小而收益也小。

10.1.1.3　项目风险管理计划

风险管理是为了达到一个组织的既定目标,而对组织所承担的各种风险进行系统管理的过程,其采取的方法应符合公众利益、人身安全、环境保护及有关法规的要求。风险管理包括策划、组织、领导、协调和控制等方面的工作。风险管理过程包括项目实施全过程的项目风险识别、项目风险评估、项目风险应对和项目风险监控。

项目管理机构应在项目管理策划时确定项目风险管理计划。项目风险管理计划编制依据应包括:

①项目范围说明;

②招投标文件与工程合同;

③项目工作分解结构;

④项目管理策划的结果;

⑤组织的风险管理制度;

⑥其他相关信息和历史资料。

风险管理计划应包括:

①风险管理目标;

②风险管理范围;

③可使用的风险管理方法、措施、工具和数据;

④风险跟踪的要求;

⑤风险管理的责任和权限;

⑥必需的资源和费用预算。

项目风险管理计划应根据风险变化进行调整,并经过授权人批准后实施。

10.1.2　风险识别

在项目的早期阶段,风险信号大都非常微弱,极易被人们忽视。再者,风险并不都是显露于外表,多数情况下是隐蔽于项目的各个环节,难以发现。风险有时甚至存在于种种假象之中,具有迷惑性。因此,识别和预测风险对项目管理具有非常重要的意义。

风险识别是风险管理的基础。风险识别是指风险管理人员在收集资料和调查研究之后,运用各种方法对尚未发生的潜在风险及客观存在的各种风险进行系统归类和全面识别。风险识别的主要内容是:识别引起风险的主要因素,识别风险的性质,识别风险可能引起的后果。

10.1.2.1　风险识别的方法与工具

（1）文件资料审核

从项目整体和具体的范围两个层次对项目计划、项目假设条件和约束因素、以往项目的文件资料审核中识别风险因素。

（2）信息收集整理

①头脑风暴法

头脑风暴法（Brain Storming，简称 BS 法），是美国的奥斯本（Alex F. Osborn）于 1939 年首创的，是最常用的风险识别方法。其实质就是一种特殊形式的小组会。它规定了一定的特殊规则和方法技巧，从而形成了一种有益于激励创造力的环境气氛，使与会者能自由畅想，无拘无束地提出自己的各种构想、新主意，并因相互启发、联想而引起创新设想的连锁反应，通过会议方式去分析和识别项目风险。其基本要求如下：

a. 参加者 6～12 人，最好有不同的背景，可从不同的角度分析观察问题，但最好是同一层次的人；

b. 鼓励参加者提出疯狂的（野性化的）、别出心裁的和极端的想法，甚至是想入非非的主张；

c. 鼓励修改、补充并结合他人的想法提出新建议；

d. 严禁对他人的想法提出批评；

e. 数量也是一个追求的目标，提议多多益善。

②德尔菲法

德尔菲法（Delphi 法）是邀请专家匿名参加项目风险分析识别的一种方法。概括地说，德尔菲法是采用函询调查，对与所分析和识别的项目风险问题有关的专家分别提出问题，而后将他们回答的意见综合、整理、归纳，匿名反馈给各个专家，再征求意见，然后再加以综合、反馈。如此反复循环，直至得到一个比较一致且可靠性较大的意见。

德尔菲法的特点是：

a. 匿名性，亦即"背靠背"。可以消除"面对面"带来的诸如权威人士或领导的影响。

b. 信息反馈、沟通比较好。

c. 预测的结果具有统计特性。

应用德尔菲法时应注意：

a. 专家人数不宜太少，一般以 10～50 人为宜；

b. 对风险的分析往往受组织者、参加者的主观因素影响，因此有可能发生偏差；

c. 预测分析的时间不宜过长，时间越长，准确性越差。

③访谈法

访谈法是通过对资深项目经理或相关领域的专家进行访谈来识别风险。负责访谈的人员首先要选择合适的访谈对象；其次，应向访谈对象提供项目内外部环境、假设条件和约束条件的信息。访谈对象依据自己的丰富经验和掌握的项目信息，对项目风险进行识别。

④SWOT 技术

SWOT 技术是综合运用项目的优势与劣势、机会与威胁各方面，从多视角对项目风险进行识别，也就是企业内外情况对照分析法。它是将企业外部条件中的有利条件（机会，Opportunities）和不利条件（威胁，Threats），以及企业内部条件中的优势（Strengths）和劣势（Weaknesses）分别记入一个"田"字形的表格,然后对照利弊优劣,进行经营决策,如表 10.1 所示。

表 10.1　企业内外条件对照表

内部条件 外部条件	优势(S)	劣势(W)
机会(O)	SO 战略方案(依靠内部优势,利用外部机会)	OW 战略方案(利用外部机会,克服内部劣势)
威胁(T)	ST 战略方案(利用内部优势,避开外部威胁)	WT 战略方案(减少内部劣势,回避外部威胁)

⑤检查表(核对表)

检查表是有关人员利用他们所掌握的丰富知识设计而成的。如果把人们经历过的风险事件及其来源罗列出来,写成一张检查表,那么,项目管理人员看了就容易开阔思路,容易想到本项目会有哪些潜在的风险。检查表可以包括多种内容,如以前项目成功或失败的原因、项目其他方面规划的结果(范围、成本、质量、进度、采购与合同、人力资源与沟通等计划成果)、项目班子成员的技能、项目可用的资源、项目产品或服务的说明书等,这些内容能够提醒人们还有哪些风险尚未考虑到。使用检查表的优点是:它使人们能按照系统化、规范化的要求去识别风险,且简单易行。其不足之处是:专业人员不可能编制一个包罗万象的检查表,因而使检查表具有一定的局限性。

⑥流程图法

流程图法是将施工项目的全过程,按其内在的逻辑关系制成流程图,针对流程图中的关键环节和薄弱环节进行调查和分析,找出风险存在的原因,发现潜在的风险威胁,分析风险发生后可能造成的损失和对施工项目全过程造成的影响有多大等。

运用流程图分析,项目人员可以明确地发现项目所面临的风险,但流程图分析仅着重于流程本身,而无法显示发生问题时间阶段的损失值或损失发生的概率。

⑦因果分析图

因果分析图又称鱼刺图,它通过带箭头的线将风险问题与风险因素之间的关系表示出来。

⑧项目工作分解结构

风险识别要减少项目的结构不确定性,就要弄清项目的组成、各个组成部分的性质及它们之间的关系、项目同环境之间的关系等。项目工作分解结构是完成这项任务的有力工具。项目管理的其他方面,例如范围、进度和成本管理,也要使用项目工作分解结构。因此,在风险识别中利用这个已有的现成工具并不会给项目班子增加额外的工作量。

图 10.1 所示是一个污水处理项目按其组成而得到的项目工作分解结构。从图中可以看到,如果该系统的海上出口不能按时完成,则整个系统就不能按时投入使用和运行,上游用户的污水排不出,其后果是不难想象的。海上出口工程在海底施工,其中会有什么风险,同样也就不难识别。

此外,还有敏感性分析法,事故树分析法,常识、经验和判断,试验或试验结果等,均可用来进行风险识别。

10.1.2.2　风险识别的结果

风险识别后,要把结果整理出来,写成书面文件,为风险分析的其余步骤和风险管理做准备。项目风险识别报告应由编制人签字确认,并经批准后发布。项目风险识别报告应包括下

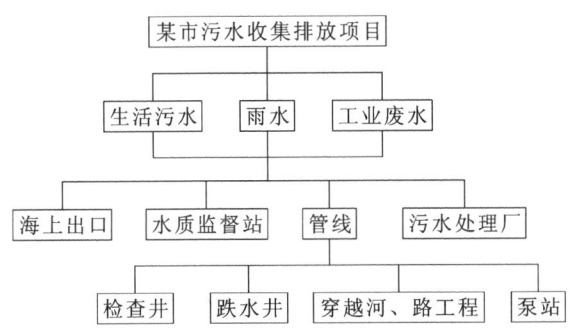

图 10.1　城市污水收集、处理排放系统工作结构分解图

列内容：

①风险源的类型、数量；

②风险发生的可能性；

③风险可能发生的部位及风险的相关特征。

10.1.3　风险评估

10.1.3.1　概述

风险评估是项目风险管理的第二步。项目风险评估包括风险估计和风险评价两个内容。

风险估计的对象是项目的单个风险，非项目整体风险。风险估计有如下几方面的目的：加深对项目自身和环境的理解；进一步寻找实现项目目标的可行方案；务必使项目所有的不确定性和风险都经过充分、系统而又有条理的考虑，明确不确定性对项目其他各个方面的影响；估计和比较项目各种方案或行动路线的风险大小，从中选择出威胁最小、机会最大的方案或行动路线。

风险评价把注意力转向包括项目所有阶段的整体风险，各风险之间的相互影响、相互作用及对项目的总体影响，项目主体对风险的承受能力上。风险评价有四个目的：

①对项目诸风险进行比较和评价，确定它们的先后顺序。

②表面上看起来不相干的多个风险事件常常是由一个共同的风险来源所造成。例如，若遇上未曾预料到的技术难题，则项目会造成费用超支、进度拖延、产品质量不合格等多种后果。风险评价就是要从项目整体出发，弄清各风险事件之间确切的因果关系，制订出系统的风险管理计划。

③考虑各种不同风险之间相互转化的条件，研究如何才能化威胁为机会。还要注意，机会在什么条件下会转化为威胁。

④进一步量化已识别风险的发生概率和后果，减小风险发生概率和后果估计中的不确定性。必要时，根据项目形势的变化重新分析风险发生的概率和可能的后果。

风险评价可分三步：

①确定风险评价基准。风险评价基准就是项目主体针对每一种风险后果确定的可接受水平。单个风险和整体风险都要确定评价基准，可分别称为单个评价基准和整体评价基准。风险的可接受水平可以是绝对的，也可以是相对的。

②确定项目整体风险水平。项目整体风险水平是综合了所有的个别风险之后确定的。

③将单个风险与单个评价基准、项目整体风险水平与整体评价基准对比，确认项目风险是

否在可接受的范围之内,进而确定该项目是停止还是继续进行。

10.1.3.2 风险分析方法

风险分析方法包括风险估计方法与风险评价方法。这些方法又可分为定量方法与定性方法,现分述如下:

(1)定性方法

定性风险分析要求使用已有的定性分析方法和工具来评估风险的概率和后果。

①风险概率及后果

风险概率是指某一风险发生的可能性。风险后果是指某一风险事件发生对项目目标产生的影响。

风险估计的首要工作是确定风险事件的概率分布。一般来讲,风险事件的概率分布应当根据历史资料来确定;当项目管理人员没有足够的历史资料来确定风险事件的概率分布时,可以利用理论概率分布进行风险估计。

a.历史资料法。在项目基本相同的条件下,可以通过观察各个潜在的风险在长时期内已经发生的次数来估计每一可能事件的概率,也就是估计每一事件过去已经发生的频率。

b.理论概率分布法。当项目的管理者没有足够的历史信息和资料来确定项目风险事件的概率时,可以根据理论上的某些概率分布来补充或修正,从而建立风险的概率分布图。

常用的风险概率分布是正态分布。正态分布可以描述许多风险的概率分布,如交通事故、财产损失、加工制造的偏差等。除此之外,在风险评估中常用的理论概率分布还有离散分布、等概率分布、阶梯形分布、三角形分布和对数正态分布等。

c.主观概率。由于项目的一次性和独特性,不同项目的风险往往存在差别,因此,项目管理者在很多情况下要根据自己的经验去测度项目风险事件发生的概率或概率分布,这样得到的项目风险概率被称为主观概率。主观概率的大小常常根据人们长期积累的经验、对项目活动及其有关风险事件的了解估计。

d.风险事件后果的估计。事故造成的损失要从三个方面来衡量:风险损失的性质、风险损失的范围大小和风险损失的时间分布。

风险损失的性质是指损失是属于政治性的,还是属于经济性的、技术性的。风险损失的范围大小包括风险可能带来的损失的严重程度、损失的变化幅度和分布情况。损失的严重程度和损失的变化幅度分别用损失的数学期望和方差表示。风险损失的时间分布是指项目风险事件是突发的,还是随时间的推移逐渐致损的;风险损失是在项目风险事件发生后马上就感受到,还是需要随时间推移而逐渐显露出来,以及这些损失可能发生的时间等。

②效用和效用函数

有些风险事件的收益或损失大小很难计算,即使能够计算,同一数额的收益或损失在不同人的心目中地位也不一样。为反映决策者价值观念的不同,需要考虑效用与效用函数。

a.效用。在西方经济学中,效用是指消费者在消费商品时所感受到的满足程度。效用在这里代表着决策人对待特定风险事件的态度,是决策人对待特定风险事件的期望收益或期望损失所持的独特的兴趣、感觉或取舍反应。

b.效用函数。若风险事件后果能量化,则可换算成一定的金额,用变量 x 来表示。不同数额的收益或损失在同一个人的心目中有不同的效用值,因此,效用值是收益或损失大小 x 的函数,叫效用函数,可用变量 $U(x)$ 来表示。但是,效用函数值 $U(x)$ 并不与收益或损失呈简单的线性关系,且因人而异。经济学家和管理人员将效用作为指标,衡量人们对风险以及其他事物的主观评价、态度、偏好和倾向等。由于效用值是相对的,所以一般可规定:决策者最愿意接受的收益对应的效用值为1,而最不愿意接受的损失对应的效用值为0。

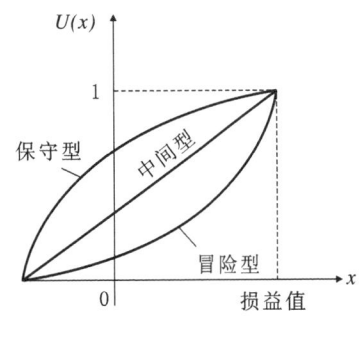

图 10.2　效用曲线

c.效用曲线。在直角坐标系里,以横坐标表示收益或损失的大小,纵坐标表示效用函数值,所得曲线叫作效用曲线。图10.2中画出了三类决策者的效用曲线,反映了他们对待风险的不同态度。对应的效用曲线一般可分为保守型、中间型和冒险型三种。具有中间型效用曲线的决策者对待风险后果的态度,即收益或损失的效用值是与收益或损失的大小成正比的。具有保守型效用曲线的决策者对待风险不利后果的态度,即损失的效用值特别敏感,也就是说,损失稍微增加一点,效用值就下降很多;相反,他对有利后果所抱的态度,即收益的效用值比较迟钝,也就是说,当收益增加很多时,效用值才增加一点。保守型的决策者难以接受风险的不利后果,对追求高的收益兴趣不大。具有冒险型效用曲线的决策者对待风险损失的效用值比较迟钝,也就是说,损失尽管已增加了很多,但效用值却减少不多;相反,他对待有利后果的态度,即收益的效用值特别敏感,也就是说,当收益仅仅增加一点时,效用值就增加了很多。冒险型的决策者可以接受风险的不利后果,愿意追求高的收益。

效用、效用函数和效用曲线在情报价值的计算中考虑决策者的主观因素时很有用,不同的人有不同的效用曲线。

(2)定量方法

一般来说,完整而科学的风险评估应建立在定性风险分析与定量分析相结合的基础之上。定量风险分析过程的目标是量化分析每一风险的概率及其对项目目标造成的后果,同时也分析项目总体风险程度。

①盈亏平衡分析

盈亏平衡分析又称量本利分析或保本分析,也称 VCPA(Volume-Cost-Profit Analysis),其基础是成本形态分析,有关内容见第4章。

②敏感性分析

广义上讲,对于函数 $y=f(x_1,x_2,K)$,任一自变量的变化都会使因变量 y 发生变化,但各自变量变动一定的幅度,引起 y 变动的程度不同。对各自变量变动引起因变量变动及其变动程度的分析即敏感性分析。

项目风险评估中的敏感性分析是通过分析预测有关投资规模、建设工期、经营期、产销期、产销量、市场价格和成本水平等主要因素的变动对评价指标的影响及影响程度。一般是考查分析上述因素单独变动对项目评价的主要指标净现值 NPV(Net Present Value)和内部收益率 IRR(Internal Rate of Return)的影响。有关内容见其他相关文献。

通过敏感性分析,项目班子还可以知道是否需要用其他方法做进一步的风险分析。如果敏感性分析表明项目变数、前提或假设即使发生很大的变动,项目的性能也不会出现太大的变化,那么就没有必要进行费时、费力、代价高昂的概率分析。

③决策树分析

决策树分析因解决问题的工具是"树"而得名。其分析程序一般是：

a.绘制决策树图。决策树结构如图 10.3 所示。从图中可以看出,决策树的要素有五点：决策节点、方案枝、自然状态节点、概率枝和损益值。从决策节点引出的都是方案枝;从自然状态节点引出的都是状态枝(或称概率枝)。

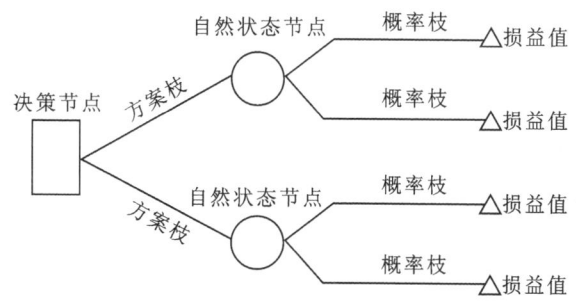

图 10.3　决策树结构图

画决策树图时,实际上是拟定各种决策方案的过程,也是对未来可能发生的各种自然状况进行周密思考和预测的过程。

b.预计未来各种情况可能发生的概率。概率数值可以根据经验数据来估计或依靠过去的历史资料来推算,还可以采用先进的预测方法和手段进行推算。

c.计算每个状态节点的综合损益值。综合损益值也叫综合期望值(MV),是用来比较各种抉择方案结果的一个准则。损益值只是对今后情况的估计,并不代表一定要出现的数值。根据决策问题的要求,可采用最小损失值,如成本最小、费用最低等,也可采用最大收益值,如利润最大、节约额最大等。

计算公式：

$$\sum MV(i) = \sum (损益值 \times 概率值) \times 经营年限 - 投资额 \tag{10.1}$$

d.择优决策。比较不同方案的综合损益期望值,进行择优,确定决策方案。将决策树图上舍弃的方案枝画上删除号,剪掉。

【**案例 10.1**】　为生产某种产品有两种方案,一种是建设大厂,另一种是建设小厂。两者使用年限都是五年,大厂需投资 200 万元,小厂需投资 100 万元。两个方案每年损益值及各自然状态出现的概率如表 10.2 所示。

表 10.2　概率表

自然状态	概率	建大厂年损益值	建小厂年损益值
销路好	0.7	100 万元	50 万元
销路差	0.3	−30 万元	30 万元

【**解**】　(1)绘制决策树图,如图 10.4 所示。

(2)因未来各种情况可能发生的概率已知,可直接计算每个自然状态节点的综合损益值。

建大厂方案综合损益值为:[100×0.7+(−30)×0.3]×5−200=105(万元)

建小厂方案综合损益值为:(50×0.7+30×0.3)×5−100=120(万元)

(3)择优决策

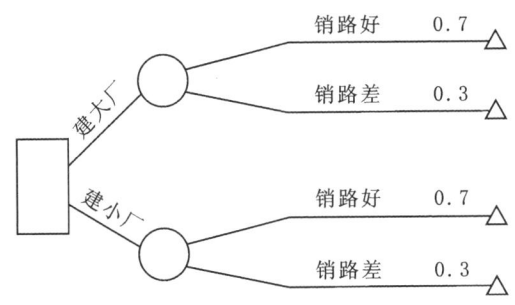

图 10.4　决策树图

由于建小厂方案的综合损益值大于建大厂方案的综合损益值,若不考虑其他因素,建小厂比建大厂效益好。

除上述风险评估方法外,还有非确定型决策分析法、层次分析法、网络模型(包括 CPM、PERT、GERT)分析法等。

10.1.4　风险应对

项目管理机构应依据风险评估报告确定针对项目风险的应对策略。

项目管理机构可采取的负面风险应对策略包括:风险规避、风险转移、风险减轻和风险自留。

项目管理机构可采取的正面风险应对策略包括:

①为确保机会的实现,消除该机会实现的不确定性;

②将正面风险的责任分配给最能为组织获取利益机会的一方;

③针对正面风险或机会的驱动因素,采取措施提高机遇发生的概率。

项目管理机构应形成相应的项目风险应对措施并将其纳入风险管理计划。

10.1.4.1　风险规避

风险规避是指项目组织在决策中回避高风险的领域、项目和方案,进行低风险选择。通过风险规避,可以在风险事件发生之前完全彻底地消除某一特定风险可能造成的种种损失,而不仅仅是减轻损失的影响程度。风险规避是对所有可能发生的风险尽可能地规避,这样可以直接消除风险损失。风险规避具有简单、易行、全面、彻底的优点,能将风险的概率保持为零,从而保证项目的安全运行。

(1)风险规避的方法

风险规避的具体方法有:放弃或终止某项活动;改变某项活动的性质。如放弃某项不成熟工艺;初冬时期为避免混凝土受冻,不用矿渣水泥而改用硅酸盐水泥。一般来说,风险规避有方向规避、项目规避和方案规避三个层次。在采取风险规避时,应注意以下几点:

①当风险可能导致损失频率和损失幅度极高,且对此风险有足够的认识时,这种策略才有意义。

②当采用其他风险策略的成本和效益的预期值不理想时,可采用风险规避的策略。

③不是所有的风险都可以采取规避策略的,如地震、洪灾、台风等。

④由于风险规避只是在特定范围内及特定的角度上才有效,因此,避免了某种风险,又可能产生另一种新的风险。

（2）风险规避的原则

在规避风险时应遵循以下原则：

①规避不必要承担的风险。

②规避那些远远超过企业承受能力，可能对企业造成致命打击的风险。

③规避那些不可控性、不可转移性、不可分散性较强的风险。

④在主观风险和客观风险并存的情况下，以规避客观风险为主。

⑤在存在技术风险、生产风险和市场风险时，一般以规避市场风险为主。

10.1.4.2　风险转移

风险转移是指将组织或个人项目的部分风险或全部风险转移到其他组织或个人。风险转移一般分为两种形式：①项目风险的财务转移，即项目组织将项目风险损失转移给其他企业或组织；②项目客体转移，即项目组织将项目的一部分或全部转移给其他企业或组织。

从另外一个角度看，风险转移有控制型非保险转移、财务型非保险转移和保险三种形式。

（1）控制型非保险转移

控制型非保险转移，转移的是损失的法律责任，它通过合同或协议，消除或减少转让人对受让人的损失责任和对第三者的损失责任。有三种形式：

①出售。通过买卖合同将风险转移给其他单位或个人。这种方式的特点是：在出售项目所有权的同时也就把与之有关的风险转移给了受让人。

②分包。转让人通过分包合同，将他认为项目风险较大的部分转移给非保险业的其他人。如一个大跨度网架结构项目，对总包单位来讲，他们认为高空作业多，吊装复杂，风险较大，因此，可以将网架的拼装和吊装任务分包给有专用设备和经验丰富的专业施工单位来承担。

③开脱责任合同。通过开脱责任合同，风险承受者免除转移者对承受者承受损失的责任。

（2）财务型非保险转移

财务型非保险转移是转让人通过合同或协议寻求外来资金补偿其损失。有两种形式：

①免责约定。免责约定是合同不履行或不完全履行时，如果不是由于当事人一方的过错引起，而是由于不可抗力的原因造成的，违约者可以向对方请求部分或全部免除违约责任。

②保证合同。保证合同是由保证人提供保证，使债权人获得保障。通常，保证人以被保证人的财产抵押来补偿可能遭受到的损失。

（3）保险

保险是通过专门的机构，根据有关法律，运用大数法则，签订保险合同，当风险事故发生时，就可以获得保险公司的补偿，从而将风险转移给保险公司。如建筑工程一切险、安装工程一切险和建筑安装工程第三者责任险等。

技术创新风险的转移一般伴随着收益的转移，因而，是否转移风险以及采用何种方式转移风险，需要进行仔细权衡和决策。在一般情况下，当技术风险、市场风险不大而财务风险较大时，可采用财务转移的风险转移方式；当技术风险或生产风险较大时，可以采用客体转移的风险转移方式。

10.1.4.3　风险减轻

风险减轻是指损失发生前消除损失可能发生的根源，并减小损失事件的发生频率，在风险事件发生后减轻损失的程度。风险减轻的基本点在于消除风险因素和减小风险损失。

（1）损失预防

损失预防是指损失发生前为了消除或减少可能引起损失的各种因素而采取的各种具体措施,也就是设法消除或减少各种风险因素,以降低损失事件发生的频率。

①工程法。以工程技术为手段,通过对物质因素的处理来达到控制损失的目的。具体的措施包括:预防风险因素的产生,减少已存在的风险因素,改变风险因素的基本性质,改善风险因素的空间分布,加强风险单位的防护能力等。

②教育法。通过安全教育培训,消除人为的风险因素,防止不安全行为的出现,从而达到控制损失的目的。如进行安全法制教育、安全技能教育和风险知识教育等。

③程序法。以制度化的程序作业方式进行损失控制,其实质是通过加强管理,从根本上对风险因素进行处理。如制定安全管理制度、设备定期维修制度和定期进行安全检查等。

(2)损失抑制

损失抑制是指损失发生时或损失发生后,为了缩小损失幅度所采取的各项措施。

①分割。将某一风险单位分割成许多独立的、较小的单位,以达到减小损失幅度的目的。例如,同一公司的高级领导成员不同时乘坐同一交通工具,这是一种化整为零的措施。

②储备。例如,储备某项备用财产或人员,以及复制另一套资料或拟定另一套备用计划等,当原有财产、人员、资料及计划失效时,这些备用的人、财、物、资料可立即使用。

③拟定减小损失幅度的规章制度。例如,在施工现场建立巡逻制度。

10.1.4.4 风险自留

风险自留又称承担风险,是一种由项目组织自己承担风险事故所致损失的措施。

(1)风险自留的类型

①主动风险自留与被动风险自留

主动风险自留又称计划性承担,是指经合理判断、慎重研究后,将风险承担下来。被动风险自留是指由于疏忽未探究风险的存在而承担下来。

②全部风险自留和部分风险自留

全部风险自留是对那些损失频率高,损失幅度小,且当最大损失额发生时项目组织有足够的财力来承担的风险所采取的方法。部分风险自留是依靠自己的财力处理一定数量的风险。

(2)风险自留的资金筹措

①建立内部意外损失基金。建立内部意外损失专项基金,当损失发生时,由该基金补偿。

②从外部取得应急贷款或特别贷款。应急贷款是在损失发生之前,通过谈判达成应急贷款协议,一旦损失发生,项目组织就可立即获得必要的资金,并按已商定的条件偿还贷款。特别贷款是在事故发生后,以高利率或其他苛刻条件接受贷款,以弥补损失。

10.1.5 风险监控

组织应收集和分析与项目风险相关的各种信息,获取风险信号,预测未来的风险并提出预警。预警应纳入项目进展报告,并采用下列方法:

①通过工期检查、成本跟踪分析、合同履行情况监督、质量监控措施、现场情况报告、定期例会等,全面了解工程风险;

②对新的环境条件、实施状况和变更应预测风险,修订风险应对措施,持续评价项目风险管理的有效性。

组织应对可能出现的潜在风险因素进行监控,跟踪风险因素的变动趋势;应采取措施限制风险的影响,降低损失,提高效益,防止负面风险的蔓延,确保工程的顺利实施。

10.2　项目沟通管理

10.2.1　项目沟通管理概述

项目沟通是项目管理的一项重要工作,一个项目的实施要取得成功,沟通具有重要作用。沟通可使矛盾着的各个方面居于统一体中,解决它们之间的不一致和矛盾,使系统结构均衡,使项目实施和运行过程顺利。在项目实施过程中,项目经理是沟通与协调的中心和桥梁。在整个项目的目标规划、项目定义、设计和计划以及实施控制等工作中有着各式各样的沟通与协调工作,如项目目标因素之间的沟通与协调;项目各子系统内部、子系统之间、子系统与环境之间的沟通与协调;各专业技术方面的沟通与协调;项目实施过程的沟通与协调;各种管理方法、管理过程的沟通与协调;各种管理职能,如成本、合同、工期、质量等的沟通与协调;项目参加者之间的沟通等。所以,沟通作为一种管理方法已贯穿于整个项目和项目管理的全过程。

现代项目中参加单位非常多,形成了非常复杂的项目组织系统,各单位有不同的任务、目标和利益,它们都企图指导、干预项目实施过程。项目中组织利益的冲突比企业中各部门的利益冲突更为激烈和不可调和,而项目管理者必须使各方面协调一致、齐心协力地工作,这就越发显示出沟通的重要性。

10.2.1.1　基本概念

（1）沟通的定义

沟通就是信息的交流。在项目的实施过程中,信息交流主要是人与人之间和组织之间的交流。人与人之间的沟通是将信息由一个人传递到另一个人,如下级人员与项目经理之间,是指人们带着一定的动机、目的、态度通过各种途径传递信息、情感、态度、思想、观点等。在这个过程中,可能会有阻碍有效沟通的因素,如不同的人对同一信息的理解程度受其知识结构、经历、职业、价值观的不同影响,从而产生不同的看法和不同的理解。组织之间的沟通是指组织之间的信息传递。

（2）沟通的作用

对于项目来说,要科学地组织、指挥、协调和控制项目的实施过程,就必须进行项目的信息沟通,好的信息沟通对项目的发展和人际关系的改善都有促进作用。具体来说,沟通的作用如下:

①为项目决策和计划提供依据。来自项目内外部的准确、完整、及时的信息有利于项目班子做出正确的决策。

②为组织和控制管理过程提供依据和手段。项目班子只有在掌握了项目的各方面信息之后才能有效地提高组织效能。

③有利于建立和改善人际关系。信息沟通、意见交流将许多独立的个人、团体、组织贯通起来,成为一个整体。信息沟通还是人的一种重要的心理需要,是人们用以表达思想感情与态度、寻求同情与友谊的重要手段。畅通的信息沟通,可以减少人与人的冲突,改善人与人、人与项目班子之间的关系。

④为项目经理的成功领导提供重要手段。项目经理依赖于各种途径将意图传递给下级人

员并使下级人员理解和执行,如果没有畅通的信息交流,下级人员就不能正确、及时地理解和执行上级指示,项目就不能按项目经理的意图进行,最终导致项目混乱甚至失败。

10.2.1.2　项目沟通的内容和要求

(1)沟通的内容

沟通应分为内部关系的沟通与协调、近外层关系的沟通与协调和远外层关系的沟通与协调。内部关系指企业内部(含项目经理部)的各种关系;近外层关系指企业与发包人签有合同的单位的关系;远外层关系是指与企业及项目管理有关但无合同约束的单位与企业的关系。沟通应能排除障碍、解决矛盾、保证项目目标的顺利实现。沟通内容应根据施工项目运行的不同阶段中出现的主要矛盾做动态调整。一般应包括下列内容:

①人际关系应包括施工项目组织内部的人际关系和施工项目组织与关联单位的人际关系。沟通与协调对象应是相关工作结合部人与人之间在管理工作中的联系和矛盾。

②组织机构关系应包括项目经理部与企业管理层及劳务作业层之间的关系。

③供求关系应包括企业物资供应部门与项目经理部及生产要素供需单位之间的关系。

④协作配合关系应包括近外层单位的协作配合关系,内部各部门、上下级、管理层与作业层之间的关系。

(2)沟通的要求

沟通应坚持动态工作原则。在施工项目实施过程中,随着运行阶段的不同,所存在的关系和问题都有所不同,如项目进行的初期主要是供求关系的沟通与协调,项目进行的后期主要是合同和法律、法规约束关系的沟通与协调。

①内部关系的沟通

a.内部人际关系的沟通与协调应依靠各项规章制度,通过做好思想工作,加强教育培训,提高人员素质等方法实现。

b.项目经理部与企业管理层关系的沟通与协调应依靠严格执行"项目管理目标责任书";项目经理部与作业层关系的沟通与协调应依靠履行劳务合同及执行"项目管理实施规划"。

c.项目经理部进行内部供求关系的沟通与协调时,要做好需求计划的编制、平衡,并认真执行计划;充分发挥调度系统和调度人员的作用,加强调度工作,排除障碍。

②近外层关系和远外层关系的沟通

a.项目经理部进行近外层关系和远外层关系的沟通必须在企业法定代表人的授权范围内实施。

b.项目经理部与发包人之间关系的沟通与协调应贯穿于施工项目管理的全过程。沟通与协调的目的是搞好协作,沟通与协调的方法是执行合同,沟通与协调的重点是资金问题、质量问题和进度问题。

c.项目经理部在施工准备阶段应要求发包人按规定的时间履行合同约定的义务,保证工程顺利开工。项目经理部应在规定时间内承担合同约定的义务,为开工后连续施工创造条件。

d.项目经理部应及时向发包人或监理机构提供有关的生产计划、统计资料、工程事故报告等。发包人应按规定时间向项目经理部提交技术资料。

e.项目经理部应按《建设工程监理规范》的规定和施工合同的要求,接受监理单位的监督和管理,搞好协作配合。

f.项目经理部应在设计交底、图纸会审、设计洽商变更、地基处理、隐蔽工程验收和交工验收等环节与设计单位密切配合,同时应接受发包人和监理工程师对双方的沟通与协调。

g.项目经理部与材料供应人应依据供应合同,充分运用价格机制、竞争机制和供求机制搞好协作配合。

h.项目经理部与公用部门有关单位的关系应通过加强计划性和通过发包人或监理工程师进行沟通与协调。

i.项目经理部与分包人关系的沟通与协调应按分包合同执行,正确处理技术关系、经济关系,正确处理项目进度控制、质量控制、安全控制、成本控制、生产要素管理和现场管理中的协作关系。项目经理部还应对分包单位的工作进行监督和支持。

j.处理远外层关系必须严格守法,遵守公共道德,并充分利用中介组织和社会管理机构的力量。

10.2.2 项目中几种重要的沟通

任何组织的管理只有通过沟通才能实现,所以,一个组织内部沟通的效果是测定组织管理效果的最好尺度。

沟通是一种手段,是解决组织成员间障碍的基本方法。沟通的效果常常依赖于各项目参加者之间沟通的程度。通过沟通,不但可以解决各种问题,而且可以解决各参加者心理和行为的障碍与争执。

10.2.2.1 内部人际关系的沟通与协调

项目经理所领导的项目经理部是项目组织的领导核心。通常,项目经理不直接控制资源和具体工作,而是由项目经理部中的职能人员具体实施控制,这就使得项目经理和职能人员之间及各职能人员之间存在界面和沟通与协调。

(1)项目经理与技术专家的沟通

技术专家往往对基层的具体施工了解较少,只注意技术方案的优化,注重数字,对技术的可行性过于乐观,而不注重社会和心理方面的影响。项目经理应积极引导,发挥技术人员的作用,同时注重全局、综合和方案实施的可行性。

(2)建立完善、实用的项目管理系统,明确划分各自的工作职责

许多项目经理对管理程序寄予很大的希望,认为只要建立科学的管理程序,要求大家按程序工作,职责明确,就可以比较好地解决组织沟通问题。实践证明,这是不全面的。

(3)建立项目激励机制

由于项目的特点,项目经理更应注意从心理学、行为科学的角度激励各个成员的积极性。虽然项目工作富有创造性,有吸引力,但也应有自己的激励措施。

(4)形成比较稳定的项目管理队伍

以项目作为经营对象的企业,如承包公司、监理公司等,应形成比较稳定的项目管理队伍。尽管项目是一次性的、常新的,但项目小组却相对稳定,各成员之间相互熟悉,彼此了解,可大大减小组织摩擦。

(5)职能人员应双重忠诚

项目经理部是一个临时性的管理组织,特别是在矩阵式的组织中,项目成员在原职能部门保持其专业职位,可能同时为许多项目提供管理服务。所以,应鼓励项目组织成员对项目和职能部门都忠诚,这是项目成功的必要条件。

（6）考核评价工作

建立公平、公正的考评工作业绩的方法、标准，并定期客观、慎重地对成员进行业绩考评，在其中排除偶然、不可控制和不可预见的因素。

10.2.2.2　项目经理部与企业管理层关系的沟通与协调

项目经理部与企业管理层关系的沟通与协调应依靠严格执行"项目管理目标责任书"，在党务、行政和生产管理上，根据企业党委和经理的指令以及企业管理制度来进行。项目经理部受企业有关职能部、室的指导，二者既是上下级行政关系，又是服务与服从、监督与执行的关系，即企业层次生产要素的调控体系要服务于项目层次生产要素的优化配置，同时项目生产要素的动态管理要服从于企业主管部门的宏观调控。企业要对项目管理全过程进行必要的监督与调控，项目经理部要按照与企业签订的责任状，尽职尽责、全力以赴地抓好项目的具体实施。在经济往来上，根据企业法定代表人与项目经理签订的"项目管理目标责任书"，严格履约，按实结算，建立双方平等的经济责任关系；在业务管理上，项目经理部作为企业内部项目的管理层，接受企业职能部、室的业务指导和服务。一切统计报表，包括技术、质量、预算、定额、工资、外包队的使用计划在内的各种资料都要按系统管理和有关规定准时报送主管部门。其主要业务管理关系如下：

①计划统计；

②财务核算；

③材料供应；

④周转料具供应；

⑤预算及经济洽商签证；

⑥质量、安全、行政管理、测试计量等工作；

⑦项目经理部与水电、运输、吊装分公司之间的关系。

10.2.2.3　项目经理部内部供求关系的沟通与协调

内部供求关系涉及面广，关系比较复杂，沟通与协调工作量相对较大，而且存在很大的随机性。这就要求组织内部制订明确、具体的资源需求计划，并对照计划提前部署，严格执行。在实施过程中，应充分加强调度工作，做到资源分配的平衡。

项目经理部进行内部供求关系的沟通与协调应做好以下工作：

（1）做好供求计划的编制平衡，并认真执行计划。项目经理部进行内部劳务、原材料、设备等资源供求的沟通与协调是比较重要的一环，如果供求关系不畅或供求失调，将直接影响项目的实施进度和技术质量，影响项目总体目标的实现。因此，为了确保供求关系的和谐，要求供应部门根据实际需求认真编制供应计划，提前做好采购和准备工作；使用部门也应及时与供应部门联系，协助供应部门做好计划，并提前予以提示。在计划实施过程中，供求双方应该严格执行计划，当实际需求与供应计划出现偏差时，应以项目经理部的总目标和供需合同为原则认真做好使用平衡工作，确保目标不受影响。同时，应积极准备或积极处理，尽快纠正偏差。项目经理部与作业层供求关系的沟通与协调应依靠履行劳务合同及执行"项目管理实施规划"。

（2）充分发挥调度系统和调度人员的作用，加强调度工作，排除障碍。在供求关系的沟通与协调工作中，调度工作是关键环节。供求关系出现问题时，对供和求的合理调整与平衡工作由调度人员来进行。调度人员应充分了解使用环节的必需性和可缓性，认真分析施工作业的关键因素，提前做好预测，及时准备。另外，调度人员也应充分了解市场，预测市场的波动，对计划供求的资源提前做好准备；如果由企业内部市场供应，则应提前与市场管理部门联系，做好准备。

10.2.2.4 项目经理部与发包人关系的沟通与协调

发包人代表项目的所有者，对项目具有特殊的权力，要取得项目的成功，必须获得发包人的支持。

(1)项目经理首先要理解总目标和发包人的意图，反复阅读合同或项目任务文件。未能参加项目决策过程的项目经理，必须了解项目构思的基础、起因及出发点，了解目标设计和决策背景，否则可能对目标及完成任务有不完整的甚至无效的理解，会给工作造成很大的困难。如果项目管理和实施状况与最高管理层或发包人的预期要求不同，发包人将会干预，将要改变这种状态。所以，项目经理必须花很大气力来研究发包人的意图，研究项目目标。

(2)让发包人一起投入到项目全过程，而不仅仅是给他一个结果(竣工的工程)。尽管有预定的目标，但项目实施必须执行发包人的指令，使发包人满意。

(3)发包人在委托项目管理任务后，应将项目前期策划和决策过程向项目经理做全面的说明和解释，提供详细的资料。

(4)项目经理有时会遇到发包人所属的其他部门或合资者各方同时来指导项目的情况，这是非常棘手的。项目经理应很好地倾听这些人的忠告，对他们做耐心的解释和说明，但不应当让他们直接指导实施和指挥项目组织成员。否则，会有严重损害整个工程实施效果的危险。

项目经理部协调与发包人之间关系的有效方法是执行合同。

10.2.2.5 项目经理部与监理机构关系的沟通与协调

项目经理部应及时向监理机构提供有关的生产计划、统计资料、工程事故报告等，应按《建设工程监理规范》的规定和施工合同的要求，接受监理单位的监督和管理，搞好协作配合。项目经理部应充分了解监理工作的性质、原则，尊重监理人员，对其工作积极配合，始终坚持双方目标一致的原则，并积极主动地工作。在合作过程中，项目经理部应注意现场签证工作，遇到设计变更、材料改变或特殊工艺以及隐蔽工程等情况时应及时取得监理人员的认可，并形成书面材料，尽量减少与监理人员的摩擦。项目经理部应严格地组织施工，避免在施工中出现敏感问题。与监理人员意见不一致时，双方应以进一步合作为前提，在相互理解、相互配合的原则下进行协商，项目经理部应尊重监理人员或监理机构的最后决定。

10.2.2.6 项目经理部与设计单位关系的沟通与协调

项目经理部应在设计交底、图纸会审、设计洽商与变更、地基处理、隐蔽工程验收和交工验收等环节与设计单位密切配合，同时应接受发包人和监理工程师对双方的沟通与协调。项目经理部应注重与设计单位的沟通，对设计中存在的问题应主动与设计单位磋商，积极支持设计单位的工作，同时也要争取设计单位的支持。项目经理部在设计交底和图纸会审工作中，应与设计单位进行深层次交流，准确把握设计，对设计与施工不吻合或设计中的隐含问题应及时予以澄清和落实；对于一些争议性问题，应巧妙地利用发包人和监理工程师的职能，避免正面冲突。

10.2.2.7 项目经理部与材料供应人关系的沟通与协调

项目经理部与材料供应人应依据供应合同，充分利用价格招标机制、竞争机制和供求机制搞好协作配合。项目经理部应在项目管理实施规划的指导下，认真做好材料需求计划，认真调查市场，在确保材料质量和供应的前提下选择材料供应人。为了保证双方的顺利合作，项目经理部应与材料供应人签订供应合同,并力争使得供应合同具体、明确。为了降低资源采购风险,提高资源利用效率,供应合同应就供应数量、规格、质量、时间和配套服务等事项进行明确。项目经理部应有效利用价格招标机制和竞争机制与材料供应人建立可靠的供求关系,确保材料质量和使用服务。

10.2.2.8　项目经理部与分包人关系的沟通与协调

项目经理部与分包人关系的沟通与协调应按分包合同执行,正确处理技术关系、经济关系,正确处理项目进度控制、质量控制、安全控制、成本控制、生产要素管理和现场管理中的协作关系。项目经理部还应对分包单位的工作进行监督和支持。项目经理部应加强与分包人的沟通,及时了解分包人的情况,发现问题及时处理,并以平等的合同双方的关系支持承包人的活动,同时加强监管力度,避免问题的复杂化和扩大化。

10.2.2.9　项目经理部与其他单位关系的沟通与协调

项目经理部与其他公用部门有关单位的沟通与协调应通过加强计划性和通过发包人或监理工程师进行。

(1)项目经理部要求作业队伍到建设行政主管部门办理分包队伍施工许可证,到劳动管理部门办理劳务人员就业证。

(2)隶属于项目经理部的安全监察部门应办理企业安全资格认可证、安全施工许可证、项目经理安全生产资格证等手续。

(3)隶属于项目经理部的安全保卫部门应办理施工现场消防安全资格认可证,到交通管理部门办理通行证。

(4)项目经理部应到当地户籍部门办理劳务人员暂住手续。

(5)项目经理部应到当地城市管理部门办理街道临建审批手续。

(6)项目经理部应到当地政府质量监督管理部门办理建设工程质量监督通知单等手续。

(7)项目经理部应到市容监察部门审批运输不遗洒、污水不外流、垃圾清运、场容与场貌等的保证措施方案和通行路线图。

(8)项目经理部应配合环保部门做好施工现场的噪声检测工作,及时报送厕所、化粪池、道路等有关环节的现场平面布置图、管理措施及方案。

(9)项目经理部因建设需要砍伐树木时,必须提出申请,报城市园林主管部门审批。

(10)现有城市公共绿地和城市总体规划中确定的城市绿地及道路两侧的绿化带,如有特殊原因确需临时占用时,需经城市园林主管部门、城市规划管理部门及公安部门同意并报当地政府批准。

(11)大型项目施工或者在文物较密集地区进行施工,项目经理部应事先与市文物部门联系,在施工范围内有可能埋藏文物的地方进行文物调查或者勘探工作,若发现文物,应共同商定处理办法。在开挖基坑、管沟或其他挖掘中,如果发现古墓葬、古遗址或其他文物,应立即停止作业,保护好现场,并立即报告当地政府文物管理机关。

(12)项目经理部持建设项目批准文件、地形图、建筑总平面图、用电量资料等到城市供电管理部门办理施工用电报装手续。委托供电部门进行方案设计的应办理书面委托手续。

(13)供电方案经城市规划管理部门批准后即可进行供电施工设计。外部供电图一般由供电管理部门设计。内部供电设计主要指变配电室和控制室的设计,可由供电管理部门设计,也可由具备资格的设计人设计,并报供电管理部门审批。

(14)项目经理部在建设地点确定并对项目的用水量进行计算后,即应委托自来水管理部门进行供水方案设计,同时应提供项目批准文件、标明建筑红线和建筑物位置的地形图、建设地点周围自来水管网情况、建设项目的用水量等资料。

(15)自来水供水方案经城市规划管理部门审查通过后,应在自来水管理部门办理报装手续,并委托其进行相关的施工图设计。同时,应准备建设用地许可证、地形图、总平面图、基础平面图、施工许可证、供水方案批准文件等资料。由其他设计人员进行的自来水工程施工图设计,应送自来水管理部门审批。

项目经理部与远外层关系的沟通与协调应在严格守法、遵守公共道德的前提下,充分利用中介组织和社会管理机构的力量。远外层关系的沟通与协调主要应以公共原则为主,在确保自己工作合法性的基础上,公平、公正地处理工作关系,提高工作效率。如果有些环节不好沟通与协调,项目经理部应充分利用中介组织和社会管理机构,及时疏通关系,加强沟通。

10.2.3 项目沟通中的问题及原因

10.2.3.1 项目沟通中的问题

在项目实施过程中,由于沟通与协调不力或沟通与协调工作不到位,常常使得组织工作出现混乱,影响整个项目的实施效果,具体列举如下:

(1)项目组织或项目经理部中出现混乱,总体目标不明,不同部门和单位的兴趣与目标不同,各人有各人的打算和做法,甚至形成尖锐的对立,而项目经理无法调解争执或无法解释。

(2)项目经理部经常讨论不重要的事务性问题,沟通与协调会议经常被一些言非正传的职能部门领导打断、干扰或偏离了议题。

(3)信息未能在正确的时间内以正确的内容和一定的详细程度传达到正确位置,人们抱怨信息不够,或太多,或不及时,或不着要领。

(4)项目经理部中没有应有的争执,但它在潜意识中存在,人们不敢或不习惯将争执提出来公开讨论。

(5)项目经理部中存在或散布着不安全、绝望等气氛,特别是在项目遇到危机、上层系统准备对项目做重大变更、对项目组织做调整或项目即将结束时更显突出。

(6)项目实施中出现混乱,人们对合同、指令、责任书理解不一致或不能理解,特别是在国际工程以及国际合作项目中,由于不同语言的翻译造成理解的混乱。

(7)项目得不到职能部门的支持,无法获得资源和管理服务,项目经理花大量的时间和精力周旋于职能部门之间,与外界不能进行正常的信息交流。

10.2.3.2 通病产生的原因

(1)项目开始时或当某些参加者介入项目组织时,缺少对目标、责任、组织规则和过程统一的认识和理解。在项目制订计划方案、做决策时未听取基层实施者的意见,项目经理自认为经验丰富,武断决策,不了解实施者的具体能力和情况等,致使计划不符合实际。在制订计划时及制订计划后,项目经理没有与相关职能部门协商,就指令技术人员执行。此外,项目经理与发包人之间缺乏了解,对目标和项目任务有不完整的甚至无效的理解。项目前期沟通太少,如在招标阶段给承包商编制投标文件的时间太短。

(2)目标之间存在矛盾或表达上有矛盾,而各参加者又从自己的利益出发加以解释,由此导致混乱。项目管理者没能及时做出统一解释,使目标透明。

项目存在许多投资者进行非程序干预,形成实质上的多业主状况。参加者来自不同的国度、不同的专业领域、不同的部门,有不同的习惯、不同的概念和理解,甚至不同的法律参照系,而在项目初期没有统一解释文本。

(3)缺乏对项目组织成员工作的明确结构划分和定义,人们不清楚他们的职责范围。项目经理部内工作含混不清,职责冲突,缺乏授权。在企业中,同期的项目之间优先等级不明确,导致项目之间资源争执。

(4)管理信息系统设计功能不全,信息渠道、信息处理有故障,没有按层次、分级、分专业进行信息优化和浓缩。

(5)项目经理的领导风格和项目组织的运行风气不正,发包人或项目经理独裁,不允许提出不同意见和批评,内部言路堵塞;由于信息封锁,信息不畅,上层或职能部门人员故弄玄虚或存在幕后问题;项目经理部中有强烈的人际关系冲突,项目经理和职能经理之间互不信任,互不接受;不愿意向上司汇报坏消息,不愿意听那些与自己事先形成的观点不同的意见,采用封锁的办法处理争执和问题,相信问题会自行解决;项目成员兴趣转移,不愿承担义务;将项目管理看作是办公室的工作,做计划和决策仅依靠报表和数据,不注重与实施者直接面对面地沟通;经常以领导者的居高临下的姿态出现在成员面前,不愿多做说明和解释,喜欢强迫命令,对承包商经常动用合同处罚或以合同处罚相威胁。

(6)沟通与协调会议主题不明,项目经理权威性不强,或不能正确引导;与会者不守纪律,使沟通与协调会议成为聊天会;有些职能部门领导过强(年龄过大、工龄长、经验丰富、资格老)或个性放纵,存在不守纪律、没有组织观念的现象,甚至拒绝任何批评和干预,而项目经理无力指责和干预。

(7)有人滥用分权和计划的灵活性原则,下层单位或子项目随便扩大它的自由处置权,过于注重发挥自己的创造性,这些均违背或不符合总体目标,并容易与其他同级部门造成摩擦,与上级领导产生权力争执。

(8)使用矩阵式组织,但人们的思维并没有从直线式组织的运作方式上转变过来。由于组织运作规则设计得不好,项目经理与企业职能经理的权力、责任界限不明确。一个新的项目经理要很长时间才能被企业、管理部门和项目组织接受和认可。

(9)项目经理缺乏管理技能、技术判断力或缺少与项目相应的经验,没有威信。

(10)发包人或企业经理不断改变项目的范围、目标、资源条件和项目的优先等级(即顺序)。

10.2.3.3 组织争执

沟通不顺利或沟通与协调工作不成功常常会导致组织争执。项目组织是多争执的组织,这是由项目和项目组织的特殊性决定的。争执在项目中普遍存在,常见的争执有:

(1)目标争执。项目组织成员各有自己的目标和打算,对项目的总目标缺乏了解或共识;项目的目标系统存在矛盾,如同时过度要求压缩工期、降低成本、提高质量标准等。

(2)专业争执。如对工艺方案、设备方案、施工方案存在不一致的看法,建筑造型与结构之间的矛盾等。

(3)角色争执。如企业任命总工程师作为项目经理,他既有项目工作,又有原部门的工作,常常以总工程师的立场和观点看待项目、解决问题。

(4)过程的争执。如决策、计划、控制之间对处理问题的方式和方法之间的矛盾。

(5)项目组织间的争执。如组织间的利益争执、行为的不协调、合同中存在矛盾和漏洞,以及权力的争执和互相推卸责任,项目经理部与职能部门之间的界面争执等。

10.2.3.4 组织争执的解决措施

在实际工程中,组织争执普遍存在,不可避免。在项目实施的整个过程中,项目经理要花大量的时间处理争执并进一步解决问题,这已成为项目经理的日常工作。

组织争执是一个复杂的问题,它会导致关系紧张和意见分歧。通常,争吵是争执的表现形式。若产生激烈的争执,以致形成尖锐的对立,就会造成组织摩擦、能量的损耗和低效率。

正确的处理方法不是宣布不许争执或让争执自己消亡,而是通过争执发现问题,暴露矛盾,从而获得新的信息,然后通过积极的引导和沟通达成一致,化解矛盾。

对争执的处理首先取决于项目管理者的性格及对争执的认识程度。领导者要有效地管理争执,有意识地引起争执,通过争执引起讨论和沟通;通过详细的协商,以求平衡和满足各方面的利益,寻求项目目标的最优解决方案。

通常情况下,对于不影响项目整体大局的争执,领导者应采取策略引导双方回避争执,或者说服双方向对方适当妥协或做非原则性让步。对于涉及双方共同利益的争执,可采取互谦互让、加大合作面,形成利益互补或利益共同体,从而化解争执。有的争执属于非原则性争执,双方应通过协商进一步达成共识,消除争执。对于利益冲突性争执,如果不能通过双方沟通与协调解决,则应交由上级领导出面裁决,使得争执双方都独立于利益体之外,从而尽快解决争执,保证组织工作的顺利进行。如果争执问题比较突出,而且双方对待争执都比较敏感,在采用协商、调解的方式都无法解决的情况下,则应当机立断采用行政裁决甚至采用法律手段来解决。

10.2.4 项目沟通程序与方式

10.2.4.1 项目沟通程序

项目管理机构应制定沟通程序和管理要求,明确沟通任务、方法和具体要求。项目管理机构应在他方需求识别和评估的基础上,按项目运行的时间节点和不同需求细化沟通内容,界定沟通范围,明确沟通方式和途径,并针对沟通目标准备相应的预案。项目沟通管理应包括下列程序:

①项目实施目标分解;

②分析各分解目标自身需求和相关方需求;

③评估各目标的需求差异;

④制订目标沟通计划;

⑤明确沟通责任人、沟通内容和沟通方案;

⑥按既定方案进行沟通;

⑦总结评价沟通效果。

项目管理机构应当针对项目不同实施阶段的实际情况,及时调整沟通计划和沟通方案。项目管理机构应进行下列项目信息的交流:

①项目各相关方共享的核心信息;

②项目内部信息;

③项目相关方产生的有关信息。

项目管理机构可采用信函、邮件、文件、会议、口头交流、工作交底及其他媒介沟通方式与项目相关方进行沟通,重要事项的沟通结果应书面确认。

项目管理机构应编制项目进展报告,说明项目实施情况、存在的问题及风险、拟采取的措施,以及预期效果或前景。

10.2.4.2　沟通的方式

(1)正式沟通和非正式沟通

正式沟通是组织内部的规章制度所规定的沟通方法,主要包括组织系统正式发布的命令、指示、文件,组织召开的正式会议,组织正式颁布的法令规章、手册、简报、通知、公告,组织内部上下级之间和同事之间因工作需要而进行的正式接触。正式沟通的优点是沟通效果好,比较严肃,而且约束力强,易于保密,可以使信息沟通保持权威性。缺点是沟通速度慢。

非正式沟通指在正式沟通渠道之外进行的信息传递和交流,是一类以社会关系为基础,与组织内部的规章制度无关的沟通方式。它的沟通对象、时间及内容等都是未经计划和难以辨别的。因为非正式沟通是由于组织成员的感情和动机上的需要而形成的,所以其沟通渠道是组织内的各种社会关系,这种社会关系超越了部门、单位及层次。非正式沟通的优点是沟通方便,沟通速度快,且能提供一些正式沟通中难以获得的信息;缺点是容易失真。

在很多情况下,来自非正式沟通的信息反而易于获得接收者的重视,因为这种沟通一般是采取口头方式,有许多在正式沟通中不便于传递的信息却可以在非正式沟通中透露。

(2)上行沟通、下行沟通和平行沟通

上行沟通是指下级的意见向上级反映,即自下而上的信息沟通。项目经理应采取某些措施鼓励向上沟通,如调查情况、开征求意见座谈会、设意见箱等。只有上行沟通渠道畅通,项目经理才能掌握全面情况,做出符合实际的决策。上行沟通有两种形式:一是层层传递,即依据一定的组织原则和组织程序逐级向上反映;二是越级反映,它指的是减少中间层次,让项目的最高决策者与一般员工直接沟通,信息技术的发展为越级反映提供了条件。

下行沟通是指领导者对员工进行的自上而下的信息沟通。一般以命令方式传达上级组织或上级所决定的政策、计划等。这种沟通方式的目的是明确项目的目标,传达工作方面的指示,提供项目进展情况,反馈其本身工作的绩效。

平行沟通是指组织中部门之间的信息交流。斜向沟通是指信息在不同层次的不同部门之间流动时的沟通。这两种沟通都跨越了部门,脱离了正式的指挥系统,但只要在沟通前得到直接领导者的允许,并在沟通后把任何值得肯定的结果及时向直接领导者汇报,这种沟通便值得积极提倡。

(3)单向沟通和双向沟通

单向沟通是指发送者和接收者之间的地位不变(单向传递),一方只发送信息,另一方只接收信息。双方无论是在情感上还是在语言上都不需要信息反馈,如做报告、发布指令等。这种沟通的速度快,信息发送者的压力小,但是接收者没有反馈意见的机会,不能产生平等感和参与感,不利于增强接收者的自信心和责任心,不利于建立双方的感情。

与单向沟通相对应,双向沟通中发送者和接收者之间的位置不断交换,且发送者是以协商和讨论的姿态面对接收者,信息发出以后还需及时听取反馈意见,必要时双方可进行多次重复商谈,直到双方共同明确和满意为止,如交谈、谈判等。双向沟通的优点是沟通信息准确性较高,接收者有反馈意见的机会,能产生平等感和参与感,增强自信心和责任心,有助于建立双方的感情。但是,沟通的速度较慢。

（4）书面沟通和口头沟通

书面沟通是指用通知、文件、报刊、备忘录等书面形式进行的信息传递和交流。其优点是可以作为资料长期保存，反复查阅，沟通显得正式和严肃。

口头沟通就是运用口头表达，如谈话、游说、演讲等进行信息交流的活动。其优点是传递消息较为准确，沟通比较灵活，速度快，双方可以自由交换意见。

（5）言语沟通和体语沟通

言语沟通是利用语言、文字、图画、表格等形式进行的。体语沟通是利用动作、表情、姿态等非语言方式（形体）进行的。一个动作、一个表情、一个姿势都可以向对方传递某种信息，不同形式、丰富多彩的"身体语言"也在一定程度上起着沟通的作用。

10.2.4.3　沟通的渠道

沟通渠道分正式沟通渠道与非正式沟通渠道两种。

10.3　工程项目冲突管理

10.3.1　冲突的产生与发展

所有项目中都存在冲突，冲突是项目组织的必然产物。冲突是指两个或两个以上的项目决策者在某个问题上的纠纷。

现代观点认为，冲突是不可避免的，只要存在需要决策的地方，就存在冲突。冲突本身并不可怕，怕的是对冲突处理方式的不当将会引发更大的矛盾，甚至可能造成混乱，影响或危及组织的发展。

（1）冲突的产生

冲突的产生有几个重要的来源，它们是：

①人力资源。由于项目团队中的成员来自不同的职能部门，关于用人问题，就会产生冲突。当人员支配权在职能部门领导手中时，职能部门与项目团队会在合理分配成员任务上产生矛盾。

②成本费用。项目经理分配给各个职能部门的资金总被认为是不够的，因而在成本费用如何分配上会产生冲突。

③技术冲突。项目中，在技术质量、技术性能要求及实现性能的手段上都会发生冲突。

④管理程序。许多冲突来源于项目应如何管理，也就是项目经理的报告关系定义、责任定义、界面关系、项目工作范围、运行要求、实施的计划、与其他组织的协商工作。

⑤项目优先权。项目参加者经常对实现项目目标应该执行的工作活动和任务的次序关系有不同的看法。优先权冲突不仅发生在项目组织与其他职能部门之间，也会发生在项目组织内部。

⑥项目进度的冲突。围绕项目工作任务的时间确定、次序安排和进度计划会发生冲突。

⑦项目成员个性。不同的人有不同的价值观、判断事物的标准等，因而常常在项目团队中存在"以自我为中心"的思想，造成了项目组织中的冲突。

（2）冲突的发展过程

冲突是一个能动的、互相影响的过程，其发展过程一般包括潜伏、被认知、被感知、出现及结局五个阶段。

第一阶段不存在公然的冲突,只是产生了冲突的条件,使冲突成为可能;第二阶段是冲突被认知的阶段,冲突各方开始注意到对冲突问题的争议;第三阶段,冲突被感知,当一个或更多的当事人对存在的差异有情绪上的反应时,冲突就达到了被感知的阶段;第四阶段是冲突的出现,冲突由认识上的发觉转化为行动,冲突的当事人选择对冲突进行处理;第五阶段形成了冲突的结局,通过分析冲突可能出现的结局可以为决策提供正确的信息。

10.3.2　冲突管理

项目管理机构应根据项目运行规律,结合项目相关方的工作性质和特点预测项目可能的冲突和不一致,确定冲突解决的工作方案,并在沟通管理计划中予以体现。消除冲突和障碍可采取下列方法:

①选择适宜的沟通与协调途径;

②进行工作交底;

③有效利用第三方调解;

④创造条件使项目相关方充分地理解项目计划,明确项目目标和实施措施。

项目管理机构应对项目冲突管理工作进行记录、总结和评价。

10.3.2.1　工程项目冲突管理的特点和分类

(1)工程项目冲突管理的特点

①管理的客体具有两面性、过程性和多样性。冲突的两面性表现在对工程项目目标实现所起到的积极作用和消极作用。积极作用是一种有力的建设性冲突,可以增强组织内部的凝聚力、团结性,对工程项目组织目标的实现具有巨大的推动作用。消极作用是对组织目标的实现有害的冲突,可能造成组织资源的浪费、凝聚力的降低、信任度的下降、士气的低落等妨碍目标实现的消极影响。

冲突的过程性表现在冲突的形成要经过五个阶段的持续变化,即潜在的冲突、知觉的冲突、感觉的冲突、显现的冲突及冲突结果。冲突的多样性表现在冲突产生的过程中由于来源、主体、环境、发展状态及阶段、严重程度等方面的差异导致冲突的表现形式多种多样。

②管理的过程具有系统性。工程项目的整体性决定了冲突管理需要进行系统思考,即从全局出发,追求全局最优,而不是局部最优。

③管理的主体需要具有公平性。无论管理什么样的冲突,要求管理者以对事不对人原则为准绳,对待冲突双方一定要公正,不能有偏袒。偏袒只会使冲突激化,还可能产生冲突移位,冲突的一方很可能会将冲突移向协调人,使人际矛盾扩大,冲突趋于复杂。

④管理的结果力求双赢。冲突导致的结果无非是四种情况:赢—赢、输—赢、输—输、不赢—不赢。这几种结果中,只有双赢才是富有建设性的解决之道,也是进行冲突管理力求达到的目标。

(2)工程项目实施阶段冲突管理的分类

①按参与主体不同分类。各参与主体有着不同的利益目标和思维方式,其间难免会发生冲突。按参与主体不同,工程项目冲突可分为承包商与业主之间的冲突、承包商与监理单位之间的冲突、业主与监理单位之间的冲突等。在各参与主体之间的冲突中,承包商与其他参与主体之间的冲突最多。

②按管理要素不同分类。根据工程项目的管理要素,可以将工程项目冲突分为人际或组织管理的冲突、资源管理的冲突、合同管理的冲突、安全及环境管理的冲突。

10.3.2.2　工程项目冲突管理的程序和内容

工程项目冲突的种类繁多、成因复杂,对于项目管理者而言,需要通过有效的识别、分析、监控来管理冲突,采取恰当的方法稳健地处理冲突,以保障工程项目的顺利实施,并对冲突管理成效及时进行总结评价,为后续工程项目积累经验。工程项目冲突管理流程如图10.5所示。

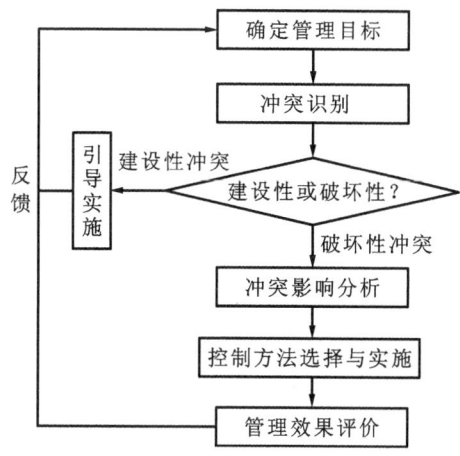

图 10.5　工程项目冲突管理流程

(1)工程项目冲突识别

冲突识别主要是结合工程项目实施的阶段,分析各利益相关方及其所处的环境,找出可能导致工程项目冲突的潜在因素,确定引起冲突的来源和相互关联,并区分引发的是建设性冲突还是破坏性冲突。

冲突识别要求项目管理者具有丰富的工程项目管理经验,能够结合工程项目的主要目标,客观地认知冲突的本质,发现冲突各方潜在的对立、差异和相互依赖性。

冲突不可避免,但冲突并不都阻碍工程项目管理工作的开展。冲突识别是项目管理者对冲突性质的一个定性判断,需要充分挖掘其本质及其对项目成员、组织和目标的影响,具体识别冲突的积极影响和消极影响,为后续冲突管理工作的开展奠定良好基础。冲突识别模型见表10.3。

表 10.3　建设性冲突和破坏性冲突识别模型

识别指标	建设性冲突	破坏性冲突
是否会损害冲突主体利益	否	是
是否对工程项目目标不利	否	是
是否导致冲突双方信任度、满意度下降	否	是
是否会使组织决策失误	否	是
是否提高组织工作能力	是	否
冲突发生是基于项目整体利益还是基于个人利益	整体利益	个人利益

建设性冲突的发生,是基于工程项目的整体利益,利用冲突激发灵感,从不同角度看待问

题,发现没有注意到的细节,使问题得到全面的考虑,得出科学的决策结果。冲突双方注重的不是短期利益,而是长期利益;不只是经济利益,还包括无形的利益,并且积极保证管理目标的实现。

与之相反,破坏性冲突使组织产生过度的非理性情绪,冲突双方的成员在情感和行为上相互排斥,使冲突主体之间互相猜疑,并产生不信任感。由于不信任态度和不满情绪的影响,彼此之间的满意度会下降,致使决策受到情绪因素的过分影响而导致失误,最终难以实现工程的进度、成本、质量、安全目标,给彼此造成直接的经济损失。此外,冲突双方在社会上产生不利影响,使其社会形象受到破坏,声誉受到影响。

(2)工程项目冲突分析

冲突分析主要是利用已识别冲突发生的概率、类型及其对工程项目本身和各参与方所产生的影响,对已识别冲突的优先级进行比较分析和原因分析,由此建立起冲突的基本因果关系,找到对冲突进行管理的思路和要点。

在工程项目的整个寿命期内,冲突分析应当与工程项目冲突的变化保持同步。冲突分析的主要内容应包括以下几个方面:

①确定特定的冲突诱因与冲突的数量、结构、方式及影响幅度的关系。

②针对发生的冲突,可以尝试采用各种方法来解决,以积累相关的经验。

③确定一定的指标来衡量冲突破坏性的大小。

④从定性研究角度来看,冲突发生的概率和后果影响评价要通过访谈来完成,访谈的对象可以包括:冲突管理领域的专家、项目组织成员、曾经参与过某类冲突管理的其他项目成员等。

⑤通过调查表方式收集整理所需资料,对不同阶段可能存在的冲突按发生的概率及影响程度进行优先排序,从而提醒项目经理在何时注意哪些冲突的发生,是否有必要进行干预,常用的处理方式是什么。

(3)工程项目冲突控制

冲突控制的主要任务是根据冲突识别和分析的结果,确定是否控制冲突以及采用何种策略和方式来控制冲突。项目实施过程中,各参与方基于不同的立场,对同一事件可能有不同的意见,甚至同一主体内部成员对于同一事件也可能有不同的看法。对于那些能够对工程项目产生新的思想、新的观点,甚至是一点小小建议的争论,不论其是否对错,都不应该过早地干预。对于在冲突过程中出现的少数人的建议,也不能轻易地否定、批评、指责,而应以冷静的态度和思维对冲突进行深入的思考和论证。冲突开始时,论证尚未充分展开,时机也未成熟,很难分清是非曲直。在冲突逐渐升级的过程中,项目经理也不应立即阻止或以武断的方式去解决,可以设法提供必要的信息对冲突双方进行引导,使冲突朝有利于工程项目的方向发展。对于那些破坏性冲突,应立即给予干预和控制。

冲突控制应从人员干预和结构控制两个方面着手:

①人员干预。通过对冲突各方的人员进行引导和再教育,使其提高对冲突的认识,承认和接受双方共同冲突的存在,并且要站在工程项目整体利益的角度指出冲突的危害,必须尽快结束冲突。要从实质上提高冲突双方的认识水平和认识能力,即在冲突中没有绝对的赢家和输家,这种方法对于工程项目有利,也易被冲突双方接受,不会伤和气。

②结构控制。从长远角度看,结构控制可以从根本上解决冲突问题。工程项目的参与方很多,如业主、勘察单位、设计单位、施工单位、监理单位等,同一主体内部又有着复杂组织结

构,如果某一环节的结构设置不合理,就可能会引起冲突。经验表明,没有任何组织结构适应于所有工程项目。因此,解决工程项目冲突最可行的办法是采取有效的结构设计方法,考虑工程项目的任务、技术、环境、各参与主体诸要素,寻求最适合的组织结构。

　　(4)工程项目冲突的解决

　　①协商。协商是争论双方在一定程度上都能得到满意结果的方法。在这一方法中,冲突双方寻求一个调和的折中方案。这种方法只适用于双方势均力敌的情况。

　　②妥协。妥协的实质就是通过协商,参与各方都做出一点让步,都愿意放弃自己一部分观点和利益,寻求在一定程度上参与各方都满意的处理结果。妥协可以最有效地缓解参与各方之间的冲突,加强沟通,是较为恰当的解决方式,但这种方法并非永远可行。这种策略适用于寻找复杂问题的暂时性解决方案的情况。

　　③让步。让步是让冲突的双方其中的一方从冲突的状态中撤离出来,从而避免发生实质性的或潜在的争端。

　　④缓和或调停。缓和方式通常的做法是忽视差异,在冲突中找到一致的地方,即求同存异。这种方式认为组织团队之间的关系比解决问题更为重要。尽管这一方式能够避免某些矛盾,但是对于问题的彻底解决没有帮助。这种策略适用于需要解决问题的不同层面或解决长期悬而未决的问题的情况。

　　⑤强制。强制的实质是"非赢即输"。这种方法认为在冲突中获胜比保持人际关系更为重要。这是积极解决冲突的方式,但是应该看到这种解决方式的极端性。强制性地解决冲突对于项目团队的积极性可能会有打击,应作为最后考虑的一种方法,但这种方法确实可以快速解决问题。这种策略适用于以下情况:当快速决策非常重要或出现紧急情况时,需要立即处理;执行重要的且又不受欢迎的行动或计划;问题出现两个极端且无折中措施时;对团队是重要的事情,且项目经理深知这种做法是对的。

　　⑥回避或撤出。回避或撤出就是让发生冲突的参与各方从这种状态中撤离出来,从而避免发生实质性的或潜在的争端。回避冲突并非逃避矛盾,而是有策略、理性地抑制冲突,虽然没有从根本上解决冲突,但缓解了冲突态势,为解决问题赢得了时间。这种策略适用于以下情况:面临的冲突问题不太重要;面对冲突带来的损失会大于解决冲突带来的利益;需要更多时间获取信息来解决冲突;另一方能更有效地解决冲突。

　　⑦正视。正视冲突是克服分歧、解决冲突的有效途径,要求工程项目参与各方都必须以积极的态度对待冲突,并愿意就面临的问题和冲突广泛地交换意见。这是一种积极的冲突解决途径,但需要一个良好的工程项目环境,有意识地营造合作氛围。这种方法适用于参与各方的态度是开放、真诚和友善的,各方有共同目标和共同利益的情况。

　　(5)工程项目冲突管理效果后评价

　　工程项目冲突管理效果后评价是指工程项目在实施冲突识别、评价、控制和处理后的一段时间内,考察冲突管理措施实施后绩效的变化,并对冲突管理的全过程进行系统、客观的分析,通过检查与总结,评估工程项目管理组织实施的冲突管理的有效性,并分析成败的原因,总结经验教训,最后通过及时有效的信息反馈,为未来冲突管理规划和提高冲突管理水平提供借鉴。

　　冲突管理的效果一般表现为三种情况:一是冲突得到合理解决,即冲突各方就某种冲突结果达成共识,各方利益都得到相应的满足并比较均衡,这种结果的稳定性比较高;二是冲突只是得到暂时处理,即冲突的水平或者破坏性暂时得到控制,处于适当的水平,但这种状态不具有稳定性;三是冲突管理失败,导致冲突升级。

工程项目冲突管理有效性的高低直接影响工程项目管理的绩效。如果从有效性角度评价工程项目冲突管理绩效,应包含以下三个方面的指标:

①目标的实现程度。即是否实现管理目标,或者在多大程度上实现了目标。在评价目标的实现程度时,需要保证目标的方向是正确的;否则,目标的实现程度越高,冲突管理的有效性越低。此外,这个目标应更侧重于整体目标而不是冲突主体各方自身的目标。

②投入的成本。即在冲突管理实施过程中投入的各种人力、物力、财力、时间等资源消耗的总和。如果说目标实现程度的评价侧重于产出,则投入成本的评价则侧重于投入。在工程项目冲突管理中,为了实现一定的管理目标而付出相当高的代价,这样的管理效果也不是很好。

③冲突管理效果的质量。即冲突是否得到彻底合理的解决。如果冲突得到合理的解决,由于其稳定性好,可以使此类冲突在较长时间内不再出现,这样的冲突管理质量就较好。如果冲突只是得到暂时处理,由于其稳定性不好,可能在短期内又会反复发生,这样的冲突管理质量就较差。

小　　结

风险由不确定性和损失两个要素构成。风险因素分为实质性风险因素、道德风险因素和心理风险因素。风险的基本性质包括风险的客观性、风险的不确定性、风险的不利性、风险的可变性、风险的相对性及风险同利益的对称性。

风险识别是风险管理的基础。风险识别的主要内容是:识别引起风险的主要因素,识别风险的性质,识别风险可能引起的后果。风险识别的方法与工具有头脑风暴法、德尔菲法、访谈法、SWOT 技术、检查表(核对表)、流程图法、因果分析图、项目工作分解结构等。

项目风险评估包括风险估计和风险评价两项内容。风险分析方法包括风险估计方法与风险评价方法。

风险应对策略与控制方法包括风险规避、风险转移、风险减轻、风险自留和风险监控。

沟通是有效解决各方面矛盾的重要手段。沟通分为内部关系的沟通、近外层关系的沟通和远外层关系的沟通。

项目中几种重要的沟通是内部人际关系的沟通与协调、项目经理部与企业管理层关系的沟通与协调、项目经理部内部供求关系的沟通与协调、项目经理部与发包人关系的沟通与协调、项目经理部与监理机构关系的沟通与协调、项目经理部与设计单位关系的沟通与协调、项目经理部与材料供应人关系的沟通与协调、项目经理部与分包人关系的沟通与协调、项目经理部与其他单位关系的沟通与协调。

项目沟通方式包括正式沟通和非正式沟通,上行沟通、下行沟通和平行沟通,单向沟通和双向沟通,书面沟通和口头沟通,言语沟通和体语沟通。

沟通渠道分正式沟通渠道与非正式沟通渠道两种。

冲突产生的来源包括人力资源、成本费用、技术冲突、管理程序、项目优先权、项目进度冲突、项目成员个性等。冲突的发展过程包括潜伏、被认知、被感知、出现及结局五个阶段。

工程项目冲突管理的特点是:管理的客体具有两面性、过程性和多样性;管理的过程具有系统性;管理的主体需要具有公平性;管理的结果力求双赢。

　　工程项目冲突管理的程序和内容包括:工程项目冲突识别、工程项目冲突分析、工程项目冲突控制、工程项目冲突的解决与工程项目冲突管理效果后评价。

复习思考题

10.1　风险、项目风险、项目风险管理的含义各是什么?

10.2　如何理解和认识风险的性质及其影响?

10.3　用自己的话概括头脑风暴法与德尔菲法。

10.4　如何利用概率分布进行风险估计?

10.5　什么是效用、效用函数? 如何理解效用曲线?

10.6　什么是敏感性分析?

10.7　什么是风险评估? 风险评价的目的是什么?

10.8　风险控制的对策有哪些?

10.9　项目沟通的内容有哪些?

10.10　试列举项目管理中可能的各种组织协调方式。

10.11　正式沟通有哪些? 其优缺点是什么?

10.12　非正式沟通有哪些? 其优缺点是什么?

10.13　简述工程项目冲突管理的特点。

10.14　简述工程项目冲突管理的程序和内容。

10.15　简述工程项目实施阶段冲突管理的分类。

11 工程项目收尾管理

素质目标

做到有始有终，牢固树立责任意识。

知识目标

通过本章内容的学习，要求学生掌握竣工验收的概念，竣工验收具备的条件和标准，竣工验收的程序，以及竣工资料的内容；熟悉工程项目管理绩效评价的范围、内容和指标；掌握工程项目产品保修范围、保修期、保修期责任，以及常见的回访实务。

能力目标

具有参与工程竣工验收的能力；具有初步整理竣工资料的能力；具有工程项目管理绩效评价的能力；具有参与产品回访保修的能力。

11.1 工程项目竣工验收阶段管理

竣工验收阶段是工程项目建设全过程的终结阶段，当工程项目按设计文件及工程合同的规定内容全部施工完毕后，便可组织验收。通过竣工验收，移交工程项目产品，对项目成果进行总结、评价，交接工程档案资料，进行竣工结算，终止工程施工合同，结束工程项目实施活动及过程，完成工程项目管理的全部任务。

11.1.1 竣工验收的概念

（1）项目竣工

工程项目竣工是指工程项目经过承建单位的准备和实施活动，已完成了项目承包合同规定的全部内容，并符合发包单位的意图、达到了使用的要求，它标志着工程项目建设任务的全面完成。

（2）竣工验收

竣工验收是工程项目建设环节的最后一道程序，是全面检验工程项目是否符合设计要求和工程质量检验标准的重要环节，也是检查工程承包合同执行情况、促进建设项目交付使用的必然途径。我国《建设工程项目管理规范》对施工项目竣工验收的解释为"施工项目竣工验收是承包人按照施工合同的约定，完成设计文件和施工图纸规定的工程内容，经发包人组织竣工验收及工程移交的过程"。

（3）竣工验收的主体与客体

工程项目竣工验收的主体有交工主体和验收主体两方面，交工主体是承包人，验收主体是发包人,二者均是竣工验收行为的实施者,是互相依附而存在的。工程项目竣工验收的客体应是设计文件规定、施工合同约定的特定工程对象,即工程项目本身。在竣工验收过程中,应严格规范竣工验收双方主体的行为。对工程项目实行竣工验收制度是确保我国基本建设项目顺利投入使用的法律要求。

11.1.2 竣工验收的条件和标准

11.1.2.1 竣工验收的条件

竣工验收的工程项目必须具备规定的交付竣工验收条件。

(1)设计文件和合同约定的各项施工内容已经施工完毕。具体来说:

①民用建筑工程完工后,承包人按照施工及验收规范和质量检验标准进行自检,不合格品已自行返修或整改,达到验收标准。水、电、暖、设备、智能化、电梯经过试验,符合使用要求。

②生产性工程、辅助设施及生活设施,按合同约定全部施工完毕,室内工程和室外工程全部完成,建筑物、构筑物周围 2m 以内的场地平整,障碍物已清除,给排水、动力、照明、通信畅通,达到竣工条件。

③工业项目的各种管道设备、电气、空调、仪表、通信等专业施工内容已全部安装结束,已做完清洁、试压、吹扫、油漆、保温等工作,经过试运转,全部符合工业设备安装施工及验收规范和质量标准的要求。

④其他专业工程按照合同的规定和施工图规定的工程内容全部施工完毕,已达到相关专业技术标准,质量验收合格,达到了交工的条件。

(2)有完整并经核定的工程竣工资料,符合验收规定。

(3)有勘察、设计、施工、监理等单位签署确认的工程质量合格文件。

工程施工完毕,勘察、设计、施工、监理单位已按各自的质量责任和义务,签署了工程质量合格文件。

(4)有工程使用的主要建筑材料、构配件、设备进场的证明及试验报告。

①现场使用的主要建筑材料(水泥、钢材、砖、砂、沥青等)应有材质合格证,必须有符合国家标准、规范要求的抽样试验报告。

②混凝土预制构件、钢构件、木构件等应有生产单位的出厂质量合格证。

③应有混凝土、砂浆等施工试验报告,应按施工及验收规范和设计规定的要求取样。

④设备进场必须开箱检验,并有出厂质量合格证,检验完毕后要如实做好各种进场设备的检查验收记录。

(5)有施工单位签署的工程质量保修书。

11.1.2.2 竣工验收的标准

(1)达到合同约定的工程质量标准

建设工程合同一经签订,即具有法律效力,对承发包双方都具有约束作用。合同约定的质量标准具有强制性,合同的约束作用规范了承发包双方的质量责任和义务,承包人必须确保工程质量达到双方约定的质量标准,不合格不得交付验收和使用。

(2)符合单位工程质量竣工验收的合格标准

国家标准《建筑工程施工质量验收统一标准》(GB 50300—2013)对单位(子单位)工程质量验收合格规定如下:

①单位(子单位)工程所含分部(子分部)工程的质量均应验收合格;

②质量控制资料应完整;

③单位(子单位)工程所含分部(子分部)工程有关安全和功能的检测资料应完整;

④主要功能项目的抽查结果应符合相关专业质量验收规范的规定;

⑤观感质量验收应符合要求。

其他专业工程的竣工验收标准,也必须符合各专业工程质量验收标准的规定。合格标准是工程验收的最低标准,不合格一律不允许交付使用。

(3)单项工程达到使用条件或满足生产要求

组成单项工程的各单位工程都已竣工,单项工程按设计要求完成,民用建筑达到使用条件或工业建筑能满足生产要求,工程质量经检验合格,竣工资料整理符合规定。

(4)建设项目能满足建成投入使用或生产的各项要求

组成建设项目的全部单项工程均已完成,符合交工验收的要求,建设项目能满足建成投入使用或生产的各项要求,并应达到以下标准:

①生产性工程和辅助公用设施,已按设计要求建成,能满足生产使用要求;

②主要工艺设备配套,设施经试运行合格,形成生产能力,能产出设计文件规定的产品;

③必要的设施已按设计要求建成;

④生产准备工作能适应投产的需要;

⑤其他环保设施、劳动安全卫生设施、消防系统已按设计要求配套建成。

11.1.3　竣工验收的管理程序和准备

11.1.3.1　竣工验收的管理程序

工程项目的竣工验收,是一项复杂而细致的工作,项目管理的各方应加强协作配合,按竣工验收的管理程序依次进行,认真做好竣工验收工作。

(1)竣工验收准备

工程交付竣工验收前的各项准备工作由项目经理部具体操作实施,项目经理全面负责,要建立竣工收尾小组,搞好工程实体的自检,收集、汇总、整理完整的工程竣工资料,扎扎实实做好工程竣工验收前的各项竣工收尾及管理基础工作。

(2)编制竣工验收计划

计划是行动的指南。项目经理部应认真编制竣工验收计划,并纳入企业施工生产计划实施和管理。项目经理部按计划完工并经自检合格的工程项目应填写工程竣工报告和工程竣工报验单,提交工程监理机构签署意见。

(3)组织现场验收

首先由工程监理机构依据施工图纸、施工及验收规范和质量检验标准、施工合同等对工程进行竣工预验收,提出工程竣工验收评估报告;然后由发包人对承包人提交的工程竣工报告进行审定,组织有关单位进行正式竣工验收。

(4)进行竣工结算

工程竣工结算要与竣工验收工作同步进行。工程竣工验收报告完成后,承包人应在规定的时间内向发包人递交工程竣工结算报告及完整的结算资料。承发包双方依据工程合同和工程变更等资料,最终确定工程价款。

（5）移交竣工资料

整理和移交竣工资料是工程项目竣工验收阶段必不可少且非常细致的一项工作。承包人向发包人移交的工程竣工资料应齐全、完整、准确，要符合国家城市建设档案管理、基本建设项目(工程)档案资料管理和建设工程文件归档整理规范的有关规定。

（6）办理交工手续

工程已正式组织竣工验收，建设、设计、施工、监理和其他有关单位已在工程竣工验收报告上签认，工程竣工结算办完，承包人应与发包人办理工程移交手续，签署工程质量保修书，撤离施工现场，正式解除现场管理责任。

11.1.3.2　竣工验收准备

（1）建立竣工收尾小组

项目进入收尾阶段，大量复杂的工作已经完成，但还有部分剩余工作需要认真处理。一般来说，这些遗留工作大多是零碎的、分散的、工程量不多的工作，往往不被重视，弄不好会影响到项目的进行；同时，临近项目结束，项目团队成员难免会有松懈的心理，也会影响到收尾工作的正常进行。项目经理是项目管理的总负责人，全面负责工程项目竣工验收前的各项收尾工作，加强项目竣工验收前的组织与管理是项目经理应尽的基本职责。为此，项目经理要亲自挂帅建立竣工收尾小组，成员包括技术负责人、生产负责人、质量负责人、材料负责人、班组负责人等多方面的人员，要明确分工，责任到人，做到因事设岗、以岗定责、以责考核、限期完成工作任务，收尾项目完工要有验证手续，形成完善的收尾工作制度。

（2）制订、落实项目竣工收尾计划

项目经理要根据工作特点、项目进展情况及施工现场的具体条件，负责编制、落实有针对性的竣工收尾计划，并将其纳入统一的施工生产计划进行管理，以正式计划下达并作为项目管理层和作业层岗位业绩考核的依据之一。竣工收尾计划的内容要准确而全面，应包括收尾项目的施工情况和竣工资料整理，两部分内容缺一不可。竣工收尾计划要明确各项工作内容的起止时间、负责班组及人员。项目经理和技术负责人要把计划的内容层层落实，全面交底，一定要保证竣工收尾计划的完善和可行。

（3）检查竣工收尾计划

项目经理和技术负责人应定期和不定期地对竣工收尾计划的执行情况进行严格的检查，重要部位要做好详细的检查记录。检查中，各有关方面人员要积极协作配合，对列入竣工收尾计划的各项工作内容要逐项检查，认真核对，要以国家有关法律、行政法规和强制性标准为检查依据，发现偏差要及时纠正，发现问题要及时整改。竣工收尾项目按计划完成一项，则按标准验证一项，消除一项，直至全部完成计划内容。

（4）工程项目竣工自检

项目经理部在完成施工项目竣工收尾计划，并确认已经达到了竣工的条件后，即可向所在企业报告，由企业自行组织有关人员依据质量标准和设计图纸等进行自检，填写工程质量竣工验收记录、质量控制资料核查记录、工程质量观感记录表等资料，对检查结果进行评定，符合要求后向建设单位提交工程竣工验收报告和完整的质量资料，请建设单位组织验收。

具体来说，如果工程项目是承包人一家独立承包，应由企业技术负责人组织项目经理部的项目经理、技术负责人、施工管理人员和企业的生产、质检等部门对工程质量进行检验评定，并做好质量检验记录；如果工程项目实行的是总分包管理模式，则首先由分包人按质量验收标准对工程进行自检,并将验收结论及资料交总包人,总包人据此对分包工程进行复检和验收,并进行验收情况汇总。无论采用总包还是分包方式,自检合格后,总包人都要向工程监理机构递交工程竣工报验单,监理机构据此按《建设工程监理规范》(GB 50319—2013)的规定对工程是否符合竣工验收条件进行审查,对符合竣工验收条件的予以签认。

(5)竣工验收预约

承包人全面完成工程竣工验收前的各项准备工作,经监理机构审查验收合格后,承包人向发包人递交预约竣工验收的书面通知,说明竣工验收前的各项工作已准备就绪,满足竣工验收条件。预约竣工验收的通知书应表达两个含义:一是承包人按施工合同的约定已全面完成建设工程施工内容,预验收合格;二是请发包人按合同的约定和有关规定,组织工程项目的正式竣工验收。

11.1.4　工程项目竣工资料

工程项目竣工资料是工程项目承包人按工程档案管理及竣工验收条件的有关规定,在工程施工过程中按时收集,认真整理,竣工验收后移交发包人汇总归档的技术与管理文件,是记录和反映工程项目实施全过程的工程技术与管理活动的档案。

在工程项目的使用过程中,竣工资料有着其他任何资料都无法替代的作用,它是建设单位在使用中对工程项目进行维修、加固、改建、扩建的重要依据,也是对工程项目的建设过程进行复查、对建设投资进行审计的重要依据。因此,从工程建设一开始,承包单位就应设专门的资料员按规定负责及时收集、整理和管理这些档案资料,不得丢失和损坏;在工程项目竣工以后,工程承包单位必须按规定向建设单位正式移交这些工程档案资料。

11.1.4.1　竣工资料的内容

工程竣工资料必须真实记录和反映项目管理全过程的实际,它的内容必须齐全、完整。按照我国《建设工程项目管理规范》的规定,工程竣工资料的内容应包括工程施工技术资料、工程质量保证资料、工程检验评定资料、竣工图和规定的其他应交资料。

(1)工程施工技术资料

工程施工技术资料是建设工程施工全过程的真实记录,是在施工全过程的各环节客观产生的工程施工技术文件,它的主要内容有:工程开工报告(包括复工报告);项目经理部人员名单、聘任文件;施工组织设计(施工方案);图纸会审记录(纪要);技术交底记录;设计变更通知;技术核定单;地质勘察报告;工程定位测量资料及复核记录;基槽开挖测量资料;地基钎探记录和钎探平面布置图;验槽记录和地基处理记录;桩基施工记录;试桩记录和补桩记录;沉降观测记录;防水工程抗渗试验记录;混凝土浇灌令;商品混凝土供应记录;工程复核抄测记录;工程质量事故报告;工程质量事故处理记录;施工日志;建设工程施工合同,补充协议;工程竣工报告;工程竣工验收报告;工程质量保修书;工程预(结)算书;竣工项目一览表;施工项目总结。

(2)工程质量保证资料

工程质量保证资料是建设工程施工全过程中全面反映工程质量控制和保证的依据性证明资料,应包括原材料、构配件、器具及设备等的质量证明、合格证明、进场材料试验报告等。各专业工程质量保证资料的主要内容是:

①土建工程主要质量保证资料

a. 钢材出厂合格证、试验报告;

b. 焊接试(检)验报告、焊条(剂)合格证;

c. 水泥出厂合格证或试验报告;

d. 砖出厂合格证或试验报告;

e. 防水材料合格证或试验报告;

f. 构件合格证;

g. 混凝土试块试验报告;

h. 砂浆试块试验报告;

i. 土壤试验、打(试)桩记录;

j. 地基验槽记录;

k. 结构吊装、结构验收记录;

l. 隐蔽工程验收记录;

m. 中间交接验收记录等。

②建筑采暖卫生与煤气工程主要质量保证资料

a. 材料、设备出厂合格证;

b. 管道、设备强度、焊口检查和严密性试验记录;

c. 系统清洗记录;

d. 排水管灌水、通水、通球试验记录;

e. 卫生洁具盛水试验记录;

f. 锅炉、烘炉、煮炉设备试运转记录等。

③建筑电气安装主要质量保证资料

a. 主要电气设备、材料合格证;

b. 电气设备试验、调整记录;

c. 绝缘、接地电阻测试记录;

d. 隐蔽工程验收记录等。

④通风与空调工程主要质量保证资料

a. 材料、设备出厂合格证;

b. 空调调试报告;

c. 制冷系统检验、试验记录;

d. 隐蔽工程验收记录等。

⑤电梯安装工程主要质量保证资料

a. 电梯及附件、材料合格证;

b. 绝缘、接地电阻测试记录;

c. 空载、满载、超载运行记录;

d. 调整试验报告等。

⑥建筑智能化工程主要质量保证资料

a. 材料、设备出厂合格证、试验报告;

b. 隐蔽工程验收记录;

c. 系统功能与设备调试记录。

(3)工程检验评定资料

工程检验评定资料是建设工程施工全过程中按照国家现行工程质量检验标准,对工程项目进行单位工程、分部工程、分项工程的划分,再由分项工程、分部工程、单位工程逐级对工程质量做出综合评定的资料。工程检验评定资料的主要内容有:

①施工现场质量管理检查记录;

②检验批质量验收记录;

③分项工程质量验收记录;

④分部(子分部)工程质量验收记录;

⑤单位(子单位)工程质量竣工验收记录;

⑥单位(子单位)工程质量控制资料核查记录;

⑦单位(子单位)工程安全和功能检验资料核查及主要功能抽查记录;

⑧单位(子单位)工程观感质量检查记录等。

(4)竣工图

竣工图是真实地反映建设工程竣工后实际成果的重要技术资料,是建设工程进行竣工验收的备案资料,也是建设工程进行维修、改建、扩建的主要依据。

工程竣工后,有关单位应及时编制竣工图,工程竣工图应逐张加盖"竣工图"章。"竣工图"章的内容应包括:发包人、承包人、监理人等单位名称,图纸编号,编制人,审核人,负责人,编制时间等。具体情况如下:

①没有变更的施工图,可由承包人(包括总包人和分包人)在原施工图上加盖"竣工图"章标志,即作为竣工图。

②在施工中虽有一般性设计变更,但能将原施工图加以修改补充作为竣工图的,可不再重新绘制,由承包人负责在原施工图(必须是新蓝图上注明修改的部分,并附设计变更通知和施工说明,加盖"竣工图"章标志后可作为竣工图。

③工程项目结构形式改变、工艺改变、平面布置改变、项目改变及其他重大改变,不宜在原施工图上修改、补充的,由责任单位重新绘制改变后的竣工图。承包人负责在新图上加盖"竣工图"章标志作为竣工图。变更责任单位如果是设计人,由设计人负责重新绘制;责任单位若是承包人,由承包人重新绘制;责任单位若是发包人,则由发包人自行绘制或委托设计人绘制。

(5)规定的其他应交资料

①施工合同约定的其他应交资料;

②地方行政法规、技术标准已有规定的应交资料等。

11.1.4.2　竣工资料的收集整理

工程项目的承包人应按竣工验收条件的有关规定,建立健全资料管理制度,要设置专人负责,认真收集和整理工程竣工资料。

(1)竣工资料的收集整理要求

①工程竣工资料,必须真实反映工程项目建设全过程,资料的形成应符合其规律性和完整性,填写时做到字迹清楚、数据准确、签字手续完备、齐全可靠。

②工程竣工资料的收集和整理,应建立制度,根据专业分工的原则实行科学收集,定向移交,归口管理,要做到竣工资料不损坏、不变质和不丢失,组卷时符合规定。

③工程竣工资料应随施工进度进行及时收集和整理,发现问题及时处理、整改,不留尾巴。

④整理工程竣工资料的依据:一是国家有关法律、法规、规范对工程档案和竣工资料的规

定;二是现行建设工程施工及验收规范和质量评定标准对资料内容的要求;三是国家和地方档案管理部门和工程竣工备案部门对工程竣工资料移交的规定。

(2)竣工资料的分类组卷

①一般单位工程,文件资料不多时,可将文字资料与图纸资料组成若干盒,分六个案卷,即立项文件卷、设计文件卷、施工文件卷、竣工文件卷、声像材料卷、竣工图卷。

②综合性大型工程,文件资料比较多,则各部分根据需要可组成一卷或多卷。

③文件材料和图纸材料原则上不能混装在一个装具内,如果文件材料较少需装在一个装具内时,文件材料必须用软卷皮装订,图纸不装订,然后装入硬档案盒内。

④卷内文件材料排列顺序要依据卷内的材料构成而定,一般顺序为封面、目录、文件材料部分、备考表、封底,组成的案卷力求美观、整齐。

⑤填写目录应与卷内材料内容相符;编写页号以独立卷为单位,单面书写的文字材料页号编在右下角,双面书写的文字材料页号,正面编写在右下角,背面编写在左下角,图纸一律编写在右下角,按卷内文件排列先后顺序用阿拉伯数字从"1"开始依次标注。

⑥图纸折叠方式采用图面朝里、图签外露(右下角)的国标技术制图复制折叠方法。

⑦案卷采用中华人民共和国国家标准,装具一律用国标规定的硬壳卷夹或卷盒,外装尺寸为 300mm(高)×220mm(宽),卷盒厚度尺寸有 60mm、50mm、40mm、30mm、20mm 五种。

11.1.4.3 竣工资料的移交验收

交付竣工验收的工程项目必须有与竣工资料目录相符的分类组卷档案,工程项目的交工主体(即承包人)在建设工程竣工验收后,一方面要把完整的工程项目实体移交给发包人,另一方面要把应移交的全部竣工资料交给发包人。

(1)竣工资料的归档范围

竣工资料的归档范围应符合《建设工程文件归档规范》(GB/T 50328—2014)的规定。凡是列入归档范围的竣工资料,承包人都必须按规定将自己责任范围内的竣工资料按分类组卷的要求移交给发包人,发包人对竣工资料验收合格后,将全部竣工资料整理汇总,按规定向档案主管部门移交备案。

(2)竣工资料的交接要求

总包人必须对竣工资料的质量负全面责任,对各分包人做到"开工前有交底,施工中有检查,竣工时有预检",确保竣工资料达到一次交验合格。总包人根据总分包合同的约定,负责对分包人的竣工资料进行中检和预检,有整改的待整改完成后再进行整理汇总,一并移交给发包人。承包人根据建设工程施工合同的约定,在建设工程竣工验收后,按规定和约定的时间,将应移交的全部竣工资料交给发包人,并应符合城建档案管理的要求。

(3)竣工资料的移交验收

竣工资料的移交验收是工程项目交付竣工验收的重要内容。发包人接到竣工资料后,应根据竣工资料移交验收办法和国家及地方有关标准的规定,组织有关单位的项目负责人、技术负责人对资料的质量进行检查,验证手续是否完备、应移交的资料项目是否齐全,所有资料符合要求后,承发包双方按编制的移交清单签字、盖章,按资料归档要求双方交接,竣工资料移交验收完成。

11.1.5 工程项目竣工验收管理

工程项目的竣工验收,是一项复杂而细致的工作,承发包双方和工程监理机构应加强配合

协调,按竣工验收管理工作的基本要求循序进行,为建设工程项目竣工验收的顺利进行创造
条件。

11.1.5.1　竣工验收的方式

在建设工程项目管理实践中,因承包的工程项目范围不同,竣工验收的形式也会有所不同。如果一个建设项目分成若干个合同,并由不同的承包商负责实施,各承包商在完成了合同规定的工程内容后或者按合同的约定承包项目可分步移交的,均可申请竣工验收。一般来说,工程交付竣工验收可以按以下三种方式分别进行:

(1)单位工程(或专业工程)竣工验收

它又叫中间验收,是指承包人以单位工程或某专业工程内容为对象,独立签订建设工程施工合同,达到竣工条件后,承包人可单独进行交工,发包人根据竣工验收的依据和标准,按施工合同约定的工程内容组织竣工验收。

(2)单项工程竣工验收

它又称交工验收,即在一个总体建设项目中,一个单项工程已完成按设计图纸规定的工程内容,能满足生产要求或具备使用条件,承包人向监理人提交“工程竣工报告”和“工程竣工报验单”,经签认后应向发包人发出“交付竣工验收通知书”,说明工程完工情况、竣工验收准备情况、设备无负荷单机试车情况,具体约定交付竣工验收的有关事宜。发包人按照约定的程序,依照国家颁布的有关技术标准和施工承包合同,组织有关单位和部门对工程进行竣工验收。验收合格的单项工程,在全部工程验收时,原则上不再办理验收手续。

(3)全部工程的竣工验收

它又称动用验收,指建设项目已按设计规定全部建成、达到竣工验收条件,由发包人组织设计、施工、监理等单位和档案部门进行全部工程的竣工验收。对一个建设项目的全部工程竣工验收而言,大量的竣工验收基础工作已在单位工程或单项工程竣工验收中进行。对已经交付竣工验收并已办理了移交手续的单位工程(中间交工)或单项工程,原则上不再重复办理验收手续,但应将单位工程或单项工程竣工验收报告作为全部工程竣工验收报告的附件加以说明。

11.1.5.2　竣工验收的依据

工程项目进行竣工验收的依据,实质上就是承包人在工程建设过程中建设的依据,这些依据主要包括:

(1)上级主管部门对该项目批准的各种文件。包括设计任务书或可行性研究报告,用地、征地、拆迁文件,初步设计文件等。

(2)工程设计文件。包括施工图纸及有关说明。

(3)双方签订的施工合同。

(4)设备技术说明书。它是进行设备安装调试、检验、试车、验收和处理设备质量、技术等问题的重要依据。

(5)设计变更通知书。它是对施工图纸的修改和补充。

(6)国家颁布的各种标准和规范。包括现行的《工程施工及验收规范》、《工程质量检验评定标准》等。

(7)外资工程应依据我国有关规定提交竣工验收文件。国家规定,凡有引进技术和引进设备的建设项目,要做好引进技术和引进设备的图纸、文件的收集、整理工作,并交档案部门统一管理。

11.1.5.3　工程竣工验收报验

承包人完成工程设计和施工合同以及其他文件约定的各项内容,工程质量经自检合格,各项竣工资料准备齐全,确认具备工程竣工报验的条件,承包人即可填写并递交"工程竣工报告"和"工程竣工报验单"。表格内容要按规定要求填写,自检意见应表述清楚,项目经理、企业技术负责人、企业法定代表人应签字,并加盖企业公章。报验单的附件应齐全,足以证明工程已符合竣工验收要求。

监理人收到承包人递交的"工程竣工报验单"及有关资料后,总监理工程师即可组织专业监理工程师对承包人报送的竣工资料进行审查,并对工程质量进行验收;验收合格后,总监理工程师应签署"工程竣工报验单",提交工程质量评估报告。承包人依据工程监理机构签署认可的"工程竣工报验单"和质量评估结论,向发包人递交竣工验收的通知,具体约定工程交付验收的时间、会议地点和有关安排。

11.1.5.4　工程竣工验收组织

发包人收到承包人递交的"交付竣工验收通知书"后,应及时组织勘察、设计、施工、监理等单位,按照竣工验收程序对工程进行验收核查。

(1)成立竣工验收委员会或验收小组

大型项目、重点工程、技术复杂的工程,根据需要应组成竣工验收委员会;一般工程项目,组成验收小组即可。竣工验收工作由发包人组织,主要参加人员有发包方、勘察、设计、总承包及分包单位的负责人,发包单位的工地代表,建设主管部门、备案部门的代表等。

(2)竣工验收委员会或验收小组的职责

①审查项目建设的各个环节,听取各单位的情况汇报;

②审阅工程竣工资料;

③实地考察建筑工程及设备安装工程情况;

④全面评价项目的勘察、设计、施工和设备质量以及监理情况,对工程质量进行综合评估;

⑤对遗留问题做出处理决定;

⑥形成工程竣工验收会议纪要;

⑦签署工程竣工验收报告。

(3)建设单位组织竣工验收

①由建设单位组织,建设、勘察、设计、施工、监理单位分别汇报工程合同履约情况和工程建设各个环节执行法律、法规和工程建设强制性标准的情况。

②验收组人员审阅各种竣工资料。验收组人员应对照资料目录清单,逐项进行检查,看其内容是否齐全,是否符合要求。

③实地查验工程质量。参加验收各方,应对竣工项目实体进行目测检查。

④对工程建设、勘察、设计、施工、监理单位各管理环节和工程实物质量等方面做出全面评价,形成经验收组人员签署的工程竣工验收意见。

⑤参与工程竣工验收的建设、勘察、设计、施工、监理单位等各方不能形成一致意见时,应当协商提出解决的方法,待意见一致后,重新组织竣工验收;当不能协商解决时,由建设行政主管部门或者其委托的建设工程质量监督机构裁决。

⑥签署工程竣工验收报告。工程竣工验收合格后,建设单位应当及时提出签署"工程竣工验收报告",由参加竣工验收的各单位代表签名,并加盖竣工验收各单位的公章。

11.1.5.5　办理工程移交手续

工程通过竣工验收,承包人应在发包人对竣工验收报告签认后的规定期限内向发包人递交竣工结算报告和完整的结算资料,在此基础上承发包双方根据合同约定的有关条款进行工程竣工结算。承包人在收到工程竣工结算款后,应在规定期限内向发包人办理工程移交手续。具体内容如下:

(1)按竣工项目一览表在现场移交工程实体。向发包人移交钥匙时,工程项目室内外应清扫干净,达到窗明、地净、灯亮、水通、排污畅通,动力系统可以使用。

(2)按竣工资料目录交接工程竣工资料。资料的交接应在规定的时间内,按工程竣工资料清单目录进行逐项交接,办清交验签章手续。

(3)按工程质量保修制度签署工程质量保修书。原施工合同中未包括工程质量保修书附件的,在移交竣工工程时应按有关规定签署或补签工程质量保修书。

(4)承包人在规定时间内按要求撤出施工现场,解除施工现场全部管理责任。

(5)完成工程交接的其他事宜。

11.1.6　工程竣工结算

11.1.6.1　工程竣工结算的概念

工程竣工结算是指施工单位所承包的工程按照合同规定的内容全部竣工并经建设单位和有关部门验收点交后,由施工单位根据施工过程中实际发生的变更情况对原施工图预算或工程合同价进行增减调整修正,再经建设单位审查,重新确定工程造价并作为施工单位向建设单位办理工程价款清算的技术经济文件。

在工程项目的生命周期中,施工图预算或工程合同价是在开工之前编制或确定的。但是,在施工过程中,工程地质条件的变化、设计考虑不周或设计意图的改变、材料的代换、工程量的增减、施工图的设计变更、施工现场发生的各种签证等多种因素,都会使原施工图预算或工程合同确定的工程造价发生变化,为了如实地反映竣工工程实际造价,在工程项目竣工后,应及时编制竣工结算。

工程竣工结算一般是由施工单位编制,经建设单位审核同意后,按合同规定签章认可。最后,建设单位通过经办银行将清算后的工程价款拨付给施工单位,从而完成双方的合同关系和经济责任。

11.1.6.2　工程竣工结算的作用

(1)竣工结算是施工单位与建设单位结算工程价款的依据。

(2)竣工结算是核定施工企业生产成果,考核工程实际成本的依据。

(3)竣工结算是建设单位编制竣工决算的主要依据。

(4)竣工结算是建设单位、设计单位及施工单位进行技术经济分析和总结工作,以便不断提高设计水平与施工管理水平的依据。

(5)竣工结算工作的完成,标志着施工单位和建设单位双方权利和义务的结束,即双方合同关系的解除。

11.1.6.3　工程竣工结算的编制依据

(1)工程竣工报告及工程竣工验收单;

(2)经审查的施工图预算或中标价格;

(3)施工图纸及设计变更通知单、施工现场工程变更记录、技术经济签证;

(4)建设工程施工合同或协议书;

(5)现行预算定额、取费定额及调价规定;

(6)有关施工技术资料;

(7)工程质量保修书;

(8)其他有关资料。

11.1.6.4 工程竣工结算的编制原则

(1)具备结算条件的项目,才能编制竣工结算

首先,结算的工程项目必须是已经完成的项目,对于未完成的工程不能办理竣工结算。其次,结算的项目必须是质量合格的项目,也就是说并不是对承包商已完成的工程全部工程款,而是支付其中质量合格的部分,对于工程质量不合格的部分应返工,待质量合格后才能结算。返工消耗的工程费用,不能列入工程结算。

(2)应实事求是地确定竣工结算

工程竣工结算一般是在施工图预算或工程合同价的基础上,根据施工中所发生更改变动的实际情况,调整、修改预算或合同价进行编制的。所以,在工程结算中要坚持实事求是的原则,对施工中发生并经有关人员签认的变更,才可以计算变更的费用,该调增的调增,该调减的调减。

(3)严格遵守国家和地区的各项有关规定,严格履行合同条款

工程竣工结算要符合国家或地区的法律、法规及定额、费用的要求,严格禁止在竣工结算中弄虚作假。

11.1.6.5 工程价款结算的方式

工程价款结算的方式,根据施工合同的约定,主要有以下几种:

(1)按月结算。即实行旬末或月中预支,月终结算,竣工后清算的办法。跨年度竣工的工程,在年终进行工程盘点,办理年度结算。

(2)竣工后一次结算。即建设项目或单位工程全部建筑安装工程建设期在 12 个月以内,或者工程承包合同价值在 100 万元以下的,可实行工程价款每月月中预支,竣工后一次结算的办法。

(3)分段结算。即当年开工,当年不能竣工的单项工程或单位工程按照工程形象进度,划分不同阶段进行结算。分段结算可以按月预支工程款。

(4)承发包双方约定的其他结算方式。

11.1.6.6 工程竣工结算的有关规定

住房城乡建设部和国家工商行政管理局制定的《建设工程施工合同(示范文本)》通用条款中对竣工结算做了详细规定,这些规定对于规范工程竣工结算行为具有一定的意义。

(1)工程竣工验收报告经发包人认可后的 28d 内,承包人向发包人递交竣工结算报告及完整的结算资料,双方按照协议书约定的合同价款及专用条款约定的合同价款的调整内容,进行工程竣工结算。

(2)发包人收到承包人递交的竣工结算报告及结算资料后,28d 内进行核实,给予确认或者提出修改意见。发包人确认竣工结算报告后通知经办银行向承包人支付工程竣工结算价款。承包人收到竣工结算价款后 14d 内将竣工工程交付给发包人。

(3)发包人收到竣工结算报告及结算资料后,28d 内无正当理由不支付工程竣工结算价款,从第 29 天起按承包人同期向银行贷款利率支付拖欠价款的利息,并承担违约责任。

（4）发包人收到竣工结算报告及结算资料后 28d 内不支付工程竣工结算价款,承包人可以催告发包人支付结算价款。发包人在收到竣工结算报告及结算资料后 56d 内仍不支付的,承包人可以与发包人协议将该工程折价,也可以由承包人申请人民法院将该工程依法拍卖,承包人就该工程折价或者拍卖的价款优先受偿。

（5）工程竣工验收报告经发包人认可后 28d 内,承包人未能向发包人递交竣工结算报告及完整的结算资料,造成工程竣工结算不能正常进行或工程竣工结算价款不能及时支付,发包人要求交付工程的,承包人应当交付;发包人不要求交付工程的,承包人承担保管责任。

（6）发包人、承包人对工程竣工结算价款发生争议时,按约定的争议处理方式解决。

（7）办完竣工结算手续后,承包人和发包人应按国家和当地建设行政主管部门的规定,将竣工结算报告及结算资料按分类管理的要求纳入工程竣工资料汇总。承包人将其作为工程施工技术资料归档,发包人则将其作为编制工程竣工决算的依据,并按规定及时向有关部门移交进行竣工备案。

11.1.6.7　工程竣工结算的编制与检查

（1）工程竣工结算的编制内容

①单位工程竣工结算书

单位工程竣工结算书是工程结算中最基本的内容,如果合同约定的工程项目就是单位工程,则单位工程竣工结算书要求的内容即为工程竣工结算编制的内容,一般包括以下几项:

a.封面。内容包括工程名称、建设单位名称、建筑面积、结构类型、层数、结算造价、编制日期等,还包括建设单位、施工单位、审批单位及编制人、复核人、审核人的签字盖章。

b.编制说明。内容包括工程概况、编制依据、结算范围、变更内容、双方协商处理的事项及其他必须说明的问题。

c.工程结算总值计算表。内容包括各地建设行政主管部门规定的建设工程费用项目。

d.工程结算表。内容包括定额编号、分部分项工程名称、单位、工程量、基价、合价、人工费、材料费、机械费等。

e.工程量增减计算表。内容包括工程量增加部分和减少部分计算的过程与结果。

f.材料价差计算表。内容包括增加的和减少的材料名称、数量、价差等。

②单项工程综合结算书

如果工程项目是由多个单位工程构成的,则将各单位工程竣工结算书汇总,即可得到单项工程综合结算书。

③项目总结算书

对于由多个单项工程构成的建设项目,将各单项工程综合结算书按规定格式汇总,即可得到建设项目总结算书。

④竣工结算说明书。

（2）工程竣工结算的编制方法

编制工程竣工结算,应按承发包双方约定的方法进行。一般来说是在原工程预算或合同价的基础上,根据所收集、整理的各种结算资料,如设计变更、技术核定、现场签证、工程量核定单等,先进行工程量的增减调整计算,再进行相应的直接费的增减调整计算,然后按取费标准的规定计算各项费用,最后汇总为单位工程结算造价。根据工程具体情况汇总即可得到单项工程结算或建设项目总结算。总的来说:

$$\frac{竣工结算}{工程价款} = \frac{工程预算}{或合同价} + \frac{工程变更及}{签证调整数额} - \frac{预付及已结算}{工程价款} \qquad (11.1)$$

（3）工程竣工结算的检查

工程竣工结算编制完成后，项目经理部要组织熟悉工程施工情况和预结算的有关专业人员进行认真细致的检查核对，以确保竣工结算造价的准确合理，公平公正。检查要有针对性，重点检查以下方面：

①设计变更和现场签证等结算资料是否齐全；

②项目设置是否完整，有无漏项或重项；

③工程量的数量是否准确，有无少算、多算或计算错误；

④定额单价的套用及各项费率的选用是否合理，有无套错定额或重复套价；

⑤结算造价的计算程序是否正确，如果计算程序选错了，结果会有较大的出入。

【**案例 11.1**】　某单位的汽车库工程，建筑面积为 2 600m²，共两层，底层为车库，二层为办公用房，合同工期为 5 个月，合同价款为 1 969 988.20 元。工程施工过程中，发包人已支付工程进度款 60 万元，竣工后，根据施工中的设计变更和技术签证等，在原审定工程预算基础上编制竣工结算。

一、工程变更情况

1.基础砖墙砌筑原采用 M5 混合砂浆，现变更为 M7.5 水泥砂浆。

2.构造柱原设计为 C20 混凝土，现变更为 C25 混凝土。

3.一层地面做法增加 3∶7 灰土垫层，500mm 厚。

4.外墙装修原为真石漆，变更为贴乳白色瓷砖。

二、工程量调整情况

1.调增部分：M7.5 水泥砂浆砌砖基础 256m³，C25 混凝土构造柱 69m³，3∶7 灰土垫层 558m³，外墙贴乳白色瓷砖 1 280m²。

2.调减部分：M5 混合砂浆砌砖基础 256m³，C20 混凝土构造柱 69m³，真石漆 1 280m²。

三、分部分项工程费调整

汽车库分部分项工程和单价措施项目清单与计价表如表 11.1 所示。

表 11.1　分部分项工程和单价措施项目清单与计价表（合同价款调整额）

序号	项目编码	项目名称	项目特征描述	计量单位	工程量	金额（元）	
						综合单价	合价
			设计变更及签证调增项目				
1	010401001001	砖基础	1.砖品种、规格、强度等级：砖基础 2.砂浆强度等级：M7.5	m³	256	487.27	124 741.12
2	010502002001	构造柱	1.混凝土种类：商品混凝土 2.混凝土强度等级：C25	m³	69	548.33	37 834.77
3	01B001	3∶7 灰土垫层	1.种类：3∶7 灰土垫层 2.厚度：500mm 厚	m³	558	184.63	103 023.54
4	011204003001	块料墙面	1.墙体类型：外墙面 2.面层材料品种、规格、颜色：100mm×200mm	m²	1280	89.12	114 073.60
		分部小计					379 673.03

序号	项目编码	项目名称	项目特征描述	计量单位	工程量	金额（元）	
						综合单价	合价
			设计变更及签证调减项目				
5	010401001002	砖基础	1.砖品种、规格、强度等级：砖基础 2.砂浆强度等级：M5	m³	−256	487.27	−124 741.12
6	010502002002	构造柱	1.混凝土种类：商品混凝土 2.混凝土强度等级：C20	m³	−69	548.33	−37 834.77
7	011406001001	抹灰面油漆	外墙真石漆　胶带条分格	m²	−1280	86.54	−110 771.20
		分部小计					−273 347.09
		增减合计					106 325.94

四、汽车库工程竣工结算造价计算条件[按湖北省建筑安装工程费用定额(2018 年版)计算]

1.竣工结算造价计算取费条件：12 层以下。

2.各项费率如下：

安全文明施工费费率：13.64%（计算基数：人工费＋施工机具使用费）；

其他总价措施费费率：0.7%（计算基数：人工费＋施工机具使用费）；

企业管理费费率：28.27%（计算基数：人工费＋施工机具使用费）；

利润率：19.73%（计算基数：人工费＋施工机具使用费）；

规费：26.85%（计算基数：人工费＋施工机具使用费）；

增值税：10%（计算基数：除税工程造价）。

五、汽车库工程竣工结算造价

汽车库工程竣工结算造价计算如表 11.2 所示。

表 11.2　单位工程竣工结算造价计算表（合同价款调整额）

序号	汇总内容	金额（元）
一	分部分项工程费	106 325.94
1.1	其中：人工费	32 260.18
1.2	其中：施工机具使用费	626.02
1.3	设计变更及签证调增项目	379 673.03
1.4	设计变更及签证调减项目	−273 347.09
二	措施项目合计	4 561.90
2.1	单价措施	
2.1.1	其中：人工费	
2.1.2	其中：施工机具使用费	
2.2	总价措施	4 561.90
2.2.1	安全文明施工费	4 333.54
2.2.2	其他总价措施费	228.36

续表 11.2

序号	汇总内容	金额（元）
三	其他项目费	
3.1	其中:人工费	
3.2	其中:施工机具使用费	
四	规费	8 521.97
七	增值税	11 940.98
八	甲供费用(单列不计入造价)	
九	含税工程造价	131 350.79

$$汽车库工程竣工结算价款 = 原合同价款 + 合同价款调整数额$$
$$= 1\ 969\ 988.20 + 131\ 350.79$$
$$= 2\ 101\ 338.99(元)$$
$$工程竣工结算最终价款收取 = 竣工结算工程价款 - 已付工程价款$$
$$= 2\ 101\ 338.99 - 600\ 000.00$$
$$= 1\ 501\ 338.99(元)$$

11.1.7 工程竣工决算

发包人应依据规定编制并实施工程竣工决算。

(1)编制工程竣工决算应遵循下列程序:

①收集、整理有关工程竣工决算的依据;

②清理账务、债务,结算物资;

③填写工程竣工决算报表;

④编写工程竣工决算说明书;

⑤按规定送审。

(2)工程竣工决算依据包括:

①项目可行性研究报告和有关文件;

②项目总概算书和单项工程综合概算书;

③项目设计文件;

④设计交底和图纸会审资料;

⑤合同文件;

⑥工程竣工结算书;

⑦设计变更文件及经济签证;

⑧设备、材料调价文件及记录;

⑨工程竣工档案资料;

⑩相关项目资料、财务结算及批复文件。

(3)工程竣工决算书包括:

①工程竣工财务决算说明书;

②工程竣工财务决算报表;

③工程造价分析表。

11.2　工程项目管理绩效评价

工程项目管理绩效评价,是施工单位在工程项目建设中使用数学和管理理论相结合的方法总结出一套特定的指标体系,对评价标准作统一的要求,并按照一定的重要程度,通过定量和定性的方法分析评价工程项目在一定时期或整个周期内经营效益和管理者做出来的成绩。通过直观、公正、准确的方法对工程项目的管理作出判断,然后根据这个判断结果评估整个项目经营管理的效果,并据此确认每个项目的工作情况,适时地调整不同项目的工作方式,让工程项目变得更加有效益。

11.2.1　工程项目管理绩效评价过程

工程项目管理绩效评价应包括下列过程:

①成立绩效评价机构;

②确定绩效评价专家;

③制定绩效评价标准;

④形成绩效评价结果。

工程项目管理绩效评价专家应具备相关资格和水平,具有项目管理的实践经验和能力,保持相对独立性。

工程项目管理绩效评价标准由项目管理绩效评价机构负责确定,应符合项目管理规律、实践经验和发展趋势。

工程项目管理绩效评价机构应按项目管理绩效评价内容要求,依据评价标准,采用资料评价、成果发布、现场验证方法进行项目管理绩效评价;应采用透明公开的评价结果排序方法,以工程项目管理绩效评价专家形成的评价结果为基础,确定不同等级的项目管理绩效评价结果;应在规定时间内完成项目管理绩效评价,保证项目管理绩效评价结果符合客观公正、科学合理、公开透明的要求。

11.2.2　工程项目管理绩效评价范围、内容和指标

(1)工程项目管理绩效评价范围包括:

①工程项目实施的基本情况;

②工程项目管理分析与策划;

③工程项目管理方法与创新;

④工程项目管理效果验证。

(2)工程项目管理绩效评价内容包括:

①工程项目管理特点;

②工程项目管理理念、模式;

③主要管理对策、调整和改进;

④合同履行情况与相关方满意度;

⑤工程项目管理过程检查、考核、评价;

⑥工程项目管理实施效果。

（3）工程项目管理绩效评价指标包括：

①工程项目质量、安全、环保、工期、成本目标完成情况；

②供方（供应商、分包商）管理的有效程度；

③合同履约率、相关方满意度；

④风险预防和持续改进能力；

⑤工程项目综合效益。

工程项目管理绩效评价指标应层次明确、表述准确、计算合理，体现项目管理绩效的内在特征。工程项目管理绩效评价范围、内容和指标的确定与调整应简单易行、便于评价、与时俱进、创新改进，并经过授权人批准。

11.2.3　工程项目管理绩效评价方法

工程项目管理绩效评价机构应在评价前根据评价需求确定评价方法。

工程项目管理绩效评价机构宜以百分制形式对项目管理绩效进行打分，在合理确定各项评价指标权重的基础上，汇总得出项目管理绩效综合评分。

组织应根据工程项目管理绩效评价需求规定适宜的评价结论等级，以百分制形式得出项目管理绩效评价的结论，宜分为优秀、良好、合格、不合格四个等级。

不同等级的工程项目管理绩效评价结果应分别与相关改进措施的制定相结合，管理绩效评价与项目改进提升同步，确保项目管理绩效的持续改进。

工程项目管理绩效评价完成后，组织应总结评价经验，评估评价过程的改进需求，采取相应措施提升项目管理绩效评价水平。

11.3　工程项目产品回访与保修

工程项目竣工验收交接后，工程项目的承包人应按照法律的规定和施工合同的约定，认真履行工程项目产品的回访与保修义务，以确保工程项目产品使用者的合法权益。回访工作应纳入承包人的生产计划及日常工作计划中。在双方约定的质量保修期内，承包人应向使用人提供"工程质量保修书"中承诺的保修服务，并按照谁造成的质量问题由谁承担经济责任的原则处理经济问题。

11.3.1　工程项目产品回访与保修的意义

11.3.1.1　工程项目产品回访与保修的概念

工程项目竣工验收后，虽然通过了交工前的各种检验，但由于建筑产品的复杂性，仍然可能存在着一些质量问题或者隐患，这些问题和隐患要在产品的使用过程中才会逐步暴露出来。例如，建筑物的不均匀沉降、地下及屋面防水工程的渗漏等问题，都需要在使用中通过检查和观察才可以确定。为了有效地维护建设工程使用者的合法权益，我国政府已经把工程交工后保修确定为我国的一项基本法律制度。

建设工程质量保修是指建设工程项目在办理竣工验收手续后，在规定的保修期限内，因勘察、设计、施工、材料等原因造成的质量缺陷，应当由施工承包单位负责维修、返工或更换，由责任单位负责赔偿损失。这里的质量缺陷,是指工程不符合国家或行业现行的有关技术标准、设计文件及合同中对质量的要求等。

回访是一种产品售后服务的方式,工程项目回访广义上来讲是指工程项目的设计、施工、设备及材料供应等单位,在工程竣工验收交付使用后,自签署工程质量保修书起的一定期限内,主动去了解项目的使用情况和设计质量、施工质量、设备运行状态及用户对维修方面的要求,从而发现产品使用中的问题并及时地处理,使建筑产品能够正常地发挥其使用功能,使建筑工程的质量保修工作真正地落到实处。

11.3.1.2　工程项目产品回访与保修的意义

实行工程质量保修制度,加强工程项目的回访与保修工作,是明确与落实建设工程质量责任的重要措施,是维护用户及消费者合法权益的重要保障。工程项目产品回访与保修是双赢的过程,通过回访与保修,可以促进项目的承包人在项目的设计、施工过程中牢固树立为用户服务的观念,更有效地提高承包人的技术与管理水平;同时,承包人也尽到了为顾客服务的义务,履行了质量保修的承诺。

施工单位进行工程回访与保修有以下重要意义:

(1)有利于项目经理部重视项目管理,提高工程质量。只有加强施工项目的过程控制,增强项目管理层和作业层的责任心,严格按规范和标准进行施工,从防止和消除质量缺陷出发,才能从源头上杜绝工程保修问题的发生。

(2)有利于承包人及时听取用户意见,发现工程质量问题,及时采取相应的措施,保证建筑工程使用功能的正常发挥,同时也履行了回访与保修的承诺。

(3)有利于加强施工单位同建设单位和用户的联系与沟通,增强了建设单位和用户对施工单位的信任感,提高了施工单位的社会信誉。

11.3.1.3　工程项目产品回访与保修的依据

工程项目产品实行回访与保修制度是由我国法律与法规明确规定的,此项工作的主要依据有:

(1)《中华人民共和国建筑法》

《中华人民共和国建筑法》第六十二条规定,建筑工程实行质量保修制度。具体的保修范围和最低保修期限由国务院规定。

(2)《中华人民共和国民法典》

《中华人民共和国民法典》第七百九十五条规定:"施工合同的内容一般包括工程范围、建设工期……质量保修范围和质量保证期、相互协作等条款。"第八百零一条规定:"因施工人的原因致使建设工程质量不符合约定的,发包人有权要求施工人在合理期限内无偿修理或者返工、改建。"

(3)《建设工程质量管理条例》

《建设工程质量管理条例》第三十九条规定:"建设工程实行质量保修制度。建设工程承包单位在向建设单位提交工程竣工验收报告时,应当向建设单位出具质量保修书。质量保修书中应当明确建设工程的保修范围、保修期限和保修责任等。"

(4)《建设工程项目管理规范》

《建设工程项目管理规范》第18.1.1条规定:"回访保修的责任应由承包人承担,承包人应建立施工项目交工后的回访与保修制度,听取用户意见,提高服务质量,改进服务方式。"第18.1.2条规定:"承包人应建立与发包人及用户的服务联系网络,及时取得信息,并按计划、实施、验证、报告的程序,搞好回访与保修工作。"

11.3.2　工程项目产品保修范围与保修期

11.3.2.1　保修范围

一般来说,各种类型的建筑工程及建筑工程的各个部位都应该实行保修。我国在《中华人民共和国建筑法》中规定:建筑工程的保修范围应当包括地基基础工程、主体结构工程、屋面防水工程和其他土建工程,以及电气管线、上下水管线的安装工程,供热、供冷系统工程等项目。

11.3.2.2　保修期

保修期的长短,直接关系到承包人、发包人及使用人的经济责任大小。根据《建设工程项目管理规范》规定:建筑工程保修期为自竣工验收合格之日起计算,在正常使用条件下的最低保修期限。

《建设工程质量管理条例》规定,在正常使用条件下建设工程的最低保修期限为:

(1)基础设施工程、房屋建筑的地基基础工程和主体结构工程,为设计文件规定的该工程的合理使用年限;

(2)屋面防水工程,有防水要求的卫生间、房间和外墙面的防渗漏,为5年;

(3)供热与供冷系统,为2个采暖期、供冷期;

(4)电气管线、给排水管道、设备安装和装修工程,为2年;

(5)其他项目的保修期限由发包方与承包方在"工程质量保修书"中具体约定。

11.3.3　保修期责任与做法

11.3.3.1　保修期的经济责任

由于建筑工程情况比较复杂,不像其他商品那样单一,有些问题往往是由多种原因造成的。进行工程质量保修,必须澄清经济责任,由产生质量问题的责任方承担工程的保修经济责任。一般有以下情况:

(1)属于承包人的原因。由于承包人未严格按照国家现行施工及验收规范、工程质量验收标准、设计文件要求和合同约定组织施工造成的工程质量缺陷,应当由承包人负责修理并承担经济责任。

(2)属于设计人的原因。由于设计原因造成的质量缺陷,应由设计人承担经济责任。当由承包人进行修理时,其费用数额可按合同约定,通过发包人向设计人索赔,不足部分由发包人补偿。

(3)属于发包人的原因。由于发包人供应的建筑材料、构配件或设备不合格造成的工程质量缺陷,或由发包人指定的分包人造成的质量缺陷,均应由发包人自行承担经济责任。

(4)属于使用人的原因。由于使用人未经许可自行改建造成的质量缺陷,或由于使用人使用不当造成的损坏,均应由使用人自行承担经济责任。

(5)其他原因。由于地震、洪水、台风等不可抗力原因造成的损坏或非施工原因造成的事故,不属于规定的保修范围,承包人不承担经济责任。负责维修的经济责任由国家根据具体政策规定。

一般来说,对在保修期内和保修范围内发生的质量问题,应先由建设单位组织勘察、设计、施工等单位分析质量问题的原因,确定保修方案,由施工单位负责保修。但当问题严重和紧急时,不管是什么原因造成的,均先由施工单位履行保修义务,不得推诿和扯皮。对引起质量问题的原因则应实事求是,科学分析,分清责任,按责任大小由责任方承担不同比例的经济赔偿。这里的损失,既包括因工程质量造成的直接损失,即用于返修的费用,也包括间接损失,如给使用人或第三人造成的财产或非财产损失等。

（6）在保修期后的建筑物合理使用寿命内，因建设工程使用功能的缺陷造成的工程使用损害，由建设单位负责维修，并承担责任方的赔偿责任。不属于承包人保修范围的工程，但发包人或使用人有意委托承包人修理、维护时，承包人应提供服务，并在双方签订的协议中明确服务的内容和质量要求，费用由发包人或使用人按协议约定的方式承担。

（7）保修保险

有的项目经发包人和承包人协商，根据工程的合理使用年限，采用保修保险方式。该方式不需要扣保留金，保险费由发包人支付，承包人应按约定的保修承诺，履行其保修职责和义务。推行保修保险可以有效地转移和规避工程的风险，符合国际惯例做法，对承发包双方都有利。

11.3.3.2　保修做法

保修做法一般包括以下步骤：

（1）发送保修书

在工程竣工验收的同时，施工单位应向建设单位发送"房屋建筑工程质量保修书"。工程质量保修书属于工程竣工资料的范围，它是承包人对工程质量保修的承诺。其内容主要包括保修范围和内容、保修时间、保修责任、保修费用等。具体格式见原建设部与国家工商行政管理局于 2000 年 8 月联合发布的《房屋建筑工程质量保修书（示范文本）》，如表 11.3 所示。

表 11.3　房屋建筑工程质量保修书（示范文本）

发包人（全称）：＿＿＿＿＿＿＿＿＿＿＿＿＿＿

承包人（全称）：＿＿＿＿＿＿＿＿＿＿＿＿＿＿

发包人、承包人根据《中华人民共和国建筑法》、《建设工程质量管理条例》和《房屋建筑工程质量保修办法》，经协商一致，对××××工程（工程全称）签订工程质量保修书。

一、工程质量保修范围和内容

承包人在质量保修期内，按照有关法律、法规、规章的管理规定和双方约定，承担本工程质量保修责任。

质量保修范围包括地基基础工程，主体结构工程，屋面防水工程，有防水要求的卫生间、房间和外墙面的防渗漏，供热与供冷系统，电气管线、给排水管道、设备安装和装修工程，以及双方约定的其他项目。具体保修的内容，双方约定如下：

＿＿＿

＿＿＿

二、质量保修期

双方根据《建设工程质量管理条例》及有关规定，约定本工程的质量保修期如下：

1. 地基基础工程和主体结构工程为设计文件规定的该工程合理使用年限；

2. 屋面防水工程，有防水要求的卫生间、房间和外墙面的防渗漏为＿＿＿年；

3. 装修工程为＿＿＿年；

4. 电气管线、给排水管道、设备安装工程为＿＿＿年；

5. 供热与供冷系统为＿＿＿个采暖期、供冷期；

6. 住宅小区内的给排水设施、道路等配套工程为＿＿＿年；

7. 其他项目保修期约定如下：

＿＿＿

＿＿＿

质量保修期自工程竣工验收合格之日起计算。

三、质量保修责任

1. 属于保修范围、内容的项目，承包人应当在接到保修通知之日起 7d 内派人保修。承包人不在约定期限内派人保修的,发包人可以委托他人修理。

2.发生紧急抢修事故的,承包人在接到事故通知后,应当立即到达事故现场抢修。

3.对于涉及结构安全的质量问题,应当按照《房屋建筑工程质量保修办法》的规定,立即向当地建设行政主管部门报告,采取安全防范措施;由原设计单位或者具有相应资质等级的设计单位提出保修方案,承包人实施保修。

4.质量保修完成后,由发包人组织验收。

四、保修费用

保修费用由造成质量缺陷的责任方承担。

五、其他

双方约定的其他工程质量保修事项:_____

本工程质量保修书,由施工合同发包人、承包人双方在竣工验收前共同签署,作为施工合同附件,其有效期限至保修期满。

发包人(公章):   承包人(公章):

法定代表人(签字):   法定代表人(签字):
  年 月 日   年 月 日

(2)填写"工程质量修理通知书"

在保修期内,工程项目出现质量问题影响使用,使用人应填写"工程质量修理通知书"告知承包人,注明质量问题及部位、联系维修方式,要求承包人派人前往检查修理。修理通知书发出日期为约定起始日期,承包人应在7d内派出人员执行保修任务。"工程质量修理通知书"的格式如表11.4所示。

表 11.4 工程质量修理通知书

(施工单位名称):

本工程于××××年××月××日发生质量问题,根据国家有关工程质量保修规定和《房屋建筑工程质量保修书》约定,请你单位派人检查修理为盼。

质量问题及部位:
承修人自检评定: 年 月 日
使用人(用户)验收意见: 年 月 日
使用人(用户)地址: 电话: 联系人: 通知书发出日期: 年 月 日

（3）实施保修服务

承包人接到"工程质量修理通知书"后，必须尽快派人前往检查，并会同有关单位和人员共同做出鉴定，提出修理方案，明确经济责任，组织人力、物力进行修理，履行工程质量保修的承诺。

（4）验收

承包人将发生的质量问题处理完毕后，要在保修证书的"保修记录"栏内做好记录，并经建设单位验收签认，以表示修理工作完结。涉及结构安全问题的应当报当地建设行政主管部门备案。涉及经济责任为其他人的，应尽快办理。

11.3.4　回访实务

11.3.4.1　回访工作计划

工程交工验收后，承包人应该将回访工作纳入企业日常工作之中，及时编制回访工作计划，做到有计划、有组织、有步骤地对每项已交付使用的工程项目主动进行回访，收集反馈信息，及时处理保修问题。回访工作计划要具体实用，不能流于形式。回访工作计划应包括以下内容：

（1）主管回访保修业务的部门；

（2）回访保修的执行单位；

（3）回访的对象（发包人或使用人）及其工程名称；

（4）回访时间安排和主要内容；

（5）回访工程的保修期限。

回访工作计划的一般格式如表 11.5 所示。

表 11.5　回访工作计划

（　　年度）

序号	建设单位	工程名称	保修期限	回访时间安排	参加回访部门	执行单位

单位负责人：　　　　　　　　　　归口部门：　　　　　　　　　　编制人：

11.3.4.2　回访工作记录

每一次回访工作结束以后，回访保修的执行单位都应填写"回访工作记录"。"回访工作记录"主要内容包括：参与回访人员；回访发现的质量问题；发包人或使用人的意见；对质量问题的处理意见等。在全部回访工作结束后，应编写"回访服务报告"，全面总结回访工作的经验和教训。"回访服务报告"的内容应包括：回访建设单位和工程项目的概况；使用单位或用户对交工工程的意见；对回访工作的分析和总结；提出质量改进的措施对策等。回访归口主管部门应依据回访记录对回访服务的实施效果进行检查验证。"回访工作记录"的一般格式如表 11.6所示。

表 11.6　回访工作记录

建设单位		使用单位	
工程名称		建筑面积	
施工单位		保修期限	
项目组织		回访日期	
回访工作情况：			
回访负责人		回访记录人	

11.3.4.3　回访的工作方式

回访工作的方式一般有四种：

（1）例行性回访

根据回访年度工作计划的安排，对已交付竣工验收并在保修期内的工程，统一组织例行性回访，收集用户对工程质量的意见。回访可用电话询问、召开座谈会及登门拜访等行之有效的方式，一般半年或一年进行一次。

（2）季节性回访

主要是针对随季节变化容易产生质量问题的工程部位进行回访，所以这种回访具有季节性特点，如雨季回访基础工程、屋面工程和墙面工程的防水和渗漏情况，冬季回访采暖系统的使用情况，夏季回访通风空调工程等。了解有无施工质量缺陷或使用不当造成的损坏等问题，发现问题立即采取有效措施，及时加以解决。

（3）技术性回访

主要了解在工程施工过程中所采用的新材料、新技术、新工艺、新设备等的技术性能和使用后的效果，以及设备安装后的技术状态，从用户那里获取使用后的第一手资料，发现问题及时补救和解决，这样也便于总结经验和教训，为进一步完善和推广创造条件。

（4）特殊性回访

主要是对一些特殊工程、重点工程或有影响的工程进行专访。由于这类工程的特殊性，可将服务工作往前延伸，包括交工前的访问和交工后的回访，可以定期或不定期进行，目的是听取发包人或使用人的合理化意见或建议，及时解决出现的质量问题，不断积累这类工程施工及管理经验。

小　　结

工程项目收尾管理的内容包括工程项目竣工验收阶段管理、工程项目考核评价和工程项目产品回访与保修。

竣工验收是承包人向发包人交付项目产品的过程。本章从竣工验收的概念入手，详细介绍了竣工验收应具备的条件和符合的标准，竣工验收的管理程序和准备工作，工程项目竣工资料，工程项目竣工验收管理及工程竣工结算等内容。

　　工程项目管理绩效评价是施工单位在工程项目建设中使用数学和管理理论相结合的方法总结出一套特定的指标体系,对评价标准作统一的要求,并按照一定的程度,通过定量和定性的方法分析、评价工程项目在一定时期或整个周期内经营效益和管理者做出来的成绩。本章介绍了工程项目管理绩效评价的范围、内容、指标和方法。

　　工程项目产品回访与保修是我国法律规定的基本制度。本章分别介绍了工程项目产品回访与保修的意义、工程项目产品保修范围与保修期、保修期的责任与保修做法,以及回访工作计划、回访工作记录、回访工作方式等工程回访实务。

　　本章的重点是工程项目竣工验收、工程竣工资料、工程竣工结算与回访实务。

复习思考题

11.1　工程项目竣工验收必须满足什么条件?

11.2　竣工验收的管理程序是什么?

11.3　竣工验收有哪几种方式?

11.4　工程竣工验收的依据有哪些?

11.5　编制竣工结算的依据是什么?

11.6　编制竣工决算的依据是什么?

11.7　工程项目管理绩效评价的内容包括哪些?

11.8　施工单位进行工程回访与保修有什么意义?

11.9　在正常使用条件下,建设工程的最低保修期限有哪些规定?

11.10　回访工作的方式有哪几种?

参 考 文 献

1. 危道军. 工程项目管理[M]. 3 版. 武汉:武汉理工大学出版社,2015.

2. 吴涛,丛培经. 中国工程项目管理知识体系(上、下册)[M]. 北京:中国建筑工业出版社,2003.

3. 吴涛,丛培经. 建设工程项目管理规范实施手册[M]. 2 版. 北京:中国建筑工业出版社,2006.

4. 中华人民共和国建设部. 建设工程项目管理规范[M]. 北京:中国建筑工业出版社,2006.

5. 吴涛. 建筑施工项目管理[M]. 2 版. 北京:中国环境科学出版社,2003.

6. 方华,邱伟年. 人力资源管理[M]. 北京:对外经济贸易大学出版社,2003.

7. 蒲建明. 建筑工程施工项目管理总论[M]. 北京:机械工业出版社,2003.

8. 卢有杰,卢家仪. 项目风险管理[M]. 北京:清华大学出版社,2001.

9. 邓铁军. 工程建设项目管理[M]. 3 版. 武汉:武汉理工大学出版社,2013.

10. 成虎. 工程项目管理[M]. 2 版. 北京:中国建筑工业出版社,2004.

11. 危道军. 建筑施工组织[M]. 2 版. 北京:中国建筑工业出版社,2007.

12. 白思俊. 现代项目管理[M]. 北京:机械工业出版社,2003.

13. 丛培经. 工程项目管理[M]. 3 版. 北京:中国建筑工业出版社,2006.

14. 丁士昭. 建设工程施工管理[M]. 北京:中国建筑工业出版社,2004.